문법·어휘

더 뉴텝스
실전연습 **300**

문법·어휘

더 뉴텝스 실전연습 300

지은이 NEW TEPS Research Team
펴낸이 정규도
펴낸곳 (주)다락원

초판 1쇄 발행 2018년 9월 1일
초판 2쇄 발행 2019년 11월 1일

편집 강화진, 유아름, 이동호
디자인 김나경, 조화연, 토비트
영문 감수 Michael A. Putlack

⬛다락원 경기도 파주시 문발로 211
내용문의 (02)736-2031 내선 533
구입문의 (02)736-2031 내선 250~252
Fax (02)732-2037
출판등록 1977년 9월 16일 제 406-2008-000007호

값 18,000원

ISBN 978-89-277-4125-1 14740
     978-89-277-4123-7 14740(set)

http://www.darakwon.co.kr
다락원 홈페이지를 방문하시면 상세한 출판정보와 함께
동영상강좌, MP3자료 등 다양한 어학 정보를 얻으실 수 있습니다.

신유형 분석 반영!

뉴텝스 최강 실전대비서!

NEW TEPS Research Team

문법·어휘

더 뉴텝스 **실전연습**

300

다락원

문법 Contents

Contents

about
NEW TEPS

Q. NEW TEPS란 무엇인가요?

A. 최근의 영어사용 환경 변화와 영어교육 및 평가의 새로운 추세를 반영하고자 기존 TEPS 시험을 새롭게 개편한 영어 인증시험입니다.

Q. 그렇다면 어떻게 바뀌었으며, 가장 큰 변화는 뭔가요?

A. 각 영역의 문항 수(총 200문항 → 135문항)와 시험시간(약 140분 → 105분)이 축소되었습니다. 또한 청해와 독해 부분에 새로운 유형이 도입되었고 문법과 어휘 시험이 통합되었습니다.

구분	문제유형		문항수	제한 시간	점수 범위
청해 Listening Comprehension	Part I 한 문장을 듣고 이어질 대화로 가장 적절한 답 고르기 (문장 1회 청취 후 선택지 1회 청취)		10	40분	0 ~ 240점
	Part II 짧은 대화를 듣고 이어질 대화로 가장 적절한 답 고르기 (대화 1회 청취 후 선택지 1회 청취)		10		
	Part III 긴 대화를 듣고 질문에 가장 적절한 답 고르기 (대화 및 질문 1회 청취 후 선택지 1회 청취)		10		
	Part IV 담화를 듣고 질문에 가장 적절한 답 고르기 (1지문 1문항) (담화 및 질문 2회 청취 후 선택지 1회 청취)		6		
	신유형 Part V 담화를 듣고 질문에 가장 적절한 답 고르기 (1지문 2문항) (담화 및 질문 2회 청취 후 선택지 1회 청취)		4		
어휘 Vocabulary	Part I 대화문의 빈칸에 가장 적절한 어휘 고르기		10	통합 25분	0 ~ 60점
	Part II 단문의 빈칸에 가장 적절한 어휘 고르기		20		
문법 Grammar	Part I 대화문의 빈칸에 가장 적절한 답 고르기		10		0 ~ 60점
	Part II 단문의 빈칸에 가장 적절한 답 고르기		15		
	Part III 대화 및 문단에서 문법상 틀리거나 어색한 부분 고르기		5		
독해 Reading Comprehension	Part I 지문을 읽고 빈칸에 가장 적절한 답 고르기		10	40분	0 ~ 240점
	Part II 지문을 읽고 문맥상 어색한 내용 고르기		2		
	Part III 지문을 읽고 질문에 가장 적절한 답 고르기 (1지문 1문항)		13		
	신유형 Part IV 지문을 읽고 질문에 가장 적절한 답 고르기 (1지문 2문항)		10		
합계 14개 유형			135 문항	105분	0~600점

Q. 점수 체계에 변화가 있나요?

A. 기존의 200문항에서 135문항으로 문항수를 줄여 점수 체계를 변경하였습니다. 각 영역별 최고점수는 청해와 독해 각 240점이며, 어휘와 문법은 각 60점으로 총점 600점입니다.

Q. 기존 TEPS 점수와 NEW TEPS 점수의 환산은 가능한가요?

A. 기존 TEPS의 총점 990점과 NEW TEPS의 600점은 최고점수에 해당하며 동일한 능력으로 간주됩니다. 개정 전후 TEPS 점수 체계를 비교하는 환산표는 아래와 같습니다.

기존 TEPS	NEW TEPS
990~937	600~551
936~870	550~501
867~799	500~451
799~724	450~401
723~643	400~351
641~557	350~301
555~469	300~251
467~381	250~201
379~282	200~151
280~178	150~101

NEW TEPS 등급 구성표

등급	점수	능력 검정 기준(Description)
1+급 (Level 1+)	526~600	**Native Level of English Proficiency** 외국인으로서 최상급 수준의 의사소통 능력. 교양 있는 원어민에 버금가는 정도로 의사소통이 가능하고 전문 분야 업무에 대처할 수 있음.
1급 (Level 1)	453~525	**Near-Native Level of Communicative Competence** 외국인으로서 최상급 수준에 근접한 의사소통 능력. 단기간 집중 교육을 받으면 대부분의 의사소통이 가능하고 전문 분야 업무에 별 무리 없이 대처할 수 있음.
2+급 (Level 2+)	387~452	**Advanced Level of Communicative Competence** 외국인으로서 상급 수준의 의사소통 능력. 단기간 집중 교육을 받으면 일반 분야 업무를 큰 어려움 없이 수행할 수 있음.
2급 (Level 2)	327~386	**High Intermediate Level of Communicative Competence** 외국인으로서 중상급 수준의 의사소통 능력. 중장기간 집중 교육을 받으면 일반 분야 업무를 큰 어려움 없이 수행할 수 있음.

등급	점수	능력 검정 기준(Description)
3+급 (Level 3+)	268~326	**Mid Intermediate Level of Communicative Competence** 외국인으로서 중급 수준의 의사소통 능력. 중장기간 집중 교육을 받으면 한정된 분야의 업무를 큰 어려움 없이 수행할 수 있음.
3급 (Level 3)	212~267	**Low Intermediate Level of Communicative Competence** 외국인으로서 중하급 수준의 의사소통 능력. 중장기간 집중 교육을 받으면 한정된 분야의 업무를 다소 미흡하지만 큰 지장 없이 수행할 수 있음.
4+급 (Level 4+)	163~211	**Novice Level of Communicative Competence** 외국인으로서 하급 수준의 의사소통 능력. 장기간의 집중 교육을 받으면 한정된 분야의 업무를 대체로 어렵게 수행할 수 있음.
4급 (Level 4)	111~162	
5+급 (Level 5+)	55~110	**Near-Zero Level of Communicative Competence** 외국인으로서 최하급 수준의 의사소통 능력. 단편적인 지식만을 갖추고 있어 의사소통이 거의 불가능함.
5급 (Level 5)	0~54	

문법

NEW TEPS 문법은 세 파트로 나뉘며 총 30문항이다. 어휘 30문항과 문법 30문항이 통합되어 총 60문항을 25분 동안 풀어야 하므로 시간 분배에 주의를 기울여야 한다.

PART I Choose the option that best completes each dialogue.

Part I은 두 사람의 대화문을 보고 빈칸을 채우는 문제이다. A와 B의 대화를 읽고 대화문의 빈칸에 들어갈 알맞은 문법을 고른다.

A: I wondered if _____ to think how I felt. B: What? Did I do something wrong? (a) you had stopped ever (b) you had ever stopped (c) you ever had stopped (d) ever you had stopped	**해석** A: 네가 한 번이라도 내가 어떻게 느꼈을지 생각해 본 적이 있는지 모르겠어. 　　B: 뭐라고? 내가 뭐 잘못한 거라도 있니? **해설** ever는 조동사 had와 본동사 stopped 사이에 위치해야 자연스럽다. **정답** (b)

PART II Choose the option that best completes each sentence.

Part II는 문장의 빈칸에 알맞은 것을 찾는 문제이다. 서적, 신문, 잡지 등에 등장할 수 있는 문장이 출제되며, 문항당 한 문장으로 구성되어 있다. 비록 한 문장이기는 하지만 철저하게 논리를 따져봐야 하는 문장이 다수 출제되고 있다.

Many scientific discoveries could have been made way earlier _____ what we have today. (a) if people in the past possessed (b) if people in the past possess (c) did people in the past possess (d) had people in the past possessed	**해석** 과거의 사람들이 오늘날 우리가 가지고 있는 것을 지니고 있었다면 많은 과학적 발견들을 더 빨리 할 수 있었을 것이다. **해설** 빈칸 뒤에 나온 what we have는 가정법 시제에는 영향을 미치지 않는다. 앞에서 could have p.p.가 나왔으므로 과거 사실의 반대를 가정하는 가정법 과거완료임을 알 수 있다. 여기서 if가 생략되고 주어 people과 had가 도치된 상황이다. **정답** (d)

Part Ⅲ는 대화문 2문항, 지문 3문항을 읽고 어색하거나 틀린 문법을 찾는 문제이다. TEPS 문법 영역에서 가장 배점이 높고 어려운 파트이기도 하다.

(a) A: What a coincidence! Fancy meeting you here.

(b) B: Yeah, it's been long time. How have you been?

(c) A: I can't complain. How about you?

(d) B: Things couldn't be better.

해석 (a) A: 이런 우연의 일치가 있나! 당신을 여기서 만나다니.
(b) B: 그러게요. 오랜만이군요. 잘 지내셨나요?
(c) A: 아주 잘 지냈어요. 당신은 어때요?
(d) B: 이보다 더 좋을 수가 없어요.

해설 관사 문제이다. '오랜만이다.'라는 표현은 It's been a long time.으로 부정관사 a를 꼭 써야한다. 따라서 (b)의 it's been long time을 it's been a long time으로 바꾸어야 한다.

정답 (b)

(a) Clinical tests are conducted on patients for two years after their operations took place. (b) During the follow-up period after their surgery, about 41% of the patients displayed dermatology diseases regardless of whether they were taking the active drug or the placebo. (c) The two groups were also similar with respect in the incidence of several types of skin troubles, including itches, rashes, and the need to be hospitalized or to undergo treatment for dermatological problems. (d) Those taking prescription pills were more likely to experience skin irritation.

해석 (a) 수술을 한 후, 환자들을 대상으로 임상실험이 2년간 실시된다. (b) 수술 후 후속 기간 동안 환자의 41퍼센트 정도가 실제 약을 복용했든 아니면 위약을 복용했든 상관없이 피부 질환을 보였다. (c) 임상실험에 참여한 두 그룹은 가려움, 발진과 같은 여러 종류의 피부 질환의 발병에 있어서나 피부 질환으로 인한 입원 혹은 치료를 받아야 하는 필요에 있어서도 비슷한 결과를 보였다. (d) 처방전 약을 복용하는 사람들은 피부 염증을 겪을 가능성이 더욱 컸다.

해설 전치사 문제이다. '무엇에 관해서'라는 표현은 with respect to이므로 (c)의 with respect in을 with respect to로 고쳐야 한다. Part Ⅲ에 나오는 전치사 문제는 with respect to처럼 외워서 쉽게 맞힐 수 있는 문제가 있기도 하고 내용 흐름을 따져서 맞혀야 하는 까다로운 유형도 있다.

정답 (c)

어휘

앞서 말했듯이 NEW TEPS 시험에서 어휘와 문법이 통합되었다. Part I은 10문항이며 Part II는 20문항이다. 통합된 25분 동안 60문항을 풀어야 하므로, 어휘 문제를 얼마나 빨리 푸는가가 고득점 달성에 중요한 요소가 되었다.

PART I Choose the option that best completes each dialogue.

Part I은 A, B 두 사람의 대화로 이루어져 있으며 구어체, 구동사, 이디엄 등 일상생활에서 나올법한 영어 표현을 묻는 영역이다. 구어체 표현 자체를 알아야 풀 수 있는 문제도 있지만 대화의 흐름을 파악하여 논리적으로 풀어야 하는 문제도 있다.

A: Please hand me the folder on the desk.

B: I beg your _____? I couldn't hear what you said.

(a) pardon
(b) question
(c) forgiveness
(d) permission

해석 A: 책상 위에 있는 서류철 좀 건네줄래요?
B: 뭐라고요? 당신이 하는 말을 못 들었어요.

해설 '다시 한 번 말해 줄래요?,' '뭐라고요?'는 "I beg your pardon?"으로 표현한다.

정답 (a)

PART II Choose the option that best completes each sentence.

Part II는 신문이나 저널에서 나올 법한 내용이 출제되는 문어체 영역으로 한 문장으로 구성되어있다. 동사, 명사, 형용사, 부사 같은 일반 문어체 어휘 및 이디엄이 출제된다.

The engineer was criticized for not correcting the _____ in the product.

(a) limitation
(b) flaw
(c) estimate
(d) feature

해석 그 기술자는 그 제품의 결함을 보완하지 않아서 비난을 받았다.

해설 어떤 행동을 하지 않은 것으로 인해 비난을 받았다고 했으므로 제품의 '결함'을 보완하지 않았다고 볼 수 있다.

정답 (b)

NEW TEPS 어휘 목표 달성을 위한 전략

기출어휘를 많이 익히자.

시험에 나왔던 것은 반드시 다시 나온다. 이번 달에 나온 어휘가 다음 달이나 그 다음 달에 바로 나오는 것은 아니지만 그리 멀지 않은 시간 내에 또 출제된다는 사실을 명심하자. 특히 다년치의 기출어휘를 외워두면 짧은 시간 안에 30문제를 해결하는 데 큰 도움이 될 것이다. 그렇다고 기출어휘만 암기해서는 안 된다. TEPS에는 매번 다양한 어휘가 출제되므로 꾸준히 어휘력을 늘려나가야 한다.

최대한 많은 문제를 풀어라.

익힌 어휘를 바탕으로 문제를 많이 풀어봐야 한다. 시간을 정해 놓고 문제를 풀어보는 연습도 필요하다. 특히 시험을 1주일 가량 앞둔 시점에서는 모의고사를 3회 정도 시간을 재면서 풀어 시간관리 연습을 하자.

독해를 많이 하자.

TEPS 어휘 문제 중에는 단순히 어휘 뜻만 알면 해결되는 문제보다는 제대로 문장의 의미를 파악해야 풀 수 있는 문제가 많다. 독해력 또한 어휘 영역에서 좋은 점수를 받을 수 있는 중요한 요소라는 점을 염두에 두자. 거기다 독해를 하면서 접하는 단어를 그때그때 외워두는 것도 TEPS 어휘 점수를 높이는 방법이 될 수 있다. 독해는 어휘 실력 향상의 발판이라는 사실을 명심해야 한다.

어휘에 목숨 걸지 마라.

TEPS 어휘 영역의 목표 점수를 만점보다는 40점대나 50점대로 잡자. 55점대 이상에 도전하는 것도 좋겠지만, 그 이상의 점수대까지 오르기 위해서는 적지 않은 시간과 정성을 들여야 한다. 따라서 일정 점수 이상이 목표라면 어휘는 이렇게 하는 것이 효과적이다.

초급자라면 고난도 문제에는 미련을 두지 말자.

200점대, 300점대 학습자라면 Part I과 Part II의 고난도 문제에는 미련을 두지 말자. 초보자 수준에서는 맞히기 힘든 상당히 어려운 어휘가 출제되기 때문이다. 고난도 문제를 모두 틀리더라도 문법에서 충분히 점수를 복구할 수 있다.

고득점을 원한다면 Part I과 Part II의 마지막 5문제를 노려라.

이미 고득점을 확보한 학습자들이 더 높은 점수를 받으려면 Part I과 Part II의 마지막 고난도 2~5문제를 맞혀야 한다. 여기에 더해 난이도가 높은 편인 이디엄 문제를 모두 맞히는 것도 고득점을 향한 길이다.

문법

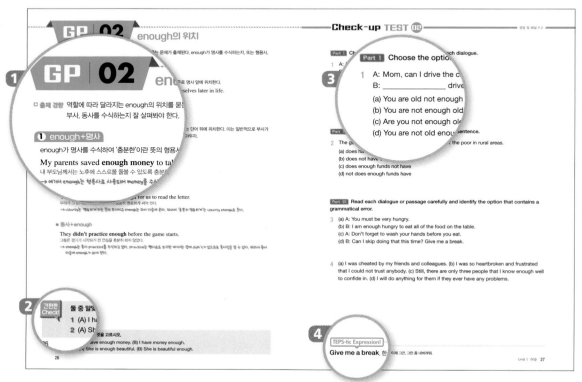

❶ Grammar Point

실제 NEW TEPS 시험에 출제되고 있는 총 67개의 문법 포인트를 정리했다. 목표 점수에 도달하기 위해 반드시 알아두어야 할 핵심 문법사항만을 담았다.

❷ 간편한 Check!

학습한 문법 포인트를 바로 확인하는 코너이다. 실제 NEW TEPS 문법 문제보다는 쉽지만 문법 포인트를 정확히 이해하고 있는지 바로 점검할 수 있는 문제로 구성되었다.

❸ Check-up Test

해당 문법 포인트에 관련된 NEW TEPS 유형 문제를 집중적으로 풀 수 있도록 구성했다. 실제 시험의 출제 데이터를 바탕으로 각 문법 포인트마다 자주 출제되는 Part에 맞춰 문제를 구성했다.

❹ TEPS-tic Expression!

Check-up Test에 나온 표현 중 NEW TEPS에 나올 만한 유용한 표현을 짚고 넘어간다.

Actual Test

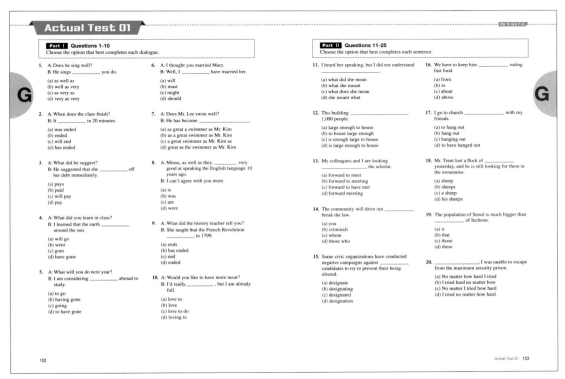

정답 및 해설 P.43

Actual Test 01

Part I Questions 1-10
Choose the option that best completes each dialogue.

1. A: Does he sing well?
B: He sings _____ you do.

(a) as well as
(b) well as very
(c) as very as
(d) very as very

2. A: When does the class finish?
B: It _____ in 20 minutes.

(a) was ended
(b) ended
(c) will end
(d) has ended

3. A: What did he suggest?
B: He suggested that she _____ off her debt immediately.

(a) pays
(b) paid
(c) will pay
(d) pay

4. A: What did you learn in class?
B: I learned that the earth _____ around the sun.

(a) will go
(b) went
(c) goes
(d) have gone

5. A: What will you do next year?
B: I am considering _____ abroad to study.

(a) to go
(b) having gone
(c) going
(d) to have gone

6. A: I thought you married Mary.
B: Well, I _____ have married her.

(a) will
(b) must
(c) might
(d) should

7. A: Does Mr. Lee swim well?
B: He has become _____

(a) as great a swimmer as Mr. Kim
(b) as a great swimmer as Mr. Kim
(c) a great swimmer as Mr. Kim as
(d) great as the swimmer as Mr. Kim

8. A: Minsu, as well as they, _____ very good at speaking the English language 10 years ago.
B: I can't agree with you more.

(a) is
(b) was
(c) are
(d) were

9. A: What did the history teacher tell you?
B: She taught that the French Revolution _____ in 1799.

(a) ends
(b) has ended
(c) end
(d) ended

10. A: Would you like to have more meat?
B: I'd really _____ , but I am already full.

(a) love to
(b) love
(c) love to do
(d) loving to

Part II Questions 11-25
Choose the option that best completes each sentence.

11. I heard her speaking, but I did not understand _____

(a) what did she mean
(b) what she meant
(c) what does she mean
(d) she meant what

12. This building _____ 1,000 people.

(a) large enough to house
(b) to house large enough
(c) is enough large to house
(d) is large enough to house

13. My colleagues and I are looking _____ the scholar.

(a) forward to meet
(b) forward to meeting
(c) forward to have met
(d) forward meeting

14. The community will drive out _____ break the law.

(a) you
(b) criminals
(c) whom
(d) those who

15. Some civic organizations have conducted negative campaigns against _____ candidates to try to prevent their being elected.

(a) designate
(b) designating
(c) designated
(d) designation

16. We have to keep him _____ eating fast food.

(a) from
(b) to
(c) about
(d) above

17. I go to church _____ with my friends.

(a) to hang out
(b) hang out
(c) hanging out
(d) to have hanged out

18. Mr. Trent lost a flock of _____ yesterday, and he is still looking for them in the mountains.

(a) sheep
(b) sheeps
(c) a sheep
(d) his sheeps

19. The population of Seoul is much bigger than _____ of Incheon.

(a) it
(b) that
(c) those
(d) these

20. _____, I was unable to escape from the maximum security prison.

(a) No matter how hard I tried
(b) I tried hard no matter how
(c) No matter I tried how hard
(d) I tried no matter how hard

해당 문법 포인트를 모두 학습하고 난 후 Actual Test를 풀어보면서 점수 상승의 극대화를 도모하는 코너이다. 시험에서 빈번히 출제되는 문법 포인트만 뽑아 문제로 만들었기 때문에 틀린 문제는 해당 문법 포인트를 다시 복습하여 확실히 익혀두는 것이 좋다.

어휘

풀면서 익히는 Mini Test

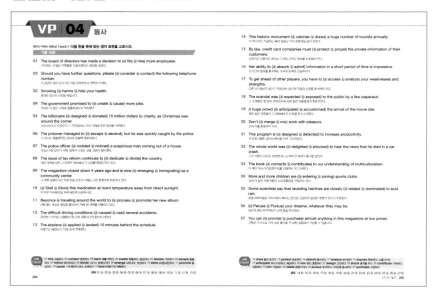

우리말 문장을 보고 뜻이 맞는 영어 어휘를 찾아보는 간단한 형식의 퀴즈를 통해 자연스럽게 단어의 뜻을 익힐 수 있다.

Check-up Test

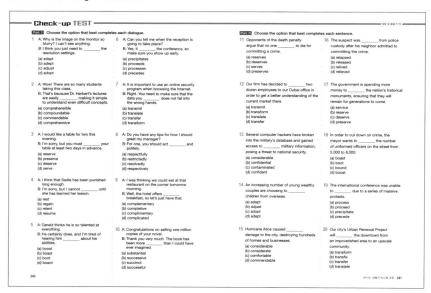

Mini Test에서 학습했던 어휘를 묻는 문제들로 구성되어 있다. 각 Voca Point에서 충분한 학습이 이루어졌는지 알 수 있다.

Voca Review

각 Voca Point를 끝마치기 전에 앞서 학습한 내용을 최종 점검하는 코너이다. Check-up Test에 나오지 않았던 어휘 위주로 구성하였다.

Actual Test

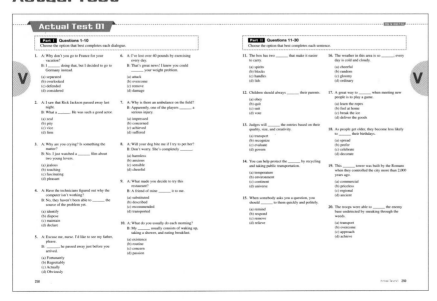

최신 출제 경향을 반영하여 실전 그대로의 분위기를 느낄 수 있는 Actual Test 6회분을 실었다. 최종적으로 문제를 풀며 실전에 대비할 수 있다.

문법

Grammar

Section
1

시험에 가장 자주 출제되는

Grammar
Point

Unit 1 어순

GP 01   as ~ as 원급 비교

□ **출제 경향**   as와 as 사이에 관사, 형용사, 명사를 배치할 때의 어순을 묻는 문제가 주로 출제되므로 여러 형태의 원급 표현을 익혀두는 것이 좋다.

① as ~ as 원급 비교 표현

■ **as + 형용사/부사 + as**   ~만큼 ...한

This building is **as large as** that building.
이 건물은 저 건물만큼 크다.

The dog can run **as fast as** a car.
그 개는 자동차만큼이나 빨리 달릴 수 있다.

■ **not as + 형용사/부사 + as**   ~만큼 ...하지 못한 (= not so+형용사/부사+as)

원급 비교의 부정은 as 앞에 not을 붙인다.

This doll is <u>not</u> **as beautiful as** that doll. = This doll is <u>not</u> **so beautiful as** that doll.
이 인형은 저 인형만큼 아름답지 않다.

■ **as + 형용사 + 관사 + 명사 + as**   ~만큼 ...한 (명사)

You can become **as good a cook as** me.
너는 나만큼 훌륭한 요리사가 될 수 있다.

He plays **as large a role as** the CEO.
그는 최고경영자만큼이나 큰 역할을 한다.

cf. 이와 유사한 어순을 취하는 구문이 더 있으니 같이 외워두자. (※ GP 09 참고)

so+형용사+관사+명사 / too+형용사+관사+명사 / how+형용사+관사+명사

ex) **so large a building** 매우 큰 건물
     too long a story 매우 긴 이야기
     How beautiful the lady is! 저 숙녀분은 참으로 아름답구나! (감탄문)

 둘 중 알맞은 것을 고르시오.

1 This is as (a magnificent / magnificent a) building as the Empire State Building.

2 I am as (tall / taller) as Tom.

Part I Choose the option that best completes each dialogue.

1 A: Look at the church. It's magnificent.
    B: True. The church is _____.
    (a) large as the old as one
    (b) as the old one as
    (c) as the as old one
    (d) as large as the old one

Part II Choose the option that best completes each sentence.

2 South Korea offered _____ the U.S. and Japan did.
    (a) as to the devastated countries as many medical supplies
    (b) as many as medical supplies to the devastated countries
    (c) as many medical supplies to the devastated countries as
    (d) many medical supplies to as the devastated countries as

Part III Read each dialogue or passage carefully and identify the option that contains a grammatical error.

3 (a) A: Your room is covered with posters of a lot of famous basketball players.
    (b) B: I couldn't live without basketball.
    (c) A: That's why you practice hard every day.
    (d) B: My dream is to become as a good player as Stephen Curry.

4 (a) Recently, oil prices have increased dramatically around the world. (b) Almost all parts of society have been negatively affected by surging oil prices. (c) Here are several tips that you can follow to minimize the effects of the skyrocketing oil prices. (d) One of them is to buy as a small car as you feel comfortable driving.

GP | 02   enough의 위치

□ **출제 경향** 역할에 따라 달라지는 enough의 위치를 묻는 문제가 출제된다. enough가 명사를 수식하는지, 또는 형용사, 부사, 동사를 수식하는지 잘 살펴봐야 한다.

❶ enough+명사

enough가 명사를 수식하여 '충분한'이란 뜻의 형용사로 사용되면 주로 명사 앞에 위치한다.

My parents saved **enough money** to take care of themselves later in life.
내 부모님께서는 노후에 스스로를 돌볼 수 있도록 충분한 돈을 모아두셨다.

→ 여기서 enough는 형용사로 사용되어 money를 수식하고 있다.

❷ 형용사/부사/동사+enough

enough가 부사로 사용되어 형용사나 부사, 동사를 수식할 때는 수식하는 단어 뒤에 위치한다. 이는 일반적으로 부사가 수식하는 형용사나 부사 앞에 위치하는 어순과는 다르므로 주의해서 알아두자.

■ **형용사+enough**

The oranges are **ripe enough** to be picked.
따도 될만큼 오렌지가 충분히 익었다.

→ ripe는 '익은'이라는 뜻의 형용사로, enough는 형용사 다음에 와야 한다.

■ **부사+enough**

You have to write **clearly enough** for us to read the letter.
우리가 그 편지를 잘 읽을 수 있도록 충분히 명료하게 써야 한다.

→ clearly는 '명료하게'라는 뜻의 부사이고 enough는 부사 다음에 온다. 따라서 '충분히 명료하게'는 clearly enough로 쓴다.

■ **동사+enough**

They **didn't practice enough** before the game starts.
그들은 경기가 시작되기 전 연습을 충분히 하지 않았다.

→ enough는 동사 practice를 수식하고 있다. practice는 명사로도 쓰지만 여기서는 앞에 didn't가 있으므로 동사임을 알 수 있다. 따라서 동사 다음에 enough가 와야 한다.

 간편한 Check!   둘 중 알맞은 것을 고르시오.

1 (A) I have enough money. (B) I have money enough.
2 (A) She is enough beautiful. (B) She is beautiful enough.

Part I Choose the option that best completes each dialogue.

1   A: Mom, can I drive the car for a few minutes?

   B: _____ drive.

   (a) You are old not enough to

   (b) You are not enough old to

   (c) Are you not enough old to

   (d) You are not old enough to

Part II Choose the option that best completes each sentence.

2   The government _____ to provide for the poor in rural areas.

   (a) does have enough not funds

   (b) does not have enough funds

   (c) does enough funds not have

   (d) not does enough funds have

Part III Read each dialogue or passage carefully and identify the option that contains a grammatical error.

3   (a) A: You must be very hungry.

   (b) B: I am enough hungry to eat all of the food on the table.

   (c) A: Don't forget to wash your hands before you eat.

   (d) B: Can I skip doing that this time? Give me a break.

4   (a) I was cheated by my friends and colleagues. (b) I was so heartbroken and frustrated that I could not trust anybody. (c) Still, there are only three people that I know enough well to confide in. (d) I will do anything for them if they ever have any problems.

TEPS-tic Expression!

Give me a break. 한 번만 봐주세요; 이제 그만, 그만 좀 내버려둬.

GP | 03 ever의 위치

□ **출제 경향** 완료시제나 원급에서 함께 쓰이는 ever의 위치를 묻는 문제가 주로 출제된다. 정확한 의미 파악보다는 함께 쓰이는 문법 요소들 사이에서 어디에 위치하는지를 잘 살펴봐야 한다.

❶ 조동사+ever+동사

ever는 조동사 (do, did, does, have, has, had)와 동사 사이에 와서 경험의 의미를 나타낸다.

Do you ever fall asleep at work?
일하다가 잠들어 버린 적 있니?
→ 조동사 do와 본동사 fall 사이에 ever가 위치한다.

Have you ever flown a helicopter?
헬리콥터 타본 적 있니?
→ 조동사 Have와 과거분사 flown 사이에 ever가 위치한다.

This is the best book that I have ever read.
이 책은 지금까지 내가 읽은 것 중에서 가장 훌륭한 책이다.
→ 최상급이 들어가 있는 문장에서 ever가 조동사 have와 과거분사 read 사이에 위치하여 경험의 의미를 나타내고 있다.

❷ as ~ as+ever

■ as+형용사/부사+as+ever

ever가 as ~ as 원급 구문과 같이 쓰이면 뒤에 있는 as 다음에 위치하며, '이전처럼[여전히] ~한'이란 의미를 갖는다.

In spite of the bad weather forecast, the next morning was as shiny as ever.
기상 예보에 따르면 날씨가 안 좋을 것이라고 했지만 다음날 아침은 여느 때처럼 화창했다.

I believe as strongly as ever that justice always wins.
나는 정의가 항상 이길 것이라고 여전히 강하게 믿는다.

■ as+형용사+관사+명사+as+ever

He is as unique a writer as ever lived.
그는 아주 독특한 작가이다.
→ as ~ as ever lived는 '지금까지 없었던, 아주 ~한'이라는 의미를 갖는다.

 둘 중 알맞은 것을 고르시오.

1 (Have you ever / Ever have you) tried that restaurant?
2 This is the most expensive computer that I have (bought ever / ever bought).
3 He is as great an athlete (as ever lived / ever as lived).

Part I Choose the option that best completes each dialogue.

1 A: _____ to celebrities such as Justin Bieber and Emma Watson?
   B: No. Not yet.

   (a) Have you talked ever
   (b) Have you ever talked
   (c) Have ever you talked
   (d) Ever have you talked

Part II Choose the option that best completes each sentence.

2 The actress was _____ although she was in her forties.

   (a) as beautiful as ever
   (b) ever as beautiful as
   (c) as beautiful ever as
   (d) as ever beautiful as

3 My cousin _____ a higher education.

   (a) ever has not received
   (b) has ever not received
   (c) has not ever received
   (d) has not received ever

Part III Read each dialogue or passage carefully and identify the option that contains a grammatical error.

4 (a) A: Don't get discouraged by the result of your math test.
   (b) B: I can't get it out of my head since it was a really important test.
   (c) A: Have you tried ever doing something new in order to forget something bad?
   (d) B: Do you have any suggestions for me?

GP | 04 간접의문문의 어순

□ **출제 경향** 의문사가 붙은 절이 문장 속으로 들어갔을 때의 어순을 묻는 문제가 출제된다.

❶ 간접의문문

일반의문문: **Where do you live?** 넌 어디에 사니?
간접의문문: I don't know **where you live.** 난 네가 어디에 사는지 몰라.
→ 동사 know의 목적어가 '네가 어디에 사는지'이므로 장소를 나타내는 의문사 where가 온 다음 「주어 + 동사」순으로 you live가 붙었다.

❷ 의문사가 맨 앞에 오는 경우

think, suppose, believe, guess, imagine 등 '생각하다'류의 뜻을 나타내는 동사가 와서 yes나 no로 답변할 수 없게 되면 의문사가 문장 맨 앞에 놓이게 된다

When do you <u>think</u> you can come back?
네가 언제 돌아올 수 있을 거라고 생각하니?
→ think는 생각을 나타내는 동사이므로 의문사 When이 앞으로 나왔다.

When do you <u>guess</u> you can turn in the report?
언제 당신이 리포트를 제출할 수 있을 거라고 생각하나요?
→ guess가 '생각하다'란 의미로 쓰이면 의문사를 문두로 이동시켜야 한다.

GP | 05 구동사와 목적어의 어순

□ **출제 경향** 「동사+전치사/부사」로 이루어진 어구에서 목적어의 위치를 묻는 문제가 출제된다.

❶ 동사+대명사+전치사/부사

구동사의 목적어가 대명사일 때, 대명사는 동사와 전치사/부사 사이에 온다.

Take the shirt off. (○)   Take off **the shirt.** (○) 그 셔츠 벗어 버려.
→ 목적어가 일반 명사일 때는 take와 off 사이에 들어가도 되고 take off 다음에 위치할 수도 있다.

Take off it. (✕)   **Take it off.** (○) 그거 벗어 버려.
→ 목적어가 대명사일 때는 take와 off 사이로 it이 들어가야 한다.

간편한 Check! **다음 한글 문장을 바르게 옮긴 영어 문장을 찾으시오.**

1 사장님이 원했던 것이 뭐라고 생각하나요?

(A) What do you suppose the CEO wanted?
(B) Do you suppose what the CEO wanted?

2 네가 그것들 좀 확인해 봤음 해.

(A) I want you to check them out.
(B) I want you to check out them.

Part I Choose the option that best completes each dialogue.

1   A: _____ his previous job?
    B: He thought his salary was too low compared to the salaries of his colleagues.

    (a) Do you think why James quit
    (b) Do you think why did James quit
    (c) Why do you think James quit
    (d) Why do you think did James quit

2   A: Even though it is hot and humid, I like wearing this scarf.
    B: _____? It's summer.

    (a) Why don't you take off it
    (b) Why don't take you off it
    (c) Why don't you take it off
    (d) Why don't you it take off

Part II Choose the option that best completes each sentence.

3   The CEO of the company is trying to _____ last year.

    (a) figure out why did sales go down
    (b) figure why do sales did down go
    (c) figure out why sales went down
    (d) figure why went sales down out

Part III Read each dialogue or passage carefully and identify the option that contains a grammatical error.

4   (a) A: Hi, this is Michael Kane. Can I speak to Tom Bradley?
    (b) B: Hold on. I don't know where is he now.
    (c) A: Then would you take a message?
    (d) B: Sure. Let me get a pen.

GP | 06 빈도부사의 위치

□ **출제 경향** 함께 쓰이는 동사의 종류에 따라 달라지는 빈도부사의 위치를 묻는 문제가 출제된다.

❶ 함께 쓰이는 동사의 위치, 형태에 따라 달라지는 빈도부사의 위치

■ 빈도부사+일반 동사

He **always** <u>likes</u> to play computer games.
그는 항상 컴퓨터 게임을 하는 것을 좋아한다.

■ be동사+빈도부사

He <u>is</u> **rarely** late when he meets his friends.
그는 친구들과 만날 때 좀처럼 늦는 일이 없다.

■ 조동사+빈도부사

Students <u>should</u> **frequently** visit museums to learn about their country's history.
학생들은 자국의 역사를 배우기 위해 종종 박물관을 방문해야 한다.

■ have+빈도부사+p.p.

I <u>have</u> **often** <u>heard</u> of him.
나는 그 사람에 관해서 종종 이야기를 들었다.

■ be+빈도부사+p.p.

I <u>was</u> **often** <u>praised</u> for being diligent.
나는 종종 부지런하다고 칭찬을 들었다.

■ be+빈도부사+V-ing

The Internet connection here <u>is</u> **always** <u>going</u> down.
여기 인터넷 접속은 항상 다운이 된다.

 둘 중 알맞은 것을 고르시오.

1 She (always goes / goes always) to church when she is in trouble.

2 I have (visited frequently / frequently visited) the community center to kill time.

3 I (rarely was / was rarely) successful when I was in my 20s.

Part I Choose the option that best completes each dialogue.

1 A: I _____ after eating lunch.
   B: It's normal because your body is focusing on digesting the food you just ate.

   (a) feel always drowsy
   (b) feel drowsy always
   (c) always feel drowsy
   (d) am feeling always drowsy

Part II Choose the option that best completes each sentence.

2 The government _____ war against crime, but it has been unsuccessful so far.

   (a) has been declared frequently
   (b) has been frequently declared
   (c) has declared frequently
   (d) has frequently declared

Part III Read each dialogue or passage carefully and identify the option that contains a grammatical error.

3 (a) A: It is weird. She's late seldom for meetings.
   (b) B: Actually, Frank said she called in sick 10 minutes ago.
   (c) A: Really? Then how come nobody told me?
   (d) B: I thought you already knew that.

4 (a) In the past, Japanese firms fired their employees rarely, and workers' loyalty to their firms was stronger than that of any other workers in the world. (b) However, a harsh economic downturn changed that practice. (c) Under the threat of bankruptcy, companies started to discard old management practices and values. (d) Since then, it is hard to find companies in Japan that believe in the concept of lifetime employment.

GP | 07 양보구문의 어순

□ **출제 경향** 양보의 의미를 갖는 구문에서 도치된 어순을 묻는 문제가 출제된다. 암기로 해결할 수 있는 문법 포인트이므로, 암기 후 실제 문제에 대입하면 바로 답을 찾을 수 있다.

❶ no matter+의문사+형용사/부사+주어+동사

<u>No matter</u> **how beautiful she is**, Jessica is not loved by everyone.
제시카가 아무리 아름답다 할지라도 모든 사람들로부터 사랑받는 것은 아니다.
→ how 다음에 있는 beautiful은 형용사이다. 원래는 she is beautiful이지만 양보 구문을 만들기 위해 형용사를 앞으로 빼버린 것이다. 여기에 부사 beautifully를 쓰면 틀리므로 주의하자.

<u>No matter</u> **how hard I study**, my grades do not improve.
내가 아무리 열심히 공부를 해도 성적이 향상되지 않는다.
→ how 다음에 있는 hard는 여기서 동사 study를 수식하는 부사로 쓰였다.

❷ however+형용사/부사+주어+(조)동사

<u>However</u> **long it might take**, all of the employees have to complete their sales reports before going home.
아무리 오래 걸린다 하더라도 전 직원들은 집에 가기 전에 그들의 매출 보고서를 마무리해야 한다.
→ long은 형용사와 부사로 모두 사용 가능하다. 여기서는 동사 take를 수식하는 부사로 사용되었다.

❸ 형용사/명사/동사원형+as+주어+동사

■ 형용사+as+주어+동사

<u>Young</u> **as Charlie is**, he has much experience.
찰리가 비록 나이는 어리지만 경험은 많다.

■ 명사+as+주어+동사

<u>Child</u> **as I was**, I could understand what my parents were crying about.
나는 비록 어린 아이였지만 부모님이 무엇 때문에 우시는지 이해할 수 있었다.
→ 명사 자리는 반드시 무관사여야 한다. 관사를 붙여 a child나 the child라고 하면 틀린다.

■ 동사원형+as+주어+조동사

<u>Try</u> **as you may**, you still can't solve the problem.
네가 아무리 노력해도, 여전히 그 문제를 풀 수는 없어.

둘 중 알맞은 것을 고르시오.

1 No matter how (angry you are / you are angry), you should learn to calm down.
2 However (difficult the subject might look / the subject might look difficult), you will soon find it easy to study.

Part I Choose the option that best completes each dialogue.

1 A: No matter how _____ to you, you can't miss class to go to that event.
   B: Yes, ma'am.

   (a) it is important
   (b) it important is
   (c) important it is
   (d) important is it

Part II Choose the option that best completes each sentence.

2 _____ at first sight, you can get a high score on the test if you persevere and study hard.

   (a) TEPS as may seem to be difficult
   (b) TEPS may as seem to be difficult
   (c) TEPS may seem as difficult to be
   (d) Difficult as TEPS may seem to be

Part III Read each dialogue or passage carefully and identify the option that contains a grammatical error.

3 (a) A: I think people should stop criticizing him. They're too harsh.
   (b) B: But he deserves it. He cheated during the game.
   (c) A: I know that. But he seems to be a good guy and regrets what he did.
   (d) B: A good guy as he is, he didn't play fairly.

4 (a) According to the article on Monday, some prison guards in California pocketed money meant for prisoners' meals. (b) Those guards who misappropriated the money took advantage of the government's negligence. (c) The amount of money is relatively small when compared to other similar cases. (d) However, no matter how much did they pocket, the punishment should be tough to prevent future cases from occurring.

GP | 08 특정 동사의 어순

□ **출제 경향** 「동사+사람+of+목적어」로 쓰이는 구문에서 of를 없애고 문법적으로 어색한 문장을 찾는 문제로 출제된다. 또한 사역동사가 쓰인 문장의 어순과 더불어 목적격보어의 형태를 묻는 문제도 종종 출제된다.

❶ inform / convince / notify / deprive + 사람 + of + 사물

inform(알리다), convince(확신시키다), notify(통지하다, 알리다), deprive(빼앗다)의 경우, 반드시 간접 목적어와 직접 목적어 사이에 전치사 of를 써주어야 한다.

I'd like to **inform** all of the students **of** some changes to a new program.
모든 학생들에게 새 프로그램에 대한 몇 가지 변동사항을 알려드리겠습니다.

You have to **convince** me **of** your passion for the job.
자네는 그 일에 대한 자네의 열정을 나에게 확신시켜야 한다네.

We will **notify** you **of** all of the details of the meeting.
그 회의에 관한 자세한 내용을 모두 알려 드리겠습니다.

Some countries **have deprived** women **of** the right to vote.
어떤 나라들은 여성이 투표할 권리를 허용하지 않고 있다.

❷ 사역동사

사역동사는 '~을 시키다'라는 의미를 나타낸다. 특히 get은 다른 사역동사와는 다른 용법으로 쓰이므로 주의해서 알아두자.

■ have/make+목적어+동사원형/과거분사

I will **have** him **paint** the house.
나는 그에게 집에 페인트칠을 하게 할 것이다.

I will **have** the car **painted**.
나는 사람을 시켜 차에 색깔을 입히라고 할 것이다.
→ 차 입장에서 보면 색 칠해짐을 당하는 것이므로 과거분사가 왔다.

■ get+목적어+to 동사원형 〈능동일 때〉 / get+목적어+p.p. 〈수동일 때〉

I will **get** him **to paint** the house.
나는 그에게 집에 페인트칠을 하게 할 것이다.

I will **get** the house **painted**.
나는 집이 페인트칠 되도록 시킬 것이다.

 간편한 Check! 둘 중 알맞은 것을 고르시오.

1 The teacher made the naughty students (leave / leaving) the class.
2 A neighbor notified the policeman (to / of) a store that was selling illegal weapons.

Part I Choose the option that best completes each dialogue.

1 A: Honey, you look serious.
   B: The time has come for me to _____.

   (a) inform my son of this bad news
   (b) inform this bad news of my son
   (c) inform my son with this bad news
   (d) inform this bad news with my son

Part II Choose the option that best completes each sentence.

2 I would like to notify _____ the latest update on our services.

   (a) you
   (b) you for
   (c) to you
   (d) you of

Part III Read each dialogue or passage carefully and identify the option that contains a grammatical error.

3 (a) A: Why don't you try some pork?
   (b) B: I'll have you to know that I'm Muslim.
   (c) A: Oops. I'm sorry. I didn't know that.
   (d) B: It's okay. I can enjoy this delicious fish.

4 (a) Last Friday, the government adopted some new policies to give more chances to underprivileged children. (b) Those policies focus on leveling the competition. (c) Their primary objective is to narrow the gap between the classes. (d) It is well known that poverty deprives children opportunities of education.

TEPS-tic Expression!

level the competition 경쟁 기회를 동등하게 하다

GP | 09 변칙 어순

□ **출제 경향** 일반적으로는 명사 앞에 형용사가 오고 형용사 앞에 부사가 와서 각각 뒤에 있는 품사를 수식하지만, 이러한 일반적인 어순이 아닌 변칙적인 어순을 묻는 문제가 출제되기도 한다.

❶ 일반 어순: 관사 + 부사 + 형용사 + 명사

일반적인 어순으로, 형용사가 명사를 수식하고 부사는 형용사를 수식하는 구문의 형태이다. 또한 명사가 셀 수 있는 가산 명사라면 부사 앞에 부정관사 a/an을 붙일 수 있고, 그렇지 않다 하더라도 정관사 the를 붙일 수 있다. 이와 같은 유형은 그리 자주 출제되지는 않지만 가장 기본적인 어순이므로 한 번쯤은 짚어봐야 하는 문법 포인트이다.

a very beautiful girl 매우 아름다운 한 소녀

a highly controversial issue 매우 논란이 되는 한 사안

❷ 변칙 어순

■ **so/too/how+형용사+관사+명사**

so small a car 매우 작은 차

too long a season 너무 긴 계절

How diligent the boy is! 그 소년은 참 부지런하구나!

■ **as+형용사+관사+명사+as**

as great a movie as X X만큼이나 훌륭한 영화

■ **such/quite/what+관사+형용사+명사**

such a wonderful day 이처럼 멋진 날

quite an excellent result 꽤 훌륭한 결과

What stupid behavior! 멍청한 행동이로구나!

→ behavior는 불가산명사이기 때문에 관사 a가 붙지 않는다. 이처럼 셀 수 없는 명사가 오면 관사가 붙지 않을 수도 있다.

둘 중 알맞은 것을 고르시오.

1 a (very delicious / delicious very) apple

2 too (heavy a box / a heavy box)

3 such (a boring movie / boring a movie)

Part I Choose the option that best completes each dialogue.

1 A: Did your team make a decision at Monday's meeting?
   B: Not yet. As you know, it's _____ issue.

   (a) a very sticky
   (b) very sticky
   (c) very a sticky
   (d) a so sticky

Part II Choose the option that best completes each sentence.

2 Malcolm Gladwell is _____ whose book *Blink: The Power of Thinking Without Thinking* has recently released.

   (a) so an interesting author
   (b) interesting an author so
   (c) so interesting an author
   (d) interesting so an author

Part III Read each dialogue or passage carefully and identify the option that contains a grammatical error.

3 (a) A: How was yesterday's date with Mindy?
   (b) B: Umm... It was nice, and she was a quite good girl.
   (c) A: But you won't go out with her again, will you?
   (d) B: Actually, I'm not sure. I'm a little bit confused.

4 (a) Welcome to the Ocean View Hotel, Delmar, where you can refresh yourself. (b) We offer a great view of the Pacific Ocean and quality services. (c) At the Ocean View Hotel, you will find how the west coast of the U.S. is beautiful. (d) There are many entertainment facilities and shopping districts where you can enjoy spending time with your family and friends.

GP | 10 기타 어순

□ **출제 경향** 의미가 같거나 형태가 비슷해서 혼동하기 쉬운 표현들로, 주로 어순 문제로 출제된다.

❶ why+동사+주어 / how come+주어+동사

how come은 why와 뜻이 같지만 그 다음에 동반되는 단어의 어순이 다르므로 주의하자.

Why are you late for the meeting? 왜 회의에 늦었나요?

How come you are late for the meeting? 왜 회의에 늦었나요?

❷ bring with + 대명사 + 목적어

「bring + 목적어 + with + 대명사」의 어순으로 쓰지만, 「bring + with + 대명사 + 목적어」로도 쓴다.

The new species may **bring** new diseases **with** it.
이 새로운 종은 새로운 질병을 가져다 줄 수 있다.

Does more information **bring with** it greater responsibility?
더 많은 정보가 더 큰 책임을 수반하는가?

❸ so가 들어간 구문

■ **So+동사+주어 ~도 그러하다**

A: I think she is gorgeous.　A: 그녀는 정말 멋있는 것 같아.

B: So **are you**.　B: 너도 멋져.

■ **So+주어+동사 정말 그러하다**

A: I think Jason is intelligent.　A: 제이슨은 지적인 것 같아.

B: So **he is**.　B: 그래, 그는 정말 지적이야.

❹ 형용사의 어순

■ **지시-수량-성질-대소-색상-재료**

These two quiet little yellow fluffy caterpillars are pretending to be dead on the table.
이 두 마리의 조용하고 작은 노란색 털복숭이 애벌레가 탁자 위에서 죽은 척하고 있다.

■ **something/anything/nothing+형용사**

−thing으로 끝나는 명사는 형용사가 앞 대신 뒤에서 수식한다.

A: I'd like to eat **something sweet**.　A: 달콤한 걸 먹고 싶어.

B: That's bad for your teeth.　B: 네 치아 건강에 좋지 않아.

간편한 Check! 둘 중 알맞은 것을 고르시오.

1 How come (is he / he is) so arrogant?

2 A: I like the way the meeting is run.

　　B: So (do I / I do).

Check-up TEST ⑩

Part I Choose the option that best completes each dialogue.

1   A: _____ French food?
    B: Frankly speaking, I dislike everything about France.

    (a) How come do you hate
    (b) How come you hate
    (c) You hate how come
    (d) You hate come how

Part II Choose the option that best completes each sentence.

2   The breathing disorder _____.

    (a) may bring with it a greater chance of premature death
    (b) may bring a greater chance with it of premature death
    (c) may bring premature death with a greater chance of it
    (d) bring may a greater chance of it with premature death

Part III Read each dialogue or passage carefully and identify the option that contains a grammatical error.

3   (a) A: Look at the beautiful girl across the street. She's gorgeous.
    (b) B: So is she. She is one of the most beautiful women that I have ever seen.
    (c) A: I want to talk to her now.
    (d) B: Why don't you just tell her you like her?

4   (a) The websites of several government agencies were attacked by anonymous hackers last Sunday. (b) The websitews were promptly fixed, and the government is still tracking the hackers. (c) Actually, this kind of incident isn't new something for the government. (d) Last October, the servers of some government websites were also taken down by hackers.

GP | 11 현재분사와 분사구문

□ **출제 경향** 분사와 분사구문은 매 시험에서 최소 2문제 이상 꼭 출제되는 문법의 점수밭이다. 진행, 능동의 의미로 쓰이는 현재분사와 분사구문의 형태에 관한 문제가 출제된다.

❶ 현재분사

현재분사는 '능동 + 진행'의 의미를 지녀 어떤 행위의 주체가 된다.

a **crying** girl(= a girl who is crying) 울고 있는 소녀

an **exciting** movie (보는 이를) 흥분시키는 영화

The man **reading** the book on the sofa is my father. 소파에서 책을 읽고 있는 분은 나의 아버지다.
→ 아버지 본인이 스스로 책을 읽는 것이다.

We witnessed the man **stealing** money from the woman.
우리는 그 남자가 그 여성으로부터 돈을 훔치는 것을 목격했다.
→ 그 남자가 돈을 훔치고 있는 행위의 주체이다.

❷ 분사구문 〈능동〉

■ **주절과 종속절의 주어가 같을 때**

종속절의 접속사와 주어를 둘 다 삭제하고 동사를 분사 형태로 만들면 된다.

As <u>he</u> listens to music, <u>he</u> takes a shower every day.

→ **Listening** to music, he takes a shower every day. 그는 매일 음악을 들으면서 샤워를 한다.
→ 종속절의 주어와 주절의 주어 he가 같은 사람이므로 접속사 As와 주어 he를 지운다. 음악을 듣는 시점과 샤워를 하는 시점이 같고, 음악을 듣는 행위
  자체가 본인의 의지로 듣는 것이므로 능동의 의미를 갖는 현재분사가 왔다.

■ **주절과 종속절의 주어가 다를 때**

종속절의 접속사를 삭제하고 동사를 분사로 만드는 것은 동일하지만, 의미상 주어를 살려두어야 한다.

As <u>my income</u> rose, <u>I</u> decided to buy a better car.

→ **My income rising**, I decided to buy a better car. 내 소득이 증가해서 나는 더 좋은 차를 구입하기로 결정했다.
→ 종속절의 주어와 주절의 주어가 my income과 I로 서로 다르므로 As만 지우고 my income은 그대로 놔둬야 한다. rose는 자동사이고
  income은 상승하는 주체이므로 현재분사 rising을 썼다.

다음 문장을 분사구문으로 바꾸어 보자.

1 As I walked along the street, I ran into a celebrity.
  → _____ along the street, I ran into a celebrity.
2 As the weather was so good, we went out for a picnic.
  → _____ _____ _____ so good, we went out for a picnic.

Part I Choose the option that best completes each dialogue.

1 A: Honey, you are so early today.
   B: _____, I came back home earlier than usual.
   (a) Feeling tired
   (b) Feeling tiring
   (c) Felt tired
   (d) Felt tiring

Part II Choose the option that best completes each sentence.

2 When she heard a strange voice from the window, she tried to wake up her husband
   _____ next to her.
   (a) sleeping
   (b) sleep
   (c) slept
   (d) to sleep

Part III Read each dialogue or passage carefully and identify the option that contains a grammatical error.

3 (a) A: Long time no see. How has everything been going lately?
   (b) B: Not badly. How about you? Are you still working for that company?
   (c) A: Yes. But, completed the project that I am doing, I'll leave the firm.
   (d) B: Why? You weren't thinking about doing that when I saw you the last time.

4 (a) Alexander the Great was a king of Macedonia and is regarded as one of the greatest military leaders in history. (b) He was always at the front of his army and was famous for his leadership and charisma. (c) He repeatedly defeated the Persians in battle and eventually conquered the Persian Empire. (d) Followed his desire to reach the end of the world, he invaded India but was forced to return as his troops were tired of fighting.

□ **출제 경향** 능동과 수동의 의미를 구별하여 현재분사와 과거분사 중 옳은 것을 찾는 문제가 출제된다.

❶ 과거분사

과거분사는 수동 개념, 즉 '~되어지는'의 뜻을 갖는다. 과거분사는 주체의 의지와 상관없이 행위가 누군가나 무언가에 의해 행해짐을 나타낸다.

a **broken** glass 깨어진 유리잔 (= a glass which is broken)
→ 유리잔이 스스로 깨진 것이 아니라 외부의 힘에 의해서 깨진 것이다.

a less **traveled** path 사람들이 덜 찾는 길 (= a path which is less traveled by people)
→ 사람들이 길을 덜 찾는 것이므로, 길의 입장에서 보면 덜 찾아짐을 당하는 것이다.

The book **written** in an easy way is very popular with young students.
쉽게 쓰여진 그 책은 어린 학생들에게 매우 인기가 있다.
→ 책 자체가 스스로 글을 쓰는 것이 아니라, 작가에 의해서 책이 쓰여지는 것이다.

I had my personal computer **repaired**.
나는 내 컴퓨터를 고치게 했다.
→ 수리 기사를 불러서 컴퓨터를 고치게 했다는 의미로, 컴퓨터는 누군가에 의해 수리된 것이므로 수동 개념이다.

❷ 분사구문 〈수동〉

분사의 의미상 주어가 어떤 일을 수행하는 주체가 아니라 어떤 일을 '당하는' 경우, 즉 수동의 의미를 가지는 경우라면 과거분사를 쓴다.

Because it is written in an easy way, the book is very popular with young students.
쉽게 쓰여졌기 때문에 그 책은 어린 학생들에게 매우 인기가 있다.

→ **Written** in an easy way, the book is very popular with young students.
→ 접속사 because를 지우고, 종속절의 주어 it과 주절의 the book이 같은 대상이므로 종속절의 주어 it을 지운다. 책은 사람에 의해 쓰여지는 대상이므로 과거분사 형태의 written을 그대로 남겨두고, 시제도 주절과 종속절이 동일하므로 그대로 쓴다.

다음 문장을 분사구문으로 바꾸어 보자.

1 As she was lost in thought, she didn't notice an approaching car.
→ _____ _____ _____, she didn't notice the approaching car.

2 Because she was given the award, she was very happy.
→ _____ the award, she was very happy.

Part I Choose the option that best completes each dialogue.

1   A: It's not like her. Why does she look so gloomy?
    B: Mr. Jung is said to be getting married. _____, she might be unable to focus on her work.

   (a) Disappointing the news
   (b) Disappointed the news
   (c) Disappointing by the news
   (d) Disappointed by the news

Part II Choose the option that best completes each sentence.

2   _____ left-handed, I was forced to be right-handed since my father believed that life would be very hard for left-handed people.

   (a) Born
   (b) Bear
   (c) Bearing
   (d) To bear

Part III Read each dialogue or passage carefully and identify the option that contains a grammatical error.

3   (a) Avoidance is a way to address conflict. (b) This method can include diverting a conflicting subject to another one, postponing the subject, or not starting discussions on a subject. (c) Confronting with very minor conflicts, some people resort to his method. (d) But many argue that avoidance will only generate a lose-lose situation.

4   (a) A dictatorship is a form of government controlling one person or a small group of people. (b) Among the most well-known examples of a dictatorship was Nazi Germany. (c) During that time, more than 3 million Germans were imprisoned or taken to concentration camps for political reasons. (d) After World War II, Germans have not forgotten what they did, and they have been extremely careful not to repeat their mistakes.

GP | 13 완료분사구문

□ 출제 경향 분사구문과 주절의 시제를 파악하여 분사구문의 형태를 묻는 문제로 출제된다. 시제와 더불어 능동과 수동까지 묻는 통합적인 문제도 출제되므로 다각적인 접근이 필요하다.

❶ having + p.p. <능동>

분사구문의 시제가 주절보다 한 시제 앞설 경우, 분사 앞에 having을 붙인다. 능동의 의미를 나타내면 having p.p.의 형태가 된다.

Having laid off many of its employees for no reason, the company had a hard time making a profit.
특별한 이유 없이 직원을 많이 감원했기 때문에 회사는 수익을 창출하는 데 어려움을 겪었다.

→ 회사가 어려움을 겪기 전에 직원들을 감원한 것이므로 동사 lay off는 had a hard time보다 앞선 시제이다. 따라서 having p.p.의 형태로 쓰여 Having laid off가 되었다.

❷ having been + p.p. <수동>

분사구문의 시제가 주절보다 한 시제 앞서고 수동의 의미를 나타내면 having been p.p.의 형태로 쓴다.

Never having been considered safe, the building was demolished today.
그 건물은 결코 안전하다고 판단되지 않았기 때문에 오늘 해체되었다.

→ 특정 과거 시점에서 오늘까지 건물이 안전하지 않다고 판단되었고, 그 결과 오늘에야 해체 작업에 들어간 것이다. 건물이 안전하지 않다고 판단된 시점은 해체된 시점보다 앞서므로 having been p.p.가 사용되었다.

GP | 14 분사구문의 부정

□ 출제 경향 분사구문의 부정에 관한 문제는 어순 문제로 많이 출제되고 있다. not이나 never를 분사 다음에 위치하게 하여 오답을 선택하도록 유도하는 경향을 보인다.

❶ not / never + 분사

분사구문을 부정하려면 분사 바로 앞에 not이나 never를 쓴다.

Not knowing exactly where to go, he couldn't arrive at his destination on time.
어디로 가야 하는지 정확히 몰라서 그는 목적지에 제때 도착할 수 없었다.

Never making eye contact with the audience, she just sang a song.
청중과 절대로 눈을 맞추지 않으면서 그녀는 노래만 불렀다.

 간편한 Check!

둘 중 알맞은 것을 고르시오.

1 (Having finishing / Having finished) the report earlier, I could rest a little in the evening.
2 (Having been fired / Having been firing), Tom had nothing to do.
3 (Not knowing / Knowing not) him, I didn't talk to him.
4 (Never treated / Treated never) fairly by the boss, I decided to leave the company.

Part I Choose the option that best completes each dialogue.

1   A: Could you explain why you decided to leave the company?
    B: _____ for three years, I'm sick and tired of my job.
    (a) Worked practically seven days a week
    (b) Work practically seven days a week
    (c) Had worked practically seven days a week
    (d) Having worked practically seven days a week

Part II Choose the option that best completes each sentence.

2   _____ on junk food, he will be in good shape when he grows up.
    (a) Never raising
    (b) Never raise
    (c) Raised never
    (d) Not having been raised

Part III Read each dialogue or passage carefully and identify the option that contains a grammatical error.

3   (a) A: Did you hear that? Archaeologists found the original copy of *The Forbidden Sage*.
    (b) B: The original having been losing long ago, no one ever expected to find it again.
    (c) A: And it also contains 20 pages which aren't included in any other editions.
    (d) B: Now we can find out why kings at the time it was written tried very hard to ban it.

4   (a) The creation of green jobs can help our nation not only cut its carbon dioxide emissions but also limit the severity of the current economic recession. (b) Not reflected the urgency of the situation, however, the government is standing idly by and letting the market do everything. (c) It is necessary for the government to assess the kind of workforce and skills required for a green economy and to do what it can do to support the creation of one. (d) The government should lead, not follow, in order to protect the environment before it is too late.

GP | 15 독립 분사구문

□ **출제 경향** 독립 분사구문은 분사 개념으로 접근하기보다는 암기하는 것이 가장 효과적인 학습 방법이다. 그냥 외우기만 해도 쉽게 해결할 수 있는 문제이니 하나의 영어 표현이라고 생각하고 외워두자.

❶ 시험에 자주 출제되는 독립 분사구문

weather permitting	날씨가 허락한다면(= if the weather permits)
the situation permitting	상황이 허락한다면
all other things being equal	다른 요소[조건, 상황]는 동일하다고 보면
judging from	~을 보고 판단하건대
generally speaking	일반적으로 말하자면
strictly speaking	엄격히 말해서
all things considered	모든 것을 고려해 보면
taking everything[all things] into consideration	모든 것을 고려해 보면
it being fine	날씨가 좋으면
the sun having set	해가 지자

A: **Generally speaking**, we get wiser with age.
B: You have a point, but that is not always true.

A: 일반적으로 말해서 우리는 나이가 들면서 더 현명해져.
B: 네 말도 일리는 있지만 꼭 그런 것만은 아니지.

A: **Weather permitting**, let's go for a drive tomorrow.
B: I have a lot of things to take care of.

A: 날씨가 허락한다면 내일 드라이브나 하자.
B: 난 해야 할 일이 많아.

둘 중 알맞은 것을 고르시오.

1 (Judged / Judging) from your look, it seems that you have some problems.
2 (Strict / Strictly) speaking, you violated the regulation.
3 (Taking / Taken) all things into consideration, we have a long way to go.

Part I Choose the option that best completes each dialogue.

1   A: _____, he must be a rich guy.
    B: Well, I don't think so. All that glitters is not gold.

   (a) Judged by his appearance
   (b) Judging from his appearance
   (c) Judging his appearance
   (d) Judged in his appearance

Part II Choose the option that best completes each sentence.

2   _____, a group of experts will enter Iraq to address security issues.

   (a) The situation permits
   (b) The situation permitted
   (c) The situation permitting
   (d) The situation not permitted

Part III Read each dialogue or passage carefully and identify the option that contains a grammatical error.

3   (a) A: Taken everything into consideration including the cost, I decided to buy this
           espresso machine.
    (b) B: That's an excellent choice. I'm sure you won't be disappointed.
    (c) A: Is there anything that I should know in order to maintain this machine?
    (d) B: You should clean it every two weeks.

4   (a) Generally spoken, a celebrity is someone who gets the attention of the media.
    (b) Several occupations, such as those of movie stars and athletes, are more likely to
    produce celebrities. (c) But sometimes an ordinary person can become a celebrity by
    accident. (d) And not every movie star and athlete becomes a celebrity.

Unit 3 관계사

GP 16 who / whose / whom

□ **출제 경향** 선행사가 사람일 때 쓰이는 관계대명사의 격을 묻는 문제가 주로 출제된다.

❶ 주격 관계대명사 who

선행사가 사람이고 주어 역할을 하면 관계대명사 자리에 who를 쓴다. who 자리에 that을 써도 된다.

I have <u>a friend</u> who (= that) is very handsome.
내게는 아주 잘 생긴 친구가 있다.

→ 관계대명사 who 앞에 있는 명사 a friend가 선행사이다. 그런데 이 선행사가 is very handsome의 주어 역할을 하고 있으므로 주격 관계대명사 who가 온 것이다.

❷ 소유격 관계대명사 whose

선행사가 사람이고 선행사와 관계대명사 다음에 나오는 명사와의 관계가 '소유'이면 whose를 쓴다. 즉 「사람명사+ _____+명사」가 있고, 사람명사가 빈칸 뒤의 명사를 소유하고 있는 관계라면 whose가 정답이다.

I have <u>a friend</u> whose name is Michael.
나는 마이클이라는 이름의 친구가 있다.

→ whose 앞에 있는 a friend가 선행사이다. whose 뒤에 있는 name과 a friend의 관계를 따져 보면 '친구의 이름'이 마이클인 것이다. 이처럼 해석을 해서 '~의'가 된다면 소유격 관계대명사를 쓰면 된다.

The president will appoint James whose abilities are the most suitable for the job.
사장님은 그 업무에 능력이 가장 적합한 제임스를 임명할 것이다.

❸ 목적격 관계대명사 whom

선행사가 사람이고 목적어 역할을 하면 관계대명사 whom을 쓴다. 이때 whom 자리에 that을 써도 된다.

Beyonce is <u>the singer</u> whom (= that) I like the most.
비욘세는 내가 제일 좋아하는 가수이다.

→ 관계대명사 whom 앞에 있는 the singer가 선행사로, whom 뒤에 있는 I like의 목적어가 되므로 목적격 관계대명사가 온 것이다. 참고로 the most는 동사를 수식하는 부사 역할을 한다.

This is my best friend whom I mentioned a few hours ago.
얘가 내가 몇 시간 전에 이야기했던 내 베스트프렌드야.

 둘 중 알맞은 것을 고르시오.

1 I like talking to Minsu (who / whose) ideas are always innovative.
2 She was the person (whom / whose) I bumped into at the main entrance yesterday.
3 There are many people (who / whom) are standing in front of the train station.

Part I Choose the option that best completes each dialogue.

1 A: James, who was the guy _____ was sitting next to you when I came across you yesterday?
   B: Who? Do you mean George? He is my cousin. He came to meet me before he left Seoul.
   (a) who
   (b) whom
   (c) which
   (d) what

Part II Choose the option that best completes each sentence.

2 Tom Lewis is a self-made and respected businessman _____ personality is so strange that only a few people know that he is troubling.
   (a) who
   (b) whose
   (c) whom
   (d) which

Part III Read each dialogue or passage carefully and identify the option that contains a grammatical error.

3 (a) A: 911, how may I help you?
   (b) B: Hi. I just got a package from an express delivery person, but something's wrong with it.
   (c) A: What's the matter?
   (d) B: I don't know the person whom sent this package. Could it be a bomb? I just heard a ticking sound in it.

4 (a) George Eastman was the founder of the Eastman Kodak Company. (b) He was a businessman as well as the man whose invented roll film. (c) And he was also famous for his philanthropic activities in his later years. (d) He donated almost $100 million, with most of it going to the University of Rochester and MIT.

TEPS-tic Expression!

come across 우연히 만나다

Unit 3 관계사 51

GP | 17 which / whose / which

□ **출제 경향** 선행사가 사물일 때 쓰이는 관계대명사의 격을 묻는 문제가 출제된다.

① 주격 관계대명사 which

선행사가 사물이고 관계대명사절의 주어 역할을 하면 주격 관계대명사 which 또는 that을 쓴다.

This is a <u>novel</u> **which**(= that) is very interesting.
이것은 아주 재미있는 소설이다.
→ 관계대명사 앞에 있는 a novel이 선행사인데, which 뒤에 있는 is very interesting의 주어 역할을 한다.

The train is moving slowly toward the station, **which** has been in operation for years.
기차는 수 년 동안 운영되어왔던 역을 향해서 천천히 움직이고 있다.

② 소유격 관계대명사 whose

선행사가 사물이고, 관계대명사 뒤에 나온 명사를 소유하는 관계일 때는 whose를 쓴다. whose를 of which로 바꿀 수도 있다.

I entered a <u>tall building</u> **whose** roof had some problems.
나는 지붕에 몇 가지 문제가 있는 높은 건물에 들어갔다.
→ 선행사가 사물인 a tall building인데, 지붕이 건물에 포함되어 있는 것이므로 선행사가 roof를 소유하고 있는 것으로 볼 수 있다. 정리하면, 선행사가 사물이고 roof와의 관계가 소유이므로 whose를 쓴 것이다.

One of my friends told us a story **whose** lessons are associated with how to behave in modern society.
내 친구 중 한 명이 현대 사회에서 행동하는 법에 관한 교훈이 담긴 이야기를 우리에게 해줬다.

③ 목적격 관계대명사 which

선행사가 사물이고 관계대명사절의 목적어 역할을 하면 목적격 관계대명사 which를 쓴다. which 대신 that을 쓸 수도 있다.

This is <u>the novel</u> **which**(= that) young readers like the most.
이것이 어린 독자들이 가장 좋아하는 소설이다.
→ 선행사가 the novel로 사람이 아닌 사물이다. 그리고 선행사가 which 다음에 나오는 young readers like의 목적어 역할을 하므로 which나 that을 써야 한다.

둘 중 알맞은 것을 고르시오.

1 This building has a special room (which / who) accommodates celebrities only.
2 I live in a house (whose / that) walls are decorated with flower patterns.
3 The train is approaching the station (whose / which) many people have used for the past decade.

Part I Choose the option that best completes each dialogue.

1   A: What's wrong? You look terrible.
    B: I lost the brooch _____ my mom left me 10 years ago.

    (a) who
    (b) whom
    (c) which
    (d) whose

Part II Choose the option that best completes each sentence.

2   This book caused great controversy _____ led to an extensive investigation
    by the public prosecutor.

    (a) what
    (b) which
    (c) who
    (d) whom

Part III Read each dialogue or passage carefully and identify the option that contains a grammatical error.

3   (a) A: Did you hear the news? Sue is going to leave to study abroad.
    (b) B: I already knew that. She called me right before you got here.
    (c) A: Do you know when she's leaving?
    (d) B: She plans to leave for Italy in two months after she finishes the project that purpose
        is to improve the quality of life.

4   (a) A lost film is a film who is no longer considered to exist. (b) Most lost films are silent
    films or early talkie films from the late 1880s to the early 1930s. (c) Many films at that time
    were regarded as useless and were destroyed to make space for newly made films. (d)
    But many films during that era have survived, so we can see them in a digitally restored
    format.

what과 that의 차이

□ **출제 경향** 관계대명사로 쓰이는 what과 that의 가장 큰 차이점은 선행사의 유무이다. 주로 Part III에서 that이 들어가야 할 자리에 what을 배치하거나 what이 들어갈 자리에 that을 놓고 틀린 부분을 찾는 문제가 출제된다.

❶ what

관계대명사 what은 that과 달리 선행사를 포함하고 있으므로 앞에 선행사가 없다. 또한 명사절을 이끌며 주어, 목적어, 보어 역할을 할 수 있다.

What you said is not true.
네가 말했던 것은 사실이 아니다. → 주어

Students should pay close attention to **what** their teachers say.
학생들은 교사들이 하는 말을 유의해서 잘 들어야 한다. → 목적어

This is **what** the commander ordered.
이것은 지휘관이 명령했던 것이다. → 보어

❷ that

관계대명사 that은 주격과 목적격으로 쓰일 수 있으며, 앞에 선행사가 있어야 한다. 또한 that이 명사절을 이끄는 접속사로 쓰일 때는 뒤에 완전한 문장이 온다.

Isn't he the man **that** frequently visits your house?
그가 네 집을 자주 방문하는 그 남자니?
→ 선행사 the man을 수식하는 주격 관계대명사로 쓰였다.

Jane is the student **that** every teacher likes.
제인은 모든 선생님들이 좋아하는 학생이다.
→ 선행사 the student를 수식하는 목적격 관계대명사로 쓰였다.

The research showed **that** children can learn a second language well at the age of eleven.
그 연구는 아이들은 제2 언어를 11세 때 잘 배울 수 있다는 것을 보여주었다.
→ that 뒤에 나오는 children ~ age of eleven은 동사 showed의 목적어 역할을 하는 명사절이며, that은 그 명사절을 이끄는 접속사로 쓰였다.

둘 중 알맞은 것을 고르시오.

1 This is (that / what) I am saying all the time.

2 The trouble is (what / that) we are short of money.

3 (What / That) people have always wanted is not food but freedom.

4 I use the same map (what / that) you use.

Part I Choose the option that best completes each dialogue.

1   A: Congratulations. I heard that your daughter won third prize in the contest.
    B: She just showed _____ she can do. That's all.

(a) who
(b) that
(c) which
(d) what

Part II Choose the option that best completes each sentence.

2   _____ all of the people in the town wanted was freedom of speech.

(a) What
(b) Who
(c) Which
(d) That

Part III Read each dialogue or passage carefully and identify the option that contains a grammatical error.

3   (a) A: Why are you still angry with her? I heard she apologized to you.
    (b) B: Apologize? That's nonsense. She just didn't know that she had done.
    (c) A: No way. She told me yesterday that she was going to meet you and say sorry.
    (d) B: Well, we met, but all she did was make poor excuses.

4   (a) With over 2 million people residing in Manila, a big volcanic eruption would deal the city a heavy blow. (b) It is high time that we should take steps to prepare for a major volcanic explosion. (c) Manila is a city what is prone to many types of natural disasters. (d) If a disaster strikes, there will be little time to evacuate.

TEPS-tic Expression!

deal a blow 타격을 주다   **prone to** ~의 경향이 있는

GP 19 관계대명사와 전치사의 조합

□ **출제 경향** 전치사가 관계대명사 앞에 붙는 경우가 있다. 관계대명사 앞에 어떤 전치사가 오는지 알려면 관계대명사 뒤에 나오는 동사의 성격을 잘 알아야 한다. 동사와 함께 쓰는 전치사를 알아야 풀 수 있는 문제도 출제되고 있다.

❶ 관계대명사와 전치사를 조합하는 방법

관계대명사가 전치사의 목적어로 사용되는 경우에는 전치사를 관계대명사 앞에 두어도 되고 전치사를 원래 자리에 두어도 상관없다. 아래에서 두 가지 문장을 연결하는 방법을 살펴보고, 이를 통해 관계대명사와 전치사의 조합법을 익혀보자.

This is the new house. + We are going to live in the new house.
이것은 새 집이다 + 우리는 새 집에서 살 것이다.

■ **관계대명사로 연결하고 전치사는 맨 뒤에 살려둔다.**

This is the new house **which[that]** we are going to live **in**.
→ 두 문장을 연결하려면 먼저, 공통된 요소인 the new house를 선행사로 뺄 수 있다. 이때 the new house가 전치사 in의 목적어가 되므로 목적격 관계대명사 which나 that을 쓸 수 있다.

■ **관계대명사를 생략하고 전치사는 뒤에 살려둔다.**

This is the new house we are going to live **in**.
→ 목적격 관계대명사는 생략 가능하다. 단, 생략하려면 전치사는 원래 위치에 두어야 한다.

■ **전치사를 관계대명사 앞에 둔다.**

This is the new house **in which** we are going to live.
→ 「전치사 + 관계대명사」의 형태로 쓸 때 「전치사 + that」은 쓸 수 없으므로 주의하자.

cf. 선행사가 장소, 시간, 방법, 이유를 나타낼 때는 관계부사를 사용해 나타낼 수도 있다.

ex) This is the new house <u>where</u> we are going to live.

다음 두 문장을 위의 예문처럼 관계대명사를 사용해 연결하시오.

Geology is the subject. + I am deeply interested in the subject.

1 Geology is the subject _____ I am deeply interested in.

2 Geology is the subject I am deeply interested _____.

3 Geology is the subject _____ _____ I am deeply interested.

Part I Choose the option that best completes each dialogue.

1 A: How is your new home, _____ you moved yesterday?
   B: Oh, it's great. I especially love the apple tree in the garden.

   (a) to which
   (b) by which
   (c) with whom
   (d) to what

2 A: Do you know the film *Pirates of the Caribbean*, in _____ Johnny Depp
      played the role of a legendary pirate?
   B: Yes, I do.

   (a) where
   (b) whose
   (c) which
   (d) that

Part II Choose the option that best completes each sentence.

3 This is the pen _____ President Woodrow Wilson signed the Treaty of
   Versailles in 1919.

   (a) to which
   (b) with which
   (c) by which
   (d) on which

Part III Read each dialogue or passage carefully and identify the option that contains a
grammatical error.

4 (a) William Shakespeare was one of the most famous writers of sonnets in history. (b) He
   wrote 154 sonnets, which deal with themes such as time, love, and beauty. (c) One of
   the mysteries about Shakespeare is the identity of the Fair Youth, who 126 sonnets are
   addressed. (d) Because of the romantic language used in the sonnets, some people argue
   that Shakespeare and the youth had a homosexual relationship.

TEPS-tic Expression!

sign a treaty 조약에 조인하다

□ **출제 경향** 관계부사는 선행사에 따라 종류가 결정되므로, 선행사를 제대로 찾아내기만 해도 쉽게 해결할 수 있는 문제이다.

❶ 관계부사의 역할

관계부사는 접속사와 부사적 역할을 하는 부분을 연결시켜 준다.

We are going to hold a meeting, <u>and in the meeting</u>, we will select the employee of the year.

→ We are going to hold a meeting **where** we will select the employee of the year.
   우리는 올해의 직원을 선정할 회의를 열 예정이다.

This is the house, and she lives in the house.

→ This is the house **where (= in which)** she lives.
   이것이 그녀가 사는 집이다.

❷ 관계부사의 종류

■ **선행사가 장소와 관련되면 where**

This is <u>the city</u>. + My father was born <u>in the city</u>.

→ This is the city **where** my father was born. 이곳이 우리 아버지가 태어난 도시이다.

■ **선행사가 시간과 관련되면 when**

I don't know <u>the exact time</u>. + The accident took place <u>at the exact time</u>.

→ I don't know the exact time **when** the accident took place. 나는 사고가 일어난 정확한 시간을 모른다.

■ **선행사가 이유와 관련되면 why**

He has <u>every reason</u>. + He is working out every day <u>for the reason</u>.

→ He has every reason **why** he is working out every day. 그가 매일 운동하는 데는 당연한 까닭이 있다.

■ **선행사가 방법과 관련되면 how**

This is <u>the way</u>. + I solved the problem <u>this way</u>.

→ This is **how** I solved the problem.

→ This is **the way** I solved the problem. 이것이 내가 문제를 해결한 방법이다.
   → 다른 관계부사와는 달리 how는 선행사와 관계부사 둘 중에 하나만 써야 한다. the way how는 틀린 표현임에 주의하자.

둘 중 알맞은 것을 고르시오.
1 This is the library (where / why) you can find old books.
2 I remember the day (how / when) we met each other.

Part I Choose the option that best completes each dialogue.

1 A: Do you know the exact time _____ the boxing match begins?
   B: Yes. It is scheduled to begin at 9 o'clock tomorrow night.

(a) why
(b) where
(c) what
(d) when

Part II Choose the option that best completes each sentence.

2 After the Thirty Years' War, many people were unable to prove the place _____
   they had been born since their birth certificates and other related documents had been
   burned during the war.

(a) why
(b) where
(c) what
(d) how

Part III Read each dialogue or passage carefully and identify the option that contains a
grammatical error.

3 (a) A: Honey, why don't we go to see a movie tomorrow?
   (b) B: Good. Is there any film you want to see?
   (c) A: I want to see *Avengers* at the IMAX 3D theater.
   (d) B: Okay. That'll be great. I really wonder what its director made such great visual
          effects.

4 (a) Washington, D.C. has a law which limits building heights in the city. (b) Height
   restrictions in the city have prevented its downtown business district from becoming like
   Manhattan, which therefore allows you to enjoy fireworks from miles away without having
   anything block your view. (c) However, some argue that the height restrictions are the
   primary reason which the city suffers from traffic and housing problems. (d) As the city has
   limited space for housing and offices, many people live in suburban areas, which causes
   heavy traffic jams as they commute between their homes and offices.

Unit 4 동사와 조동사

GP | 21 현재완료

□ **출제 경향** 문맥 속에서 시제를 파악하여 현재완료시제와 여타 다른 시제를 구분하는 문제로 출제된다.

❶ 현재완료 (have+p.p.)

현재완료는 과거부터 지금까지 계속되었거나 경험한 일, 과거에 시작해서 현재에 완료되었거나 그로 인해 일어난 결과를 나타낼 때 쓴다.

The company **has invested** a large amount of money in the new facilities in order to increase productivity.
회사는 생산성을 증가시키기 위해 새로운 시설에 많은 돈을 투자해 왔다.
→ 돈을 투자한 것이 어느 한 시점에 딱 끝난 일이 아니라, 생산성을 증가시키기 위해 과거부터 지금까지 계속해서 이루어졌음을 나타낸다.

I **have been expecting** you.
당신을 만날 날을 기다려 왔습니다.
→ 현재완료 진행 구문이다. 내가 과거부터 당신을 만날 날을 기다리고 있는데, 현재도 그렇다는 계속의 의미를 강조하기 위해, 현재완료 구문에 진행형을 더했다.

❷ 현재완료와 함께 쓰이는 시간 표현

현재완료는 과거부터 현재의 어느 시점까지 계속된 일을 나타내므로, 시간을 나타내는 표현과 함께 쓰이는 경우가 많다. 함께 쓰이는 표현을 외워두면 한층 수월하게 문제를 풀 수 있다.

for the past[last]+시간	(과거 시간) 동안에
in the past[last]+시간	(과거 시간) 동안에
over the past[last]+시간	(과거 시간에) 걸쳐서
till now / so far	지금까지
since	~한 이래로 계속

For the past 100 years, the living conditions in developing countries **have improved** on a steady basis.
지난 100년 동안 개발도상국의 거주 환경이 지속적으로 향상되어 왔다.
→ for the past 100 years는 '지난 100년 동안'이라는 기간을 나타낸다. 즉, 어떤 행위나 상황이 100년 전부터 지금까지 계속해서 이어지고 있음을 암시한다. 그렇다면 동사 시제는 현재완료가 되어야 한다.

cf. 최상급+that+주어+have ever p.p. (주어가 지금껏 ~했던 것 중에 가장 …하다)

ex) This is **the most boring** movie **that I have ever watched**.
이건 내가 그 동안 봤왔던 영화 중에서 가장 지루한 영화이다.

간편한 Check! 둘 중 알맞은 것을 고르시오.
1 Sharon (has worked / worked) for the company for 20 years.
2 I (played / have played) soccer since I was 10.

Part I Choose the option that best completes each dialogue.

1   A: It's freezing out there.

    B: _____ Alaska? This is nothing compared to there.

  (a) Are you in

  (b) Were you in

  (c) Have you ever been to

  (d) Are you there in

Part II Choose the option that best completes each sentence.

2   He _____ his latest film, *The Natural Consequence*, which is now in post-production.

  (a) has just finished

  (b) just finishes

  (c) had just finished

  (d) will just finish

Part III Read each dialogue or passage carefully and identify the option that contains a grammatical error.

3   (a) A: Tommy Emmanuel is a great guitar virtuoso. He's really amazing.

  (b) B: I couldn't agree with you more. His energetic and complex guitar performances are fantastic.

  (c) A: He was a professional musician since he was 9.

  (d) B: That's really incredible!

4   (a) A manned mission to Mars was the subject of scientific and public discussions throughout the twentieth and twenty-first centuries. (b) Proposals for a mission deal with not only landing on but also eventually settling on Mars and its moons. (c) Since the 1950s, preliminary work for a mission has been undertaken, and various mission proposals have been made by lots of organizations and agencies. (d) But some scientists have claimed that attempts to send astronauts to Mars would be counterproductive for science.

TEPS-tic Expression!

come across 우연히 만나다

GP | 22 과거완료 / 미래완료

□ **출제 경향** 과거 완료는 자주 출제되는 문법 포인트 중 하나로 두 달에 한 번은 출제되고 있다. 미래완료는 매달은 아니더라도 3개월에 한 번 정도 나오는 유형의 문제이다. 특히 미래완료가 답으로 출제될 때마다 시간을 나타내는 부사구인 「by + 시간」이 어김없이 같이 나왔으므로 이런 표현이 나온다면 미래완료 시제가 답이 아닌지 확인해 볼 필요가 있다.

❶ 과거완료 (had+p.p.)

과거완료 시제는 과거 시점이 명시되어 있을 때, 그 과거 시점보다 더 이전에 발생한 내용을 언급하기 위해 사용한다. 따라서 과거완료 문장에는 일반적으로 과거 시점을 먼저 명시해 두는 경우가 많다.

When I arrived in the conference room, the meeting **had** already **started**.
내가 회의장에 도착했을 때 회의는 이미 시작되어 있었다.
→ 회의가 시작된 것은 내가 도착하기 전에 일어난 일이다. 과거 시제 arrived보다 앞서서 일어난 일이므로 had P.P.로 나타낸다.

All my belongings and paintings **had been stolen** when I entered my room.
내가 방에 들어왔을 때는 내 모든 소지품과 그림이 도난당한 상태였다.
→ 내가 방에 들어온 것보다 도난당한 일이 더 먼저 일어난 일이다. entered보다 앞선 시제를 설명하기 위해 had been stolen이라고 한 것이다.

❷ 미래완료 (will have+p.p.)

미래완료 시제는 미래의 어느 시점까지 동작이나 사건이 끝날 것임을 의미한다. by the time, by then처럼 완료되는 시점을 나타내는 시간 부사구와 함께 많이 쓰인다.

Minsu **will have saved up** to 200 million won by the end of this year, so he will be able to buy a Mercedes.
민수는 올해 말까지 2억 원을 모으게 될 것이니까 메르세데스 벤츠 차를 구입할 수 있을 것이다
→ 만약 위 문장에서 단순미래 시제인 will save를 쓰면 2억 원을 모으기 시작한다는 의미가 된다. 그런데 그런 뜻이 아니라 올해 말이 되어야 2억 원을 다 모아서, 그 후에야 벤츠 차를 살 수 있다는 것이다. 즉, 돈을 모으는 행위가 마무리되어야만 차를 살 수 있는 것이므로 미래에 행동이 완료될 것임을 의미하는 미래완료 시제가 적절하다.

둘 중 알맞은 것을 고르시오.

1 Half of all human languages (will disappear / will have disappeared) by the end of the century.

2 The train (left already / had already left) when I arrived at the station.

Part I Choose the option that best completes each dialogue.

1   A: Allen, how's your project going?
    B: Good. I _____ a prototype of this machine by next month.

   (a) produce
   (b) have produced
   (c) produced
   (d) will have produced

Part II Choose the option that best completes each sentence.

2   I wondered why he _____ the room empty against my orders.

   (a) would leave
   (b) was leaving
   (c) has left
   (d) had left

Part III Read each dialogue or passage carefully and identify the option that contains a grammatical error.

3   (a) A: I heard you joined a soccer club. Is that right?
    (b) B: Yes. We practice every Sunday.
    (c) A: When do you expect you will be able to play in some matches?
    (d) B: I think I have played as a midfielder by June if I don't miss any practices.

4   (a) There are two types of home mortgages: repayment mortgages and interest-only mortgages. (b) With a repayment mortgage, you pay off part of the loan and interest every month. (c) At the end of the term of the mortgage, you have paid off the loan as well as the interest. (d) An interest-only mortgage means you only have to pay the interest on the loan every month.

□ **출제 경향** 주절과 종속절의 시제를 비교하여 알맞은 시제를 고르는 문제로 출제된다. 하지만 모든 경우에 시제 일치가 적용되는 것은 아니므로, 시제 일치에서 예외가 발생하는 경우에 특히 주의해야 한다.

❶ 시제 일치

주절이 현재 또는 미래 시제인 경우에는 종속절에 다양한 시제가 올 수 있다. 그러나 주절이 과거일 때 종속절은 과거나 과거완료가 되어야 한다.

Many people in the 1920s **thought** that space travel **was** impossible.
1920년대의 많은 사람들은 우주여행이 불가능하다고 생각했다.
→ '우주여행은 불가능했다'는 내용도 과거이고 사람들이 그렇게 생각했다는 것도 과거이다. 이렇게 주절의 동사 thought와 종속절의 동사 was의 시제를 과거로 통일시키는 것이 바로 시제 일치이다.

Jason **said** that he **had visited** various foreign countries for business.
제이슨은 일 때문에 여러 외국들을 방문했었다고 말했다.
→ 주절의 동사가 said로 과거인데, 외국을 방문했던 것은 제이슨이 말하고 있는 시점보다 더 과거에 일어난 일이므로 과거완료시제 had visited를 썼다.

❷ 시제 일치의 예외

속담, 진리, 격언, 과학적 사실은 위에서 배운 시제 일치와는 상관없이 무조건 현재 시제로 쓴다. 또한 과거에 일어난 역사적 사실은 과거 시제로 나타내야 한다.

■ **과학적 사실 (현재 시제)**

The Earth **is** round. 지구는 둥글다.

■ **속담, 격언 (현재 시제)**

The early bird **catches** the worm. 일찍 일어나는 새가 벌레를 잡는다.
It never **rains** but it **pours**. 불행한 일은 겹쳐서 온다. (= 설상가상)

■ **역사적 사실 (과거 시제)**

The Korean War **broke out** in 1950. 한국 전쟁은 1950년에 발발했다.

둘 중 알맞은 것을 고르시오.

1 I never realized that I (am / was) an idle student.
2 Silence (is / has been) golden.

Part I Choose the option that best completes each dialogue.

1   A: People in the past didn't believe that the Earth _____ around the sun.
    B: Yes. And they also believed that the Earth was flat.

   (a) was moving
   (b) moves
   (c) moved
   (d) has moved

Part II Choose the option that best completes each sentence.

2   I thought that water always _____ at 100°C, but the boiling point of water is
    69°C on top of Mount Everest.

   (a) boiled
   (b) was boiling
   (c) would boil
   (d) boils

Part III Read each dialogue or passage carefully and identify the option that contains a
grammatical error.

3   (a) A: I thought they are very close.
    (b) B: They were close, but they are not anymore.
    (c) A: What made them estranged?
    (d) B: I heard they had had a nasty dispute over religious issues.

4   (a) A: Who was the woman you were talking to the other day?
    (b) B: She is the professor whose class I still haven't been able to buy the textbook for.
    (c) A: What did she say?
    (d) B: She just said I can have her book copied and bound.

GP | 24 시간과 조건의 부사절

□ **출제 경향** 부사절이란 문장 내에서 부사 역할을 하는 절로, 이 부사절이 빠져도 문장으로서는 손색이 없다. TEPS 문법에서는 시간 및 조건의 부사절을 주고 시제를 묻는 문제가 출제된다.

❶ 시간 부사절

as soon as, when처럼 시간을 나타내는 접속사가 들어간 부사절이 오면 미래에 해당하는 내용이라 할지라도 현재시제로 쓴다.

I will have to go to school again <u>as soon as</u> I **finish** this assignment.
나는 이 과제를 끝내자마자 다시 학교로 가봐야 해.

❷ 조건 부사절

if, even if, unless처럼 조건을 나타내는 접속사가 들어간 부사절에서는 무조건 현재시제를 쓴다.

Things will get complicated <u>unless</u> we **do** something about the problem.
우리가 그 문제에 대해서 뭔가 조치를 취하지 않으면 상황이 복잡해질 것이다.

GP | 25 진행 시제

□ **출제 경향** 진행형 시제가 문법 문제로 출제되면 내용을 잘 파악해야 풀 수 있는 문제인 경우가 많으므로, 주어진 상황 전체를 잘 음미할 필요가 있다.

❶ 주어 + 과거진행 동사 + when + 주어 + 과거동사

한 주어가 과거에 어떤 동작을 취했던 바로 그 순간에 또 다른 주어는 무엇을 하고 있는 중이었는지 설명하는 구문이다.

My father **was reading** a book when I entered the room.
내가 방에 들어섰을 때 아버지는 책을 읽고 계시는 중이었다.
→ 내가 과거에 방에 들어갔을 때, 아버지가 어떤 동작을 하고 있는 중이었는지 서술하므로 과거진행 시제가 왔다.

❷ 가까운 미래를 의미하는 현재진행 시제

현재진행 시제는 현재에 진행되고 있는 일뿐만 아니라 가까운 미래에 일어날 일을 나타낼 때도 쓰인다.

We **are holding** a surprise party for Jim at 9 p.m. tomorrow.
우리는 내일 오후 9시에 짐을 위한 깜짝 파티를 열 것이다.
→ 지금 파티를 열고 있는 것이 아니라 내일 여는 것이다.

 간편한 Check! **둘 중 알맞은 것을 고르시오.**

1 I will stop by your office if the rain (stops / will stop).
2 My mother (was cooking / cooked) when I came home.
3 We (went hunting / are going hunting) next week.

Part I Choose the option that best completes each dialogue.

1   A: What will you do when you _____ thirty?
    B: Well, I think I'll have my own business by then.

   (a) will become
   (b) became
   (c) is becoming
   (d) become

Part II Choose the option that best completes each sentence.

2   When I was involved in a fender-bender in the parking lot of a mall, I _____ on my cell phone.

   (a) talked
   (b) am talking
   (c) was talking
   (d) would talk

Part III Read each dialogue or passage carefully and identify the option that contains a grammatical error.

3   (a) A: You look distressed. What's wrong with you?
    (b) B: I have to take a plane when I will leave for Seoul tomorrow.
    (c) A: Then why do you look so serious? There's nothing to worry about.
    (d) B: I really hate flying. I think I have a fear of airplanes.

4   (a) When I had seen David, he was talking to his girlfriend Susan. (b) I approached them, but I noticed that they were quarreling with each other. (c) So I moved back and behaved as if I had not seen them. (d) Fortunately, they seemed not to notice me, and David told me later that he had not seen me at all.

GP | 26 자동사와 타동사

□ **출제 경향** 타동사를 전치사와 함께 쓰거나 자동사를 수동태로 만들어 어법상 틀린 곳을 고르는 문제로 주로 출제된다.

① 타동사의 특징

타동사 다음에는 바로 목적어가 온다. 일반적으로 전치사와 함께 쓰지 않으므로, 혼동하기 쉬운 표현을 함께 정리해 두자.

The government **announced** <u>a new plan</u> to construct additional nuclear power plants.
정부는 원자력 발전소를 추가적으로 건설할 새로운 계획을 발표했다.

→ announce 다음에 전치사 없이 바로 목적어인 a new plan이 왔다. 타동사는 이처럼 목적어가 바로 뒤에 와야 한다.

■ 시험에 자주 출제되는 타동사

resemble ~을 닮다	resemble with (×)
mention ~에 관해서 언급하다	mention about (×)
discuss ~에 관해서 토론하다	discuss about (×)
join ~에 가입하다	join to (×)
reach (장소)에 도착하다; (목표)에 도달하다	reach to (×)
approach ~에 다가가다, 접근하다	approach to (×)
await ~을 기다리다	await for (×) → wait for (○)
enter ~에 들어가다	*cf.* enter into ~을 시작하다, ~에 참가하다
attend ~에 참석하다	*cf.* attend to 돌보다, 간호하다 / attend on 시중들다

② 자동사의 특징

자동사는 목적어를 취할 수 없고 절대로 수동태로 쓸 수 없다.

The committee **consists of** 9 governors and 9 mayors.
그 위원회는 9명의 주지사와 9명의 시장으로 구성되어 있다.

→ consist는 자동사이므로 뒤에 바로 목적어가 올 수 없으며, 대신 전치사 of를 동반한다. 또한 수동태로 쓸 수 없으므로 선택지에 be consisted of나 be consisted가 나오면 모두 틀린 것이다. 실제 시험에서 consist의 용법이 출제된 바 있으므로 꼭 기억해 두자.

■ 시험에 자주 출제되는 자동사

happen (일이) 발생하다	occur (일이) 발생하다
appear 나타나다	disappear 사라지다
remain ~인 채로 남겨지다, 여전히 ~이다	consist (~로) 구성되다 (of)
A result from B B로 인해서 A라는 결과가 발생하다	A result in B A로 인해서 B라는 결과가 발생하다

둘 중 알맞은 것을 고르시오.

1 Things (happen / are happened) for a reason.
2 I have been (awaiting / awaiting for) you for an hour.

Part Ⅰ Choose the option that best completes each dialogue.

1   A: Welcome back. How was your business trip?

B: I _____ next year's product line with the president.

(a) had a discussion

(b) discussed about

(c) discussed

(d) discussed with

Part Ⅱ Choose the option that best completes each sentence.

2   Cuba _____ the island of Cuba, the Isla de la Juventud, and several archipelagos.

(a) is consisted of

(b) consists of

(c) is consisting of

(d) was consisted of

Part Ⅲ Read each dialogue or passage carefully and identify the option that contains a grammatical error.

3   (a) A: You really resemble with your father.

(b) B: I've heard that many times. Many people also say I have the same voice as my father.

(c) A: You must be a chip off the old block.

(d) B: Like father, like son.

4   (a) There are many events that can be happened in our lives that can make us feel stressed. (b) And the more stressed we are, the more likely we are to put ourselves on what we call a "short fuse." (c) We cannot make progress on the path to releasing that anger until we sit down and think about the answer to the question "Why am I so angry?" (d) So be sure to take time out and examine your feelings, and they will be able to tell you the answers and solutions you need.

TEPS-tic Expression! --

a chip off the old block 판박이, 부모를 빼닮은 아이

Unit 4 동사와 조동사   **69**

GP | 27 5형식 문장의 목적격 보어

□ **출제 경향** 5형식 문장은 「주어+동사+목적어+목적격 보어」의 형태로 쓰이는데, 동사에 따른 여러 형태의 목적격 보어를 묻는 문제로 출제된다.

① 5형식 동사의 목적격 보어

■ **명사**

Jason **calls** me <u>captain</u>. 제이슨은 나를 캡틴이라 부른다.

■ **형용사**

Always **keep** your body <u>warm</u> while you are exercising outside.
밖에서 운동할 때 몸을 항상 따뜻하게 해라.

■ **분사**

I **found** my smart phone <u>damaged</u>. 나는 내 스마트폰이 파손된 것을 발견했다.

■ **to부정사**

Sarah didn't **expect** her mother <u>to come</u>. 새러는 그녀의 어머니가 올 줄 몰랐다.

■ **동사원형**

He **felt** a beautiful girl <u>sit</u> gently beside him. 그는 아름다운 여성이 옆에 살며시 앉는 것을 느꼈다.

② to부정사를 취하는 5형식 동사

want, tell, cause, ask, expect, force, allow, get, compel 등은 목적격 보어로 to부정사를 취한다.

The president of South Korea **asked** the advanced nations <u>to help</u> the poor countries.
한국 대통령은 선진국에게 빈국을 돕자고 요청했다.

③ 사역동사와 지각동사의 목적격 보어

사역동사와 지각동사는 목적격 보어로 동사원형을 취한다. 의미에 따라 과거분사가 올 수도 있으며, 지각동사는 현재분사도 취할 수 있다.

■ **사역동사 (have, let, make)**

Political leaders **made** the rich <u>pay</u> more taxes. 정치 지도자들은 부자들이 세금을 더 내도록 했다.

I **had** the room <u>decorated</u> with a lot of colors. 나는 방을 다양한 색깔로 꾸몄다.

■ **지각동사 (see, look at, watch, hear, listen to, feel)**

I **watched** a car <u>hit</u> an old lady and then drive away at the intersection.
나는 차 한대가 교차로에서 나이 든 여성을 치고 난 후 차를 몰고 가버리는 것을 봤다.

I **felt** an insect <u>crawling</u> up my leg. 곤충 한 마리가 내 다리를 타고 올라오고 있음을 느꼈다.

 간편한 Check! **둘 중 알맞은 것을 고르시오.**

1 I am telling you (to leave / leaving) the room now.

2 I had my bicycle (painting / painted).

Part I Choose the option that best completes each dialogue.

1 A: I think that the government should take action to help the homeless.
   B: I agree with you to a certain extent, but I _____ some people say it's their fault not to try to get a job for living.

   (a) heard
   (b) checked
   (c) led
   (d) taught

Part II Choose the option that best completes each sentence.

2 A smart phone allows users _____ the web without a PC.

   (a) to surf
   (b) surf
   (c) surfing
   (d) surfed

Part III Read each dialogue or passage carefully and identify the option that contains a grammatical error.

3 (a) A: I am a Canadian citizen. I lost my passport, which had my visa in it, today.
   (b) B: You should get your passport issued at the Canadian embassy in Paris and get your visa replacing.
   (c) A: How long will it take to get a new passport issued?
   (d) B: It depends, but it takes about two days on average.

4 (a) With the rate of obesity increasing at a rapid pace, it is in your husband's best interest to get a significant amount of exercise every day. (b) Mountain climbing increases physical activities that will keep your husband health. (c) It requires a lot of energy and strength to take step after step until you reach the summit. (d) Your overweight husband will get healthier after burning some calories going up a mountain.

GP | 28 동사 help의 쓰임

□ **출제 경향** help는 뒤에 바로 목적어가 오는 3형식 동사로도 쓸 수 있지만 5형식 동사로도 쓰인다. 특히 5형식 동사로 쓰일 때는 목적격 보어로 동사원형과 to부정사가 모두 올 수 있으므로 유념하자. 시험에서는 주로 help가 쓰이는 표현의 형태를 묻는다.

❶ 3형식으로 쓰인 help

■ help somebody **누군가를 도와주다**

I can't do my homework. Will you **help me**?
난 숙제를 할 수 없어. 좀 도와주겠니?

The proceeds will go to **help starving children** around the world.
그 수익금은 전세계의 굶주린 어린이들을 돕기 위해 사용될 것이다.

■ help+동사원형 **~하는 것을 도와주다**

We **helped clean up** the house after the party.
우리는 파티 후 집안 청소를 도왔다.

■ help+to부정사 **~하는 것을 도와주다**

My job is to **help to organize** conferences and to keep my boss informed.
나의 임무는 회의를 준비하는 것을 돕고, 내 상사에게 보고하는 것이다.

❷ 5형식으로 쓰인 help

■ help+somebody+동사원형 **~할 수 있도록 누군가를 도와주다**

My friend's death was a painful time for me, but my other friends **helped me get over** it.
내 친구의 죽음은 나에게 고통스러운 시간이었지만, 다른 친구들 덕택에 이겨낼 수 있었다.

■ help+somebody+to부정사 **~할 수 있도록 누군가를 도와주다**

My friends said they would **help me to fin**d a job that pays well.
나의 친구들이 내가 보수가 좋은 일자리를 찾을 수 있도록 도와주겠다고 했다.

 둘 중 알맞은 것을 고르시오.

1 I want you to (help overcoming / help me overcome) the problem.
2 The professor helped them (understand / understanding) the difficult concept.

Part I Choose the option that best completes each dialogue.

1 A: Adding a bit more vitamin C to your diet could help you _____ longer.
   B: I read an article saying that taking too much vitamin C can be harmful.

   (a) live
   (b) living
   (c) lived
   (d) have lived

Part II Choose the option that best completes each sentence.

2 The nice old man _____ life by saying, "You only live once."

   (a) helped me enjoy
   (b) helping me enjoy
   (c) helped me enjoyed
   (d) help me enjoy

Part III Read each dialogue or passage carefully and identify the option that contains a grammatical error.

3 (a) A: The older I get, the more difficult I find it to stay awake in the evening.
   (b) B: I have found that caffeine pills stimulate me when I feel sleepy.
   (c) A: However, if I take them for a long time, I develop a resistance to them.
   (d) B: Stretching will help kept you awake.

4 (a) Renewable energy can help lifting us out of the economic crisis. (b) Developing greener energy sources can create jobs and money for the local economy, which will help boost the recovery of the local community and meet national emission targets. (c) Agricultural products such as corn and trees can replace fossil fuels, thereby creating a new revenue stream for farmers. (d) According to a study by the Federation of Farmers, the green energy industry could create more than 3 billion dollars in net farm income.

GP | 29 5형식 문장의 수동태

□ 출제 경향 5형식 능동태 문장을 수동태로 전환할 때는 능동태의 목적어가 주어 자리로 가고 목적격 보어는 뒤에 남는다. 이때 능동태에서 동사원형이었던 목적격 보어가 수동태가 되면 to부정사로 바뀌는데, 이점이 바로 시험에 출제되는 포인트이다.

❶ 5형식 문장의 능동태와 수동태

능동태: 주어+5형식 동사+목적어+목적격 보어
수동태: 주어+be동사+5형식 동사의 과거분사+목적격 보어

■ 그대로 to부정사를 취하는 5형식 동사

능동태에서 목적격 보어로 to부정사를 취하는 5형식 동사 (allow, force, require, expect, ask…)는 수동태가 되어도 여전히 to부정사를 수반한다.

I allow you to borrow my books. 〈능동〉
네가 내 책을 빌리는 걸 허락할게.

→ You are allowed **to borrow** my books. 〈수동〉
　　너는 내 책을 빌리는 것이 허락된다.

■ 사역동사

능동태에서는 목적격 보어로 동사원형이 오지만 수동태가 되면 to부정사로 바뀐다.

The government <u>made</u> the rich **pay** more taxes. 〈능동〉
정부는 부자가 세금을 더 내도록 했다.

→ The rich were <u>made</u> **to pay** more taxes. 〈수동〉
　　부자는 세금을 더 내게 되었다.

cf. 지각동사

I saw Tom <u>buy</u> a pack of beer at the convenience store. 〈능동〉

→ Tom <u>was seen</u> **buying** a pack of beer at the convenience store. 〈수동〉
　　나는 톰이 편의점에서 맥주 한 팩을 사는 것을 봤다.

→ 지각동사의 경우 목적격 보어로 현재분사가 올 수 있으므로, 수동태로 변환되었을 때 현재분사가 목적격 보어로 올 수 있다.

 간편한 Check! 둘 중 알맞은 것을 고르시오.

1　I was made (paying / to pay) the late fee.
2　You are not allowed (parking / to park) here.

74

Part I Choose the option that best completes each dialogue.

1   A: According to the privacy laws of Australia, the police _____ collect biometrics from travelers.
    B: I fear that private records could be easily accessed from a national identification database.
    (a) are allowed to
    (b) is allowing of
    (c) are allowed
    (d) is allowed of

Part II Choose the option that best completes each sentence.

2   According to the recent study, male frogs _____ lay eggs after being affected by pesticides.
    (a) make to
    (b) make
    (c) are made
    (d) are made to

Part III Read each dialogue or passage carefully and identify the option that contains a grammatical error.

3   (a) A: I think the school should end the mandatory uniform policy.
    (b) B: You have a point. But don't you think it is best for students' studies?
    (c) A: Students should be permitted to wear whatever clothes they want.
    (d) B: Well, I believe that the students should be required of wearing uniforms.

4   (a) Manufacturers view automation as the key to stopping factories from leaving the U.S. with the advent of the Free Trade Agreement. (b) Without tireless innovation, manufacturers will be forced relocate to stay competitive. (c) By building more efficient facilities, American carmakers will slowly begin to regain their edge. (d) Such improvements will be successful at reducing the time and cost required to produce a car.

GP | 30 조동사 1

□ 출제 경향 조동사 문제는 문법 영역에서 평균 1문제씩 꼭 출제되는 문제로, 의미를 따져서 풀어야 하는 문제가 대부분 이다.

❶ 조동사의 종류와 의미

조동사는 동사와 함께 쓰여 부가적인 의미를 더해 주는데, 반드시 뒤에 동사원형이 와야 한다.

■ **would** 과거에 ~하고는 했었다 〈불규칙적〉

Our class president **would** <u>often</u> stay up late at night studying for his exams.
우리 반 반장은 종종 시험공부를 하면서 밤늦게까지 안 자곤 했다.
→ often이 있으니 불규칙적으로 밤늦게까지 잠을 안 자곤 했음을 알 수 있다.

■ **used to** 과거에 ~하고는 했었다 〈규칙적〉; 과거 한때는 ~했다

He **used to go** to church <u>every Sunday</u>. 그는 매주 일요일마다 교회에 가곤 했었다.
→ every Sunday가 있으니 교회에 가는 행위가 매 주마다 규칙적으로 이루어졌음을 알 수 있다.

I **used to live** with my parents. 나는 부모님과 함께 살았었다.
→ 예전에는 함께 살았지만 지금은 그렇지 않다는 의미를 내포한다.

■ **should** (도덕적으로) ~해야 한다

Politicians **should** take care of people in need and come up with good ideas to make the country better than before.
정치인들은 어려움에 처한 사람들을 도와주어야 하며, 좋은 아이디어를 제안해서 이전보다 더 좋은 나라를 만들어야 한다.

■ **ought to** (마땅히) ~해야 한다

You **ought to** obey your parents. 당연히 부모님 말씀 잘 들어야지.

■ **must** ~해야 한다

'~해야 한다'라는 뜻의 표현 중에서 가장 강력한 어조를 띠며, 법적이고 의무적인 내용에 많이 쓰인다.

You **must** never kill a person. 절대로 사람을 죽여서는 안 된다.

We **must** abide by laws and rules. 우리는 법과 규칙을 지켜야 한다.

■ **could** ~할 수 있었다 〈조동사 can의 과거형〉

Since she spoke so quietly, I **could** not understand what she was talking about.
그녀가 너무 조용히 이야기했기 때문에 무엇에 대해 말하고 있는지 알아들을 수가 없었다.

I **could** fly to you if I were a bird. 내가 새라면 너에게 날아갈 텐데.
→ 가정법 과거에 could가 쓰이면 '~할 수 있을 텐데'라는 의미를 갖는다. 「if + 주어 + 동사의 과거형, 주어 + could + 동사원형」의 형태로 쓴다.

둘 중 알맞은 것을 고르시오.

1 I (used to / use to) live around here.

2 I (must / may) stop smoking to prevent my health from deteriorating.

Part I Choose the option that best completes each dialogue.

1   A: You _____ not smoke here.
    B: Oh, I'm sorry. I wasn't aware of that.

(a) could
(b) would
(c) have
(d) must

Part II Choose the option that best completes each sentence.

2   In the past, my family _____ often go hiking on Gwanak Mountain.

(a) should
(b) might
(c) would
(d) could

Part III Read each dialogue or passage carefully and identify the option that contains a grammatical error.

3   (a) A: Poor Jean. She failed the test again. That's four times now.
    (b) B: She should have not missed her classes.
    (c) A: If I can turn back time, I can find a way to help her.
    (d) B: But you know you can't do that.

4   (a) If you want to be a CEO, you should consider starting your own company. (b) You can make the most of all of your experience to make your company successful. (c) Of course, that won't be easy, and starting a company could be the toughest part of all. (d) But if you can see an opportunity, you might go for it.

TEPS-tic Expression!
- -

make the most of ~을 최대한 이용하다, 활용하다   **go for** ~을 얻으려 노력하다

□ **출제 경향** 「조동사+have+p.p.」 표현은 청해 Part I과 Part II에서 문법보다 더 많이 출제되며, 어휘 영역에서도 지문에 곧잘 등장한다. 문제를 맞히려면 「조동사+have+p.p.」의 정확한 의미를 파악해야 한다.

❶ 조동사 + have + p.p.

■ **must have p.p.** ~했었음에 틀림없다

You **must have studied** English very hard since you speak English very fluently.
네가 영어를 매우 유창하게 구사하는 것을 보니 영어 공부를 매우 열심히 했었음에 틀림없구나.

cf. must be (~임에 틀림없다)

ex) You **must be** a whistle-blower. 당신이 내부 고발자임에 틀림없어.

■ **should have p.p.** ~했었어야 했다 (그런데 그렇게 하지 않았다)

A: I couldn't concentrate on the test. I kept yawning during it.
B: I told you to go to bed early.
A: I **should have taken** what you said seriously.

A: 시험 시간에 집중을 할 수 없었어. 보는 동안 계속 하품만 했어.
B: 내가 일찍 자라고 했잖아.
A: 네 말을 진지하게 들었어야 했는데.

■ **may[might] have p.p.** ~이었을지도 모른다

It **may have been** true. 그것은 사실이었을지도 모른다.

■ **need not have p.p.** ~할 필요가 없었다

You **need not have participated** in the conference. 너는 그 회의에 참석할 필요가 없었는데.

■ **cannot have p.p.** ~이었을 리가 없다

My mother **cannot have known** that I hid my report card in the desk drawer.
어머니께서 내가 학교 성적표를 책상 서랍에 숨겨두었는지를 아셨을 리가 없다.

■ **could have p.p.** ~할 수 있었다 (그런데 그렇게 하지 않았다) ; ~했을 수도 있다 〈가능성 추측〉

You **could have lent** me some money. 나에게 돈을 빌려줄 수도 있었잖아.
→ '그런데 빌려 주지 않았다'라는 의미를 내포한다.

If I had been there, I **could have eaten** pizza.
내가 거기 있었더라면 피자를 먹을 수도 있었어.
→ 가정법 과거완료 형태로 쓰여서 과거 어떤 사실에 대한 가능성을 이야기하고 있다.

 간편한 Check! 둘 중 알맞은 것을 고르시오.

1 A: Dad, I lost the game.
  B: You (should have / must have) practiced hard.
2 A: I got a perfect score on the English test.
  B: You (should have / must have) studied hard.

Part I Choose the option that best completes each dialogue.

1 A: I think you _____ her when she was in trouble yesterday.
   B: I just didn't want to. That's all.

   (a) could have helped
   (b) cannot have helped
   (c) have helped
   (d) can help

Part II Choose the option that best completes each sentence.

2 The president _____ to the employees of the company as he stammered, sweated, and didn't make eye contact with them.

   (a) ought to lie
   (b) cannot have lied
   (c) should have lied
   (d) must have lied

Part III Read each dialogue or passage carefully and identify the option that contains a grammatical error.

3 (a) A: Where's Tim? I can't find him.
   (b) B: I don't know. He can have gone home early.
   (c) A: What makes you think that?
   (d) B: He looked terrible all day long and said he needed some rest.

4 (a) Mr. Yoon was the CEO of a construction company. (b) He was involved in the construction industry for 40 years and retired last year. (c) After spending twelve months trying to find something to do, he decided to learn how to cook. (d) Now, he is satisfied with his choice and says he could have started cooking even earlier.

GP | 32 가정법 과거, 과거완료

□ **출제 경향** 가정법 과거는 현재 사실의 반대, 혹은 현재 상황에서 실현 가능성이 희박한 상황을 반대로 가정할 때 쓰인다. 가정법 과거완료는 과거 사실의 반대를 가정할 때 쓰인다. 가정법의 if절과 주절의 올바른 형태를 묻는 문제가 출제되므로 가정법의 형태만 공식처럼 잘 외워두면 어렵지 않게 문제를 풀 수 있다.

① 가정법 과거의 형태

If절	If+주어+동사의 과거형 (be동사는 were), 주어가 ~하다면
주절	주어+would / should / could / might+동사원형 주어가 ~할 텐데

If I **were** rich, I **would buy** a big house for my parents.
내가 부자라면 부모님께 큰 집을 사드릴 텐데.
→ 나는 지금 부자가 아니라서 부모님께 큰 집을 못 사드린다는 뜻이다. If절의 be동사는 인칭에 상관없이 무조건 were로 받는다는 사실에 주의하자.

If I **had** enough time, I **could play** soccer with you.
내가 시간만 충분히 있다면 너랑 축구를 할 텐데.
→ 지금 시간이 없어서 너하고 축구를 할 수가 없다는 뜻이다.

② 가정법 과거완료의 형태

If절	If + 주어 + had p.p., 주어가 ~했더라면
주절	주어 + would / should / could / might + have p.p. 주어가 ~했을 텐데

If you **had studied** harder, you **could have passed** the bar exam.
네가 더 열심히 공부를 했더라면 변호사 시험에 통과할 수 있었을 텐데.
→ 과거에 네가 열심히 공부하지 않아서 변호사 시험에 통과하지 못했던 것이다.

If Jane **had known** that he was my father, she **would not have behaved** so rudely.
그가 나의 아버지라는 걸 제인이 알았다면 그렇게 무례하게 행동하지 않았을 텐데.
→ 조동사 뒤에 not이 붙어서 '~했다면 …하지 않았을 텐데'라는 부정의 의미를 나타낸다.

간편한 Check! 둘 중 알맞은 것을 고르시오.
1 If I (was / were) a bird, I would fly to you.
2 If I (studied / had studied) harder, I could have passed test.

Part I Choose the option that best completes each dialogue.

1 A: I am going to catch a movie tonight. Do you want to come with me?
   B: If I _____ time, I would go with you.

   (a) will have
   (b) have
   (c) had
   (d) had had

Part II Choose the option that best completes each sentence.

2 I _____ such poor results if I had studied harder.

   (a) would have
   (b) wouldn't have
   (c) would have had
   (d) would not have had

Part III Read each dialogue or passage carefully and identify the option that contains a grammatical error.

3 (a) A: Chloe Moretz was here. Did you see her?
   (b) B: What? Was she here? I can't believe it.
   (c) A: Yeah, but she was just a normal person.
   (d) B: If I came a little earlier, I could have met her.

4 (a) If Africa has easy access to food and medical assistance, the young children there would not go hungry and die. (b) It is now time for the rest of the world to pay special attention to the situation in Africa. (c) Advanced nations around the world should pay a certain amount of money to the continent to help the Africans. (d) Leaders from around the world are expected to talk about the issue at the upcoming summit talks.

□ **출제 경향** 혼합 가정법은 쉽게 말해 가정법 과거완료의 if절과 가정법 과거의 주절을 합쳐 놓은 것이다. 과거의 일이 현재에 영향을 미침을 가정할 때 쓰므로, 주절에 대개 today나 now 같이 현재를 암시하는 단어가 등장한다. 따라서 이런 단어를 보고 혼합 가정법임을 알아차릴 수도 있지만 내용을 파악해야 알 수 있는 경우도 있다.

❶ 혼합 가정법의 형태

If절	If+주어+had p.p., 주어가 ~했었더라면
주절	주어+would / should / could / might+동사원형 ~ now[today] 주어가 지금[오늘날] ~할 텐데

If she **had not died** in the car crash in 1981, she **would be** a college student now.
그녀가 1981년에 자동차 사고로 죽지 않았더라면 지금은 대학생일 텐데.
→ 과거 시점인 1981년에 자동차 사고로 사망했기 때문에 그녀가 현재 대학생일 수 없는 것이다.

If he **had not been delayed** at the airport, he **would be arriving** here on time.
그가 공항에서 지체하지 않았더라면 제시간에 여기에 도착해 있을 텐데.
→ 「would be v-ing」의 진행형을 써서 과거에 지체하지 않았다면 지금 현재 도착해 있을 것이라는 의미를 강조하고 있다.

둘 중 알맞은 것을 고르시오.

1 If I (went / had gone) to the party last night, I would be tired now.
2 If you had had some breakfast, you wouldn't (be / have been) hungry now.

Part I Choose the option that best completes each dialogue.

1 A: I think your health is getting worse these days.
   B: You are right. If I _____ smoking and drinking, my health would get better.

   (a) stop
   (b) stopped
   (c) had stopped
   (d) will stop

Part II Choose the option that best completes each sentence.

2 If I had had a wide range of experiences in the past, I _____ a better teacher now.

   (a) am
   (b) will be
   (c) could be
   (d) were

Part III Read each dialogue or passage carefully and identify the option that contains a grammatical error.

3 (a) A: You know what? My house was robbed. But the police were not serious about finding the robber.
   (b) B: Why is that?
   (c) A: They told me that I didn't pay taxes on a regular basis.
   (d) B: If you had paid taxes regularly, you wouldn't have been in hot water now.

4 (a) Sergei Brin and Larry Page, co-founder of Google, were really different from the rest of the businessmen because they were not interested in making money. (b) Most people who start businesses think about how to make money. (c) These two young men only thought about how to find things on the Internet faster. (d) If they only thought about becoming rich, they would not be successful now.

TEPS-tic Expression!
----
on a regular basis 정기적으로   **be in hot water** 곤란[곤경]에 처하다

□ **출제 경향** I wish 가정법은 시제에 따라 형태가 달라지므로 현재와 과거 중 어느 시점과 반대되는 내용을 가정하고 있는지 구분할 수 있어야 한다. I wish 가정법은 TEPS 청해 Part I과 II에서도 정답으로 곧잘 출제된다.

❶ 현재 사실의 반대를 나타낼 때

I wish+주어+	**가정법 과거 동사** 동사의 과거형 (be동사는 were) would 동사원형 could 동사원형 should 동사원형 might 동사원형

I wish I **had** a girlfriend. 여자 친구가 있으면 좋겠다.

I wish I **were** a millionaire. 내가 백만장자라면 좋겠다.

I wish I **could read** books faster. 내가 책을 더 빨리 읽을 수 있으면 좋겠다.

❷ 과거 사실의 반대를 나타낼 때

I wish+주어+	**가정법 과거완료 동사** had p.p. could have p.p. should have p.p. might have p.p. would have p.p.

I wish I **had done** my homework more thoroughly.
내가 숙제를 좀 더 철저하게 했다면 좋았을 텐데.

I wish I **could have called** my family more often while I was away from home.
집을 떠나 있는 동안 좀 더 자주 집에 전화를 할 수 있었다면 좋았을 텐데.

간편한 Check!

둘 중 알맞은 것을 고르시오.

1 I wish I (had known / knew) better then.

2 I wish I (am / were) a doctor now.

Part I Choose the option that best completes each dialogue.

1   A: I wish I _____ like her.
    B: Well, she's a genius. But don't think that your wish is impossible. I think you can paint like her if you try.
    (a) paint
    (b) could paint
    (c) must paint
    (d) will paint

Part II Choose the option that best completes each sentence.

2   A: My mother wishes I _____ her yesterday.
    B: That means you didn't phone her. Why not?
    (a) phoned
    (b) phone
    (c) had phoned
    (d) should phone

Part III Read each dialogue or passage carefully and identify the option that contains a grammatical error.

3   (a) A: Have you completed your plans for your trip to Eastern Europe?
    (b) B: Yes. I plan to travel there for two weeks.
    (c) A: But I think two weeks isn't long enough for you to enjoy Eastern Europe.
    (d) B: I know. But I can't help it. I wish I have more time for it.

4   (a) A: Is your uncle all right? I heard he got shot while chasing a burglar.
    (b) B: He's all right. It's nothing serious. He'll get better soon.
    (c) A: I'm glad to hear that.
    (d) B: I wish he has his gun. He didn't have it since he was off duty. So he wasn't able to protect himself.

TEPS-tic Expression!
be off duty 근무가 끝나다

Unit 6 전치사와 접속사

GP | 35 전치사의 기본 의미 1

□ **출제 경향** in / at / on은 서로 헷갈리기 쉬운 전치사이다. 이 전치사들은 하나의 의미로만 쓰이는 것이 아니라 다양한 의미를 갖고 있기 때문에 용법에 따른 전치사를 묻는 문제가 출제된다.

in	달 연도 계절	**in** December 12월에 **in** 2010 2010년에 **in** summer 여름에
	시간	**in** five hours 다섯 시간 후에 → 여기서 in은 시간의 경과를 의미한다. in five hours later는 틀린 표현이다. **in** the past[last] decade 지난 10년 사이에 (10년 전부터 지금까지) → 특정 과거 시점에서 현재까지를 나타내는 현재완료 시제 구문과 함께 쓴다. **in** the early[mid /late] 21st century 21세기 초반[중반/후반]에 **in** the morning 아침에 *cf.* in을 쓰지 않는 시간 표현 오늘 아침에 this morning (○)　　in this morning (×) 다음 달에 next month (○)　　in next month (×) 지난주에 last week (○)　　in last week (×)
	장소 (나라, 도시)	**in** the kitchen 부엌에서　　**in** South Korea 한국에서　　**in** Seoul 서울에서
	형태/크기	These sneakers come **in** various sizes and colors. 이 운동화는 다양한 크기와 색깔로 나온다.
at	시간	**at** noon 정오에　**at** 12:30 12시 30분에　**at** five 5시에　**at** night 밤에
	장소	**at** the hotel 호텔에서　**at** the airport 공항에서　**at** the post office 우체국에서

cf. in the station과 at the station의 차이

ex) We met **in** the train station. 기차 역 안에서 만났다. → 내부의 개념
　　We met **at** the train station. (여러 곳이 있지만 다름 아닌) 기차역에서 만났다. → 위치의 개념

on	특정한 날짜	**on** December 31 12월 31일에
	맞닿은 위치	**on** the wall 벽면에　　**on** the ceiling 천장에
	교통수단	**on** a ship[train/plane] 배[기차/비행기]에서
	~에 관해서	**on** Korean history 한국 역사에 관해서

둘 중 알맞은 것을 고르시오.
1 I was born (in / on) 1998.
2 What are your plans (on / in) your birthday?

Part I Choose the option that best completes each dialogue.

1 A: How many times have you been to Seoul?
   B: Six times. I arrived _____ Seoul for the first time in 1983.

   (a) in
   (b) on
   (c) at
   (d) to

Part II Choose the option that best completes each sentence.

2 My parents first met _____ January and got married ten months later.

   (a) at
   (b) to
   (c) on
   (d) in

Part III Read each dialogue or passage carefully and identify the option that contains a grammatical error.

3 (a) A: Mr. James, do you know Kelly in the second grade?
   (b) B: Yes, I know her. Why?
   (c) A: She showed up late in the class. She slammed the door shut, went to her seat, and laid her face down on the desk without a word.
   (d) B: I heard she is a so-called problem child. On the last semester, she was away from school for two weeks, for no particular reason.

4 (a) A: How may I help you?
   (b) B: I'm interested in your winter educational programs. When do your courses start?
   (c) A: There are two winter sessions. The first one starts in January 10th and the second, February 10th.
   (d) B: That sounds good. I'd like to attend a game development camp in the first session.

GP | 36   전치사의 기본 의미 2

□ **출제 경향** 기간과 시간을 나타내는 전치사의 용법을 묻는 문제가 출제된다. 특히 throughout은 시간뿐만 아니라 장소를 나타낼 때도 쓰이므로 주의해서 익혀두어야 한다.

for	~동안 (+숫자)	**for** 5 years 5년 동안 **for** the past[last] decade 지난 10년 동안 → '10년 전부터 지금까지'의 의미를 내포한다. 현재완료 시제와 함께 쓰는데, 동사 시제 문제와 관련해서 매우 자주 출제되고 있는 문법 포인트이다. decade는 '10년'이란 뜻의 숫자가 들어간 시간 표현이므로 for를 썼다.
during	~동안 (+명사)	**during** summer vacation 여름휴가 동안 **during** the training period 교육 기간 동안 **during** the Second World War 제2차 세계대전 동안 All of the employees are now relaxing **during** their summer vacation. 모든 직원들이 여름휴가 동안에 휴식을 취하고 있다. → during 다음에는 숫자가 아닌 시간을 의미하는 명사가 등장한다.
throughout	~내내 (시간)	**throughout** the day 하루 종일 He was asleep **throughout** the lecture. 그는 강의 시간 내내 잠들어 있었다. → 처음부터 끝까지의 기간을 의미한다.
	~도처에, 구석구석까지 (장소)	**throughout** the country 전국 방방곡곡에서 The police have searched **throughout** the city for the missing boy. 경찰은 실종된 남자 아이를 찾아 도시를 구석구석까지 뒤졌다. → 한 장소를 대상으로 모든 곳곳을 다 커버함을 의미한다.
since	~한 이후로	**since** 1992 1992년 이후로 The program has been around **since** the founding of the company. 이 프로그램은 회사 창립 이후로 계속 지속되어 왔다. → 완료 시제와 함께 쓴다.

 간편한 Check!   둘 중 알맞은 것을 고르시오.

1 We have prepared for the test (for / with) the past two weeks.

2 What do you want to do (in / during) the vacation?

Part I Choose the option that best completes each dialogue.

1 A: You won this time. But it won't be like that the next time.
   B: You have been saying the same thing _____ last year.

   (a) in
   (b) since
   (c) for
   (d) during

Part II Choose the option that best completes each sentence.

2 This book is about China's policy _____ its border dispute with India.

   (a) during
   (b) until
   (c) since
   (d) throughout

Part III Read each dialogue or passage carefully and identify the option that contains a grammatical error.

3 (a) A: Rembrandt was one of the greatest European painters.
   (b) B: I heard he suffered financially during his later years.
   (c) A: Yes. But his etchings and paintings were very popular since his lifetime.
   (d) B: Then what made him so poor? Did he live beyond his means?

4 (a) Nowadays, many Korean students backpack for Europe during their long summer vacations. (b) They usually spend the night either in a sleeping car of the train or on long-distance tour coaches. (c) Of course, they can save on expenses when they sleep in cars than at hotels. (d) However, they should be careful because they can lose their money or passports while they sleep.

TEPS-tic Expression!

live beyond one's means 분수에 넘치는 생활을 하다

□ **출제 경향** by와 until, between과 among은 서로 뜻은 같지만 용법이 다르므로 주의가 필요한 전치사이다. 실제 시험에도 이 둘을 구분해내야 하는 문제가 출제된다. 소유를 나타내는 of 역시 언뜻 봐서는 쉬운 문법에 속하지만 실제 문제를 풀다보면 잘 보이지 않는 경우가 있으므로 주의하자.

❶ by와 until의 구분

둘 다 뜻은 '~할 때까지'이지만 until은 '지속'의 의미를 담고 있는 반면 by는 '완료'의 의미를 지닌다.

You have to finish your homework **by** noon. 정오까지 네 숙제를 끝내야 한다.

I have to be back home **by** 5 p.m. since I have to finish the report that is due tomorrow.
나는 내일이 마감인 보고서를 끝내야 하기 때문에 오후 5시까지는 집에 가봐야 한다.
→ 위 두 예문에서 '~까지'는 '지속·계속'의 의미가 아니다. 정오 이전까지 숙제를 끝내기만 하면 되고 오후 5시까지 집에 오기만 하면 된다. 즉, 행동이 한 번만이라도 이루어지기만 하면 되는 '완료'의 의미이다.

My passion for English has lasted **until** now. 영어에 대한 나의 열정은 지금까지 지속되어 왔다.

The riot continued **until** the time when the police got the situation under control.
폭동은 경찰이 상황을 통제할 때까지 계속되었다.
→ 위 두 예문에서 '~까지'는 '지속·계속'의 의미가 있다. 열정이 지금까지 지속된(lasted) 것이며, 폭동 역시 계속된(continued) 것이다.

❷ between과 among의 구분

between과 among을 구분하는 문제가 Part III에서 곧잘 출제된다. 둘 다 뜻은 '~사이에'지만 between은 둘 사이, among은 셋 이상일 때 쓴다.

This is **between** you and me. 이건 너와 나만의 비밀이야.

Everybody knows what's going on **between** Peter and Juliet.
피터와 줄리엣 사이에 무슨 일이 있는지 모든 사람들이 다 안다.
→ you and me, Peter and Juliet은 두 사람이므로 between을 썼다. 'A와 B 둘 사이에서'를 의미하는 between A and B를 통째로 외워두자.

My house is located **among** the trees. 내 집은 나무들 사이에 위치해 있다.

An American girl was **among** the earthquake survivors. 한 미국 소녀가 지진 생존자 중 한 명이었다.
→ among이 쓰인 것으로 보아 trees와 earthquake survivors는 셋 이상을 알 수 있다. among은 셋 이상을 염두에 두고 하는 말이므로 between과 분명히 구분해야 한다.

❸ 소유의 전치사 of

What is the capital **of** South Korea? 한국의 수도는 무엇인가?
→ 수도보다 한국이 큰 개념이고, 수도가 한국에 포함되어 있으므로 소유 개념을 적용할 수 있다. 그럴 때 사용되는 것이 바로 전치사 of이다.

I woke up to the sound **of** music. 나는 음악 소리에 잠에서 깨어났다.

간편한 Check! 둘 중 알맞은 것을 고르시오.

1 You have to wait here (by / until) noon.
2 Many letters were exchanged (among / between) the two.

Part I Choose the option that best completes each dialogue.

1   A: How many works of fiction did Edgar Allan Poe write?
    B: _____ the time he died in 1849, he wrote over twenty short stories.
    (a) Between
    (b) Among
    (c) By
    (d) Until

Part II Choose the option that best completes each sentence.

2   Love that can't be fulfilled is the main theme _____ his latest work of fiction, *Lost*.
    (a) by
    (b) to
    (c) of
    (d) in

Part III Read each dialogue or passage carefully and identify the option that contains a grammatical error.

3   (a) A: It's great to hear that Sue is not being charged with anything.
    (b) B: By last week, she was facing bribery charges in connection with her former boss.
    (c) A: But few believed those charges were credible.
    (d) B: That's right. And the charges were just dropped by the court.

4   (a) Robert Wise was a legendary American movie director. (b) He started his film career as an editor in 1935 but later became a director in 1944. (c) He won two Academy Awards— or Best Director of *West Side Story* and *The Sound of Music*. (d) Between his films were *Star Trek: The Motion Picture*, *The Day the Earth Stood Still*, and *The Body Snatcher*.

TEPS-tic Expression!
be charge with ~의 죄로 기소되다, 혐의를 입다   **in connection with** ~와 함께, ~와 관련하여

GP | 38 전치사의 관용표현

□ **출제 경향** 전치사가 들어간 관용표현은 무조건 암기하는 것이 좋다. 이 표현들이 시험에 나오면 생각할 것도 없이 그대로 정답으로 선택하면 된다.

❶ 결과의 전치사 to

be shot **to** death 총상 당해 죽다	starve **to** death 굶어 죽다
be stabbed **to** death 칼에 맞아 죽다	be frozen **to** death 얼어 죽다

We should take action to save children who **are starving to death**.
우리는 굶어 죽고 있는 아이들을 구하기 위해 조치를 취해야 한다.

→ to와 death 사이에 관사를 비롯해 아무 것도 쓰면 안 된다는 점에 유의하자.

❷ under (~하는 중인)

under development 개발 중인	**under** construction 공사 중인
under the supervision of ~의 감독[감시]하에	**under** martial law 계엄령하에
under investigation 조사 중인	

The bridge has been **under construction** for the past month.
이 교량은 지난 한 달 동안 건설되고 있다.

❸ out of

out of curiosity 호기심에서	**out of** fun 재미로
out of hand 손을 쓸 수 없는	**out of** date 구식의, 낡은
out of work 실직 중인	**out of** pity 불쌍히 여겨
out of order 고장 난	**out of** place 제자리에 있지 않은
out of sight 보이지 않는 곳에 있는	Snap **out of** it. 기운을 차려라.

Out of sight, **out of** mind.
보이지 않으면 마음에서도 멀어진다.

❹ at+비율/속도

at an alarming rate 놀라운 속도로	**at** an incredible rate 놀라운 속도로
at a snail's pace 느린 속도로	**at** a fast speed 빠른 속도로

The gap between the rich and poor is widening **at an alarming rate**.
빈부 격차가 놀라운 속도로 벌어지고 있다.

간편한 Check! 둘 중 알맞은 것을 고르시오.

1 The new R&D center is (under / at) construction.
2 The economy is growing (at / in) a snail's pace.

Part I Choose the option that best completes each dialogue.

1   A: What happened to the detective at the end of that movie?
    B: Unfortunately, he was stabbed _____ death.

    (a) to
    (b) for
    (c) with
    (d) among

Part II Choose the option that best completes each sentence.

2   China is growing _____ an incredible rate when it comes to adopting new payment technologies.

    (a) in
    (b) with
    (c) by
    (d) at

Part III Read each dialogue or passage carefully and identify the option that contains a grammatical error.

3   (a) A: Consumer Service Department. How may I help you?
    (b) B: Yes. I have a problem with my smart phone. It's out order.
    (c) A: Could you tell me exactly what is causing you trouble?
    (d) B: I had played songs on it for 12 hours in a row, but then my player suddenly stopped working.

4   (a) The police are still looking for Tina Gale, the missing child. (b) She disappeared on her way home from school on Wednesday. (c) The police found a witness who said that a tall white man was following a girl who looked like Tina. (d) The case is still in investigation.

GP | 39   기타 전치사

① 전치사 for의 용법

■ 기본적 의미

~ 때문에(이유)	Thank you **for** having me here. 오늘 초대해 주셔서 감사합니다.
~을 위한	This present is **for** you. 이건 너에게 줄 선물이야.
~을 찬성하는	Are you **for** the plan or against it? 넌 그 계획에 대해서 찬성하니, 반대하니? *cf.* against 반대하는

■ 관용표현

for one's age (나이에 비해서)	You look young **for your age**. 나이에 비해서 어려 보이세요.
preference for (~에 대한 선호)	The singer has a **preference for** light comedies and fantasy films. 그 가수는 가벼운 코미디 영화와 판타지 영화를 선호한다.

② 기타 자주 출제되는 전치사 및 표현

~에 관해서	about / regarding / on / concerning / over / with respect to / when it comes to + 명사/동명사
~때문에	because of / thanks to / owing to / due to + 명사[동명사]
	due largely to 주로 ~한 이유로
	due in no small part to 주로 ~한 이유로
~에도 불구하고	in spite of / despite + 명사 despite the fact[belief] that 주어+동사 ~라는 사실[믿음]에도 불구하고

③ famous for와 famous as의 차이

A is famous as B에서 A와 B는 같은 사람이거나 사물이다. 반면 A is famous for B에서 B는 A의 속성/성격/특징이므로 A=B라고 할 수 없다. known for와 known as도 같은 용법으로 사용된다.

Virginia **is famous as** the birthplace of many American presidents.
버지니아 주는 여러 미국 대통령들의 출신지로 유명하다.

Daniel **is famous for** his sense of humor and diligence.
다니엘은 그의 유머 감각과 근면함으로 유명하다.

둘 중 알맞은 것을 고르시오.

1 I apologize to you (for / as) being late today.
2 Today's class is (regarded / regarding) Pointillism.

Part I Choose the option that best completes each dialogue.

1 A: Do I look young _____ my age?
    B: Yes, you look a college student in your early 20s.

  (a) on
  (b) with
  (c) in
  (d) for

Part II Choose the option that best completes each sentence.

2 When it comes to _____, it's only effective when you regularly work out while eating less.

  (a) going on a diet
  (b) go on a diet
  (c) have gone on a diet
  (d) gone on a diet

Part III Read each dialogue or passage carefully and identify the option that contains a grammatical error.

3 (a) A: The general election is just a week away.
    (b) B: I will vote this time no matter what happens.
    (c) A: Will you vote the ruling party or against it?
    (d) B: I'm pretty sure we both think the same way, right?

4 (a) *Fake Love* is a song by K-pop boy band BTS. (b) First released in 2018, it ranked 48th on the Billboard 200 in May of that year. (c) Its success was due in small part to its music video. (d) According to YouTube, the music video had gotten 200 million views 44 days after its release.

GP | 40 접속사의 기본 의미

□ **출제 경향** 접속사는 단어, 구, 절을 서로 연결시켜 준다. 접속사 문제는 의미 파악이 중요하므로 문장 내에서 알맞은 접속사가 쓰였는지를 구분할 줄 알아야 한다.

❶ 자주 출제되는 접속사

■ **although / though / even though** ~이기는 하지만

Though he is only in his late twenties, he is a great CEO at a software company.
비록 20대 후반이기는 하지만 그는 소프트웨어 회사의 훌륭한 최고경영자이다.

■ **even if** 설사 ~라 하더라도

Even if the weather is bad, we will play soccer. 설사 날씨가 나쁘다 할지라도 우리는 축구를 할 것이다.
cf. even if는 '(확실하지는 않지만) ~하더라도'라는 의미를 내포하며 even though, although, though는 사실 내용을 기반으로 '지금 ~함에도 불구하고'라는 의미를 나타낸다.

■ **if** ~이라면

If metal gets hot, it turns red. 금속은 뜨거워지면 붉은색을 띤다.

■ **unless** ~이 아니라면(= if ~not)

The company went bankrupt **unless** I am mistaken. 내가 잘못 알고 있는 게 아니라면 그 회사는 파산했다.

■ **as** ~하고 있을 때 / ~이기 때문에

The movie started **as** we got there. 우리가 도착했을 때 영화는 시작했다.
As this strategy proved useless, our profits decreased in the first quarter of 2018.
이 전략이 쓸모가 없는 것으로 드러났기 때문에 2018년 1분기 수익이 하락했다.

■ **while** ~하는 동안에

While you are working on the project, call me whenever you need my help.
그 프로젝트 일을 하는 동안에 내 도움이 필요하면 언제든지 나에게 전화해.

■ **so** 그래서

My teeth were still hurting me, **so** I went to the dentist. 이가 계속해서 아파서 치과에 갔다.

■ **or** 또는 / 〈부정문에서〉~도 ...도 (아니다) / 〈명령문 다음〉 그렇지 않으면 / 〈동격을 나타내어〉 즉, 다시 말해

Is this dog a he **or** a she? 이 강아지가 수컷이니 암컷이니?
The rich man can't write **or** read. 그 부자는 글을 쓰지도 못하고 읽을 줄도 모른다. 〈부정문〉
Do it now, **or** you will get fired. 지금 당장 해. 그렇지 않으면 해고될 거야. 〈명령문 다음〉
economics, **or** the science of goods and services 경제학, 즉 재화와 용역에 관한 학문 〈동격〉

간편한 Check! 둘 중 알맞은 것을 고르시오.

1 (Unless / While) something unexpected happens, I'll see you tomorrow.

2 We did our best, (or / so) we are proud of ourselves.

Part I Choose the option that best completes each dialogue.

1 A: _____ you can memorize everything you've learned, you should go over it again and again.

B: I know that. But it's too boring.

(a) Unless
(b) If
(c) When
(d) As

Part II Choose the option that best completes each sentence.

2 _____ she injured her ankle, she was able to win two gold medals at the Winter Olympics.

(a) If
(b) Because
(c) Although
(d) As

Part III Read each dialogue or passage carefully and identify the option that contains a grammatical error.

3 (a) A: It's sad to hear that you are unable to attend our meeting tomorrow.
(b) B: Sorry. I have to finish my assignment within three days.
(c) A: Don't hesitate to call me as you're in trouble.
(d) B: Thank you for your kindness. But I'll be able to take care of it myself.

4 (a) *Scarface* is a crime film directed by Brian de Palma, written by Oliver Stone, and starring Al Pacino. (b) The movie is about Tony Montana's rise and fall in Miami's criminal underworld. (c) Even if many critics pointed out its violence and graphic language, it was a box office hit and received positive reviews. (d) And it was listed as one of the ten best gangster movies in ten different genres in AFI's top ten lists.

Unit 7 대명사

GP | 41 　대명사의 기본 의미

□ **출제 경향** 대명사는 앞에 있는 명사를 받는다. TEPS 문법 문제 중에는 내용 흐름을 따져가면서 맞혀야 하는 대명사 문제가 출제되고 있는데, 이런 유형은 특히 Part III에 잘 등장한다.

❶ 인칭 대명사의 종류

■ **주격**

He bought the birthday present for Jane.
그는 제인에게 줄 생일선물을 샀다.

■ **소유격**

Did Ron borrow **your** book?
론이 네 책을 빌려갔니?

■ **목적격**

I really loved **her**.
나는 그녀를 진정으로 사랑했어.

■ **소유대명사**

A friend of **mine** told me a secret.
내 친구 중 한 명이 내게 비밀을 말해줬다.

❷ Part III에 자주 나오는 대명사 문제

Part III에 대명사가 나오면 앞 문장에서 언급한 단어를 알맞은 대명사로 받고 있는지 확인해 보아야 한다. 특히 문장이 긴 경우, 자칫 하다가는 놓칠 수 있는 부분이다.

<u>The Korean athletes</u> participating in the Pyungchang Winter Olympics did well enough to impress the whole world as they outperformed their Japanese and Chinese competitors. **They** practiced very hard to win medals in figure skating, short track, speed skating, and curling.
평창 동계 올림픽에 참가 중인 한국 선수단은 일본과 중국 선수를 압도하면서 전 세계를 놀라게 할 정도로 선전했다. 그들은 피겨스케이팅, 쇼트 트랙, 스피드 스케이팅, 컬링에서 메달을 따기 위해 아주 열심히 연습했다.

→ 여기서 두 번째 문장의 They는 앞에 나온 the Korean athletes를 받는 것이다. '한국 선수들'을 받는 것이므로 한 명을 의미하는 she나 he가 아닌 they로 쓴 것이다.

 간편한 Check! **틀린 부분을 찾아 바르게 고치시오.**

1 A: What are these flowers for?
　 B: It's for a surprise party for my wife.

2 A: I really like the present that your gave to me.
　 B: It was my pleasure.

Part I Choose the option that best completes each dialogue.

1   A: Why did you buy some books that you won't read?
    B: _____ not mine.
    (a) They are
    (b) It is
    (c) One is
    (d) This is

Part II Choose the option that best completes each sentence.

2   After using the devices, please wash and wax _____ and then put them on the shelf.
    (a) it
    (b) them
    (c) one
    (d) some

Part III Read each dialogue or passage carefully and identify the option that contains a grammatical error.

3   (a) A: When does the parents' meeting start?
    (b) B: It will begin at 6 o'clock.
    (c) A: Can you ask Anna to guide the parents to meeting room B?
    (d) B: Okay. I'll tell them.

4   (a) The company will release some new game CDs on Thursday. (b) It has been a year since it last released any games. (c) It includes 1 role-playing game and 2 simulation games. (d) They are $23.50 each.

GP | 42 it과 one의 구분

□ **출제 경향** 앞에서 언급된 명사 그 자체를 지칭하는 것이면 it이 와야 하고, 아니라면 one이 와야 한다. Part III에서는 이 둘의 자리를 바꿔놓은 문제가 종종 출제된다.

I bought <u>a black computer</u> a week ago. For some reason, **it** is not working properly.
일주일 전에 검정색 컴퓨터를 구입했다. 무슨 이유에서인지 제대로 작동하지 않는다.
→ 바로 앞 문장에 있는 a black computer를 뜻하기 때문에 one이 아니라 it으로 받았다.

I really want to purchase <u>a computer</u>, but I don't have enough money to buy **one**.
컴퓨터를 정말 사고 싶은데 컴퓨터를 살만한 충분한 돈이 없다.
→ a computer를 뒤에서 one으로 받았다. 딱히 정해져 있는 마음에 두고 있는 컴퓨터가 아니라 그냥 컴퓨터 한 대를 사고 싶다는 의미이다.

GP | 43 some

□ **출제 경향** some과 함께 쓰인 명사가 단수인지 복수인지 구별하는 문제와, some과 함께 쓰인 명사에 따라 동사의 수를 일치시키는 문제가 출제된다.

❶ some + 가산명사/불가산명사

some은 가산명사와 불가산명사를 모두 받을 수 있다.

Some <u>apples</u> on the table look fresh. 테이블에 있는 몇 개의 사과는 신선해 보인다.

Let's have **some** <u>water</u> before we start. 시작하기 전에 물 좀 마시자.

❷ some of the+명사

some of the 뒤에 나오는 명사에 따라 동사의 수를 일치시킨다.

Some of the <u>books</u> on the desk **look** heavy. 책상에 있는 책 몇 권은 무거워 보인다.

Some of the <u>food</u> in the refrigerator **is** vegetables. 냉장고에 있는 음식 중 일부는 채소다.

 둘 중 알맞은 것을 고르시오.

1 A: I like your calendar. Can you give (it / one) to me?
   B: Sure. Why not?
2 A: I bought a sleek smart phone.
   B: I'd like to buy (it / one) like yours.
3 Some of (students / the students) were anxiously waiting for the results.

Part I Choose the option that best completes each dialogue.

1   A: Please hand me Jesse's report.
    B: I don't have the report. I think you should ask Tom for _____.
    (a) it
    (b) one
    (c) them
    (d) those

Part III Read each dialogue or passage carefully and identify the option that contains a grammatical error.

2   (a) A: It's raining heavily and doesn't seem to be letting up.
    (b) B: You are right. It is raining cats and dogs.
    (c) A: Do you have an umbrella that I can borrow?
    (d) B: I have three umbrellas in my house. You can use it.

3   (a) A: Long time no see.
    (b) B: Oh, you finally made it.
    (c) A: Yeah. I even skipped dinner to come here.
    (d) B: You must be starving. Some refreshments is on the table.

4   (a) The government has required mobile carriers to cut their mobile rates. (b) In response, several companies have progressively reduced their rates. (c) But some is still struggling with the government's order. (d) They argue that their current rate system is adequate when compared to global standards.

TEPS-tic Expression!
let up 비가 그치다; (강도가) 약해지다   **make it** 제시간에 도착하다, (장소에) 나타나다

GP | 44 −body

□ **출제 경향** 일반적으로 의문문, 부정문, 조건문에는 anybody가 사용된다. 또한 anybody는 '누구든지, 아무나'의 뜻으로 긍정문에서도 사용될 수 있는데, 이 점이 특히 시험에서 자주 묻는 문법 포인트이다. somebody와 혼동하지 않도록 의미 파악에 유의하자.

❶ anybody의 용법

■ **의문문**

Does **anybody** know what he was late for the meeting?
그가 왜 회의에 늦었는지 아는 사람 있어요?

■ **부정문**

I <u>don't</u> know **anybody** at this party. 나는 이 파티에 온 어느 누구도 알지 못한다.

I <u>haven't</u> seen **anybody**. 나는 아무도 못 봤다.

I <u>never</u> trust **anybody** who speaks ill of others.
나는 남을 험담하는 사람은 결코 신뢰하지 않는다.

■ **조건문**

If **anybody** in this room reveals the secret, he or she will be in great danger.
이 방에 있는 어느 누구라도 비밀을 누설하면 큰 위험에 빠질 것이다.

If **anybody** has a better idea, I would love to hear it.
누구라도 더 좋은 생각이 있다면 그 생각을 듣고 싶군요.

■ **긍정문**

Anybody using this cosmetic product will experience improved skin.
이 화장품을 사용하면 누구든지 피부가 개선되는 것을 느낄 것이다.

❷ somebody

somebody는 '어떤 사람, 누군가'라는 뜻이며, 일반적으로 긍정문에 쓰인다. anybody와 혼동하지 않도록 주의하자.

A: **Somebody** is knocking on the door.
B: I will go answer the door.
A: 누가 문을 두드리네.
B: 제가 가서 문을 열어 볼게요.

cf. somebody는 '어엿한 사람, 대단한 사람'이라는 의미의 명사로도 쓰인다.

ex) Nobody will think you're **somebody** if you don't think so yourself.
당신 스스로가 대단한 사람이라고 생각지 않으면 어느 누구도 당신이 대단한 사람이라고 생각지 않는다.

간편한 Check! 둘 중 알맞은 것을 고르시오.

1 Can (anybody / somebody) solve this difficult math question?
2 I will never talk to (anybody / somebody) who has a big mouth.

Part I Choose the option that best completes each dialogue.

1 A: Can I come to your party tonight?
B: Sure. _____ can come and have fun.
(a) Someone
(b) Nobody
(c) Somebody
(d) Anybody

Part II Choose the option that best completes each sentence.

2 There wasn't _____ there when I arrived at the crime scene.
(a) anybody
(b) somebody
(c) nobody
(d) body

Part III Read each dialogue or passage carefully and identify the option that contains a grammatical error.

3 (a) A: Please fill out these forms before you see the doctor.
(b) B: Do I have to fill out a medical history form?
(c) A: Nobody with a medical history or underlying diseases must fill out that form.
(d) B: Then can you help me fill out this form?

4 (a) Last Monday, Hendersons published a new gardening book. (b) The book is for beginners, and it teaches the basics of gardening in detail. (c) With this book, no one who is clumsy can have a green thumb. (d) You can order this book online or buy it at a bookstore.

TEPS-tic Expression!

have a green thumb 원예에 능하다

Unit 7 대명사 103

GP 45 each / every

□ 출제 경향 형용사로 쓰이는 each와 every가 종종 수 일치와 관련하여 출제된다. 또한 대명사로 쓰이는 each의 용법을 묻는 문제도 출제되고 있다.

❶ each / every + 단수명사

Each player on the team <u>practices</u> very hard before the game starts.
그 팀의 각 선수들은 경기가 시작되기 전 연습을 매우 열심히 한다.
→ Each 다음에 단수 형태인 player를 써야 하고 동사도 단수 형태인 practices로 써야 한다.

In 1997, **every computer** that <u>was</u> manufactured in China had some mechanical glitches.
1997년 중국에서 제조된 모든 컴퓨터에는 기계적 결함이 있었다.
→ every 뒤에 온 computer는 단수이고 관계대명사 that절의 동사도 was manufactured로 단수 처리되었다.

❷ each of the 명사 (O) / every of the 명사 (X)

each는 대명사, 형용사, 부사 역할을 할 수 있다. 하지만 every는 형용사의 역할만 한다. 그래서 each를 대명사로 사용한 「each of the 명사」는 가능해도 「every of the 명사」는 문법적으로 틀리다.

Each of the questions is worth 50 points. (O) 각각의 문제는 50점이다.

Every of the questions is worth 50 points. (×)

 둘 중 알맞은 것을 고르시오.

1 Each (book / books) is well illustrated.

2 (Every / Each) of the pens has a different color.

Part I Choose the option that best completes each dialogue.

1   A: Every _____ in this box is rotten.
    B: You should store them in a dry place.

(a) sweet potato
(b) sweet potatoes
(c) a sweet potato
(d) of sweet potatoes

Part II Choose the option that best completes each sentence.

2   _____ asked to remember what was emphasized by the coach today.

(a) Each player was
(b) Each players were
(c) Each player were
(d) Each player are

Part III Read each dialogue or passage carefully and identify the option that contains a grammatical error.

3   (a) A: I'd like to enroll in some English classes.
    (b) B: Have you decided which lectures you will take?
    (c) A: Yes. But I'd like to know how long they will last.
    (d) B: Every of the lectures will last for 50 minutes.

4   (a) Before using this machine, you should ensure that each buttons are in the "Off" position. (b) After checking the positions of the buttons, please check the condition of the tubes and the amount of liquid. (c) Then, press the "Start" button on the machine and the "On" button on the computer. (d) If you fail to start the machine or the computer, please see Section 2 of the operation manual.

GP | 46 every / another + 명사

□ 출제 경향 every 용법의 예외가 하나 있으므로 주의해야 한다. 또한 뒤에 오는 숫자의 형태에 따라 그 다음에 이어지는 명사의 단·복수가 결정되는 another의 용법도 함께 알아보자.

❶ every + 기수 + 복수명사 / every + 서수 + 단수명사

every 다음에는 단수명사가 오며 단수 취급한다는 문법 포인트를 공부한 바 있다. 그렇다면 '4년마다'를 영어로 했을 때 옳은 표현은 무엇일까? 앞에서 학습한 내용대로라면 every four year가 맞겠지만 복수형을 쓴 every four years가 옳은 표현이다. 단, 이때 기수가 아닌 first, second, third, fourth처럼 서수를 쓰면 다음에 단수명사가 와서 every fourth year 가 된다.

You have to take this medicine every six hours.

이 약을 매 여섯 시간마다 복용하셔야 합니다.

→ every만 보고 hour를 고르면 안 된다. 여기서 every는 six를 수식하며, 앞에 기수인 six가 있기 때문에 반드시 복수명사 hours로 표시해야 한다.

You have to take this medicine every sixth hour.

이 약을 매 여섯 시간마다 복용하셔야 합니다.

→ sixth라는 서수가 있기 때문에 뒤에 단수명사가 온다.

❷ another + 기수 + 복수명사

another는 '또 하나의, 다른'이란 뜻을 갖는다. every와 마찬가지로 뒤에 기수가 오면 그 숫자 뒤에 복수명사를 써야 한다.

another three days 사흘 더
another five pounds 5파운드 더

→ 이때 another는 three / five 같은 수사만을 수식할 뿐 days / pounds에는 영향을 미치지 않는다. days / pounds를 복수 취급하는 이유는 바로 앞에 있는 수사 때문이다.

We have to stay at this hotel for another two days because of bad weather.

악천후 때문에 우리는 이 호텔에서 이틀 더 머물러야 한다.

❸ another + 단수명사

Why don't you have another cup of coffee?

커피 한 잔 더 하시겠어요?

You must stay in the hospital for another week.

일주일 더 입원해 계셔야 해요.

간편한 Check! 둘 중 알맞은 것을 고르시오.

1 The weekly magazine is published every (seven / seventh) days.

2 Let's practice another ten (hours / hour).

Part I Choose the option that best completes each dialogue.

1 A: I have run out of ammunition. How many rounds do you have left?
   B: I can fire _____.

   (a) another fourth rounds
   (b) another fourth round
   (c) another four round
   (d) another four rounds

Part II Choose the option that best completes each sentence.

2 Our nation's presidential election is held _____ on the first Sunday in
   September.

   (a) every five years
   (b) every five year
   (c) every fifth years
   (d) every fifths year

Part III Read each dialogue or passage carefully and identify the option that contains a
grammatical error.

3 (a) A: How's your wife's restaurant? I heard that business at her restaurant is booming.
   (b) B: Yes. She plans to open another two branch next month.
   (c) A: Wow. That's great.
   (d) B: Yes. But I think I should quit my job to be in charge of one branch. That's what she
       suggested yesterday.

4 (a) Decimation was a military disciplinary action used by Roman army officers. (b) This
   punishment was levied on cowardly or disobedient soldiers. (c) They were divided into
   groups of ten soldiers, and every tenth soldiers, as selected by lot, was killed by the nine
   remaining soldiers. (d) Nowadays, the word decimation means killing or removing lots of
   people, animals, or other living things.

TEPS-tic Expression!

run out of ~을 다 써버리다, (물건이) 바닥나다   **in charge of** ~을 맡고 있는[담당하는]

GP | 47 most / all / any / some + of

□ **출제 경향** most, all, any, some은 명사를 수식하는 형용사의 역할도 하지만 대명사로도 쓰인다. 「most/all/any/ some of + 명사」의 형태로 쓸 때 명사 앞에 반드시 명사를 한정해주는 한정사 the나 소유격대명사가 붙는다는 것이 시험에 나오는 문법 포인트이다.

❶ most / all / any / some + of the + 명사

'대부분의 사람들'을 영어로 하면 most people이 될 수도 있고, most of the people로 쓸 수도 있다. 하지만 후자의 경우에는 반드시 the를 써서 한정을 해야 하므로 most of people은 틀린 표현이다. all, any, some의 경우도 마찬가지이다.

<u>All of</u> **the** <u>coastal area</u> was devastated by the hurricane.
그 해안 지역이 모두 허리케인에 의해서 황폐화되었다.

cf. most people과 most of the people의 의미상 차이

> most people → 일반적으로 대부분의 사람들
> most of the people → 그 사람들 중에서 대부분

<u>Some of</u> disks on the table have been damaged. (×)
<u>Some of</u> **the** <u>disks</u> on the table have been damaged. (○)
테이블 위에 있는 디스크 몇 장이 파손되었다.

❷ most / all / any / some + of + 소유격 대명사 + 명사

of 뒤에 the 대신 소유격 대명사 (my, our, your, his, their, her, its)가 올 수도 있다.

<u>Some of</u> **his** <u>books</u> on the desk are related to industrialization.
책상에 있는 그의 책 중 일부는 산업화와 관련된 책이다.

Do you still have <u>any of</u> **your** <u>childhood toys</u>?
아직도 어린 시절에 가지고 놀았던 장난감이 있습니까?

I don't care about <u>any of</u> **my** <u>midterm results</u>.
나는 내 중간고사 결과에 대해 그 어떤 것도 개의치 않는다.

 간편한 Check!

틀린 부분을 찾아 고치시오.

1 All of books on the desk are about history.

2 Most the people in the neighborhood are Asians.

Part I Choose the option that best completes each dialogue.

1 A: Christopher Nolan is a wonderful director. _____ films have been box office
    hits.
   B: He is the director of *Dunkirk*, right?

   (a) Most his
   (b) Most of the his
   (c) Most of
   (d) Most of his

Part II Choose the option that best completes each sentence.

2 _____ we had were not enough to improve our situation.

   (a) Any chance
   (b) Any of chances
   (c) Any of the chances
   (d) Any the chances

Part III Read each dialogue or passage carefully and identify the option that contains a
grammatical error.

3 (a) A: I have to submit a paper about Korea's market economy in the 1920s. What should I
       do?
   (b) B: I think you should read all of documents that have been written about it at the
       library.
   (c) A: I've already done that. The problem is that there are few materials worth using.
   (d) B: Then I think you should visit the National Assembly Library of Korea. You'll find more
       documents there.

4 (a) K2 is the second highest mountain on Earth. (b) Most of mountaineers who have been
   in the Himalayas say it is more challenging to conquer K2 than Mount Everest. (c) And
   they also regard it as one of the most dangerous mountains in the world. (d) In fact, K2
   is notorious for having the second highest fatality rate, next to Annapurna, for mountain
   climbers.

형용사와 부사

GP | 48 비교급

□ **출제 경향** '～보다 더 …하다'를 나타내는 비교급 표현은 주로 어순 문제로 출제되며, 비교급을 강조하는 부사도 출제되므로 암기해 두자.

❶ 비교급의 기본 형태

비교급은 「more+명사/형용사/부사+than」또는 「형용사/부사+−er+than」의 형태로 쓴다.

I have more books than you do.
나는 너보다 더 많은 책을 가지고 있다.

This building is taller than the church on Seventh Street.
이 건물은 7번가에 있는 교회보다 더 높다.

My first son drew a picture more skillfully than the second one.
내 첫째 아들은 둘째 아들보다 그림을 더 솜씨 있게 그렸다.

cf. −able, −ful, −less, −ous 등이 붙는 2음절 단어와 3음절 이상 단어의 비교급은 앞에 more를 붙여 만든다.

ex) more wonderful (○)　　wonderfuler (×)
　　more conscious (○)　　consciouser (×)

❷ 배수사 + 비교급 + than

'몇 배 더 ～한'이란 뜻의 비교급 표현이다. 배수사는 '몇 배'를 의미하는 표현으로 twice, three times, four times 등이 여기에 속한다.

I practice soccer ten times more often than you do.
나는 축구 연습을 너보다 열 배는 더 자주 한다.

My cell phone is two times more expensive than yours.
내 핸드폰이 네 것보다 두 배나 더 비싸.

❸ 비교급을 강조하는 much, even, still, far

Seoul is much larger than Busan. 서울은 부산보다 훨씬 더 크다.

My mother drives far more carefully than my father.
우리 어머니는 아버지보다 훨씬 더 조심스럽게 운전하신다.
→ 강조부사의 위치는 비교급 앞이다.

둘 중 알맞은 것을 고르시오.

1　I love chocolate (even more / very more) than you do.
2　I bought a new book which is (two times heavier / heavier two times) than yours.
3　You are far (beautifuler / more beautiful) than Yoon-ah.

Part I Choose the option that best completes each dialogue.

1 A: Wow! This computer looks more expensive than mine.

B: Well, I think your computer _____.

(a) looks much more expensive than mine

(b) looks expensive much more than mine

(c) looks more much expensive than mine

(d) looks than mine more much expensive

Part II Choose the option that best completes each sentence.

2 The government plans to invest _____ in its Internet infrastructure.

(a) the previous amount than more 8 times

(b) more than 8 times the previous amount

(c) more 8 times than the previous amount

(d) 8 times more than the previous amount

Part III Read each dialogue or passage carefully and identify the option that contains a grammatical error.

3 (a) A: This computer is acting up again, and I can't stand it anymore.

(b) B: It's time for you to upgrade your computer.

(c) A: Will that cost much?

(d) B: No. It will cost less than ten times when you bought your computer.

4 (a) Poverty in Africa is disappearing much fast than you think. (b) This is happening due to a combination of international assistance and efforts by many Africans to stand on their feet. (c) The number of children who die from starvation and diseases is going down. (d) But it remains to be seen whether Africa can be completely lifted out of poverty.

TEPS-tic Expression!

act up (기계 등이) 기능이 나빠지다, 제 기능을 못하다

GP | 49 최상급

□ **출제 경향** 최상급은 사람이나 사물 중에 최고를 나타낼 때 쓰는 표현이다. 앞 문법 포인트에서 배운 비교급을 사용해서 나타낼 수도 있다. 최상급을 강조하는 부사와 비교급을 강조하는 부사를 혼동하지 않는 것이 중요하다.

❶ 최상급의 기본 형태

최상급은 「the+형용사/부사+-est」 또는 「the most+형용사/부사」의 형태로 쓴다.

Seoul is **the largest** city in Korea. 서울은 한국에서 가장 큰 도시이다.

This is **the most interesting** book that I <u>have ever read</u>.
이것은 지금까지 내가 읽은 책 중에 가장 재미있는 책이다.
→ '이제껏 ~했던 것 중에 가장 …했다'라는 의미로, have ever p.p. 형태의 현재완료 시제와 함께 많이 쓰인다.

James tries **the hardest** of all the students in his class.
제임스는 그의 학급에 있는 모든 학생들 중에서 가장 열심히 노력한다.
→ 여기서 the hardest는 tries를 수식하는 표현으로 부사 hard의 최상급 표현이다.

cf. 비교급과 마찬가지로 -able, -ful, -less, -ous 등이 붙는 2음절 단어와 3음절 이상 단어에는 앞에 most를 붙인다.

ex) the most wonderful (○)   the wonderfulest (×)
    the most conscious (○)   the consciousest (×)

❷ 최상급을 강조하는 by far, quite

최상급의 강조 부사는 '단연코'란 의미로 해석하면 된다.

This building is **by far** <u>the tallest</u> in the city.
이 건물은 이 도시에서 단연코 가장 높은 건물이다.

❸ 비교급을 이용한 최상급 표현

■ 비교급 + than any other + 단수명사

Tokyo is **larger than any other city** in Korea.
도쿄는 한국의 그 어떤 도시보다 크다.
→ 도쿄가 그 어떤 도시보다 더 크다는 말은 도쿄가 제일 크다는 말과 일맥상통한다.

■ No (other) + 명사 + 비교급

No (other) city in Korea is **larger** than Tokyo.
한국의 그 어떤 도시도 도쿄보다 크지 않다.
→ 도쿄보다 큰 도시가 한국에 없다는 말은 도쿄가 가장 크다는 최상급의 의미를 나타낸다.

둘 중 알맞은 것을 고르시오.

1 Stacey is (taller / tallest) than any other student in his class.

2 This is (the most large / the largest) picture in the world.

3 TEPS is (by far / best) the most difficult of all the English tests.

Part I Choose the option that best completes each dialogue.

1   A: This is _____ dangerous road in the city.
    B: Then why don't we take a detour?

    (a) than more
    (b) more
    (c) the most
    (d) most

Part II Choose the option that best completes each sentence.

2   The Boeing 747 was _____ the largest plane in the 1970s.

    (a) very
    (b) great
    (c) by far
    (d) most

Part III Read each dialogue or passage carefully and identify the option that contains a grammatical error.

3   (a) A: This is most boring book that I have ever read.
    (b) B: Really? What makes you say that?
    (c) A: There are too many characters, and I can't remember who is who yet.
    (d) B: Why don't you read the book to the end though?

4   (a) Aspirin is a well-known drug that reduces pain and fevers simultaneously. (b) It was synthesized by a French scientist and developed as a commercial drug by Bayer in 1899. (c) Since then, aspirin has become a common medication. (d) Now, it is most popular and safest drug in the world.

| TEPS-tic Expression! |
take a detour 우회하다, 돌아가다

□ **출제 경향** 형용사와 부사 관련 문제는 올바른 형용사와 부사를 선택할 수 있는지를 종종 묻는다. 즉, 부사처럼 생긴 형용사를 구분할 수 있는지, 또 형용사와 부사의 정확한 의미를 알고 있는지 묻는다.

❶ likely

여기서 likely는 –ly가 붙었지만 부사가 아니라 형용사이며, most는 likely를 수식하는 부사에 해당한다.

be likely to 동사원형	~할 것 같다
be most likely to 동사원형	대체로 ~할 것 같다, ~할 가능성이 크다

The committee **is likely to object** to the proposed plan of building a landfill near the city.
위원회는 그 도시 근처에 매립지를 건설하는 계획을 반대할 것으로 보인다.

The government **is most likely to invest** in the IT infrastructure, among other things.
정부는 다른 분야보다도 대체로 IT 인프라에 투자를 할 것으로 보인다.

❷ late / lately

late	늦은 (형용사); 늦게 (부사)
lately	최근에 (부사)

Sorry for being **late**. 늦어서 죄송합니다.

The movie started ten minutes **late**. 그 영화는 10분 늦게 시작했다.
→ 위 두 예문에서 late 자리에 lately를 쓰면 틀린다. TEPS 문법 Part III에서 잘 출제되고 있다.

The song has become popular **lately**. 그 노래는 최근에 유명해졌다.

❸ hard / hardly

hard	어려운; 딱딱한 (형용사); 열심히 (부사)
hardly	거의 ~하지 않는 (부사)

The ground was frozen **hard**. 땅이 꽁꽁 얼었다.

The ground was **hardly** frozen. 땅이 거의 얼지 않았다.

It is **hard** to focus on studying when you are tired. 피곤할 때는 공부에 집중하기가 힘들다.

Every employee works **hard** to meet his or her deadline.
직원들은 자신들의 마감을 맞추기 위해 열심히 일한다.

간편한 Check! 둘 중 알맞은 것을 고르시오.

1 The movie has become popular (late / lately).

2 It's (likely / like) to rain.

Part I Choose the option that best completes each dialogue.

1   A: I haven't seen Jeffrey _____.
    B: I heard that he has gone to visit his mother.

   (a) late
   (b) lately
   (c) recent
   (d) now

Part II Choose the option that best completes each sentence.

2   It is most _____ that North Korea will return to the negotiating table.

   (a) unlike
   (b) alike
   (c) like
   (d) likely

Part III Read each dialogue or passage carefully and identify the option that contains a grammatical error.

3   (a) A: Did you finish all of your spring cleaning?
    (b) B: I'm almost done. I'm trying to get this coffee stain out.
    (c) A: Oh, coffee stains hard ever get removed.
    (d) B: I think I can find some tips on the Internet on what to do.

4   (a) Most people believe Korea is hard ever hit by severe earthquakes and tsunamis.
    (b) That is somewhat true, but there were some severe earthquakes in the past. (c) More and more violent earthquakes are occurring around the world these days. (d) Therefore, a growing number of people in Korea have started worrying about them.

□ **출제 경향** 부정부사는 그 자체에 부정의 의미가 들어 있으므로 문장에 not을 넣지 않는데, 부정부사가 들어간 문장에 not을 넣고 틀린 곳을 고르는 문제가 주로 출제된다. 또한 부정부사가 문두에 오면 도치가 일어나는데, 이 부분은 어순문제로 주로 출제된다.

① 부정부사

■ hardly 거의 ~하지 않는

I can **hardly** believe my eyes. 내 눈을 믿을 수가 없다.

■ rarely 좀처럼 ~하지 않는

He **rarely**, if ever, gets into trouble. 그는 좀처럼 사고를 치지 않는다.
→ rarely, if ever는 '(비록 있다고 해도) 매우 드물게'라는 뜻으로 시험에 나온 바 있는 표현이니 외우고 넘어가자.

■ seldom 거의 ~하지 않는

You **seldom** see that kind of animal around here. 이 근처에서 그와 같은 동물은 좀처럼 보기 어렵다.

■ scarcely 거의 ~하지 않는

We **scarcely** ever met. 우리는 좀처럼 잘 만나지 않았다.

■ barely 거의 ~하지 않는; 간신히, 가까스로

I can **barely** play computer games at night. 나는 밤에 컴퓨터 게임을 거의 할 수 없다.

I was **barely** able to speak. 나는 간신히 말을 할 수 있었다.

② 부정구문의 도치

no, not, never 등 부정 표현	is / are / was / were	주어	보어
	do / does / did		동사원형
	have / has / had		과거분사

■ no sooner+had+주어+p.p.+than+주어+과거동사 ~하자마자(= as soon as)

As soon as he saw her, he ran off. 그는 그녀를 보자마자 도망갔다.

= No sooner **had he seen** her than he ran off.
→ 부정어 No가 문두로 나갔으니 주어와 동사 자리를 바꾸는데, 이때 '~하자마자'에 해당되는 부분은 반드시 had p.p. 형태로 가야 한다는 것에 유의하자. 나머지 부분은 「than + 주어 + 과거동사」 형태를 취하면 된다. than 다음에 나오는 시제는 과거로 표현한다는 점을 기억하자.

■ not until ~가 되어서야

Not until yesterday **did I know** the facts. 나는 어제가 되어서야 그 사실을 알게 되었다.
→ 본래 어순이라면 I knew the facts가 되어야 하지만 부정어구가 앞으로 나왔으므로 도치한다. knew가 과거형이므로 조동사 did가 앞으로 나와서 did I know가 되었다.

간편한 Check! 둘 중 알맞은 것을 고르시오.

1 The company (hard / hardly) ever fires its employees.

2 No sooner (I had seen / had I seen) her than I fell in love with her.

Part I Choose the option that best completes each dialogue.

1 A: She _____ comes to the office on time.
   B: It might be wise to tell her not to be late.

(a) seldom
(b) always
(c) easily
(d) lately

Part II Choose the option that best completes each sentence.

2 Not until Monday _____ food and water to the citizens.
   (a) the city distributed
   (b) the city will distribute
   (c) did the city distribute
   (d) will the city distributing

Part III Read each dialogue or passage carefully and identify the option that contains a grammatical error.

3 (a) A: Cindy and I are planning to go skiing. Will you join us?
   (b) B: Sorry. I rarely don't go skiing.
   (c) A: Why? Everyone enjoys skiing these days.
   (d) B: Actually, I once broke my leg while skiing.

4 (a) In modern society, most people consider marriage to be between two people in love with each other. (b) Actually, it is a rather new notion. (c) Not until the 19th century people started to think that love was a prerequisite for marriage. (d) Before that, marriage was a mere union of families.

주어·동사의 수 일치

GP | 52 주어·동사의 수 일치 1

□ **출제 경향** 상관접속사의 종류에 따라 다르게 적용되는 수 일치를 묻는 문제가 주로 출제된다.

❶ 상관접속사의 종류와 수 일치

not A but B A가 아니라 B가	B에 수 일치
not only A but also B A뿐만 아니라 B도	
either A or B A와 B 둘 중에 하나	
neither A nor B A와 B 둘 다 아닌	
A as well as B B뿐만 아니라 A도	A에 수 일치
both A and B A와 B 둘 다	복수 동사

Not the children **but** <u>their mother</u> **has apologized** for the trouble.
그 말썽에 대해 아이들이 아니라 그들의 엄마가 사과했다.

Not only the teacher **but also** <u>my friends</u> **help** me do my assignments.
선생님뿐만 아니라 내 친구들도 내가 숙제를 하는 것을 도와준다.

Either some apples **or** <u>a watermelon</u> **is** fine with me.
사과 몇 개든 수박 한 통이든 둘 다 좋아요.

Neither the FBI agents **nor** <u>the police investigator</u> **has** the right to torture the suspect.
FBI 요원이든 경찰 조사관이든 용의자를 고문할 권리는 없다.

<u>The students</u> **as well as** the professor **are** opposed to the plan.
교수뿐 아니라 학생들도 그 계획에 반대한다.

Both <u>you</u> **and** <u>he</u> **are** respected by all of your classmates.
너랑 그는 둘 다 너희 반 친구들 모두에게 존경받고 있어.

❷ Either[Neither] of the 복수명사 + 단수동사

뒤에 오는 명사에 수 일치하는 「either A or B」와 「neither A nor B」와는 다르게 무조건 단수 취급하므로 단수동사를 써야 한다. 복수명사에 수를 일치시키지 않도록 주의하자.

<u>Either of the boys</u> **doesn't** want to go to bed now.
그 소년 둘 중 어느 쪽도 지금 자러 가고 싶어하지 않는다.

<u>Neither of the students</u> **plays** soccer when it rains.
그 학생 둘 다 비가 오면 축구를 하지 않는다.

간편한 Check! 둘 중 알맞은 것을 고르시오.

1 Either a cup of coffee or some apples (is / are) fine with me.
2 Neither of the nurses (like / likes) the patient.

Part I Choose the option that best completes each dialogue.

1   A: Both you and Kate _____ where the restaurant is, right?
     B: I can show you the location.

(a) know
(b) knows
(c) will know
(d) is known

Part II Choose the option that best completes each sentence.

2   My English teacher said that either of the answers _____ correct, and that caused a big stir in the classroom.

(a) was
(b) are
(c) were
(d) be

Part III Read each dialogue or passage carefully and identify the option that contains a grammatical error.

3   (a) A: Which one do you want to take, the red or the blue one?
     (b) B: Neither of these two pills appeal to me. Can't I take some cough syrup?
     (c) A: Honey, you're not a three-year-old girl.
     (d) B: But I would much rather take some cough syrup instead of taking some pills.

4   (a) So far, Sunday's accident has taken 19 lives. (b) The police said the accident was especially big since it happened on the weekend. (c) The authorities assume that either an engine failure or a driver's mistake are the cause. (d) The police are still searching for some missing passengers.

TEPS-tic Expression!
cause a stir 혼란[파란]을 일으키다

Unit 9 주어·동사의 수 일치   119

주어·동사의 수 일치 2

□ **출제 경향** 일반적으로 명사 뒤에 –s나 –es가 붙으면 복수명사가 되지만 그렇지 않은 명사들도 있다. 바로 그 자체로 복수 취급하는 단어들과 단수, 복수의 형태가 같은 명사들은 반드시 암기해야 한다.

1 복수 취급하는 단어

the police, cattle, people은 그 자체를 복수로 취급한다.

Our cattle are grazing in the pasture. 가축들이 목초지에서 풀을 뜯고 있다.
→ '가축'이라고 하면 일반적으로 말, 소, 양 등 다양한 종류의 동물 여러 마리를 가리킨다. 그래서 이 단어는 그 자체가 복수이다.

The police are investigating the case involving the serial killer.
경찰은 연쇄 살인범이 연루되어 있는 사건을 조사하고 있다.

2 주의할 단어: people

people은 의미에 따라 단수로 취급할 수도 있고 –s를 붙여 복수 형태로 쓸 수도 있다.

■ **people (사람들)**

People say that it is relatively easy to become successful these days.
사람들이 말하길 요즘에는 성공하기가 비교적 쉽다고 한다.

■ **a people (민족) / peoples (민족들)**

The Koreans are a very kind people. 한국 사람은 매우 친절한 민족이다.

The Koreans are one of the technically savvy peoples.
한국 사람은 기술을 잘 사용하는 민족들 중 하나이다.

3 단수, 복수의 형태가 같은 명사

어떤 단어들은 단수나 복수나 그 형태가 똑같다. 따라서 이런 단어들의 수 일치 문제가 출제되면, 문맥을 통해 그 단어가 단수인지 복수인지 살펴봐야 한다.

aircraft 비행기	**deer** 사슴	**species** (동물, 식물의) 종
personnel 인원, 직원	**sheep** 양	

Aircraft made by the Rotem Company are used for humanitarian and military purposes.
로템사에서 제작된 비행기들은 인도주의적이고 군사적인 목적으로 사용된다
→ aircraft는 단수와 복수가 같으므로 이럴 때는 문장 전체의 의미를 따져봐야 한다. 로템사에서 만드는 비행기가 설마 한 대는 아닐 것이다. 인도주의적이고 군사적인 목적으로 사용된다고 했으므로 한 대가 아니라 여러 비행기가 그런 목적으로 사용될 것이다. 따라서 복수로 사용된 것이므로 are가 동사로 온 것이다.

둘 중 알맞은 것을 고르시오.

1 The police (is / are) chasing the suspect.
2 The Sales Department has the largest number of (personnel / personnels).

Part II Choose the option that best completes each sentence.

1 The police _____ now asking questions of witnesses to make a montage of the criminal.

(a) is
(b) has been
(c) are
(d) have been

Part III Read each dialogue or passage carefully and identify the option that contains a grammatical error.

2 (a) A: Kelly, the Internet connection is unstable.
(b) B: I know. Some IT personnels will come to fix it.
(c) A: When will they come here?
(d) B: They said they would fix it before lunch.

3 (a) The government announced a plan to import 30 aircraft from the U.S. (b) Yesterday, the government spokesman reported that both governments had finished negotiations. (c) He also mentioned that this deal will boost the strength of the country's national defense. (d) It will be shipped by next November.

4 (a) As people gets busy, they lose chances to eat fresh fruit that can provide them with some necessary vitamins and minerals. (b) Alternatively, some consume fruit juice, which is easily accessible. (c) However, they rarely know that it is full of nothing but sugar. (d) It will often make you fat and unhealthy.

GP | 54 주어·동사의 수 일치 3

□ 출제 경향 the number of와 a number of의 뜻을 구별하여 수 일치 시키는 문제와, 분수 및 퍼센티지가 주어로 나올 때 단수·복수를 따져 동사의 형태를 묻는 문제가 출제된다.

❶ the number of / a number of

■ **the number of + 복수명사 + 단수동사** **~의 수**
주어는 of 뒤에 나온 복수명사가 아니라 the number이므로 동사를 단수 취급해야 한다.

The number of people attending the party **has** yet to be calculated.
파티에 참석한 사람들의 수가 아직 집계되지 않았다.

■ **a number of 복수명사 + 복수동사** **많은 수의 ~**
a number of는 many와 같은 뜻이며, 다음에 나오는 복수명사가 주어이다. 따라서 복수동사를 쓴다.

A number of cars **are** manufactured not only in developed nations but also in developing ones.
많은 차들이 선진국에서뿐만 아니라 개발도상국에서도 만들어진다.

❷ 분수와 %

「숫자 % + of + 명사」와 「분수 + of + 명사」의 형태인 주어가 나오면 of 뒤에 나오는 명사가 주어이다. 따라서 of 뒤에 나오는 명사에 수를 일치시켜야 한다.

20% of the people living in India **have** been severely affected by a recent drought that lasted longer than expected.
인도에 살고 있는 20%의 사람들이 예상보다 더 길게 지속된 최근의 가뭄에 의해 큰 타격을 받았다.
→ 위 문장에서 the people이 주어이기 때문에 복수 동사 have가 왔다. 참고로 20%를 영어로 옮기면 20 percents가 아니라 20 percent이다.

Two thirds of the area **has** been devastated by a recent earthquake.
최근 지진에 의해 그 지역의 3분의 2가 초토화되었다.
→ 분수 two thirds를 보고 복수 동사를 선택해서는 안 된다. 주어는 of 뒤에 있는 the area로, 주어가 3인칭 단수이므로 동사는 단수 has가 되어야 한다.

cf. 영어에서 분수를 나타낼 때 분자는 기수, 분모는 서수로 표기하여 「기수 + 서수」의 형태가 된다. 분자가 2 이상이면 분모에 -s를 붙이며 분모가 4일때는 서수 대신 quarter를 쓰기도 한다.

ex) one third 3분의 1   three fifths 5분의 3

둘 중 알맞은 것을 고르시오.
1 The number of books (is / are) 20.
2 A number of books (is / are) published every day.
3 Three quarters of the building (has / have) been flooded.

Part II Choose the option that best completes each sentence.

1 _____ exact number of books in this library is not recorded in the report.

 (a) An
 (b) A
 (c) The
 (d) Some

Part III Read each dialogue or passage carefully and identify the option that contains a grammatical error.

2 (a) A: Only 13% of our workers says that they are satisfied with their working conditions.
 (b) B: That's quite surprising. I thought that this building had everything we need.
 (c) A: They're not talking about the building. They're talking about the atmosphere.
 (d) B: Tell me more.

3 (a) A: Lenny, have you finished making the invitations?
 (b) B: Not yet. I'll finish it after I watch these cartoons.
 (c) A: Okay. Can you tell me a number of friends you will invite?
 (d) B: It will be 6 or 7.

4 (a) I think many citizens, especially children, are eagerly waiting for the grand opening of the new theme park. (b) According to the manager of the project, it will open its doors in April. (c) He also said that two thirds of its construction are completed. (d) If the construction goes as scheduled, it will be the largest theme park in the country.

□ **출제 경향** 학문 이름과 작품 제목은 –s로 끝나더라도 단수 취급한다. 또한 시간과 거리는 한 덩어리로 볼 때 단수 취급하는데, TEPS에서는 이것들이 주어로 나올 때 동사의 수를 일치시키는 문제로 출제된다.

❶ –s로 끝나지만 단수 취급하는 학문 이름

politics 정치학	**linguistics** 언어학	**physics** 물리학	**economics** 경제학
genetics 유전학	**mechanics** 기계학	**ethics** 윤리학	**mathematics** 수학
statistics 통계학	**electronics** 전자공학		

Linguistics **is** one of my favorite subjects.
언어학은 내가 가장 좋아하는 과목 중 하나이다.

cf. statistics는 문맥에 따라 단수, 복수가 결정된다. 학문 이름인 '통계학'의 뜻으로 쓰이면 단수이고 '통계 자료, 통계 수치'라는 뜻으로 쓰이면 복수이다.

ex) Statistics **is** a very difficult subject for students who are poor at numbers.
통계학은 숫자에 취약한 학생들에게는 어려운 과목이다.

Official statistics **show** that one out of five people die of lung cancer due to smoking.
공식 통계 자료에 따르면 다섯 명 중 한 명은 흡연과 관련된 폐암으로 사망한다.

❷ 작품 제목

책 제목, 영화 제목, 프로그램 제목, 논문 제목 등은 그 자체로 단수 취급한다.

Crouching Tiger, Hidden Dragon by an Asian movie director **is** widely popular throughout the world.
아시아 영화감독이 만든 〈와호장룡〉은 전 세계적으로 매우 인기가 있다.

❸ 시간과 거리

시간이나 거리를 한 덩어리로 볼 때는 단수 취급한다.

12 years **is** a long period of time to master English.
12년은 영어를 마스터하기에는 긴 기간이다.
→ 여기서 12년은 '1년, 2년, 3년, ……12년'의 의미가 아니라 12년을 한 덩어리, 하나의 시간으로 보고 있다. a long period of time이라고 힌트도 제시되어 있으므로 단수 취급하여 동사를 is로 써야 한다.

10 miles **is** a long distance to run every morning.
10마일은 매일 아침 달리기에는 먼 거리이다.
→ 10 miles를 a long distance라고 하나의 길이로 표현하고 있으므로, 역시 단수 취급하여 is를 사용해야 한다.

 둘 중 알맞은 것을 고르시오.

1 Statistics (say / says) that more than 50% of the U.S. population is overweight or obese.

2 Three hours (is / are) a long time.

3 *The Simpsons* (is / are) the longest-running comedy in TV history and is presented by the Fox Broadcasting Company.

Part I Choose the option that best completes each dialogue.

1   A: How were today's exams?

B: Physics _____ slightly easier than economics.

(a) is
(b) was
(c) are
(d) were

Part II Choose the option that best completes each sentence.

2   48 hours _____ a long enough period of time to incubate bacteria and to build colonies.

(a) has
(b) have
(c) is
(d) are

Part III Read each dialogue or passage carefully and identify the option that contains a grammatical error.

3   (a) A: I can't decide which course to take.
(b) B: Maybe I can help you.
(c) A: According to the graduation criteria, I should take either politics or economics.
(d) B: In my experience, politics are a little bit hard to get a good grade in.

4   (a) A college in the U.S. punished 5 students for cheating. (b) The college decided to suspend those 5 students for 40 days. (c) However, the students complained that they could not accept the punishment. (d) They say that 40 days are an excessively long period of time for what they did.

Unit 10 관사

GP | 56 부정관사 a와 an

□ **출제 경향** TEPS에서는 주로 a와 an을 구분하는 문제와 관용표현을 묻는 문제가 출제된다. 특히 부정관사 a와 an 구분 문제가 TEPS 문법 Part I, Part II에 나오면 비교적 쉽게 맞힐 수 있는데 Part III에 나오면 뭐가 틀렸는지 찾아내기가 어려우므로 확실히 알아두자.

❶ 부정관사는 발음으로 구분한다.

단어의 첫 발음이 [아/에/이/오/우]이거나 모음 발음이 나면 an을 쓰고 나머지, 즉 자음 발음이 나는 단어 앞에는 a를 쓴다.

■ 부정관사 an

an apple   **an** office   **an** MP(= Member of Parliament) 의회 의원
→ M 자체는 자음이지만 발음이 '엠[ém]'으로 모음 소리가 나므로 a가 아니라 an으로 표시해야 한다.

an hour
→ hour의 h는 묵음이고 발음이 '아우어[àe]'이므로 모음 소리로 단어가 시작된다.

■ 부정관사 a

a computer   **a** cup   **a** book
a university   **a** unit   **a** European
→ university, unit, European은 '유[jù]'로 발음되는데 이 소리는 반자음에 해당한다. 반자음은 모음이 아니라 자음으로 보므로 an이 아니라 a를 써야 한다.

❷ a와 an이 들어간 관용표현

come to an end 끝이 나다
take a look at ~을 생각해보다[살펴보다]
in a hurry 서둘러서
as a result 그 결과
give it a try 시도하다
take a 30-minute break 30분 휴식을 취하다
It's not a big deal. 별 일 아니야.

bring ~ to an end ~을 끝내다
in an effort to+V ~하려는 노력의 일환으로
What a coincidence! 이런 우연의 일치가 어디 있나!
take a walk 산책하다
That's a shame. 유감이다. 괘씸하다.
Have a good time. 즐거운 시간 보내세요.

 간편한 Check! **둘 중 알맞은 것을 고르시오.**

1 I have (a / an) MP3 player.
2 Why don't we take (a break / break)?

Part I Choose the option that best completes each dialogue.

1   A: Wow! Are you all right? You almost slipped on that wet spot.
    B: I'm okay. It's not _____.
    (a) that big deal
    (b) the big deal
    (c) a big deal
    (d) big deals

Part II Choose the option that best completes each sentence.

2   Dr. White recommended that he have _____ scan to get a more accurate diagnosis.
    (a) a MRI
    (b) an MRI
    (c) the MRI
    (d) MRI

Part III Read each dialogue or passage carefully and identify the option that contains a grammatical error.

3   (a) A: Hey, Susie, could you give me a hand today?
    (b) B: I'm not sure whether I'll have the time or not because I'm going to see a movie with Will in the evening.
    (c) A: Well, I just need some help moving some furniture in my house. But it's okay. Have good time with your friend.
    (d) B: Why don't you ask Sam for help?

4   (a) Thank you for giving me this great prize. (b) This is a honorable moment for me and my colleagues. (c) For a long time, we have devoted ourselves to solving the mysteries of life. (d) This prize is not just for me, but it is for all of the scientists who have inspired me.

GP | 57 정관사 the

□ **출제 경향** 정관사 the는 기본적으로 앞에서 언급된 내용을 다시 언급할 때, 그리고 정황상 누구나 다 아는 내용일 때 쓴다. 그런데 내용과 상관없이 관용적으로 the를 쓰거나, 아예 관사를 사용하지 않는 경우도 있으므로 이런 표현은 외우는 수밖에 없다.

❶ the의 기본 용법

I watched a very big black car on my way home. I was surprised to learn that my teacher was in **the** car.
나는 집으로 가는 길에 아주 큰 검은 자동차를 보았다. 나는 우리 선생님이 그 차에 타고 있는 것을 알고 놀랐다.
→ 앞 문장에서 언급된 a very big black car를 다시 한 번 더 받고 있다.

A: I think I messed up **the** test.   A: 시험을 망친 것 같아.
B: **The** results will arrive in a week.   B: 시험 결과는 일주일 후에 나올 거야.
→ the test, The results는 구체적으로 설명하지 않아도 이 상황에서는 둘 다 아는 사실이다.

❷ the의 관용적인 표현

■ **the + 형용사**: '형용사'하는 사람

The gap between **the rich** and **the poor** is widening in Korea.
한국의 빈부 격차는 커지고 있다.
→ the rich는 '부자,' the poor는 '가난한 사람'이란 뜻이 된다.

■ 음악이나 악기를 연주하면 the가 붙지만, 스포츠를 하면 the를 쓰지 않는다.

play **the** piano 피아노를 치다   play baseball 야구를 하다
play **the** flute 플루트를 연주하다   play soccer 축구를 하다
play **the** violin 바이올린을 켜다   play basketball 농구를 하다

■ Do you have the time? VS. Do you have time?

Do you have **the** time? 지금 몇 시입니까?
Do you have time? 시간 있으세요?

■ the가 들어간 관용 표현

on the Korean Peninsula 한반도에서	the same ~와 같은[마찬가지로]
on the whole 대체로	on the spot 현장에서, 즉석에서
death on the spot 즉사	if that is the case 상황이 그러하다면
What's the matter? 무슨 일이야?	What's the occasion? 무슨 특별한 일이라도 있어?

둘 중 알맞은 것을 고르시오.

1 A: Do you have (time / the time)?
   B: I'm sorry, but I'm busy now.
2 On (whole / the whole), they are satisfied with their working conditions.

Part I Choose the option that best completes each dialogue.

1 A: Do you have _____?
   B: It's seven o'clock.

   (a) the time
   (b) a time
   (c) time
   (d) times

2 A: _____ is my hobby. How about you?
   B: I like playing soccer.

   (a) Playing piano
   (b) Playing a piano
   (c) Playing the piano
   (d) The piano playing

Part III Read each dialogue or passage carefully and identify the option that contains a grammatical error.

3 (a) Jenna and her husband Mike were newlyweds. (b) His family urged him to buy a house, but he didn't have enough money. (c) So he bought a house with a 5.6%, 30-year fixed-rate mortgage. (d) They moved into a two-story house in California, and this was foundation for their new life as a family.

4 (a) A black man was driving when he was caught speeding by some highway patrolmen. (b) He was severely beaten on spot with batons in an event that was videotaped by a bystander. (c) The footage of police brutality provoked public anger and raised tensions between African-Americans and the police. (d) Later, the acquittal of four of the police officers who were involved in the case caused the Los Angeles Riots to begin.

TEPS-tic Expression!
be caught speeding 과속으로 잡히다

GP | 58 관사의 유무

□ **출제 경향** 관사 문제는 주로 Part III에서 관사의 유무를 판단하는 문제로 출제된다. 이 관사 문제는 맞추기가 어려우므로 맞고 틀리는 데 연연해하지 말자. 관사 문제 자체가 어려울 뿐더러 문법 Part III를 풀 때쯤이면 문법에 할당된 시간이 거의 끝나가고 있기 때문이다.

❶ 관사 + 가산명사

가산명사 앞에는 정관사이든 부정관사이든 반드시 관사를 쓰거나 복수 형태로 써야 한다. (관사 대신 수사, 소유격대명사 등의 한정사가 붙기도 한다.)

What is capital of Korea? (×)
What is **the** capital of Korea? (○)
한국의 수도는 어디인가?
→ 수도는 수도인데 바로 '한국의 수도'라고 한정해 줘야 하므로 정관사 the를 써야 한다.

Here is **a** book that I want you to read.
여기 네가 읽어 봤으면 하는 책이 있어.
→ book은 가산명사이므로 관사 a가 필요하다.

❷ 관사가 붙지 않는 표현

■ kind/sort/type+of+명사

I am not that kind of <u>person</u>.
나는 그런 사람이 아니야.

These kinds of <u>books</u> are hard to come by.
이와 같은 책은 구하기가 어렵다.
→ of 뒤에 오는 명사에는 관사가 붙지 않으며, 복수 형태 또한 가능하다.

■ breakfast, lunch, dinner 앞에는 관사가 붙지 않는다.

It is important to have **breakfast** every day to remain healthy.
건강을 유지하려면 매일 아침식사를 하는 것이 중요하다.

간편한 Check! **틀린 부분을 찾아 바르게 고치시오.**
1 Milk is good source of nutrition.
2 The doctor said I became bald due to combination of stress, drinking, and smoking.
3 What kind of the movie do you want to watch?

Check-up TEST 58

Part II Choose the option that best completes each sentence.

1 My father liked to tell _____ of how he met my mother and why he loved her.
(a) story
(b) a story
(c) the story
(d) stories

Part III Read each dialogue or passage carefully and identify the option that contains a grammatical error.

2 (a) A: My computer freezes when I start it. I stayed up late last night to find the cause.
(b) B: So, did you find the problem? What was it?
(c) A: I think I should format my HDD and reinstall Windows.
(d) B: Well, sometimes that could be the surest way to solve that kind of the problem.

3 (a) A second breakfast means eating a meal after the breakfast but before the lunch.
(b) It consists of lighter foods such as coffee, bread, and eggs. (c) It is customary to have a second breakfast in Poland and Bavaria. (d) And the hobbits in *The Lord of the Rings* trilogy also eat a second breakfast every day.

4 (a) F. Scott Fitzgerald was the author of the all-time classic *The Great Gatsby*, but he was also an alcoholic. (b) His addiction to alcohol became very serious during the 1920s, and, by the late 1930s, his health was poor. (c) He cited tuberculosis as the reason for his bad health, but some claim that it was pretext for his drinking problem. (d) But others contend that he really suffered from tuberculosis.

Unit 11 기타 문법 포인트

GP | 59 주요 상호 복수 표현

□ **출제 경향** 둘 또는 둘 이상이 참여하는 동작이나 사물간의 상호관계를 나타낼 때 쓰이는 명사는 항상 복수 형태인데, 이런 것을 상호 복수라 한다. 예를 들어 '~와 자리를 바꾸다'라는 표현은 혼자가 아닌 두 명 또는 그 이상 사이에서 일어나는 일이므로 exchange a seat with라고 하지 않고 복수명사를 써서 exchange seats with 라고 한다. 관용표현처럼 굳어져 있으므로 암기하는 것이 가장 효과적이다.

❶ 시험에 자주 출제되는 상호 복수 표현

shake hands with	~와 악수하다
make friends with	~와 친구가 되다
be friends with	~와 친구 사이이다
exchange seats with	~와 자리를 바꾸다
exchange letters with	~와 편지를 주고받다
be on speaking terms with	~와 이야기를 나누는 사이이다
be on good terms with	~와 사이가 좋다
take turns	교대하다
change cars	차를 갈아타다

I had a chance to **shake hands with** the president.
나에게는 대통령과 악수할 수 있는 기회가 있었다.
→ 위 문장에서 shake hands with에 주목하자. 왜 단수 hand가 아니라 복수 형태의 hands를 사용했을까? 악수는 혼자서 하는 것이 아니라 상대방과 함께 하는 것이므로 손이 두 개 사용된다. 따라서 복수인 hands로 쓴 것이다.

We decided to **take turns** doing dishes every day.
우리는 설거지를 하루씩 교대로 하기로 결정했다.

 간편한 Check! 둘 중 알맞은 것을 고르시오.
1 I'd like to (make friends / make a friend) with some female students.
2 The CEO changed (a car / cars) after his car got a flat tire.

Part I Choose the option that best completes each dialogue.

1 A: I'm glad to hear that you are now _____ with Jonah.
   B: Well, he is not the guy he used to be.

   (a) a good term
   (b) good terms
   (c) on good terms
   (d) on a good term

Part II Choose the option that best completes each sentence.

2 The president of the company _____ with the employees of the month before getting in the car.

   (a) shook hands
   (b) shook a hand
   (c) shaking hands
   (d) shaking a hand

Part III Read each dialogue or passage carefully and identify the option that contains a grammatical error.

3 (a) A: I feel gloomy whenever I think about Chuseok.
   (b) B: Why do you feel that way?
   (c) A: My parents live in Ulsan. I have to drive for at least 8 to 10 hours to get there.
   (d) B: Why don't you take a turn driving with your son?

4 (a) Desiderius Erasmus was a Dutch Catholic priest, Renaissance humanist, and philosopher. (b) He was critical of the Roman Catholic Church and wrote stinging satires about it. (c) Though he was reform-minded, he didn't convert to Protestant Christianity and was committed to reforming the Catholic Church from within. (d) And the letter he exchanged with others are some of the best sources to study European Renaissance humanism.

GP | 60 to부정사와 동명사를 취하는 동사

□ **출제 경향** 동사 뒤에 to부정사 또는 동명사가 오느냐에 따라 의미가 달라지는 문장을 주고 의미상 알맞은 것을 고르는 문제가 출제된다.

remember to 동사원형	(미래에) ~해야 할 것을 기억하다
remember V-ing	(과거에) ~했던 것을 기억하다

Remember **to bring** the book when you finish reading it. 다 읽고 나서 책을 가져와야 한다는 것을 기억하렴.

I remember **seeing** you somewhere before. 전에 어디선가 당신을 본 기억이 납니다.

regret to 동사원형	~해서 유감이다
regret V-ing	~했던 것을 후회하다

I regret **to say** that you are not invited to the party. 귀하는 파티에 초대받지 못했음을 전해드리게 되어 유감입니다.

I regret not **taking** my father's advice seriously. 아버지의 조언을 진지하게 받아들이지 않았던 게 후회돼.

forget to 동사원형	(미래에) ~해야 할 것을 잊다
forget V-ing	(과거에) ~했던 것을 잊다

Don't forget **to send** me a letter on a weekly basis. 매 주마다 내게 편지 보내는 것 잊지 마.

I will never forget **hearing** her song. 그녀의 노래를 들었던 것을 결코 잊지 못할 것이다.

stop to 동사원형	~하기 위해 멈추다
stop V-ing	~하는 것을 멈추다

She stopped **to take** a close look at the flower. 그녀는 그 꽃을 자세히 보기 위해 가던 길을 멈추었다.

I tried to stop **smoking** again and again, only to fail. 몇 번이고 금연을 시도했지만 실패했을 뿐이다.

try to 동사원형	~하려고 노력하다
try V-ing	시험 삼아 ~하다

The lawmaker tried not **to comment** on the scandal he was involved in.
그 국회의원은 연루된 스캔들에 대해서는 언급을 하지 않으려 했다.

Why don't you try **putting** on this shirt? 이 셔츠 한번 입어 보는 것이 어때요?

 둘 중 알맞은 것을 고르시오.

1 I stopped (smoking / to smoke) for my health.

2 Don't forget (saying / to say) hello to your dad.

Part I Choose the option that best completes each dialogue.

1　A: Don't forget _____ your alarm clock before you fall asleep.
　 B: Okay, I will.

　 (a) setting
　 (b) to set
　 (c) will set
　 (d) will be setting

2　A: I always _____ early in the morning, but it's really hard.
　 B: I am now used to waking up early in the morning.

　 (a) try to wake up
　 (b) try to waking up
　 (c) try wake up to
　 (d) wake up to try

Part II Choose the option that best completes each sentence.

3　The media should stop _____ the mistakes he made during the soccer match.

　 (a) discuss
　 (b) discussing
　 (c) discussed
　 (d) to discuss

Part III Read each dialogue or passage carefully and identify the option that contains a grammatical error.

4　(a) A: It's 9 o'clock.
　 (b) B: I know, and I finished my homework.
　 (c) A: Did you remember taking your medicine?
　 (d) B: Oh, I forgot about that.

□ **출제 경향** 대부정사란 앞 문장에서 언급된 특정 내용이 그 다음 문장에도 그대로 언급될 경우, to까지만 살리고 원형동사를 비롯해 나머지는 다 생략하는 것을 일컫는다. 실생활에서도 많이 쓰이며 TEPS에서도 비교적 자주 출제되는 문법 포인트이다.

❶ 대부정사의 특징

A: Would you like to take a walk with me now?

B: **I'd love to**. But I have an important thing to take care of immediately.

A: 지금 나랑 같이 산책 갈래요?

B: 그러고 싶지만 급히 처리해야 할 일이 있어요.

→ I'd love to의 to가 대부정사로, I'd love to take a walk with you now.에서 to 이하 부분이 전부 생략된 것이다.

대부정사는 대동사 do, 대명사 it과 함께 사용될 수 없다. 오답 선택지로 자주 등장하므로 주의하자.

A: Would you please sign your autograph in my book?

B: Sure. **I am honored to**.

A: 제 책에 사인해 주시겠어요?

B: 물론이죠. 영광입니다.

→ 앞 문장에서 A가 말한 sign your autograph in my book을 대부정사 to를 사용해서 다 커버하고 있다. 앞서 나온 내용의 일부가 반복되는 경우 대부정사를 사용해서 반복되는 부분은 다 생략하거나, 혹은 전부 다 써주어야 한다. 대부정사는 대동사 do, 대명사 it과 같이 사용될 수 없으므로 I am honored to do, 또는 I am honored to do it.이라고 하면 틀린 표현이다.

다음 중 틀린 부분을 찾아 고치시오.

1 A: Why don't you play tennis with me?

   B: I'd love, but I am busy.

2 A: Did your father get angry with you for losing his mobile phone?

   B: No. I didn't really expect him to do.

Part I Choose the option that best completes each dialogue.

1   A: It's stuffy in here. May I open the window?
    B: You may open it _____.

   (a) if you want it
   (b) if you want to open
   (c) if you do
   (d) if you want to

2   A: Could you pick up your sister at the airport?
    B: I think I'm _____.

   (a) supposing
   (b) supposed to
   (c) supposing to
   (d) supposed to do

Part III Read each dialogue or passage carefully and identify the option that contains a grammatical error.

3   (a) A: Would you like to own a smartphone like the iPhone?
    (b) B: No. I can't afford to buy one. But if someone gave one to me, I'd love to own.
    (c) A: Why don't you ask your parents to buy one?
    (d) B: I've already done that, but they obstinately refused.

4   (a) A: Thanks for putting me up. I really appreciate it.
    (b) B: It's my pleasure. Why don't you stay for one more night?
    (c) A: I really don't want to bother you.
    (d) B: You may stay here if you want.

TEPS-tic Expression!
- -

put up 잠 재워주다, 숙박시키다

GP | 62 당위성 동사+that절

☐ **출제 경향** 주장, 요구, 명령, 제안, 권고 등의 의미를 가진 동사가 that절 이하의 내용에 당위성을 나타내면 주어와 동사 사이에 should를 쓴다. 이 should가 생략되기도 하는데, 이때 뒤에 나오는 동사의 형태를 묻는 문제가 자주 출제된다.

❶ 당위성이 있는 내용이 올 경우

> **주어 + insist (주장하다) + that + 주어 + (should) + 동사원형**
> - demand (요구하다)
> - order (명령하다)
> - suggest (제안하다)
> - recommend (권고하다)
> - plea (간청하다)

The doctor **insisted** that my father **(should) stop** smoking.
의사는 우리 아버지가 금연을 해야 한다고 했다.
→ insisted that 이하의 내용이 당위성을 가지고 있는 내용이므로 should을 사용했다. should을 생략해도 되는데, 3인칭 주어가 나왔다고 stops라고 쓰면 안 된다. should가 생략된 상태이므로 동사원형이 와야 한다.

❷ 당위성이 없는 내용이 올 경우

insist류의 동사가 와도 that 이하의 내용이 당위성을 가지고 있지 않을 때, 즉 일반적 '사실'을 언급하는 것일 때는 위의 공식이 적용되지 않는다. 그럴 때는 문장 내의 상황에 맞게 시제를 맞추어 주면 된다.

The new poll suggested that Koreans **should drink** three cups of coffee a day. (×)
The new poll suggested that Koreans **drink** three cups of coffee a day. (○)
한국인들은 하루에 커피를 세 잔 마신다는 새로운 여론 조사 결과가 나왔다.
→ 동사 suggest가 쓰이긴 했지만, that 이하가 당위성을 가진 내용은 아니다. 하루에 커피를 석 잔 마시는 습관, 즉 일반적인 사실을 이야기하는 것이므로 should 없이 drink라는 현재시제로 쓴다.

cf. 주장, 요구, 제안, 권고, 명령 등을 나타내는 명사나 형용사 뒤에 당위성을 나타내는 that절이 오면 마찬가지로 동사 앞에 should를 쓰거나 should를 생략하여 동사원형 형태로 써야 한다.

명사	insistence (주장) / demand (요구) / suggestion (제안) recommendation (권고) / order (명령) / plea (간청)
형용사	important (중요한) / crucial (핵심적인) / essential (필수적인) necessary (필요한) / compulsory (의무적인) / obligatory (의무적인) mandatory (의무적인)

It is the doctor's **recommendation** that the president **(should) stop** smoking.
대통령이 금연해야 한다는 것이 의사의 권고이다.

It is **mandatory** that blood banks **(should) test** all donated blood for the virus.
혈액은행은 모든 기증된 혈액에 대해서 바이러스 검사를 의무적으로 실시해야 한다.

둘 중 알맞은 것을 고르시오.
1 The teacher suggested that Mike (studies / study) very hard.
2 The survey suggests that 20% of the respondents (smoke / should smoke).

Part I Choose the option that best completes each dialogue.

1   A: A police officer demanded that my brother _____ and open his backpack.

     B: Did the officer have a warrant? I doubt it.

  (a) has to give his name
  (b) gives his name
  (c) should give his name
  (d) was giving his name

Part II Choose the option that best completes each sentence.

2   The boxer's instructor advised that he _____ another sparring partner instead of boxing with his 35-year-old partner.

  (a) has to find
  (b) should find
  (c) was finding
  (d) finds

Part III Read each dialogue or passage carefully and identify the option that contains a grammatical error.

3   (a) A: Where are you going, Teddy? Aren't you supposed to stay home?

     (b) B: Hey, I'm just strolling around. I'll be back soon.

     (c) A: I remember it was Mom's order that you will not go out after curfew.

     (d) B: Well, I think that was a recommendation, not an order.

4   (a) Space tourism is paying to take flights into space. (b) It is very expensive and offers limited opportunities to those who want to go to space. (c) The Russians were offering people the chance to visit space if they paid between twenty and thirty-five million dollars, but they halted space tours in 2010. (d) Though one survey suggested that 21% of respondents should want to spend time in a space hotel or station, it seems unlikely that their dreams will come true in the near future.

TEPS-tic Expression!
give one's name 이름을 말하다

GP | 63 use와 관련된 용법

□ **출제 경향** 앞서 GP 30에서 조동사 used to를 학습한 바 있다. 그런데 used to 이외에도 동사 use가 사용된 다양한 표현들이 시험에 출제된다. 형태는 비슷하게 생겼지만 의미가 완전히 다르므로 주의가 필요하다. 주로 의미 문제로 출제된다.

❶ use와 관련된 표현

■ used to 동사원형 **과거에 (규칙적으로) ~하곤 했다; 과거에 ~였다 (지금은 더 이상 그렇지 않다)**

I **used to go** to the hotel every year.
나는 매년 그 호텔에 가곤 했었다.

Sam and Mary **used to go** to Mexico in the summer.
샘과 메리는 여름에 멕시코에 가곤 했었다.

■ get[be/become/grow] used[accustomed] to V-ing/명사 **~하는 데 익숙하다**

He is just starting to **get used to** military life.
그는 이제 막 군생활에 적응하기 시작하고 있다.

You will soon **get accustomed to living** in a foreign land.
당신은 곧 이국땅에서 사는 것에 적응하게 될 것이다.

■ be동사+used to+동사원형 **~하기 위해 사용되다**
　be동사+used for+명사 **~을 위해 사용되다**

This program **is used to prevent** corruption in the government.
이 프로그램은 정부 내부의 부패를 막는 데 사용된다.
→ 목적을 나타내는 to부정사를 사용한 use의 수동태 구문이다.

The new strategy can **be used for** the promotion of your products.
이 새로운 전략은 귀사 제품의 판촉 활동에 사용될 수 있습니다.
→ 목적의 의미를 나타내는 전치사 for를 사용한 use의 수동태 구문이다.

간편한 Check! 둘 중 알맞은 것을 고르시오.

1 I used to (work / working) here as an engineer, but now I work for an insurance company.

2 This campaign (used to raising / is used to raise) public awareness about poverty.

3 You have no choice but to get used to (learning / learn) English.

Part I Choose the option that best completes each dialogue.

1 A: This video clip _____ six graders' interest in astronomy.
   B: Isn't it a little long? I think it should be 10 to 12 minutes long.

   (a) is used to boost
   (b) used to boost
   (c) is used to boosting
   (d) used to boosting

Part II Choose the option that best completes each sentence.

2 The athletes _____ after the new coach took charge of the team.
   (a) became use to rigorous training
   (b) became used to rigorous training
   (c) became used rigorous training
   (d) became useful rigorous training

Part III Read each dialogue or passage carefully and identify the option that contains a grammatical error.

3 (a) A: Brad, Pixar has recently released a new animated film. Won't you watch it with me?
   (b) B: Sorry. I don't want to.
   (c) A: But you really love Pixar's films.
   (d) B: I'm used to enjoy them, but I don't anymore.

4 (a) Mobile phones require electric power to operate, and this power is generally obtained from rechargeable batteries. (b) Lots of methods are used to charging batteries, such as USB ports, cigarette lighters, and AC adaptors. (c) Many mobile phone producers use lithium-polymer batteries instead of older lithium-ion batteries. (d) As the lifetimes of batteries are limited, many mobile phone manufacturers are finding alternative power sources, such as solar cells.

GP | 64 do의 다양한 역할

□ **출제 경향** do는 영어에서 참으로 많은 역할을 하는 동사이다. 다양한 역할을 가진 만큼 do의 기능과 숙어 표현을 이용한 문제들이 출제되는데, 특히 강조와 대동사 do의 용법이 출제 빈도가 높은 편이다.

❶ do의 기본 용법

■ 본동사

He **did** his homework yesterday.
그는 어제 숙제를 했다.

■ 조동사

He **did** not go there. **Did** you go there?
그는 그곳에 가지 않았어. 넌 거기 갔었니?

■ 대동사

A: Do you have a pen?
B: Yes, I **do**(= have a pen).
A: 너 펜 있니?
B: 응, 있어.

■ 강조

He **does** want you to come here.
그는 진심으로 네가 여기 와주길 원해.

❷ do와 관련된 숙어 표현

■ do something about ～에 대해 조치를 취하다

The government should **do something about** the death penalty.
정부는 사형 제도에 대해서 뭔가 조치를 취해야 한다.

■ do nothing but 동사원형 ～하기만 하다

She **did nothing but** sleep all day.
그녀는 하루 종일 잠만 잤다.

■ do anything but A A를 제외하고는 뭐든지 하다

I will **do anything but** my homework. 숙제 빼고는 뭐든지 다 하겠어요.

둘 중 알맞은 것을 고르시오.

1 I will do nothing (and / but) practice.
2 A: Do you have any money?
　B: Yes, I (do / did).

Part I Choose the option that best completes each dialogue.

1 A: Did the police find the suspect in the neighborhood?
   B: Yes, _____.
   (a) they did
   (b) they are
   (c) they will
   (d) they would

Part II Choose the option that best completes each sentence.

2 I _____ enjoy hanging out with people, but I just don't have the time.
   (a) do
   (b) don't
   (c) am
   (d) does

Part III Read each dialogue or passage carefully and identify the option that contains a grammatical error.

3 (a) A: Did you watch the golf competition last night?
   (b) B: No, I don't. I was working the night shift.
   (c) A: Lexi made her debut as a professional golfer and won the tournament.
   (d) B: I wish I could have seen that.

4 (a) Welcome to Gorilla's Jungle. (b) You can download or post information about gorillas in our community. (c) You must do something but register to enjoy the various pictures and videos on Gorilla's Jungle. (d) Register now by clicking this icon.

TEPS-tic Expression!
work the night shift (교대 근무에서) 야간 근무를 하다

□ **출제 경향** 관용표현 또는 숙어처럼 쓰이는 주요 동명사 표현들을 to부정사로 바꿔놓고 틀린 곳을 찾는 문제로 주로 출제된다. 이런 표현들은 암기해 두면 어려움 없이 풀 수 있는 문제이므로 꼭 암기해 두도록 한다.

① 동명사가 들어간 표현

■ there is no V-ing ~할 수 없다, ~하는 것은 불가능하다

There is no telling what might happen to you. 당신에게 무슨 일이 일어날지 아는 것은 불가능합니다.

■ spend 시간/노력 V-ing ~하는 데 시간이나 노력을 들이다

The experts **spent** most of their time **finding** out the cause of the accident.
그 전문가들은 사고의 원인을 찾는 데 대부분의 시간을 보냈다.
→ 보통 -ing 앞에 전치사 in이나 on이 올 수도 있지만 주로 생략한다.

■ feel like V-ing ~하고 싶다

I don't **feel like having** dinner with the man. 그 남자와 저녁 식사 하고 싶지 않아.

■ what do you say to V-ing ~하는 것이 어때?

What do you say to going abroad to study genetics? 유학 가서 유전학을 공부하는 것이 어때?

■ cannot help V-ing ~하지 않을 수 없다

I **can't help laughing** at her joke. 그녀의 농담에 웃지 않을 수 없다.

■ be busy V-ing ~하느라 바쁘다

I **was busy working** on a project. 나는 프로젝트 작업을 하느라 바빴다.

■ look forward to V-ing ~하기를 학수고대하다

I **look forward to seeing** you soon. 조만간에 뵙기를 바랍니다.

■ be worth V-ing ~할 가치가 있다

This book **is worth reading**. 이 책은 읽을 만한 가치가 있다.

■ on V-ing ~하자마자

On hearing the news, she burst into tears. 그 소식을 듣자마자 그녀는 울음을 터뜨렸다.

■ it is no use V-ing / it is no good V-ing ~하는 것은 소용없다

It is no use crying over spilt milk. 우유를 엎지르고 난 후 울어도 소용없다. (= 엎지른 물은 도로 담을 수 없다.)
It is no good talking to her. 그녀에게 이야기한들 소용없다.

■ make a point of V-ing ~하는 것을 습관으로 하고 있다, 규칙적으로 ~하다

He **makes a point of reading** 2 books a month. 그는 규칙적으로 한 달에 책을 2권씩 읽는다.

 간편한 Check!

둘 중 알맞은 것을 고르시오.

1 (On seeing / To see) the police, she ran away.

2 What do you say to (go / going) for a walk?

Part I Choose the option that best completes each dialogue.

1 A: My uncle has spent most of his life _____ his handicapped son.

B: I'm sorry to hear that. Doesn't he get any support from the government?

(a) caring for

(b) in the care of

(c) to care for

(d) care

Part III Read each dialogue or passage carefully and identify the option that contains a grammatical error.

2 (a) A: There is no use to stockpile oil in today's economic environment.

(b) B: I beg to differ. Oil reserves are an effective way to keep the price of oil under control.

(c) A: Analysts do not realize that maintaining public stockpiles costs a lot.

(d) B: But a reserve is indispensable in case war breaks out in oil-rich regions.

3 (a) A: There is a rumor that you are sending your resume to companies.

(b) B: Yes, I am. But I still wonder if it is worth for leaving a secure job for a more interesting one.

(c) A: Well, if you stress security too much, you will lose opportunities to fulfill your potential.

(d) B: But it is hard to find jobs at this time.

4 (a) As a kid, I was scared to put my feet in the water. (b) However, I was swimming like a fish after five weeks of continuous training. (c) Consistent practice with the help of a trained coach seems to be the key to becoming a successful swimmer. (d) In recognition of that fact, I make a point to taking my children to the swimming pool in the sports center every day.

□ **출제 경향** Part III에서 주로 출제되는 문제로, 단수 형태와 복수 형태에 따라 뜻이 전혀 달라지는 어휘를 묻는다.

❶ 단수와 복수가 뜻이 다른 명사

■ arm 팔 / arms 무기

I tapped her on the **arm**. 나는 그녀의 팔을 살며시 쳤다.

The man took up **arms** to revenge his deceased parents.
그는 돌아가신 그의 부모의 원수를 갚기 위해 무기를 들었다.

■ manner 태도, 방법 / manners 예절, 품행

We talked to each other in a businesslike **manner**. 우리는 서로 사무적인 태도로 이야기했다.

He has no **manners** at all. 그는 예의가 없다.

■ good 좋은, 선(善) / goods 상품

He is a **good** man. 그는 좋은 사람이다.

The store has a variety of **goods** on display. 이 상점은 다양한 상품을 진열하고 있다.

■ custom 관습 / customs 세관

Giving presents to one's neighbors on Christmas is an old **custom**.
크리스마스에 이웃 주민에게 선물을 주는 것은 오랜 관습이다.

The U.S. is taking strict measures on **customs** declarations.
미국은 세관 신고에 있어 엄격한 조치를 취하고 있다.

■ damage 피해 / damages 피해액, 손해 배상금

The earthquake didn't cause much **damage** to the area.
지진은 그 지역에 큰 피해를 끼치지 않았다.

The company was ordered by the court to pay **damages** totaling $1 million.
그 회사는 법원으로부터 총 백만 달러에 달하는 손해 배상금을 지급하라는 명령을 받았다.

■ power 힘, 권력 / powers 강대국

He has the **power** to influence the government.
그는 정부에 영향을 미칠 정도의 권력을 지니고 있다.

The Western **powers** in the 19th century planned to put Korea, China, and Japan under their control.
19세기 서구 열강은 한국과 중국, 일본을 자기들의 통제하에 두려고 계획했다.

 간편한 Check!

둘 중 알맞은 것을 고르시오.

1 Don't talk to me in an arrogant (manner / manners).

2 The celebrity was ordered to pay (damage / damages) amounting to $1000.

Part I Choose the option that best completes each dialogue.

1　A: I think you should _____ when you eat with your grandparents.
　　B: But I can't wait until they are ready. I have to leave home early, you know.

　　(a) be good manner
　　(b) be good manners
　　(c) have good manner
　　(d) have good manners

Part II Choose the option that best completes each sentence.

2　The _____ officer was accused of protecting the smugglers.

　　(a) customs
　　(b) custom
　　(c) customary
　　(d) accustom

Part III Read each dialogue or passage carefully and identify the option that contains a grammatical error.

3　(a) A: How did the Australian economy perform in 2018?
　　(b) B: It had recorded a trade surplus of 3 billion dollars in good and services as of December.
　　(c) A: That means it increased by 0.7 billion dollars from the previous year.
　　(d) B: Yes, it did. The outstanding performance was largely driven by a rise in exports.

4　(a) Economics used to be mainly concerned with the production and distribution of goods and services. (b) However, due to globalization, mainly led by Western power, economics has changed greatly. (c) Old economics professors are finding themselves struggling to adapt to new economic concepts. (d) Moreover, globalization has affected not only the academic community but also the lives of ordinary people.

TEPS-tic Expression!
----
as of ~현재로

혼동하기 쉬운 어휘 2

□ **출제 경향** 대부분의 부사는 형용사에 -ly가 붙은 형태이다. 그런데 이때, 의미가 형용사와 완전히 달라지는 경우도 있으므로 주의하자. 또한, -ly가 붙지 않았지만 부사로 쓰이는 어휘들도 있으므로 해석을 통해 알맞은 어휘를 찾아야 한다.

❶ 혼동하기 쉬운 형용사와 부사

■ high 높은; 높게 / highly 매우

The military installation has **high** fences around it. 그 군사 기지 주변에는 높은 담장이 쳐져 있다.

The president of the university is a **highly** intelligent man. 그 대학 총장은 매우 지적인 사람이다.

It is **highly** unlikely that he will pass the exam. 그가 시험에 통과할 가능성은 거의 없다고 본다.

■ late 늦은; 늦게 / lately 최근에 / the latest 최신의

Michael was **late** for the meeting this morning. 마이클은 오늘 아침 회의에 늦었다.

I haven't been feeling well **lately**. 나는 최근 들어서 몸 상태가 별로 안 좋다.

The latest issue of *Science* has become popular lately.
사이언스 최신호가 최근 들어 인기를 얻고 있다.

■ fair 공정한 / fairly 공정하게; 꽤, 매우, 상당히

The role of referees is to ensure a **fair** game. 심판의 역할은 공정한 게임을 보장하는 것이다.

I wasn't treated **fairly** at the meeting. 나는 오늘 회의에서 공정하게 대우받지 못했다.

This is a **fairly** easy book, so anybody can read it.
이 책은 매우 쉬운 책이라서 누구든지 읽을 수 있다.

■ near 근처의 / nearly 거의

The bank is very **near** my house. 그 은행은 우리 집에서 아주 가깝다.

Nearly 30 people were killed by the fire.
그 화재로 인해 거의 서른 명이 사망했다.

■ most 대부분; (최상급의) 가장 / mostly 주로

Most people say that their economic situation is not good.
대부분의 사람들은 자신들의 경제 상황이 안 좋다고 말한다.

What makes me **most** annoyed is that most people lie too much.
나를 가장 짜증나게 하는 것은 대부분의 사람들이 거짓말을 밥 먹듯이 하는 것이다.

Young women **mostly** go on a diet when they gain weight.
젊은 여성들은 살이 찌면 주로 다이어트를 시작한다.

간편한 Check! 둘 중 알맞은 것을 고르시오.

1 (Near / Nearly) 200 students are taking my class.
2 The book has become popular (late / lately).

Part I Choose the option that best completes each dialogue.

1   A: The management spoke _____ of the newcomers.
    B: What do you think about them?

   (a) high
   (b) highly
   (c) good
   (d) best

Part II Choose the option that best completes each sentence.

2   The _____ news on CNN that has sparked controversy is the information on how to double your income.

   (a) latest
   (b) lately
   (c) late
   (d) best

Part III Read each dialogue or passage carefully and identify the option that contains a grammatical error.

3   (a) A: Have you heard the news about the tsunami that hit Indonesia?
    (b) B: No, what happened? Were many people killed by the natural disaster?
    (c) A: It killed near 1,000 people and left more than 10,000 people homeless.
    (d) B: That is the worst disaster that I have ever heard about.

4   (a) There are two kinds of people: active and passive. (b) Passive people do things when they are told to. (c) Active people, on the other hand, take the initiative and try to find things they can do or they think they can do. (d) Generally speaking, it is high likely that active people will be more successful than passive people.

Section 2

Actual

Test 01~06

Grammar

Part I Questions 1-10

Choose the option that best completes each dialogue.

1. A: Does he sing well?
   B: He sings _____ you do.

   (a) as well as
   (b) well as very
   (c) as very as
   (d) very as very

2. A: When does the class finish?
   B: It _____ in 20 minutes.

   (a) was ended
   (b) ended
   (c) will end
   (d) has ended

3. A: What did he suggest?
   B: He suggested that she _____ off her debt immediately.

   (a) pays
   (b) paid
   (c) will pay
   (d) pay

4. A: What did you learn in class?
   B: I learned that the earth _____ around the sun.

   (a) will go
   (b) went
   (c) goes
   (d) have gone

5. A: What will you do next year?
   B: I am considering _____ abroad to study.

   (a) to go
   (b) having gone
   (c) going
   (d) to have gone

6. A: I thought you married Mary.
   B: Well, I _____ have married her.

   (a) will
   (b) must
   (c) might
   (d) should

7. A: Does Mr. Lee swim well?
   B: He has become _____.

   (a) as great a swimmer as Mr. Kim
   (b) as a great swimmer as Mr. Kim
   (c) a great swimmer as Mr. Kim as
   (d) great as the swimmer as Mr. Kim

8. A: Minsu, as well as they, _____ very good at speaking the English language 10 years ago.
   B: I can't agree with you more.

   (a) is
   (b) was
   (c) are
   (d) were

9. A: What did the history teacher tell you?
   B: She taught that the French Revolution _____ in 1799.

   (a) ends
   (b) has ended
   (c) end
   (d) ended

10. A: Would you like to have more meat?
    B: I'd really_____, but I am already full.

    (a) love to
    (b) love
    (c) love to do
    (d) loving to

Part II **Questions 11-25**

Choose the option that best completes each sentence.

11. I heard her speaking, but I did not understand _____.

    (a) what did she mean
    (b) what she meant
    (c) what does she mean
    (d) she meant what

12. This building _____ 1,000 people.

    (a) large enough to house
    (b) to house large enough
    (c) is enough large to house
    (d) is large enough to house

13. My colleagues and I are looking _____ the scholar.

    (a) forward to meet
    (b) forward to meeting
    (c) forward to have met
    (d) forward meeting

14. The community will drive out _____ break the law.

    (a) you
    (b) criminals
    (c) whom
    (d) those who

15. Some civic organizations have conducted negative campaigns against _____ candidates to try to prevent their being elected.

    (a) designate
    (b) designating
    (c) designated
    (d) designation

16. We have to keep him _____ eating fast food.

    (a) from
    (b) to
    (c) about
    (d) above

17. I go to church _____ with my friends.

    (a) to hang out
    (b) hang out
    (c) hanging out
    (d) to have hanged out

18. Mr. Trent lost a flock of _____ yesterday, and he is still looking for them in the mountains.

    (a) sheep
    (b) sheeps
    (c) a sheep
    (d) his sheeps

19. The population of Seoul is much bigger than _____ of Incheon.

    (a) it
    (b) that
    (c) those
    (d) these

20. _____, I was unable to escape from the maximum security prison.

    (a) No matter how hard I tried
    (b) I tried hard no matter how
    (c) No matter I tried how hard
    (d) I tried no matter how hard

G

21. I _____ the piano since I was 5.

    (a) am playing
    (b) play
    (c) have been playing
    (d) had played

22. Not only _____ he know about the news, but he also took some measures in response to it.

    (a) did
    (b) was
    (c) were
    (d) done

23. Yesterday, the students saw him playing _____ when they passed by the classroom.

    (a) guitar
    (b) an guitar
    (c) the guitar
    (d) guitars

24. There _____ a disaster because the entire city was a mess.

    (a) was
    (b) must have been
    (c) were
    (d) should be

25. Historically, local governments _____ under the control of the central government.

    (a) are not always
    (b) were not always
    (c) always are not
    (d) was not always

Read each dialogue or passage carefully and identify the option that contains a grammatical error.

26. (a) A: When will you start painting the wall?
    (b) B: I don't know because I don't have the equipment necessary. Did you remember buying some paintbrushes?
    (c) A: Oh my God! I forgot to pick them up.
    (d) B: Well, in that case, why don't we paint tomorrow?

27. (a) A: I thought I was going to die.
    (b) B: What was the matter?
    (c) A: One of the front wheels of my car got loose and separating from the car.
    (d) B: Then what happened?

28. (a) If it had not been for the flood last month, people can be having a good time now. (b) Rain poured for days, so everything was washed away. (c) The village here is covered with mud now. (d) People in the village lost everything they had.

29. (a) On 1950, the Korean War broke out. (b) North Korean tanks drove through South Korean cities and killed everyone that got in their way. (c) It took only three months for the North Korean army to reach Busan. (d) South Korea was on the verge of falling into the hands of the North Koreans.

30. (a) The Anti-Corruption and Civil Rights Commission (ACRC) is a government agency in Korea. (b) It created by the integration of three different commissions to provide one-stop service to the people. (c) Citizens can file complaints or have their infringed rights restored by using the ACRC. (d) The ACRC leaves no voices of the people unheard.

G

You have reached the end of the (Vocabulary &) Grammar sections. DO NOT move on to the Reading Comprehension section until instructed to do so. You are NOT allowed to turn to any other section of the test.

Actual Test 02

Choose the option that best completes each dialogue.

1. A: _____ funny?
    B: Frankly speaking, I don't know.

    (a) Why do you think it is
    (b) Do you think why is it
    (c) Why do you think is it
    (d) Do you think why it is

2. A: The final exam is just around the corner.
       I hate algebra.
    B: Don't you think algebra is _____
       any other subject?

    (a) more much difficult than
    (b) much more difficult than
    (c) difficult much more than
    (d) more than much more

3. A: Bill Gates is the wealthiest person in the
       world.
    B: _____ I rich, I would travel around
       the world.

    (a) Be
    (b) Am
    (c) Do
    (d) Were

4. A: What makes you think you are qualified
       for this job?
    B: The professional experience I have
       _____ so far proves I'm ready
       for the position.

    (a) accumulating
    (b) accumulate
    (c) accumulated
    (d) to accumulate

5. A: I have just gotten back from Europe.
    B: I hope you _____ your vacation.

    (a) will enjoy
    (b) have enjoyed
    (c) had had enjoyed
    (d) enjoyed

6. A: J. D. Salinger was well known _____
       his reclusive life until his death.
    B: He was the writer of *The Catcher in the
       Rye,* right?

    (a) about
    (b) to
    (c) as
    (d) for

7. A: I like this painting so much.
    B: It is _____ we
       looked at a few minutes ago.

    (a) as a beautiful painting as the one
    (b) as beautiful a painting as the one
    (c) as a painting beautiful as the one
    (d) as the one as a beautiful painting

8. A: When do you think you can go to Europe?
    B: By the end of June, I _____ about
       $3,000 and will be able to go on a trip
       there.

    (a) saves
    (b) will save
    (c) will have saved
    (d) saving

9. A: He did not go to see the movie.
    B: _____.

    (a) So I didn't
    (b) I didn't neither
    (c) Neither did I
    (d) I did also

10. A: Can you sign autographs on this shirt?
    B: Sure, _____.

    (a) I would be honored to
    (b) I would be honored to sign
    (c) I would be honored to do
    (d) I would be honored to do it

Part II Questions 11-25

Choose the option that best completes each sentence.

11. _____ attention
to the poor, they would not have felt guilty
about the dying children in Africa.

   (a) Had nations around the world paid
   (b) Nations around the world had paid
   (c) If nations around the world paid
   (d) If nations around the world had not paid

12. Most of the martial arts teach their learners
how to defend themselves when they are
_____.

   (a) arm
   (b) arms
   (c) arming
   (d) unarmed

13. If the student _____ more, he might
have been able to pass the exam.

   (a) studies
   (b) studied
   (c) has studied
   (d) had studied

14. Our children _____ what they are
learning and be prepared to say something
beyond what is written in textbooks.

   (a) should know
   (b) know
   (c) knew
   (d) can't know

15. The nurse _____ the patient testified
that the paralyzed patient suddenly got up
and stood in front of her.

   (a) attended
   (b) attending for
   (c) attending to
   (d) attending

16. Mr. Rich, _____ electronics company
once ruled the global market, died a beggar
after his son, who succeeded him, lost all of
the money he had.

   (a) who
   (b) whose
   (c) which
   (d) whom

17. _____ various kinds of research
papers on the company, he could understand
the reasons for its collapse.

   (a) Analyze
   (b) By Analyzing
   (c) Analyzed
   (d) To analyze

18. The new year may _____.

   (a) bring it with good news for the economy
   (b) bring good news it for the economy with
   (c) bring with it good news for the economy
   (d) bring for the good economy with it news

19. The nation, _____ by imperialist
or foreign forces, has citizens who are very
proud of their history.

   (a) never have conquered
   (b) never been conquering
   (c) having never been conquered
   (d) never having been conquered

20. The soldiers could not go back home
_____ due to the war that showed
no signs of abating.

   (a) for time
   (b) for long time
   (c) for a long time
   (d) a long time

21. When you are carrying a large amount of money, you can ask for the help _____ in the bank.

(a) of security guards
(b) to security guards
(c) for security guards
(d) security guards

22. _____ we try, we sometimes fail to succeed.

(a) If
(b) Unless
(c) No matter how hardly
(d) No matter how hard

23. Over the last three decades, the world's famous rainforests in Latin America _____ by reckless lumbering.

(a) was destroyed
(b) is destroyed
(c) will have been destroyed
(d) have been destroyed

24. Before going to the restaurant, it would be smart to check out the reviews of _____ on the Internet.

(a) one
(b) it
(c) restaurant
(d) some

25. _____ lots of uncertainties and risks, the general public is struggling to find a way forward.

(a) Confronted with
(b) Confronted
(c) To be confronted
(d) Confronting with

26. (a) A: Who should take responsibility for the high dropout rates?
  (b) B: I think the educational authorities should act something about the problem.
  (c) A: Can you be more specific, Mr. Lennon?
  (d) B: They must implement policies to encourage students to attend school.

27. (a) A: Why were you nodding off during class? You didn't look very good.
  (b) B: That's because I stayed up late for several nights studying for the final. It is just around the corner.
  (c) A: You should have prepared for it very hard.
  (d) B: Yes, but that doesn't mean I will get a good score on the test.

28. (a) Manfred von Richthofen was a German fighter pilot during World War I. (b) He was credited with 80 victories and was known as the Red Baron. (c) Contrary to popular belief, however, only one of his planes—the Fokker Dr.I—was completely painted red while the others were only partially red. (d) The Albatros D. III was the aircraft what made him famous before he flew his red Fokker Dr.I.

29. (a) Chuck is a graduate school student at Brown, and his major is history. (b) His interest in history was deeply influenced by his father, and he decided to major in it when he was 15. (c) Chuck is taking three history-related courses this semester. (d) And if things will go as planned, he will take two more courses next semester.

30. (a) Statistics in The Korean Medical Society shows that about 80% of the viruses causing seasonal influenza last winter were Influenza A. (b) Generally, two types of influenza viruses prevail in winter: Influenza A and Influenza B. (c) The tendencies of the epidemics change every year. (d) Therefore, it is hard to guess what the exact viral type of the next season's epidemic will be.

G

You have reached the end of the (Vocabulary &) Grammar sections. DO NOT move on to the Reading Comprehension section until instructed to do so. You are NOT allowed to turn to any other section of the test.

Part I Questions 1-10

Choose the option that best completes each dialogue.

1. A: What are you reading about?
   B: This article says that ABC Software will provide _____.

   (a) us with a new solution
   (b) a new solution us
   (c) with us a new solution
   (d) with a new solution us

2. A: No way. I don't believe it.
   B: You can _____ if it doesn't work.

   (a) call me to a liar
   (b) call a liar me
   (c) call me a liar
   (d) me call a liar

3. A: Candidates will _____ before the microphone and sing their favorite songs one after another.
   B: Who is eligible to participate in the competition?

   (a) take turns
   (b) take a turn
   (c) took turns
   (d) took a turn

4. A: What was the point of the lecture today?
   B: The point was that capital punishment _____ illegal in the country since 1846.

   (a) was
   (b) were
   (c) had
   (d) has been

5. A: My mom said that she would try _____ me to study.
   B: It's very nice to hear that.

   (a) not to force
   (b) to force not
   (c) to not force
   (d) forcing not

6. A: What do you think about the speech _____ by the CEO of the company?
   B: I was mesmerized by the way he delivered his message.

   (a) give
   (b) giving
   (c) given
   (d) to give

7. A: Can you tell me about pollution-free cars?
   B: There are two _____ them.

   (a) types of a
   (b) types of the
   (c) types of
   (d) the types of

8. A: Why didn't you give it a try?
   B: If I _____ enough, I would have given it a shot.

   (a) practice
   (b) practiced
   (c) had practiced
   (d) will practice

9. A: What was his goal when he arrived in the U.S.?
   B: Having left Italy without a dime, he _____ hard to make money.

   (a) worked
   (b) work
   (c) had worked
   (d) works

10. A: Would you tell me about Laura's wedding reception?
    B: _____, but I don't have time now.

    (a) I'd love
    (b) I'd love to
    (c) I'd love to do
    (d) I'd love to do it

Part II **Questions 11-25**

Choose the option that best completes each sentence.

11. Jane is an _____ to believe that she can succeed anytime she wants to.

    (a) enough girl innocent
    (b) enough innocent girl
    (c) innocent enough girl
    (d) girl enough innocent

12. _____ against the dollar, so U.S. expatriates are financially strapped.

    (a) The too strong local currency remains
    (b) Strong too remains the local currency
    (c) Remains the local currency too strong
    (d) The local currency remains too strong

13. The suspect's insistence that he _____ at the scene of the crime when the victim was attacked proved wrong.

    (a) shouldn't be there
    (b) should be there
    (c) weren't there
    (d) wasn't there

14. The two guys were hardly _____ with each other at that time.

    (a) on the speaking term
    (b) on the speaking terms
    (c) on speaking term
    (d) on speaking terms

15. The middle class expressed support for the bailout package _____ it meant higher taxes.

    (a) as well as
    (b) as
    (c) even if
    (d) because

16. Many prominent economists urge banks to _____ money to struggling businesses.

    (a) refrain lending
    (b) refrain from lending
    (c) refrain to lend
    (d) refrain to lending

17. _____ how hard it would be, I registered for the Seoul International Marathon.

    (a) Not realizing
    (b) Realizing not
    (c) Is not realizing
    (d) Do not realize

18. Please fill out the application form below and _____ with a photo.

    (a) return it
    (b) return them
    (c) return these
    (d) return those

19. No matter _____, the real value comes from hosting the contest.

    (a) how the pot is green
    (b) how is the pot green
    (c) the pot is how green
    (d) how green the pot is

20. Stephen Curry _____ more than 1 million dollars for a show he has appeared on for the past five years.

    (a) was paid
    (b) has been paid
    (c) is paid
    (d) will be paid

G

21. Mr. Thompson worked hard to make the university as _____ as Princeton University.

(a) an elite school
(b) elite school
(c) elite a school
(d) a school elite

22. No sooner _____ the defendant guilty than the detective John Paul reported that he found some new evidence in the murder case.

(a) the district court ruled
(b) had ruled the district court
(c) the district court had ruled
(d) had the district court ruled

23. Scientists will still have to convince _____ to take the necessary steps in meeting the goals.

(a) policymakers of the need
(b) policymakers for the need
(c) the need of policymakers
(d) the need in policymakers

24. Until a few years ago, meteorologists _____ be able to accurately estimate the time when a hurricane would hit.

(a) was
(b) will
(c) used to
(d) must

25. Jason said that the best time to _____ during the 20-minute coffee break.

(a) hand out them is
(b) hand them out is
(c) is hand out them
(d) out hand them is

Read each dialogue or passage carefully and identify the option that contains a grammatical error.

26. (a) A: She said that 5,000 houses were constructed for people in low-income brackets.
    (b) B: When did you hear that?
    (c) A: Replied to a question from a KBC reporter, she said that on Monday.
    (d) B: She is supposed to keep that information secret until Friday.

27. (a) A: What should I do if I lose my job?
    (b) B: I heard that your factory is closed yesterday.
    (c) A: No, it only started getting restructured.
    (d) B: I thought it had already shut down.

28. (a) Eric said that he would run for the presidency. (b) The famous actor said he was thinking about declaring his entry on Friday. (c) The media made fun of his decision, saying that he have won only if there were no other candidates in the competition. (d) The presidential election will be held on November 4.

29. (a) Asian stock market indexes shed their gains on Wednesday. (b) In noon, the Hong Kong stock index dropped 3 points to 31,234. (c) Communications stocks grew 0.2 percent following the news that ABC Telecom was showcasing a new show. (d) However, the pharmaceutical stock index was unchanged.

30. (a) The minister has said that the fund will help create about 200 jobs over the next 10 years. (b) The stimulus package created up to 1.1 million jobs nationwide as of December 31. (c) However, estimating how many jobs were actually generated by the financial aid has proven difficult. (d) Critics say the government's statistics may be incorrect because businesses confuse about how to compile the data.

G

You have reached the end of the (Vocabulary &) Grammar sections. DO NOT move on to the Reading Comprehension section until instructed to do so. You are NOT allowed to turn to any other section of the test.

Part I **Questions 1-10**
Choose the option that best completes each dialogue.

1. A: Hey, you are not supposed to park your car here.
   B: But _____ a parking lot around here.

   (a) it seems to be not
   (b) there doesn't seem to be
   (c) it doesn't seem to be available
   (d) there seems to be not

2. A: You aren't going to do the work, are you?
   B: Absolutely not. _____.

   (a) Under no circumstances I will do the work
   (b) I will do the work under any circumstances
   (c) Under no curcumstances will I do the work
   (d) Under no circumstances do I wil the work

3. A: _____ I will never forget it.
   B: Why don't we stay here for a couple of days?

   (a) What night!
   (b) What a night!
   (c) How night!
   (d) How a night!

4. A: Yesterday, your friend was in this restaurant, and he gave me _____ money for a tip.
   B: He has a rich father, but, regrettably, I don't.

   (a) as ten times much
   (b) ten times as much
   (c) as much ten times
   (d) much as ten times

5. A: How come you didn't go to the party?
   B: I was too busy _____ my mom.

   (a) for helping
   (b) to help
   (c) helped
   (d) helping

6. A: My dear, how come you don't seem to like school life in Korea?
   B: _____ in my class.

   (a) There are too many students
   (b) There is too many students
   (c) There is too many student
   (d) There are to many student

7. A: Do you mind if I turn on the radio?
   B: I'd rather you _____.

   (a) don't
   (b) didn't
   (c) not to do
   (d) won't

8. A: Are you sure that Jimmy will be here today?
   B: Don't worry. I _____ on him to show up.

   (a) was depending
   (b) am depending
   (c) am depended
   (d) depended

9. A: Do you know how long I've been waiting here?
   B: I'm so sorry. I _____ by the rush hour traffic.

   (a) was held up
   (b) held up
   (c) have gotten held up
   (d) have held up

10. A: How's that article you're writing coming along?
    B: So far so good, but the deadline is _____ the 16th.

    (a) with
    (b) in
    (c) at
    (d) on

Part II **Questions 11-25**

Choose the option that best completes each sentence.

11. The place I used to buy my dolls on Christmas was _____ Disney Land.

    (a) as exciting as a toy factory
    (b) as an exciting toy factory as
    (c) as a toy factory exciting as
    (d) as exciting a toy factory as

12. In recent years, harsh weather has kept _____ from camping out in national parks.

    (a) the most people
    (b) most of the people
    (c) most of people
    (d) most people

13. Either of the two parties _____ sign the treaty will be acceptable.

    (a) who do first to
    (b) who come first to
    (c) who have come first to
    (d) who comes first to

14. He plans to release a new album _____ his previous three albums were total failures.

    (a) even though
    (b) and
    (c) so
    (d) as long as

15. In some countries, women _____ drinking alcohol in open spaces.

    (a) are barred in
    (b) are barred to
    (c) are barred from
    (d) are barred for

16. The school committee warned students _____ their bikes without wearing a helmet.

    (a) not to ride
    (b) not ride
    (c) not riding
    (d) to not ride

17. The truce to end the decade-long civil war _____ a period of economic prosperity.

    (a) has brought with
    (b) has brought with it
    (c) has brought with them
    (d) has brought with its

18. I'm concerned that a medical checkup using an automatic system may not be _____.

    (a) as rigorous as should it be
    (b) as rigorous as it should be
    (c) as rigorous as should be it
    (d) as rigorous it as should be

19. Jason _____ 85 games over the past three seasons, which set a world record for the number of victories in that period of time.

    (a) won
    (b) has won
    (c) will win
    (d) will have won

20. The attorney _____ to Sydney last weekend to be an advocate for the prime minister at the hearing.

    (a) flies
    (b) flew
    (c) has flown
    (d) will fly

G

21. No sooner _____ than the police handed me a cup of coffee.

(a) had we entered the room
(b) had entered we the room
(c) we had entered the room
(d) we entered the room

22. John heard that Jimmy _____ math.

(a) got the F in
(b) got a F in
(c) got in F in
(d) got an F in

23. Thomas Malden said that the financial reform bill _____ to have reached the Senate yet.

(a) weren't seem
(b) don't seem
(c) isn't seem
(d) didn't seem

24. _____ as the head of the government's financial agency.

(a) It is time for him resign
(b) It is time for him to resign
(c) It is time for resign to him
(d) It is to resign for him

25. It was the doctor's recommendation that Robert _____ the pills every five hours.

(a) take
(b) takes
(c) taking
(d) took

G

Read each dialogue or passage carefully and identify the option that contains a grammatical error.

26. (a) A: Hey, what happened to your hair?
   (b) B: I have my hair done at Earl's Hair Shop yesterday.
   (c) A: Why is your hair that short?
   (d) B: I made up my mind to study hard. So I had it cut very short.

27. (a) A: The weatherman said yesterday that it will rain a lot today.
   (b) B: It seems he got his forecast wrong.
   (c) A: It is very hardly to get the weather forecast right.
   (d) B: I agree. That's because of global warming.

28. (a) China has experienced numerous earthquakes during the past decade.
   (b) Yesterday, Beijing and the surrounding area were rattled by a strong earthquake.
   (c) There was a huge amount of damage due to the people in the region being ill prepared for earthquakes. (d) Unless China will do something to cope with earthquakes, the country will suffer a huge catastrophe in the future.

29. (a) An Oklahoma man noticed suspicious something in front of his home Saturday morning. (b) It was a container, in which police found some liquid. (c) Soon, bomb squad officers were dispatched to check on the device. (d) But when the bomb squad used a robot to detonate the device, there was no explosion.

30. (a) Scientists are still unable to find out the key factor that determines life span. (b) First, environmental factors, as well as eating habits and good medical care, were emphasized. (c) Then, genetics came under the spotlight. (d) But genetics also does not seem to play as a large role in longevity as had previously been believed.

You have reached the end of the (Vocabulary &) Grammar sections. DO NOT move on to the Reading Comprehension section until instructed to do so. You are NOT allowed to turn to any other section of the test.

Part I Questions 1-10

Choose the option that best completes each dialogue.

G

1. A: Tim, how was your entrance test for the engineering graduate school?
    B: Well, the school said it would notify _____ ten days later.

    (a) the results of me
    (b) me of the results
    (c) me to the results
    (d) the results me

2. A: How much do you have?
    B: I've got a _____ bill.

    (a) twenties-dollar
    (b) twenty-dollars
    (c) twenty-dollar's
    (d) twenty-dollar

3. A: Don't forget _____ me a morning call tomorrow morning. We have lots to do.
    B: Okay, boss. I'll call you at 6:30.

    (a) to give
    (b) giving
    (c) give
    (d) to giving

4. A: I won't go to Europe unless my parents _____.
    B: Don't be so childish. You're 40 and old enough to make your own decisions.

    (a) say yes
    (b) will say yes
    (c) is saying yes
    (d) said yes

5. A: I saw a very pretty girl _____ with you. Who was she?
    B: She's my sister Jane.

    (a) stood
    (b) to stand
    (c) stands
    (d) standing

6. A: Why were you late again? Do you have some kind of problem?
    B: No, I don't. I just _____.

    (a) might have woken up earlier
    (b) could have woken up earlier
    (c) should have woken up earlier
    (d) must have woken up earlier

7. A: I won't give up no matter _____.
    B: That's easier said than done. You have to face reality.

    (a) how hard it may be
    (b) it is how hard
    (c) it is very hard
    (d) how hard is it

8. A: Neither the driver nor the passenger _____ dead. They are okay.
    B: Thank God. I thought they were in critical condition.

    (a) are
    (b) is
    (c) will be
    (d) were

9. A: Can you give me a tip on how to raise children?
    B: Be firm with your children, _____ they will try to control you.

    (a) and
    (b) but
    (c) or
    (d) so that

10. A: I think I should go to graduate school to study management.
    B: I won't object to your decision if you already _____ do that.

    (a) plan to
    (b) plan
    (c) planning
    (d) planed

Part II Questions 11-25

Choose the option that best completes each sentence.

11. My mom used to have _____ hair before she married my dad.

    (a) straight, blond long
    (b) blond, long straight
    (c) long, straight blond
    (d) long, blond straight

12. The students in the Engineering Department are desperate to know whether there'll be _____ freshmen this year.

    (a) enough of female
    (b) female enough
    (c) enough female
    (d) female of enough

13. The parents of the missing child demanded that the search for their child _____.

    (a) should never be stopped
    (b) never stops
    (c) would never be stopped
    (d) is never stopped

14. I wish I _____ enough courage to pursue my childhood dream of becoming a painter.

    (a) should have
    (b) must have
    (c) can have
    (d) could have

15. It doesn't seem like he can improve his reputation _____ he is trying hard to do so after he acknowledged his mistake.

    (a) even though
    (b) as
    (c) while
    (d) for

16. Mr. Patch introduced _____ ten days ago, and I found out that she was my high school sweetheart.

    (a) me for his bride
    (b) me to his bride
    (c) me his bride
    (d) his bride for me

17. The chairman arranged a meeting _____ whether to make an attempt to acquire its competitor or not.

    (a) deciding
    (b) to decide
    (c) decides
    (d) to be decided

18. My friend bought a pen yesterday, and I came to want _____ like hers when I tried it.

    (a) one
    (b) it
    (c) pen
    (d) them

19. _____ to be free from the control of her mother, like a lamb, she did everything that her mother told her to do.

    (a) Desperate she was
    (b) She was desperate
    (c) Desperate as she was
    (d) Desperate was she

20. The athlete _____ to overtake the champion in every aspect for the past two years, and his efforts are slowly starting to show results.

    (a) had done everything
    (b) did everything
    (c) has done everything
    (d) is doing everything

21. Fortunately, Jamie _____ the area when the suicide bomber blew himself up on the crowded bus.

(a) has already left
(b) is already leaving
(c) already leaves
(d) had already left

22. _____ at the airport than he was surrounded by reporters who wanted to know where he had been.

(a) No sooner he arrives
(b) No sooner did he arrive
(c) No sooner he arrived
(d) No sooner he would arrive

23. She suffered from burnout after her 10-month project _____.

(a) came to an end
(b) came to end
(c) came to the end
(d) came to ends

24. His neighbors thought Mr. Kim _____ ill since he lost over 30 pounds in a month.

(a) could have been
(b) must be
(c) must have been
(d) should have been

25. Our company gives employee benefits to _____.

(a) alike regular and temporary workers
(b) regular and temporary workers alike
(c) like regular and temporary workers
(d) regular and temporary workers like

26. (a) A: Consumer Service Department. How may I help you?
    (b) B: John? It's me, Susan. I have a terrible headache, and I think I'm not available to work today.
    (c) A: Oh, gosh. I hope you get better soon. May I ask what the reason for your headache is?
    (d) B: Well, I think I spent too much time outside in the heavy snow for which caused me to catch a cold.

27. (a) A: Look at that computer. It looks sleek and powerful. How about buying this for your son?
    (b) B: Spending too much on housing, my family can't afford to buy such an expensive computer.
    (c) A: But you bought your home 20 years ago. Are you still paying the mortgage?
    (d) B: Yes. I think I should have bought a smaller house.

28. (a) William Faulkner was an American author who won the Nobel Prize in Literature in 1949. (b) He was raised in Mississippi, where most of his works are set. (c) He was rather unknown before he received the Nobel Prize. (d) Since then, he has often been referred to as one of most influential writers in the U.S.

29. (a) Although travel insurance is widely perceived by travelers as an unnecessary expenditure, it is important that you purchased it. (b) There's a really significant possibility that something bad will occur. (c) In case something happens, it would be a comfort knowing that you are covered by travel insurance. (d) Many firms offer coverage against theft and natural disasters.

30. (a) If you see someone fainting, you should place the person face up on his or her back. (b) And you should loosen all belts, ties, collars, and other restrictive clothes. (c) If the person is remained unconscious for more than a minute, you should call emergency services. (d) If the person regains consciousness, do not let him or her get up quickly.

G

You have reached the end of the (Vocabulary &) Grammar sections. DO NOT move on to the Reading Comprehension section until instructed to do so. You are NOT allowed to turn to any other section of the test.

Part I **Questions 1-10**

Choose the option that best completes each dialogue.

1. A: May I ask you _____
      something for me?
   B: Of course.

   (a) do
   (b) will do
   (c) doing
   (d) to do

2. A: What did the teacher ask Jane?
   B: He asked _____ her
      homework.

   (a) how was she doing her with
   (b) how to her was she doing
   (c) her she was doing how with
   (d) her how she was doing with

3. A: What did you do last weekend?
   B: I spent the weekend in New York
      _____ memories of my
      childhood.

   (a) pick up
   (b) picking up
   (c) picked up
   (d) picks up

4. A: When will the lecture begin?
   B: When all the students _____, he
      will begin his lecture.

   (a) will seat
   (b) seat
   (c) are seated
   (d) will sit

5. A: How did you do on the driver's test?
   B: I failed _____ the test on my first
      try.

   (a) in passing
   (b) to have passed
   (c) to pass
   (d) passing

6. A: Did your parents say okay to your quitting
      your job to become a singer?
   B: No, they _____ look at it my way.

   (a) wouldn't
   (b) shouldn't
   (c) mightn't
   (d) mustn't

7. A: How was the party last night? Was it
      enjoyable?
   B: No. I got _____ and left soon.

   (a) bored
   (b) boring
   (c) bore
   (d) to bore

8. A: Did anyone call while I was out of the
      office?
   B: Yes, there _____ a call from Mr.
      James.

   (a) will be
   (b) is to be
   (c) was
   (d) is

9. A: When do you think she will arrive?
   B: Her plane _____ at the airport
      right now.

   (a) is arriving
   (b) arrived
   (c) was arriving
   (d) has arrived

10. A: May I read your books?
    B: You can read them if you _____.

    (a) want to do
    (b) want to
    (c) want
    (d) wanted

Part II **Questions 11-25**

Choose the option that best completes each sentence.

11. Christina wants _____.

    (a) to go to a basketball game with him
    (b) with him go to a basketball game
    (c) her going to a basketball game
    (d) to go a basketball game with him

12. Under no circumstances _____
    install a new program on your computer
    without permission from your supervisors.

    (a) you try to
    (b) you should try to
    (c) should you try to
    (d) you would try to

13. I wish she _____ such a bad cold
    because she would have enjoyed the play.

    (a) wouldn't have had
    (b) hadn't
    (c) hadn't had
    (d) wouldn't be

14. Many items of _____
    are displayed at the fair every Sunday.

    (a) clothings and furnitures
    (b) clothing and furniture
    (c) clothing and furnitures
    (d) clothings and furniture

15. _____ letters were invented is not
    known.

    (a) When
    (b) After
    (c) Since
    (d) Although

16. He didn't seem to mind their _____
    a game while he was trying to put the baby to
    sleep.

    (a) to playing
    (b) to play
    (c) playing
    (d) having to play

17. The scientists could not help _____
    about the success of their experiments among
    themselves.

    (a) talking
    (b) but talking
    (c) talk
    (d) to talk

18. Suffering from fatigue, I was forced to put
    one foot in front of _____.

    (a) others
    (b) another
    (c) other
    (d) the other

19. The English team is determined to fight to the
    end, _____.

    (a) no matter how long it takes
    (b) it takes how long is of no matter
    (c) matter is not how long it takes
    (d) how long it takes is no matter

20. Opera first _____ as a popular form
    of music in the eighteenth century.

    (a) to emerge
    (b) emerging
    (c) emerged
    (d) has emerged

G

21. The pain in my chest has gotten worse ever since _____.

    (a) it begins to rain
    (b) it had started raining
    (c) it has started to rain
    (d) it started to rain

22. _____ I think that he would come back.

    (a) Little did
    (b) Does little
    (c) Little
    (d) Little had

23. _____ people carry guns even in countries where they are prohibited by law.

    (a) The large number of
    (b) A large number of
    (c) Large numbers of
    (d) Large number of

24. Steve _____ make some apple pies for tonight's party.

    (a) can
    (b) is
    (c) is able
    (d) has

25. My aunt wasn't _____ 5 miles every day.

    (a) enough strong to walk
    (b) strong enough for walking
    (c) strong enough to walk
    (d) enough strong for walking

Read each dialogue or passage carefully and identify the option that contains a grammatical error.

26. (a) A: I saw a terrible accident on my way home from work.
    (b) B: You mean you witnessed the accident involved the car colliding with the truck?
    (c) A: Yeah, exactly! How did you know about the accident?
    (d) B: I heard about it on the news.

27. (a) A: Jack is moving to Atlanta in June.
    (b) B: Really? Why did he decide to do that?
    (c) A: He is offered a really good job by one of the top broadcasting companies there.
    (d) B: I see. Maybe that will be a good opportunity for him.

28. (a) The National Institute of Health reported that two men in their 60s recently been contracted AIDS after they received a blood transfusion. (b) Many people in Korea are shocked and angered by the report. (c) It's particularly distressing because the incident comes only 3 months after a similar incident took place. (d) This will make people hesitate when making decisions concerning blood transfusions.

29. (a) Many graduates fresh out of college are having difficulty finding jobs. (b) So the government is coming up with some ways to provide jobs for them. (c) However, since the economic conditions are getting worse, it is less likely that many graduates will be able to find jobs. (d) To make matters worse, official statistics shows real wages declining by 10%.

30. (a) Egocentric people are self-centered individuals who only think of themselves and care little or not at all about others. (b) They do whenever they can to get what they want. (c) Sometimes, they become aggressive when trying to fulfill their needs, and they might even commit illegal acts. (d) But some mildly egocentric people tend to be creative and innovative as they try to change themselves and their surroundings.

You have reached the end of the (Vocabulary &) Grammar sections. DO NOT move on to the Reading Comprehension section until instructed to do so. You are NOT allowed to turn to any other section of the test.

어휘

Vocabulary

Section

1

파트별
Voca
Point

Part I

VP | 01 구어체

기출 어휘

01 (ⓐ Take care. ⓑ Be careful.)
잘 지내!

02 Thanks for (ⓐ having ⓑ giving) me.
저를 초대해 주셔서 감사합니다.

03 It's my (ⓐ money ⓑ treat).
오늘은 제가 살게요.

04 You look pretty (ⓐ fine ⓑ green).
너 아주 좋아 보여.

05 I (ⓐ suppose ⓑ suggest) roast beef at this restaurant. It is so delicious.
이 레스토랑에서 구운 쇠고기를 먹어봐. 아주 맛있어.

06 I don't have a (ⓐ clue ⓑ moment) where I put the scissors.
내가 가위를 어디 두었는지 모르겠어.

07 What a (ⓐ coincidence ⓑ pity)!
정말 안됐구나!

08 Don't (ⓐ talk about ⓑ mention) it.
천만에요.

09 I (ⓐ think ⓑ know) so.
나도 그렇게 생각해.

10 Jane is home now, but she can't (ⓐ tell ⓑ come) to the phone.
제인이 지금 집에 있기는 한데 전화는 못 받아요.

11 Thanks for (ⓐ inviting ⓑ meeting) me.
초대해 주셔서 감사합니다.

12 I have already eaten a lot. I am (ⓐ full ⓑ filled).
이미 많이 먹었어. 배가 불러.

13 Please be (ⓐ frugal ⓑ patient).
참고 기다려주세요.

14 You (ⓐ show ⓑ look) good in the picture.
사진에 네 모습이 잘 나온 것 같아.

15 (ⓐ Feel free to ⓑ Get ready to) contact me anytime you want.
언제든지 내게 편하게 연락하세요.

16 (ⓐ Make yourself comfortable at ⓑ Help yourself to) the fruits on the table.
테이블 위에 있는 과일을 마음껏 드세요.

정답 01 ⓐ 02 ⓐ 03 ⓑ 04 ⓐ 05 ⓑ 06 ⓐ 07 ⓑ 08 ⓑ 09 ⓐ 10 ⓑ 11 ⓐ 12 ⓐ 13 ⓑ 14 ⓑ 15 ⓐ 16 ⓑ

17 The new professor is easy to (ⓐ produce ⓑ please).
새로 온 교수는 별로 까다롭지 않습니다.

18 That's not the (ⓐ show ⓑ case).
그런 것이 아니야.

19 You can (ⓐ count on ⓑ pass on) me.
제게 맡겨도 돼요.

20 You can't (ⓐ miss ⓑ find) it.
쉽게 찾을 수 있을 거예요.

21 I think I am (ⓐ coming up with ⓑ coming down with) a cold.
감기에 걸리려는 것 같아.

22 What a (ⓐ tiny ⓑ small) world.
세상 참 좁군요.

23 (ⓐ Make ⓑ Take) your time.
천천히 해.

24 (ⓐ Mind ⓑ Think) your own business.
네 일이나 잘해.

25 Would you (ⓐ have ⓑ get) the door for me, please?
저를 위해서 문을 열어 주시겠어요?

26 I (ⓐ mean ⓑ intend) it.
진심이야.

27 I am (ⓐ flattered ⓑ flattering).
과찬이십니다.

28 Can you be more (ⓐ general ⓑ specific)?
좀 더 자세히 말씀해 주시겠어요?

29 Thank you for (ⓐ telling ⓑ speaking) me.
알려줘서 고마워요.

30 I didn't mean to hurt your feeling. Don't get me (ⓐ difficult ⓑ wrong).
네 마음을 언짢게 하려고 했던 것은 아니야. 오해하지 마.

31 Jasper is not (ⓐ available ⓑ close) at the moment.
제스퍼와 지금 이야기[통화]하실 수 없습니다.

32 The manager is (ⓐ occupied ⓑ matched) at the moment.
부장님은 현재 바쁘십니다.

33 I was (ⓐ taken ⓑ caught) in traffic.
차가 막혀서 꼼짝할 수가 없었어.

34 I am (ⓐ wondering ⓑ knowing) if Jane will pass the test.
제인이 시험을 통과할지 못할지 궁금하다.

35 I want you to (ⓐ take ⓑ connect) me to the personnel department.
인사부서로 연결해 주세요.

36 Let me (ⓐ transform ⓑ transfer) you to the accounting department.
회계과로 전화 돌려 드리겠습니다.

37 Would you please (ⓐ make ⓑ hold) the line? I will get Mr. Jackson for you.
끊지 마시고 기다려 주시겠습니까? 제이슨 씨를 바꿔 드리겠습니다.

38 You (ⓐ deserve ⓑ detect) a raise.
당신은 급여 인상을 받을 만한 자격이 있습니다.

39 I can (ⓐ get it ⓑ make it) by 5.
5시까지 도착할 수 있어요.

40 Why don't you go and (ⓐ do ⓑ check) what's going on there?
네가 가서 거기서 무슨 일이 벌어지고 있는지 확인하는 것이 어때?

기출 가능 어휘

41 It's not (ⓐ value ⓑ worth) trying.
시도할 만한 가치가 없어.

42 (ⓐ What ⓑ Why) makes you say that?
왜 그런 말을 하는데?

43 How's everything (ⓐ coming ⓑ going)?
요즘 어떻게 지내세요?

44 That (ⓐ depends ⓑ discounts).
상황에 따라 다르죠.

45 I am sorry to say that you have the (ⓐ different ⓑ wrong) number.
죄송하지만 전화 잘못 거셨습니다.

46 That makes (ⓐ sense ⓑ logic).
그거 말 되네.

47 There are (ⓐ ways ⓑ methods).
방법은 있기 마련이야.

48 Can I (ⓐ try it out ⓑ try it on)?
한 번 입어 봐도 될까요?

49 Let me (ⓐ help you out ⓑ help you in).
내가 널 도와줄게.

50 I am just (ⓐ looking around ⓑ looking into).
(쇼핑하면서) 그냥 둘러보고 있어요.

51 Can you (ⓐ have ⓑ make) it $30?
그 물건을 30달러에 주실 수 있나요?

52 I am (ⓐ ill and exhausted ⓑ sick and tired) of hearing the same thing.
같은 말을 듣는 것도 이젠 신물이 나.

53 It couldn't be (ⓐ better ⓑ greater).
이보다 더 좋을 수는 없다.

54 That (ⓐ figures ⓑ depends).
그럴 줄 알았다니까.

55 What's the (ⓐ happening ⓑ occasion)?
무슨 일이라도 있는 거야?

56 That's what I am (ⓐ talking about ⓑ speaking about).
내 말이 그 말이라니까요.

57 How does he make (ⓐ a life ⓑ a living)?
그 사람은 직업이 뭐야?

58 Do you have (ⓐ time ⓑ the time)?
지금 몇 시지?

59 Just (ⓐ keep ⓑ make) the change.
잔돈은 그냥 가지세요.

60 Don't (ⓐ accept ⓑ take) it personally.
개인적인 감정으로 받아들이지 마.

61 You can (ⓐ speak ⓑ say) that again!
네 말이 맞아!

62 I (ⓐ could ⓑ couldn't) agree with you more.
당신 말에 전적으로 동감합니다.

63 It's my (ⓐ fault ⓑ false).
제 잘못입니다.

64 You haven't (ⓐ changed ⓑ transformed) at all.
넌 전혀 변한 것이 없구나.

65 What a (ⓐ time ⓑ coincidence)!
정말 우연의 일치군요!

66 Do you have (ⓐ company ⓑ colleagues)?
일행이 있으십니까?

67 That will (ⓐ call ⓑ do).
그만하면 충분합니다.

68 Please (ⓐ count ⓑ push) me in.
나도 끼워주세요.

69 I don't (ⓐ tell ⓑ get) it.
무슨 말인지 모르겠어.

70 That won't (ⓐ spread ⓑ happen) again.
다시는 그럴 일은 없을 겁니다.

71 Let's (ⓐ say ⓑ call) it a day.
오늘 일은 여기까지만 합시다.

72 Would you like tea or (ⓐ something ⓑ anything)?
차나 아니면 다른 뭐라도 드시겠어요?

73 Is this seat (ⓐ taken ⓑ made)?
이 자리 비어 있나요?

74 You can't be (ⓐ severe ⓑ serious).
농담하는 거지.

75 (ⓐ Be my guest. ⓑ I bet.)
(상대방의 부탁을 들어주며 하는 말로) 그러세요.

76 My wife keeps (ⓐ haunting ⓑ nagging) me all the time.
아내는 항상 계속해서 나에게 바가지를 긁어댄다.

77 May I (ⓐ give ⓑ take) a message?
제가 메시지 받아 드릴까요?

78 I am really (ⓐ in ⓑ into) golfing these days.
나는 요즘 골프에 정말이지 푹 빠져 있어.

79 Let me (ⓐ fix ⓑ repair) you something to eat.
먹을 것을 좀 만들어 줄게.

80 May I (ⓐ trouble ⓑ mistake) you to open the window?
미안하지만 창문 좀 열어 주시겠어요?

Check-up TEST

Part I Choose the option that best completes each dialogue.

1 A: We're glad that you were able to come tonight.
   B: Oh, I had a great time. Thanks for _____ me.

   (a) wanting
   (b) having
   (c) needing
   (d) meeting

2 A: Maynard, why weren't you at the meeting?
   B: I tried to make it, but I was _____ in traffic.

   (a) caught
   (b) lost
   (c) given
   (d) placed

3 A: Shall we continue working on this project after dinner?
   B: No. Let's just _____ it a day. It's getting pretty late.

   (a) say
   (b) remark
   (c) call
   (d) think

4 A: I've got some bad news. It looks like our vacation time has been cancelled.
   B: You can't be _____. I've already purchased my plane tickets!

   (a) sorry
   (b) silly
   (c) strange
   (d) serious

5 A: You know the meeting has been pushed back to 4:30, right?
   B: No, I didn't. Thanks for _____ me.

   (a) asking
   (b) telling
   (c) instructing
   (d) mentioning

6 A: What do you like to do in your free time, Dave?
   B: Right now, I'm really _____ tennis. It's now my favorite sport.

   (a) in
   (b) with
   (c) into
   (d) on

7 A: Dianne, you don't look so good. Are you okay?
   B: I think I'm _____ with a cold.

   (a) coming down
   (b) running into
   (c) moving up
   (d) starting at

8 A: Wow, Carol. It's such a surprise seeing you here in Spain!
   B: Hi, Martin. What a _____ world we live in.

   (a) tiny
   (b) little
   (c) small
   (d) petite

9 A: I can't believe how much the new boss liked my work.
   B: Yes, he seems really easy to _____.

   (a) promise
   (b) please
   (c) provide
   (d) promote

10 A: This economics class is really tough.
    B: You can _____ that again. It's the hardest class I've ever taken.

    (a) mention
    (b) say
    (c) repeat
    (d) state

11 A: Ugh, these boxes are so heavy!
    B: Hold on. Let me _____ the door for
       you.

    (a) turn
    (b) get
    (c) stop
    (d) lift

12 A: Jenna, you look so beautiful in that
       new dress.
    B: Thank you! I'm really _____.

    (a) embarrassed
    (b) concerned
    (c) flattered
    (d) honored

13 A: Do you think it is possible for me to
       become a member of the group?
    B: It's going to be difficult, but there are
       _____.

    (a) habits
    (b) practices
    (c) means
    (d) ways

14 A: Ms. Gerald, the staff would like to have
       another meeting about the new policy.
    B: Again? I'm _____ of hearing their
       complaints over and over.

    (a) angry and frustrated
    (b) weak and worried
    (c) sick and tired
    (d) bored and annoyed

15 A: I don't know if I can put this on the top
       shelf.
    B: Here, let me _____.

    (a) help you out
    (b) help you up
    (c) help you in
    (d) help you to

16 A: Wow. That concert was amazing, don't
       you think?
    B: _____, I enjoyed it, but I didn't think
       it was anything special.

    (a) Don't count on me
    (b) Don't get me wrong
    (c) Don't hold your breath
    (d) Don't push my buttons

17 A: Would you care for some apple pie for
       dessert, dear?
    B: No, thank you, honey. I'm completely
       _____.

    (a) done
    (b) occupied
    (c) full
    (d) well

18 A: Mom, I'm starving!
    B: All right, honey. I'll _____ you
       something to eat.

    (a) mend
    (b) fix
    (c) repair
    (d) correct

19 A: If we run, I think we can catch the
       train.
    B: No, I'm sure we're too late. It's not
       _____ trying.

    (a) merit
    (b) worth
    (c) rate
    (d) value

20 A: I hate to tell you this Carol, but you
       really need to lose some weight.
    B: Oh, _____ your own business. It's
       my problem, not yours.

    (a) judge
    (b) believe
    (c) consider
    (d) mind

Voca Review

A 다음 영어 표현과 일치하는 한글 뜻을 고르시오.

01 Don't mention it.   ⓐ 괜찮아요. ⓑ 미안해요.

02 What a coincidence!   ⓐ 우연의 일치군요! ⓑ 행운이군요!

03 That's not the case.   ⓐ 별 일 아니다. ⓑ 그런 것이 아니다.

04 Do you have the time?   ⓐ 시간 있으세요? ⓑ 몇 시인가요?

05 Take your time.   ⓐ 천천히 하세요. ⓑ 서둘러 주세요.

06 Is this seat taken?   ⓐ 여기 앉으실래요? ⓑ 여기 자리 있나요?

07 That will do.   ⓐ 그거면 충분해요. ⓑ 그걸로는 부족해요.

08 I mean it.   ⓐ 진심이에요. ⓑ 내 말이 그 말이에요.

09 Can I try it on?   ⓐ 입어 봐도 될까요? ⓑ 먹어봐도 될까요?

10 You can count on me.   ⓐ 그러셔도 돼요. ⓑ 제게 맡겨요.

B 한글 뜻에 맞는 영어 표현을 완성하시오.

ⓐ occasion	ⓑ pity	ⓒ guest	ⓓ sense	ⓔ treat
ⓕ miss	ⓖ company	ⓗ depends	ⓘ clue	ⓙ figures

01 It's my _____. 제가 계산할게요.

02 I don't have a _____. 모르겠어요.

03 What a _____! 가엾게도!

04 That makes _____. 그거 말 되네요.

05 You can't _____ it. 쉽게 찾을 수 있을 거예요.

06 That _____. 그럴 줄 알았어.

07 What's the _____? 무슨 일 있니?

08 That _____. 상황에 따라 다릅니다.

09 Do you have _____? 일행이 있으신가요?

10 Be my _____. 기꺼이 그렇게 하세요.

풀면서 익히는 Mini Test ▶ 다음 한글 뜻에 맞는 영어 표현을 고르시오.

기출 어휘

01 Don't (ⓐ put off ⓑ put on) until tomorrow what you can do today.
오늘 할 수 있는 일을 내일로 미루지 마라.

02 I (ⓐ messed up ⓑ messed down) the college entrance exam again.
나는 대학 입학시험을 또 망쳤다.

03 Let me (ⓐ check you out ⓑ drop you off) at the airport.
내가 널 공항에 내려 줄게.

04 Sarah (ⓐ broke up ⓑ broke down) with James.
사라는 제임스와 헤어졌다.

05 The game was (ⓐ called for ⓑ called off) due to bad weather.
악천후로 인해 경기가 취소되었다.

06 She (ⓐ stood me up ⓑ stood me down) the other day.
그녀는 일전에 나를 바람 맞혔다.

07 I am (ⓐ catching in ⓑ catching up) on the latest news.
나는 최신 소식을 따라잡고 있다.

08 I can't (ⓐ figure on ⓑ figure out) why you are so mad at me.
네가 왜 나한테 그토록 화를 내는지 이해할 수가 없어.

09 The bomb (ⓐ blew up ⓑ blew down).
폭탄이 폭발했다.

10 Jack has been (ⓐ turned off ⓑ turned down) several times by the company.
잭은 그 회사에 지원하여 여러 번 퇴짜를 맞았다.

11 Everything (ⓐ depends in ⓑ depends on) what you think about it.
모든 것은 네가 어떻게 생각하느냐에 달렸다.

12 I (ⓐ ran into ⓑ ran in) professor Mack the other day.
일전에 맥 교수님을 우연히 만났다.

13 My computer (ⓐ broke down ⓑ broke up) again.
내 컴퓨터가 또 고장 났어.

14 The new system can (ⓐ speed out ⓑ speed up) the process.
그 새로운 시스템은 프로세스 속도를 높여 줄 수 있다.

15 Sarah will (ⓐ get over ⓑ get off) her breakup with her boyfriend eventually.
사라는 결국 남자친구와의 이별을 극복할 것이다.

어휘 Check! 01 **put off** 연기하다, 미루다 02 **mess up** 망치다 03 **drop off** (차에서 사람을) 내려주다 04 **break up** 헤어지다 [with] 05 **call off** 취소하다 06 **stand up** 바람맞히다 07 **catch up** 따라잡다 [on] 08 **figure out** 이해하다 09 **blow up** 폭발하다 10 **turn down** 거절하다 11 **depend on** ~에 달려있다 12 **run into** ~와 우연히 만나다 13 **break down** 고장 나다 14 **speed up** 속도를 높이다 15 **get over** (어려움을) 극복하다; (병에서) 회복되다

정답 01 ⓐ 02 ⓐ 03 ⓑ 04 ⓐ 05 ⓑ 06 ⓐ 07 ⓑ 08 ⓑ 09 ⓐ 10 ⓑ 11 ⓑ 12 ⓐ 13 ⓐ 14 ⓑ 15 ⓐ

16 We have to (ⓐ hand in ⓑ hand off) the assignment by Friday.
금요일까지 숙제를 제출해야 한다.

17 It's hard to (ⓐ keep down ⓑ keep up) with the latest fashion.
최신 패션에 뒤떨어지지 않기가 어렵다.

18 The lawmaker often (ⓐ looks down on ⓑ looks up to) poor people.
그 국회의원은 가난한 사람들을 종종 깔본다.

19 John, it's time to (ⓐ clear up ⓑ clean up) your room.
존, 네 방을 청소할 시간이야.

20 Did you hear that professor Edwin (ⓐ passed away ⓑ passed down)?
에드윈 교수님께서 돌아가셨다는 이야기 들었니?

21 I (ⓐ asked her out ⓑ asked her for) but I was rejected.
그녀에게 데이트를 신청했는데 거절당했다.

22 Honey, let me (ⓐ take off ⓑ take out) the garbage.
여보, 내가 쓰레기 비울게요.

23 We are (ⓐ coming out of ⓑ running out of) time. So we have to hurry up.
시간이 얼마 남지 않았어. 그러니까 서둘러야 해.

24 Jason didn't (ⓐ show off ⓑ show up) at the place where we were supposed to meet.
제이슨은 우리가 만나기로 했던 장소에 나타나지 않았다.

25 I can't hear what you are saying. Please (ⓐ speak up ⓑ speak out).
네가 하는 말이 잘 안 들려. 큰 소리로 말해줘.

26 I have to (ⓐ carry on ⓑ carry out) what I promised to my daughter.
나는 딸에게 한 약속을 지켜야 한다.

27 I am so tired since I (ⓐ stayed down ⓑ stayed up) late last night.
나는 어젯밤에 늦게까지 깨어있었기 때문에 너무 피곤하다.

28 James just (ⓐ checked in ⓑ checked out) the hotel.
제임스는 이제 막 호텔에 투숙했다.

29 Why don't you (ⓐ drop by ⓑ drop out) my place when you come to Chicago?
시카고에 오면 우리 집에 한 번 들르는 것이 어떠니?

30 I will (ⓐ come by ⓑ come on) your office on my way back home.
집에 가는 길에 네 사무실에 잠시 들를게.

어휘 Check! 16 **hand in** 제출하다 17 **keep up** (시류에) 뒤떨어지지 않다 [with] 18 **look down on** ~을 낮추어 보다, 경시하다 19 **clean up** 청소하다 20 **pass away** 돌아가시다 21 **ask out** 데이트를 신청하다 22 **take out** 밖으로 내놓다 23 **run out of** (시간, 연료가) 다 떨어지다 24 **show up** 나타나다 25 **speak up** 목소리를 높이다 26 **carry out** (약속을) 지키다; 실행에 옮기다 27 **stay up** 밤을 새다 28 **check in** 입실 수속을 밟다 29 **drop by** 잠시 들르다 30 **come by** 잠시 들르다

정답 16 ⓐ 17 ⓑ 18 ⓐ 19 ⓑ 20 ⓐ 21 ⓐ 22 ⓑ 23 ⓑ 24 ⓑ 25 ⓐ 26 ⓑ 27 ⓑ 28 ⓐ 29 ⓐ 30 ⓐ

31 I don't (ⓐ care about ⓑ care for) what you think.
난 네가 무슨 생각을 하는지 신경 쓰지 않아.

32 You can (ⓐ fill out ⓑ fill with) this application form.
이 지원서를 작성하시면 됩니다.

33 Sue is (ⓐ showing off ⓑ showing up) too much.
수는 지나치게 자기 자신을 과시해.

34 The thief (ⓐ broke within ⓑ broke into) a luxurious home.
그 도둑은 고급 주택에 침입했다.

35 You should know you can't (ⓐ take back ⓑ take off) what you said.
네가 한 말을 취소할 수 없다는 사실을 알아야 해.

36 That doesn't (ⓐ add up ⓑ add in).
그건 말도 안돼.

37 I (ⓐ took off ⓑ took on) too much work.
나는 너무나도 많은 일을 떠맡았다.

38 I need you to (ⓐ go over ⓑ go with) this report.
이 보고서를 검토해 줘야겠어.

39 It started to (ⓐ clean up ⓑ clear up) in the afternoon.
오후 들어 날씨가 개기 시작했다.

40 Let's (ⓐ wrap out ⓑ wrap up) the class for today.
오늘 수업은 여기에서 마치겠습니다.

41 Something has (ⓐ come off ⓑ come up).
어떤 일이 생겼다.

42 I think I should (ⓐ ask Tom for ⓑ ask Tom with) help.
톰에게 도움을 요청해야겠어.

43 I hope your grandfather will (ⓐ pull through ⓑ push through) his surgery.
너희 할아버지께서 수술을 이겨내시길 빌게.

44 (ⓐ Carry on ⓑ Make out) with your work while no one is in the office.
사무실에 아무도 없어도 네 일을 계속해라.

45 I used to (ⓐ hang out ⓑ hang in) with Blake and Hannah.
한때 나는 블레이크와 한나와 함께 어울려 놀았다.

46 Jason didn't even (ⓐ look back ⓑ look off) when I said hi to him.
내가 제이슨에게 인사했을 때 그는 뒤돌아보지도 않았다.

어휘 Check!

31 care about ~에 신경 쓰다 **32 fill out** (양식을) 작성하다 **33 show off** 자랑하다 **34 break into** 침입하다 **35 take back** 취소하다; 돌려받다 **36 add up** 말이 되다 **37 take on** (일을) 떠맡다 **38 go over** 검토하다; 복습하다 **39 clear up** 날씨가 개다 **40 wrap up** 마무리하다 **41 come up** (일이) 발생하다 **42 ask for** 요청하다 **43 pull through** (힘든 일을) 이겨내다 **44 carry on** (일을) 계속하다 **45 hang out** 어울려 놀다 [with] **46 look back** 뒤돌아보다

정답 31 ⓐ 32 ⓐ 33 ⓐ 34 ⓑ 35 ⓐ 36 ⓐ 37 ⓑ 38 ⓐ 39 ⓑ 40 ⓑ 41 ⓑ 42 ⓐ 43 ⓐ 44 ⓐ 45 ⓐ 46 ⓐ

47 (ⓐ Make out ⓑ Make up) your mind now.
이제 마음의 결정을 해.

48 I can't hear the TV. Would you please (ⓐ turn it on ⓑ turn it up)?
TV 소리가 안 들려요. 소리 좀 키워줄래요?

49 The police officer pulled my car (ⓐ away ⓑ over) to the curb.
경찰관은 내 차를 길가로 세웠다.

50 I got (ⓐ ripped off ⓑ ripped up). The clothes were too expensive.
내가 완전히 바가지를 썼군. 그 옷은 너무 비쌌어.

51 A car (ⓐ ran over ⓑ ran by) the child.
차 한 대가 아이를 치었다.

52 Jack, you're driving too fast. (ⓐ Slow down ⓑ Slow off).
잭, 너무 빨리 운전하고 있잖아. 속도 좀 줄여.

53 The restaurant is (ⓐ booked off ⓑ booked up) already.
그 식당은 이미 예약이 다 찼다.

54 The CEO is being pressured to (ⓐ step down ⓑ step off).
CEO는 사퇴하라는 압력을 받고 있다.

55 I need you to (ⓐ calm down ⓑ calm off).
너 진정해야겠다.

56 I feel like (ⓐ throwing out ⓑ throwing up).
토할 것 같아.

57 Would you (ⓐ care about ⓑ care for) a cup of coffee?
커피 한 잔 하시겠어요?

58 Your efforts will (ⓐ pay off ⓑ pay in) one way or another in the future.
미래에 네 노력은 어떻게 해서든 보상받을 것이다.

59 (ⓐ Watch over ⓑ Watch out) for slippery steps.
미끄러운 계단을 조심해라.

60 The stain doesn't (ⓐ come by ⓑ come off) easily.
얼룩 자국이 쉽게 빠지지 않는다.

어휘 Check!

47 **make up** ~을 결정하다　48 **turn up** 소리를 크게 하다　49 **pull over** 차를 길가에 세우다　50 **rip off** 바가지를 씌우다　51 **run over** (차가 사람을) 치다　52 **slow down** 속도를 줄이다　53 **book up** 예약하다　54 **step down** 사퇴하다　55 **calm down** 진정시키다　56 **throw up** 구토하다　57 **care for** 좋아하다, 바라다　58 **pay off** 보상받다; 성과를 거두다　59 **watch out** 조심하다 [for]　60 **come off** (얼룩 등이) 벗겨지다

정답 47 ⓑ　48 ⓑ　49 ⓑ　50 ⓐ　51 ⓐ　52 ⓐ　53 ⓑ　54 ⓐ　55 ⓐ　56 ⓑ　57 ⓑ　58 ⓐ　59 ⓑ　60 ⓑ

Part I Choose the option that best completes each dialogue.

1 A: You need to remove the label from the jar.
   B: I've tried to, but it won't _____.
   (a) come off
   (b) come by
   (c) come up
   (d) come out

2 A: Edward, how could you forget to buy a cake?
   B: I'm sorry. I didn't mean to _____ your birthday party.
   (a) take on
   (b) slow down
   (c) carry out
   (d) mess up

3 A: Honey, there's an ambulance coming up behind us.
   B: In that case, I'd better _____ and let it pass us.
   (a) run over
   (b) run down
   (c) pull over
   (d) pull down

4 A: Steven is acting so ridiculous.
   B: Just ignore him. He's only trying to _____.
   (a) speak up
   (b) show off
   (c) work out
   (d) walk over

5 A: Do you know Christine Laurence?
   B: I sure do. I used to _____ her when I was in high school.
   (a) brush up on
   (b) hang out with
   (c) measure up to
   (d) close in on

6 A: Where do I get the key to my room?
   B: You _____ at the front desk to get your room key.
   (a) lock up
   (b) check in
   (c) find out
   (d) meet up

7 A: Do you think we can finish our presentation by tomorrow?
   B: I think we can if we _____ our work.
   (a) nail down
   (b) read off
   (c) speed up
   (d) get over

8 A: I think I'm going to be sick.
   B: If you have to _____ , then please go to the bathroom.
   (a) throw up
   (b) dip in
   (c) fill out
   (d) get away

9 A: Are you going to attend Mr. Madison's funeral?
   B: Yes, I will. But I'm still shocked that such a young man could _____.
   (a) pass away
   (b) pass up
   (c) pass out
   (d) pass for

10 A: Where are you planning on moving?
    B: It all _____ which job I end up taking.
    (a) lets down
    (b) cares about
    (c) depends on
    (d) gets into

11 A: This math problem is impossible! I give up.
   B: Don't worry. I can help you _____ the answer.

   (a) figure out
   (b) look up
   (c) shoot for
   (d) deal with

12 A: My teacher told me that she cannot hear me in class.
   B: You need to be sure that you _____ when you give your answers.

   (a) speak out
   (b) talk out
   (c) speak up
   (d) talk up

13 A: Is there anything I need to be aware of when driving here?
   B: You need to _____ falling rocks around the mountain.

   (a) watch out for
   (b) add up to
   (c) run out of
   (d) end up with

14 A: Where is the convertible?
   B: It's in the repair shop. The roof _____ again.

   (a) grew out
   (b) fixed up
   (c) ripped off
   (d) broke down

15 A: The suspect claims that he was at home all night.
   B: His story doesn't _____. A witness saw him at the crime scene.

   (a) ask about
   (b) act on
   (c) account for
   (d) add up

16 A: I just met Marsha from high school at the grocery store.
   B: That's a funny coincidence. I _____ her the other day myself.

   (a) ran into
   (b) looked after
   (c) walked with
   (d) showed up

17 A: It's starting to rain very hard now. I'm not sure that play should continue.
   B: I agree. Let's _____ the match.

   (a) call off
   (b) turn up
   (c) get out
   (d) let in

18 A: Do you know the due date for our final essay?
   B: I believe you must _____ your paper by 5 pm on Friday.

   (a) jump at
   (b) wrap up
   (c) hand in
   (d) call on

19 A: When do I need to give you my decision?
   B: The sooner you _____ your mind, the better.

   (a) mark down
   (b) make up
   (c) dish out
   (d) drop off

20 A: Did you take the job with the investment bank?
   B: I thought about it, but I decided to _____ their offer.

   (a) hand back
   (b) look away
   (c) turn down
   (d) clear up

Voca Review

A 다음 영어 표현과 일치하는 한글 뜻을 고르시오.

01 I **asked out** Jane.   제인에게 (ⓐ 바람을 맞았어. ⓑ 데이트 신청했어.)

02 **pull through** the recession   경기불황을 (ⓐ 이겨내다 ⓑ 불평하다)

03 I **was ripped off**.   (ⓐ 바가지를 썼어. ⓑ 폭행을 당했어.)

04 **turn down** his suggestion   그의 제안을 (ⓐ 받아들이다 ⓑ 거절하다)

05 **clean up** my room   내 방을 (ⓐ 치우다 ⓑ 비우다)

06 **go over** the report   보고서를 (ⓐ 제출하다 ⓑ 검토하다)

07 **show up** at a party   파티에 (ⓐ 나타나다 ⓑ 초대하다)

08 **break into** the house   집에 (ⓐ 방문하다 ⓑ 침입하다)

09 **turn up** the volume   볼륨을 (ⓐ 키우다 ⓑ 줄이다)

10 The hotel is **booked up**.   호텔 예약이 (ⓐ 꽉 찼다. ⓑ 확정되었다.)

B 한글 뜻에 맞는 영어 표현을 완성하시오.

ⓐ fill out	ⓑ call off	ⓒ run over	ⓓ get over	ⓔ catch up
ⓕ drop by	ⓖ care about	ⓗ carry out	ⓘ run out of	ⓙ put off

01 _____ the game   경기를 취소하다

02 _____ a survey   설문조사를 하다

03 _____ the supermarket   슈퍼에 잠시 들르다

04 _____ her fear   그녀의 두려움을 극복하다

05 _____ gas   휘발유가 다 떨어지다

06 _____ a child   차가 아이를 치다

07 _____ the meeting   회의를 연기하다

08 _____ my reputation   내 평판에 대해 신경 쓰다

09 _____ an application form   지원서를 채워 넣다

10 _____ on the latest news   최신 뉴스를 따라잡다

풀면서 익히는 Mini Test ▶ 다음 한글 뜻에 맞는 영어 표현을 고르시오.

기출 어휘

01 Stop (ⓐ widening ⓑ whining). I am sick and tired of your complaints.
그만 징징대. 네 불평에는 이제 진절머리가 나.

02 I (ⓐ kid ⓑ ridicule) you not.
농담하는 것이 아냐.

03 Let me (ⓐ assume ⓑ assure) you that the worst is almost over.
최악의 상황은 거의 끝났으니 이제 안심하세요.

04 Jerry lost a huge amount of money as stock prices have (ⓐ fluctuated ⓑ stabilized) recently.
최근 주가가 요동치면서 제리는 큰 액수의 돈을 잃었다.

05 Jane had her jewels (ⓐ appraised ⓑ appreciated).
제인은 그녀의 보석을 감정 받았다.

06 We have to (ⓐ evaluate ⓑ vacate) this office by the end of the month.
우리는 이번 달 말까지 이 사무실을 비워야 한다.

07 I am suffering from a terrible (ⓐ hangar ⓑ hangover).
나는 지독한 숙취에 시달리고 있다.

08 Don't cast doubts on my (ⓐ integration ⓑ integrity).
나의 정직성에 의심을 품지 마라.

09 Make a (ⓐ tour ⓑ detour) 100 meters from here.
여기서 100미터 앞에서 우회하세요.

10 It looks like she has (ⓐ misgivings ⓑ forgivings) about going on the trip.
그녀는 여행가는 것에 대해 불안감을 가지고 있는 것 같다.

11 I had no choice but to accept his apology with (ⓐ resignation ⓑ step-down).
나는 체념을 하고 그의 사과를 받아들이는 수 밖에 없었다.

12 Make sure you get the flu (ⓐ vaccination ⓑ vacuum) before it gets cold.
날씨가 추워지기 전에 독감 예방 접종을 꼭 맞도록 해라.

13 I have some (ⓐ confident ⓑ confidential) information to share with you.
너와 나눌 몇 가지 기밀 정보가 있어.

어휘 Check! 01 **whine** 징징대다, 우는 소리를 하다 02 **kid** 농담하다, 놀리다 03 **assure** 안심시키다; 보증하다 04 **fluctuate** 요동치다 05 **appraise** 감정하다, 값을 매기다 06 **vacate** (방, 집을) 비우다 07 **hangover** 숙취 08 **integrity** 정직, 성실 09 **detour** 우회; 우회하다 10 **misgivings** 불안감, 걱정 11 **resignation** 체념; 사퇴 12 **vaccination** 예방[백신] 접종 13 **confidential** 기밀의, 비밀의

정답 01 ⓑ 02 ⓐ 03 ⓑ 04 ⓐ 05 ⓐ 06 ⓑ 07 ⓑ 08 ⓑ 09 ⓑ 10 ⓐ 11 ⓐ 12 ⓐ 13 ⓑ

14 The food tastes (ⓐ bland ⓑ blend).
이 음식은 맛이 밍밍하다.

15 Don't you think Alex is (ⓐ ingoing ⓑ outgoing)? He seems to be really popular among his friends.
알렉스는 정말 외향적인 것 같지 않니? 그는 친구들 사이에서 정말 인기가 많은 것 같아.

16 My body feels (ⓐ steep ⓑ stiff) for some reason.
어떤 이유 때문에 몸이 좀 뻐근하다.

17 That's an (ⓐ sincere ⓑ outright) lie.
그건 명백한 거짓말이다.

18 The chairman couldn't attend the conference because of a (ⓐ hasty ⓑ hectic) schedule.
위원장은 바쁜 스케줄 때문에 회의에 참석할 수 없었다.

19 The drug made me (ⓐ nauseous ⓑ nostalgic).
그 약을 먹고 나는 메스꺼움을 느꼈다.

20 After Christine broke up with her boyfriend, she became (ⓐ gravely ⓑ generally) ill.
크리스틴은 남자 친구와 헤어진 이후에 심하게 아팠다.

21 I have nobody to (ⓐ bank on ⓑ loan on).
기댈 만한 사람이 없다.

22 Don't spend too much money on designer goods. You are living beyond your (ⓐ meaning ⓑ means).
명품에 너무 많은 돈을 쓰지 마. 네 분수를 넘어서는 일이야.

23 Charles (ⓐ ended up ⓑ finished up) in prison due to domestic violence.
찰스는 가정 폭력으로 결국 감방 생활을 하게 되었다.

24 We have to remember that our ancestors (ⓐ sat up for ⓑ stood up for) freedom and human rights.
우리 선조들이 자유와 인권을 지지했음을 기억해야 한다.

25 Luckily, I had a chance to (ⓐ mangle with ⓑ mingle with) some celebrities.
운이 좋게도 나는 몇몇 유명 인사들과 어울릴 수 있는 기회가 있었다.

어휘 Check! **14 bland** (맛이) 밍밍한, 싱거운 **15 outgoing** 외향적인 **16 stiff** (몸이) 뻐근한 **17 outright** 명백한 **18 hectic** 매우 바쁜 **19 nauseous** 메스꺼운 **20 gravely** 심하게; 엄숙하게 **21 bank on** 기대다, 의존하다 **22 beyond one's means** 분수에 넘치는 **23 end up** 결국 ~하게 되다 **24 stand up for** 지지하다, 옹호하다 **25 mingle with** ~와 어울리다, 교제하다

정답 14 ⓐ 15 ⓑ 16 ⓑ 17 ⓑ 18 ⓑ 19 ⓐ 20 ⓐ 21 ⓐ 22 ⓑ 23 ⓐ 24 ⓑ 25 ⓑ

26 I (ⓐ spell ⓑ swear) I didn't mean to offend you.
너의 기분을 상하게 할 의도는 추호도 없었음을 맹세해.

27 You have to (ⓐ brew ⓑ burn) this kind of tea for one hour.
이와 같은 종류의 차는 한 시간 동안 끓이셔야 합니다.

28 I used to (ⓐ farce ⓑ forge) my father's signature.
한때 나는 아버지 서명을 위조했었다.

29 Confidence can be (ⓐ eroded ⓑ evaded) by lack of money. That's what I feel now.
돈이 부족하면 자신감이 약화될 수 있어. 내가 지금 그렇게 느껴.

30 I checked into a hotel (ⓐ looking over ⓑ overlooking) sea.
나는 바다가 내려다보이는 호텔에 투숙했다.

31 I heard that Hannah is still (ⓐ mourning ⓑ missing) her father's death.
한나가 아버지의 죽음을 아직도 애도하고 있다고 이야기 들었다.

32 We need to (ⓐ engrave ⓑ enlarge) this picture.
이 사진을 확대할 필요가 있겠어.

33 We can (ⓐ access ⓑ accommodate) anything you want.
우리는 귀하가 원하는 것은 무엇이든지 들어드릴 수 있습니다.

34 Let's (ⓐ glide ⓑ wade) to the other side of the river.
강 건너편으로 물속을 헤쳐서 건너가자.

35 I felt dizzy while driving, so I had to pull over to the (ⓐ curb ⓑ route).
나는 운전하다가 현기증을 느껴서 도로 경계쪽으로 차를 세워야만 했다.

36 You are too much of a (ⓐ spendthrift ⓑ frugality).
너는 돈 씀씀이가 너무 헤프다.

37 What is the (ⓐ late cost ⓑ late fee) for the book?
이 책의 연체료는 어떻게 됩니까?

38 I need a seat with a lot of (ⓐ feet room ⓑ leg room) for long flights.
나는 장거리 비행을 할 때는 발을 뻗을 수 있는 공간이 많이 있는 좌석이 필요하다.

어휘 Check!

26 **swear** 맹세하다 27 **brew** (차를) 끓이다 28 **forge** 위조하다 29 **erode** 약화시키다; (바닷물 등이) 침식하다 30 **overlook** 내려다보다 31 **mourn** 애도하다 32 **enlarge** 확대하다 33 **accommodate** 수용하다; (부탁을) 들어주다 34 **wade** (강을) 걸어서 건너다 35 **curb** 연석(인도와 차도 사이의 보도 가장자리) 36 **spendthrift** 돈 씀씀이가 헤픈 사람 37 **late fee** 연체료 38 **leg room** (비행기 안에서) 발을 뻗을 수 있는 공간

정답 26 ⓑ 27 ⓐ 28 ⓑ 29 ⓐ 30 ⓑ 31 ⓐ 32 ⓑ 33 ⓑ 34 ⓑ 35 ⓐ 36 ⓐ 37 ⓑ 38 ⓑ

39 Look at that bag! It's the one with a shoulder (ⓐ rope ⓑ strap). That's exactly what I want.
저 가방을 봐! 어깨 끈이 달려있는 것 말이야. 저게 바로 내가 원하는 거야.

40 As soon as Jason got promoted, he has become (ⓐ pretentious ⓑ preposterous).
제이슨은 승진하자마자 허세를 부리기 시작했다.

41 Do you have something to drink? I am (ⓐ groggy ⓑ parched).
뭐 마실 것 좀 없니? 목이 너무 말라.

42 The old (ⓐ obstinate ⓑ benign) lady never gives up.
그 고집 센 할머니는 절대로 포기하지 않는다.

43 I felt (ⓐ downhearted ⓑ downright) when I heard that I failed the test.
나는 시험에 낙방했다는 소식을 듣고 낙담했다.

44 It looks like Susan has some problems. She's been (ⓐ down ⓑ below) lately.
수잔에게 무슨 문제가 있는 것 같아. 최근 들어 풀이 죽어 있더라고.

45 I can't believe that you are late again! You are just (ⓐ canny ⓑ pathetic).
네가 또 지각했다니 믿을 수가 없구나! 네가 한심할 따름이야.

46 All my efforts were (ⓐ to no avail ⓑ to no access).
나의 모든 노력들이 헛되었다.

47 I am sick and tired of your attitude. (ⓐ Get on ⓑ Get off) my back.
네 태도에 넌더리가 나. 날 그만 좀 괴롭혀.

48 My mother (ⓐ took out ⓑ took up) gardening again to help treat her depression.
우리 어머니는 우울증을 치료하는 데 도움이 되게 하려고 정원일을 다시 시작하셨다.

49 Your story seems to (ⓐ bell false ⓑ ring false) to me.
네 이야기는 나한테는 거짓말처럼 들려.

50 Work out regularly. Then you can (ⓐ beat ⓑ hit) the cold.
규칙적으로 운동하세요. 그러면 추위를 떨쳐낼 수 있습니다.

 어휘 Check! 39 **strap** (가죽이나 천으로 된) 끈 40 **pretentious** 허세를 부리는, 자만하는 41 **parched** 몹시 목이 마르는 42 **obstinate** 고집이 센 43 **downhearted** 절망적인 44 **down** 풀이 죽은 45 **pathetic** 한심한, 형편없는 46 **to no avail** 헛되어 버린, 보람 없이 47 **get off one's back** 남을 괴롭히는 일을 그만두다 48 **take up** (어떤 일을) 시작하다 49 **ring false** 거짓처럼 들리다 50 **beat the cold** 추위를 떨쳐내다

점답 39 ⓑ 40 ⓐ 41 ⓑ 42 ⓐ 43 ⓐ 44 ⓐ 45 ⓑ 46 ⓐ 47 ⓑ 48 ⓑ 49 ⓑ 50 ⓐ

Check-up TEST

Part I Choose the option that best completes each dialogue.

1 A: How are you keeping busy these days?
 B: I recently _____ a new hobby.

 (a) thought about
 (b) took up
 (c) ran out
 (d) used over

2 A: I hate how Jason acts like he is better than everybody.
 B: I completely agree. I don't care for _____ people, either.

 (a) important
 (b) hotheaded
 (c) despondent
 (d) pretentious

3 A: Are you sure you want to do this? You seem to be hesitating.
 B: It's just that I have some _____ about taking out such a large loan.

 (a) responsibilities
 (b) restorations
 (c) considerations
 (d) misgivings

4 A: Jeffery, I can't believe how bad your report card is.
 B: I'm sorry that my grades are so _____, but I didn't have time to study.

 (a) astounding
 (b) pathetic
 (c) wasteful
 (d) hectic

5 A: Wow. You have such a great view from your window!
 B: Thanks. I chose this apartment because it _____ the city.

 (a) overstates
 (b) features
 (c) overlooks
 (d) glances

6 A: You never buy me any nice jewelry or take me on vacation.
 B: Well, I'm tired of hearing your _____ all the time.

 (a) widening
 (b) featuring
 (c) whining
 (d) debating

7 A: This picture isn't what I ordered. I asked for portrait-size photos.
 B: My apologies, sir. We'll go ahead and _____ these for you.

 (a) package
 (b) enlarge
 (c) resend
 (d) exchange

8 A: You stayed out quite late last night. How do you feel?
 B: Not good. I've got a terrible _____ from all the drinking I did.

 (a) perception
 (b) aliment
 (c) tangent
 (d) hangover

9 A: Should I share this information with my coworkers?
 B: Absolutely not. What I told you is strictly _____.

 (a) confidential
 (b) independent
 (c) troublesome
 (d) outrageous

10 A: What is the maximum number of people that can ride?
 B: This bus can _____ up to 60 passengers.

 (a) accommodate
 (b) teleport
 (c) separate
 (d) liquefy

11 A: I can't believe how cold it is today.
    Just last week we were still wearing
    shorts.
    B: Yes, it's strange how much
    temperatures have _____ lately.
    (a) declined
    (b) allocated
    (c) fluctuated
    (d) disappeared

12 A: I didn't realize that you suffer from
    travel sickness.
    B: Yes, being in cars and on planes
    makes me _____.
    (a) relapse
    (b) perspire
    (c) nauseous
    (d) mature

13 A: Why are all these huge dump trucks
    here along the beach?
    B: They are here to replace the sand that
    has _____ away because of the
    waves.
    (a) eroded
    (b) divided
    (c) compiled
    (d) insisted

14 A: Why won't Mr. Thompson change his
    mind about the policy?
    B: He'll never do that. You know how
    _____ he is.
    (a) forgiving
    (b) obstinate
    (c) capricious
    (d) satisfying

15 A: This TV set is really cool, but I don't
    think you really need it.
    B: You're right. I should become a saver
    instead of a _____.
    (a) gatherer
    (b) hypocrite
    (c) spendthrift
    (d) skeptic

16 A: What the president did is unforgivable.
    B: I agree. He should hand in his
    _____ and leave office immediately.
    (a) application
    (b) resignation
    (c) administration
    (d) persuasion

17 A: You should eat your tofu. It's very
    healthy.
    B: I know, but it's just so _____ that I
    can't stomach it.
    (a) exquisite
    (b) bland
    (c) lifeless
    (d) flavorful

18 A: This diamond looks incredibly
    expensive. How much is it worth?
    B: It was recently _____ at 10 million
    dollars.
    (a) validated
    (b) mystified
    (c) galvanized
    (d) appraised

19 A: Do you have any suggestions on how
    I can make more friends?
    B: Whenever you're at a party, be sure to
    _____ people you don't know.
    (a) bank on
    (b) get around
    (c) mingle with
    (d) pitch in

20 A: How were you able to reach the child
    trapped inside the flooded building?
    B: The water level was low enough for us
    to _____ through and reach her.
    (a) perch
    (b) creep
    (c) hunch
    (d) wade

A 다음 영어 표현과 일치하는 한글 뜻을 고르시오.

01	**outgoing** personality	(ⓐ 내향적인 ⓑ 외향적인) 성격
02	**brew** the tea	차를 (ⓐ 끓이다 ⓑ 마시다)
03	I'm **parched**.	난 (ⓐ 피곤하다 ⓑ 목이 마르다).
04	**swear** by god	신의 이름으로 (ⓐ 맹세하다 ⓑ 믿다)
05	be **gravely** ill	(ⓐ 심하게 ⓑ 갑자기) 아프다
06	a **hectic** schedule	(ⓐ 느긋한 ⓑ 바쁜) 스케줄
07	feel **downhearted**	(ⓐ 낙담하다 ⓑ 괴로워하다)
08	an **outright** lie	(ⓐ 선의의 ⓑ 명백한) 거짓말
09	a bag with a **strap**	(ⓐ 끈 ⓑ 장식)이 달린 가방
10	**get off one's back**	(ⓐ 그만 괴롭히다 ⓑ 끈질기게 따라다니다)

B 한글 뜻에 맞는 영어 표현을 완성하시오.

ⓐ vacate	ⓑ avail	ⓒ late fee	ⓓ vaccination	ⓔ mourn
ⓕ forge	ⓖ integrity	ⓗ means	ⓘ detour	ⓙ beat

01 get the flu _____ 독감 예방 주사를 맞다

02 _____ the office 사무실을 비우다

03 _____ the document 서류를 위조하다

04 _____ the cold 추위를 이겨내다

05 live beyond my _____ 내 분수에 넘치는 생활을 하다

06 to no _____ 보람 없이

07 make a _____ 우회하다

08 pay the _____ 연체료를 지불하다

09 _____ her death 그녀의 죽음을 슬퍼하다

10 prove his _____ 그의 정직을 증명하다

Part II

VP | 04 동사

01 The board of directors has made a decision to (ⓐ fire ⓑ hire) more employees.
이사회는 더 많은 직원들을 고용하겠다는 결정을 내렸다.

02 Should you have further questions, please (ⓐ consider ⓑ contact) the following telephone number.
더 궁금한 점이 있으시면 다음 전화번호로 연락해 주세요.

03 Smoking (ⓐ harms ⓑ hits) your health.
흡연은 당신의 건강을 해칩니다.

04 The government promised to (ⓐ create ⓑ cause) more jobs.
정부는 더 많은 고용을 창출하겠다고 약속했다.

05 The billionaire (ⓐ designed ⓑ donated) 10 million dollars to charity, as Christmas was around the corner.
크리스마스가 다가오자 그 억만장자는 자선 단체에 천만 달러를 기부했다.

06 The prisoner managed to (ⓐ escape ⓑ ascend), but he was quickly caught by the police.
그 죄수는 탈출했지만 곧바로 경찰에 체포되었다.

07 The police officer (ⓐ nodded ⓑ noticed) a suspicious man coming out of a house.
의심스러운 남자가 어떤 집에서 나오는 것을 경관이 알아챘다.

08 The issue of tax reform continues to (ⓐ dedicate ⓑ divide) the country.
세금 개혁에 대한 그 문제가 계속해서 그 나라를 분열시키고 있다.

09 The megastore closed down 4 years ago and is now (ⓐ emerging ⓑ immigrating) as a community center.
그 대형 상점은 4년 전에 문을 닫았고 이제는 시민 회관으로 부상하고 있다.

10 (ⓐ Stall ⓑ Store) this medication at room temperature away from direct sunlight.
이 약은 직사광선을 피해 실온에 보관하시오.

11 Beyonce is traveling around the world to (ⓐ process ⓑ promote) her new album.
비욘세는 새로운 앨범을 홍보하기 위해 전 세계를 여행하고 있다.

12 The difficult driving conditions (ⓐ caused ⓑ cast) several accidents.
운전하기 어려운 상황들이 몇 건의 교통사고의 원인이 되었다.

13 The airplane (ⓐ applied ⓑ landed) 10 minutes behind the schedule.
비행기는 예정보다 10분 늦게 착륙했다.

어휘 Check! 01 **hire** 고용하다 02 **contact** 연락하다 03 **harm** 해를 끼치다 04 **create** 창출하다; 창조하다 05 **donate** 기부하다 06 **escape** 탈출하다 07 **notice** 알아차리다 08 **divide** 나누다; 분열시키다 09 **emerge** 나타나다; 부상하다 10 **store** 보관[보존]하다 11 **promote** 홍보하다 12 **cause** ~의 원인이 되다, 초래하다 13 **land** (비행기가) 착륙하다

정답 01 ⓑ 02 ⓑ 03 ⓐ 04 ⓐ 05 ⓑ 06 ⓐ 07 ⓑ 08 ⓑ 09 ⓐ 10 ⓑ 11 ⓑ 12 ⓐ 13 ⓑ

14 This historic monument (ⓐ catches ⓑ draws) a huge number of tourists annually.
이 역사적인 기념비는 매년 엄청난 수의 관광객을 끌어 모은다.

15 By law, credit card companies must (ⓐ protect ⓑ propel) the private information of their customers.
법적으로 신용카드 회사는 고객의 사적인 정보를 보호해야 한다.

16 Her ability to (ⓐ absorb ⓑ admit) information in a short period of time is impressive.
단시간에 정보를 흡수하는 그녀의 능력은 인상적이다.

17 To get ahead of other players, you have to (ⓐ access ⓑ analyze) your weaknesses and strengths.
다른 선수들보다 앞서기 위해서는 당신의 약점과 강점을 분석해야 한다.

18 The scandal was (ⓐ expected ⓑ exposed) to the public by a few paparazzi.
그 스캔들은 몇 명의 파파라치에 의해 일반 대중들에게 폭로되었다.

19 A huge crowd (ⓐ anticipated ⓑ accustomed) the arrival of the movie star.
매우 많은 군중들이 그 영화배우의 도착을 학수고대했다.

20 Don't (ⓐ merge ⓑ mix) work with pleasure.
공과 사를 혼동하지 마라.

21 This program is (ⓐ designed ⓑ detected) to increase productivity.
이 프로그램은 생산성 향상을 위해 고안되었다.

22 The whole world was (ⓐ delighted ⓑ shocked) to hear the news that he died in a car crash.
그가 자동차 사고로 사망했다는 소식에 전 세계가 충격을 받았다.

23 The book (ⓐ contacts ⓑ contributes) to our understanding of multiculturalism.
이 책은 우리가 다문화주의를 이해하는 데 기여한다.

24 More and more children are (ⓐ entering ⓑ joining) sports clubs.
점점 더 많은 어린이들이 스포츠클럽에 가입하고 있다.

25 Some scientists say that receding hairlines are closely (ⓐ related ⓑ dominated) to acid rain.
몇몇 과학자들은 머리카락이 빠지는 현상은 산성비와 밀접한 관련이 있다고 주장한다.

26 (ⓐ Peruse ⓑ Pursue) your dreams, whatever they may be.
당신의 꿈이 무엇이든지 간에 꿈을 추구하라.

27 You can (ⓐ provide ⓑ purchase) almost anything in this megastore at low prices.
저렴한 가격으로 거의 모든 물건을 이 대형 상점에서 구입할 수 있습니다.

어휘 Check!　**14 draw** 끌어 모으다 **15 protect** 보호하다 **16 absorb** 흡수하다 **17 analyze** 분석하다 **18 expose** 폭로하다; 노출시키다 **19 anticipate** 학수고대하다; 예상하다 **20 mix** 섞다, 혼합하다 **21 design** 고안하다 **22 shock** 충격을 주다 **23 contribute** 기여하다, 공헌하다 **24 join** 가입하다 **25 relate** 관련시키다 **26 pursue** 추구하다; (직업에) 종사하다 **27 purchase** 구입하다

정답 14 ⓑ 15 ⓐ 16 ⓐ 17 ⓑ 18 ⓑ 19 ⓐ 20 ⓑ 21 ⓐ 22 ⓑ 23 ⓑ 24 ⓑ 25 ⓐ 26 ⓑ 27 ⓑ

28 Jay Z (ⓐ enjoyed ⓑ spent) over one million dollars a night to promote his new album.
제이지는 그의 신작 앨범을 홍보하기 위해 하룻밤에 백만 달러 이상을 썼다.

29 The self-made businessman (ⓐ experienced ⓑ exceeded) many ups and downs in his life.
그 자수성가한 사업가는 인생에서 우여곡절을 많이 겪었다.

30 The street lamps (ⓐ attracted ⓑ apologized) moths.
가로등이 나방을 끌어 모았다.

기출 가능 어휘

31 The police are actively (ⓐ acknowledged ⓑ engaged) in cracking down on criminal activities.
경찰은 범죄 행위를 엄중히 단속하는 일에 적극적으로 관여하고 있다.

32 To be a good salesperson (ⓐ receives ⓑ requires) passion and perseverance.
훌륭한 판매원이 되기 위해서는 열정과 인내가 필요하다.

33 Scott (ⓐ sustained ⓑ retained) several injuries after falling off the roof.
스캇은 지붕에서 떨어진 후 여러 곳에 부상을 입었다.

34 The boss (ⓐ pardoned ⓑ shared) the profits evenly with his employees.
사장은 그의 직원들과 공평하게 수익을 나누어 가졌다.

35 Parents need to (ⓐ correct ⓑ correlate) their children's behavioral mistakes.
부모는 자녀들의 행동상 실수를 바로잡아 주어야 한다.

36 Job applicants have to (ⓐ submit ⓑ substitute) their resumes by the end of this month.
구직자들은 이달 말까지 이력서를 제출해야 합니다.

37 The company (ⓐ detected ⓑ developed) a special car for the physically challenged.
그 회사는 장애인을 위한 특별한 자동차를 개발했다.

38 All the distinguished guests (ⓐ enjoyed ⓑ expressed) themselves at the banquet.
모든 내외 귀빈은 연회에서 즐거운 시간을 가졌다.

39 The professor was finally (ⓐ elected ⓑ elaborated) as a lawmaker after being defeated in two previous elections.
이전 선거에서 두 번 낙선한 후 그 교수는 마침내 국회의원으로 당선되었다.

40 The politician (ⓐ committed ⓑ excused) himself for his licentious behavior.
그 정치인은 자신의 부도덕한 행동에 대해서 사과했다.

어휘 Check! **28 spend** (돈을) 쓰다; (시간을) 보내다 **29 experience** 경험하다 **30 attract** 끌어들이다, 끌어 모으다 **31 engage** 관여시키다 **32 require** 필요로 하다, 요구하다 **33 sustain** (상처를) 입다; (무게를) 지탱하다 **34 share** 함께 나누다 **35 correct** 바로잡다, 정정하다 **36 submit** 제출하다 **37 develop** 개발하다 **38 enjoy** 즐기다 **39 elect** 선출하다 **40 excuse** 해명하다, 사과하다

정답 28 ⓑ 29 ⓐ 30 ⓐ 31 ⓑ 32 ⓑ 33 ⓐ 34 ⓑ 35 ⓐ 36 ⓐ 37 ⓑ 38 ⓐ 39 ⓐ 40 ⓑ

41 The winner was (ⓐ awarded ⓑ assessed) with a gold trophy.
그 우승자는 황금 트로피를 수상했다.

42 Only one person (ⓐ surpassed ⓑ survived) the car crash.
자동차 충돌 사고에서 한 사람만이 살아남았다.

43 The physically challenged should be (ⓐ treated ⓑ tailored) with respect.
존중하는 마음을 갖고 장애인들을 대우해야 한다.

44 The pharmacist (ⓐ described ⓑ prescribed) medicine for my skin problem.
약사는 나의 피부 질환 문제에 약을 처방했다.

45 It comes as no surprise that he often (ⓐ verifies ⓑ violates) laws.
그가 법을 종종 어긴다는 것은 놀라운 일이 아니다.

46 The antenna (ⓐ pointed ⓑ pulled) downward.
안테나 방향이 아래쪽으로 향했다.

47 The mosquitoes are believed to (ⓐ carry ⓑ catch) a virus that can spread around the world in a short period of time.
그 모기는 짧은 시간 안에 전 세계로 퍼질 수 있는 바이러스를 옮긴다고 여겨진다.

48 The old man (ⓐ moved ⓑ removed) his hat.
나이 든 남성이 모자를 벗었다.

49 The weekly magazine is (ⓐ isolated ⓑ issued) by a nonprofit organization.
그 주간지는 비영리기구에 의해서 발행된다.

50 The company runs a team of experts ready to (ⓐ assist ⓑ meet) clients all the time.
회사는 고객을 항상 도와줄 태세를 갖춘 팀을 꾸리고 있다.

51 The voters in this district (ⓐ communicated ⓑ expressed) their concerns over the repeated lies of the candidates.
이 지역 유권자들은 후보자들의 반복되는 거짓말에 우려를 표했다.

52 The new equipment can (ⓐ detect ⓑ select) very small movements at night.
그 새로운 장비는 밤에도 매우 미세한 움직임을 감지할 수 있다.

53 A lack of money (ⓐ deprived ⓑ informed) me of simple pleasures.
돈이 부족한 것은 나에게 단순한 기쁨마저 빼앗아 버렸다.

 어휘 Check! 41 **award** (상을) 수여하다 42 **survive** 생존하다 43 **treat** 대우하다, 다루다 44 **prescribe** (약을) 처방하다 45 **violate** 위반하다 46 **point** (방향으로) 향하다 47 **carry** (병을) 옮기다; 운반하다 48 **remove** (옷, 모자를) 벗다; 제거하다 49 **issue** 발행하다; (선언, 명령을) 내다 50 **assist** 도와주다 51 **express** 표현하다 52 **detect** 감지하다 53 **deprive** 빼앗다, 강탈하다

정답 41 ⓐ 42 ⓑ 43 ⓐ 44 ⓑ 45 ⓑ 46 ⓐ 47 ⓐ 48 ⓑ 49 ⓑ 50 ⓐ 51 ⓑ 52 ⓐ 53 ⓐ

54 This program (ⓐ emitted ⓑ produced) the effects that the management intended.
이 프로그램은 경영진이 의도했던 효과를 만들어냈다.

55 There is no other way but to (ⓐ invest ⓑ save) money to become rich.
부자가 되기 위해서는 저축하는 것 말고는 다른 방법이 없다.

56 The department store has made a decision to (ⓐ boost ⓑ cut) prices on almost all of its products.
그 백화점은 거의 모든 상품에 대해서 가격을 할인하겠다는 결정을 내렸다.

57 One hundred respondents were carefully (ⓐ selected ⓑ submitted) to answer the questions.
질문에 답하기 위해 백 명의 응답자들이 신중을 기해 선택되었다.

58 The number of students studying humanities is gradually (ⓐ decreasing ⓑ degrading).
인문학을 공부하는 학생 수가 점점 줄어들고 있다.

59 Dense fog (ⓐ responded ⓑ restricted) visibility at the airport.
공항에서 두꺼운 안개가 시야를 제한했다.

60 The management (ⓐ opposed ⓑ examined) the plan to invest in expanding the business.
경영진은 사업을 확장하는 데 투자하겠다는 계획에 반대했다.

어휘
Check! **54 produce** 생산하다; (결과를) 일으키다 **55 save** 저축하다 **56 cut** 할인하다 **57 select** 선택하다 **58 decrease** 감소하다
59 restrict 제한하다 **60 oppose** 반대하다

정답 54 ⓑ 55 ⓑ 56 ⓑ 57 ⓐ 58 ⓐ 59 ⓑ 60 ⓐ

Part II Choose the option that best completes each sentence.

1 Working the graveyard shift _____ me of several hours of sleep.
   (a) interfered
   (b) hesitated
   (c) deprived
   (d) quarreled

2 New York City is looking to _____ money by reducing the number of buses.
   (a) spend
   (b) return
   (c) hold
   (d) save

3 It is dangerous to _____ different kinds of medications together.
   (a) stir
   (b) whip
   (c) beat
   (d) mix

4 All employees are asked to _____ their ideas about making our project better.
   (a) contribute
   (b) produce
   (c) record
   (d) address

5 The cat _____ the mouse hiding behind the couch and began to chase it.
   (a) inspected
   (b) ignored
   (c) noticed
   (d) contacted

6 The main responsibilities of the police are to serve the people and _____ them from danger.
   (a) offend
   (b) relieve
   (c) protect
   (d) survive

7 All job applicants are _____ to give their full name, date of birth, and place of current residence.
   (a) needed
   (b) anticipated
   (c) required
   (d) gathered

8 Our company promises to _____ a better work environment for our employees.
   (a) emerge
   (b) dedicate
   (c) select
   (d) create

9 The noise from the performance _____ large crowds of people to the park.
   (a) attracted
   (b) encouraged
   (c) generated
   (d) divided

10 Weather scientists use sensitive equipment to _____ changes in air temperature.
   (a) produce
   (b) detect
   (c) relate
   (d) blame

11 The students have _____ the class president to a second term.

(a) elected
(b) contacted
(c) promoted
(d) handled

12 The airplane _____ safely on the runway in spite of the strong winds and heavy rains.

(a) landed
(b) handled
(c) energized
(d) attracted

13 Sarah gave up her job as a journalist to _____ a career in music.

(a) recognize
(b) pursue
(c) interrupt
(d) secure

14 A compass always _____ to the north, so keep this in mind when using one.

(a) measures
(b) points
(c) maintains
(d) portions

15 Although not widely known in the past, Jeju Island is now _____ as a popular tourist destination for young couples.

(a) emerging
(b) promoting
(c) integrating
(d) depriving

16 Internet users found guilty of _____ anti-piracy laws can receive fines or jail sentences.

(a) removing
(b) enhancing
(c) reclaiming
(d) violating

17 All students must _____ their essays at least two weeks before the end of the semester.

(a) beware
(b) submit
(c) forgive
(d) guide

18 In anticipation of increased product demand in Asian nations, the company is looking to _____ 500 new employees.

(a) lack
(b) gather
(c) contact
(d) hire

19 The central bank _____ a statement saying that it would raise interest rates in the coming months.

(a) awarded
(b) substituted
(c) issued
(d) revealed

20 Children under the age of 18 are _____ from seeing adult movies at the theaters.

(a) accustomed
(b) restricted
(c) permitted
(d) entitled

Voca Review

A 다음 영어 표현과 일치하는 한글 뜻을 고르시오.

01 **absorb** the water   물을 (ⓐ 흡수하다 ⓑ 수집하다)

02 **store** the food   식품을 (ⓐ 처리하다 ⓑ 보관하다)

03 **sustain** injuries   부상을 (ⓐ 치료하다 ⓑ 입다)

04 **share** the profits   수익을 (ⓐ 분산시키다 ⓑ 나눠 갖다)

05 **experience** success   성공을 (ⓐ 경험하다 ⓑ 갈망하다)

06 **award** a prize   상을 (ⓐ 주다 ⓑ 받다)

07 **assist** the professor   교수님을 (ⓐ 돕다 ⓑ 방해하다)

08 **join** the club   클럽에 (ⓐ 가입하다 ⓑ 방문하다)

09 **promote** the product   상품을 (ⓐ 생산하다 ⓑ 홍보하다)

10 **enjoy** the meal   식사를 (ⓐ 즐기다 ⓑ 하러 가다)

B 한글 뜻에 맞는 영어 표현을 완성하시오.

ⓐ prescribe	ⓑ remove	ⓒ analyze	ⓓ contact	ⓔ correct
ⓕ donate	ⓖ design	ⓗ carry	ⓘ exposed	ⓙ oppose

01 _____ 100 dollars   100달러를 기부하다

02 _____ your hat   당신의 모자를 벗다

03 _____ a virus   바이러스를 실어 나르다

04 be _____ to the public   대중에게 노출되다

05 _____ the medicine   약을 처방하다

06 _____ some errors   몇 가지 틀린 곳을 바로잡다

07 _____ the data   자료를 분석하다

08 _____ the plan   계획을 반대하다

09 _____ the manager   관리자에게 연락하다

10 _____ the building   건물을 설계하다

풀면서 익히는 Mini Test ▶ 다음 한글 뜻에 맞는 영어 표현을 고르시오.

기출 어휘

명사

01 The (ⓐ disparity ⓑ funding) will be used to help the hungry in Africa.
그 기금은 아프리카의 굶주린 사람들을 돕기 위해 사용될 것이다.

02 The (ⓐ gap ⓑ motive) between rich and poor is widening in developing countries.
개발도상국에서 빈부 격차가 커지고 있다.

03 People think of identity (ⓐ robbery ⓑ theft) as a trivial matter.
사람들은 신원정보 절도를 별 것 아닌 문제로 생각한다.

04 The presidential (ⓐ election ⓑ selection) is just a few weeks away.
대통령 선거가 불과 몇 주밖에 남지 않았다.

05 The effects of economic (ⓐ dominance ⓑ recession) are still lingering.
경기 침체의 여파가 아직까지 남아있다.

06 Making the same (ⓐ mistake ⓑ myth) is unacceptable in this organization.
이런 조직에서 같은 실수를 반복하는 것은 용인할 수 없다.

07 It turned out that some of the workers used office (ⓐ products ⓑ supplies) for their personal use.
몇몇 직원들이 회사 사무용품을 본인들의 개인 목적으로 사용한 것으로 드러났다.

08 The intern couldn't meet the deadline without an (ⓐ expansion ⓑ extension).
그 인턴사원은 시간 연장 없이는 마감 기한을 맞출 수 없었다.

09 The (ⓐ symptoms ⓑ subjects) of malaria are fever, cough, and chill.
말라리아 증상은 열, 기침, 그리고 오한이다.

10 The judge often receives death (ⓐ therapy ⓑ threats) from left-wing groups.
그 판사는 좌파 단체로부터 종종 살해 위협을 받는다.

11 The government expressed (ⓐ concerns ⓑ disasters) about the strained relationship with China due to the incident.
정부는 그 사건으로 인한 중국과의 경색된 관계에 대해서 우려를 표했다.

12 The (ⓐ outcome ⓑ purpose) of his visit to India is studying various religions.
그의 인도 방문 목적은 다양한 종교를 공부하기 위해서이다

 어휘 Check! **01 funding** 자금; 융자 **02 gap** 격차, 차이 **03 theft** 절도 **04 election** 선거 **05 recession** (경기) 침체 **06 mistake** 실수
07 office supplies 사무용품 **08 extension** (시간의) 연장 **09 symptom** 증상; 징후 **10 threat** 위협 **11 concern** 걱정거리, 염려
12 purpose 목적

정답 01 ⓑ 02 ⓐ 03 ⓑ 04 ⓐ 05 ⓑ 06 ⓐ 07 ⓑ 08 ⓑ 09 ⓐ 10 ⓑ 11 ⓐ 12 ⓑ

13 World-class scientists work at a new research (ⓐ facility ⓑ faculty).
세계적인 수준의 과학자들이 새로운 연구 시설에서 근무하고 있다.

14 He has had a major (ⓐ impact ⓑ import) on today's pop music.
그는 오늘날의 대중 음악에 중요한 영향을 미친다.

15 Our modern civilization consumes natural (ⓐ residents ⓑ resources) too quickly.
우리 현대 문명은 천연 자원을 너무나도 빨리 소모한다.

부사

16 The baby slept (ⓐ soundly ⓑ specially) after crying for 30 minutes.
아기는 30분간 울고 난 후 곤히 잠들었다.

17 The meeting ended (ⓐ abruptly ⓑ partly) for no apparent reason.
회의는 분명한 이유도 없이 갑자기 끝났다.

18 Your level of wealth is (ⓐ suddenly ⓑ closely) related to how much you save.
당신의 부의 정도는 당신이 얼마나 저축을 하는가와 밀접하게 관련이 있다.

19 Repairs for the air conditioner are (ⓐ actually ⓑ fully) covered under its warranty.
에어컨 수리는 전적으로 품질 보증이 됩니다.

20 The apartment complex is (ⓐ conveniently ⓑ temporarily) located next to the subway station.
아파트 단지는 지하철역 옆에 편리하게 위치해 있다.

형용사

21 The lecture is so (ⓐ informative ⓑ subjective) that almost 200 students are taking it.
그 수업은 매우 유익해서 거의 200명에 달하는 학생들이 수업을 듣고 있다.

22 Elma is (ⓐ prone ⓑ risky) to accidents.
엘마는 사고를 일으키는 경향이 있다.

23 The house appliances manufactured by Chinese companies are (ⓐ edible ⓑ durable), even though they are cheap.
중국 회사가 제조한 가전제품은 비록 저렴할지언정 내구성이 좋다.

24 Rodney is still (ⓐ unaware ⓑ understandable) that her wife is cheating on him.
로드니는 아직도 아내가 바람을 피우고 있다는 사실을 모른다.

25 Due to (ⓐ favorable ⓑ adverse) weather, the flight to Paris was cancelled.
나쁜 날씨로 인해 파리행 비행기편이 결항되었다.

 어휘 Check! **13 facility** 시설, 설비 **14 impact** 영향; 충격 **15 resources** 자원, 원천 **16 soundly** 곤히, 깊이 **17 abruptly** 갑자기 **18 closely** 밀접하게 **19 fully** 전적으로, 완전히 **20 conveniently** 편리하게 **21 informative** 유익한, 정보 전달 성격이 짙은 **22 prone** 경향이 있는 **23 durable** 내구성이 있는, 오래 가는 **24 unaware** 모르는, 알지 못하는 **25 adverse** 불리한, 역경의; 반대의

정답 13 ⓐ 14 ⓐ 15 ⓑ 16 ⓐ 17 ⓐ 18 ⓑ 19 ⓑ 20 ⓐ 21 ⓐ 22 ⓐ 23 ⓑ 24 ⓐ 25 ⓑ

26 The (ⓐ forthcoming ⓑ particular) anniversary is expected to be held in Moscow.
다가오는 기념식이 모스크바에서 열릴 예정이다.

27 Drinking too many (ⓐ soft ⓑ hard) drinks can cause cavities.
청량음료를 너무 많이 마시면 충치가 생길 수 있다.

28 The professor has been in (ⓐ constant ⓑ temporary) contact with his old students.
그 교수님은 그의 오랜 학생들과 지속적인 연락을 취해 왔다.

29 The singer became (ⓐ beneficial ⓑ nervous), when the time came to show what she was made of.
그 가수는 자기가 가진 실력을 보여주어야 할 시간이 오자 긴장하기 시작했다.

30 The manager was (ⓐ rigid ⓑ flexible) enough to accommodate most of the demands of her staff.
부장은 직원들의 요구사항 대부분을 수용할 정도로 융통성 있는 자세를 취했다.

명사

31 Several renowned poets will put together a (ⓐ collection ⓑ community) of Shakespeare's poems to remember him.
몇몇 유명한 시인들이 셰익스피어를 기리기 위해 셰익스피어 시집을 만들 것이다.

32 (ⓐ Diabetes ⓑ Obesity) is usually the result of poor eating habits and a sedentary lifestyle.
비만은 일반적으로 잘못된 식습관과 앉아서 생활하는 양식의 결과물이다.

33 Illiteracy (ⓐ rates ⓑ speed) in African nations began to go down at the start of the 21st century.
21세기에 들어서면서 아프리카 국가의 문맹 비율이 하락하기 시작했다.

34 The (ⓐ foundations ⓑ findings) are scheduled to be published in the next issue of the journal.
그 연구 결과는 잡지의 다음달 호에 출간될 예정이다.

35 Water (ⓐ scarcity ⓑ specialty) is still a huge problem in many parts of the world.
물 부족은 세계 많은 곳에서 아직도 큰 문제이다.

36 The (ⓐ promotion ⓑ renovation) of this product is a crucial factor for its success.
이 상품의 홍보가 성공의 결정적인 요소이다.

37 The (ⓐ calculators ⓑ calendars) for the new year are usually distributed to the public before December.
새해 달력은 일반적으로 12월 전에 대중들에게 분배된다.

어휘 Check! 26 **forthcoming** 다가오는, 곧 닥쳐올 27 **soft** (음료가) 알코올 성분이 없는 28 **constant** 지속적인 29 **nervous** 긴장하는, 불안한 30 **flexible** 유연한; 융통성이 있는 31 **collection** 모음집; 수집 32 **obesity** 비만 33 **rate** 속도; 비율 34 **findings** (연구) 결과 35 **scarcity** 부족, 결핍 36 **promotion** 홍보, 판촉 37 **calendar** 달력

정답 26 ⓐ 27 ⓐ 28 ⓐ 29 ⓑ 30 ⓑ 31 ⓐ 32 ⓑ 33 ⓐ 34 ⓑ 35 ⓐ 36 ⓐ 37 ⓑ

38 (ⓐ Access ⓑ Advance) to the Internet plays an important role in improving one's career.
인터넷 사용은 커리어 향상에 있어서 중요한 역할을 한다.

39 The employees paid special (ⓐ attention ⓑ detention) to the president's speech.
직원들은 사장의 연설에 각별한 주의를 기울였다.

40 Every (ⓐ appetite ⓑ aspect) of the film was heavily criticized.
그 영화의 모든 측면이 비난을 많이 받았다.

41 Globalization has brought about both positive and negative (ⓐ consequences ⓑ causes).
세계화는 긍정적인 결과와 부정적인 결과를 모두 초래했다.

42 Educational (ⓐ qualifications ⓑ qualities) are no longer required for a successful business.
교육상의 자격 요건이 성공적인 사업을 위해 더 이상 필수적이지 않다.

43 The software installation instructions are on the (ⓐ label ⓑ pledge).
소프트웨어 설치 지시사항이 표에 적혀 있다.

44 Child (ⓐ abuse ⓑ misuse) is the physical, sexual, or emotional mistreatment of children.
아동 학대란 아이를 신체적, 성적, 혹은 정서적으로 학대하는 것이다.

45 It's a matter of personal (ⓐ personality ⓑ preference).
이건 개인의 선호도 문제이다.

부사

46 Oil prices have risen (ⓐ densely ⓑ sharply) this week.
유가가 이번주에 급격하게 상승했다.

47 The price of the luxury car is (ⓐ extremely ⓑ oddly) high for ordinary people.
고급차의 가격은 일반인들이 구입하기에는 지나치게 비싸다.

48 The professor (ⓐ approximately ⓑ frequently) visits the bookstore to relax.
교수님은 휴식을 취하기 위해 그 서점을 자주 방문한다.

49 The report needs to be (ⓐ neatly ⓑ punctually) written for easy reading.
보고서는 쉬운 이해를 위해 깔끔하게 쓰여질 필요가 있다.

50 Due to the power outage, service has (ⓐ temporarily ⓑ usefully) stopped.
정전 때문에 서비스는 일시적으로 중단되었다.

 어휘 Check! **38 access** 접근; 이용 **39 attention** 주의, 집중 **40 aspect** 측면; 양상 **41 consequence** 결과 **42 qualifications** 자격 요건 **43 label** (물건에 대한 정보가 적힌) 표, 라벨 **44 abuse** 학대; 남용 **45 preference** 선호 **46 sharply** 급격하게; 날카롭게 **47 extremely** 지나치게 **48 frequently** 종종, 자주 **49 neatly** 깔끔하게 **50 temporarily** 일시적으로, 임시로

정답 38 ⓐ 39 ⓐ 40 ⓑ 41 ⓐ 42 ⓐ 43 ⓐ 44 ⓐ 45 ⓑ 46 ⓑ 47 ⓐ 48 ⓑ 49 ⓐ 50 ⓐ

형용사

51 The global economic recession caused (ⓐ dreadful ⓑ cheerful) sales figures for many companies.
전 세계적인 경제 침체로 많은 회사에서 끔찍한 영업 실적이 발생했다.

52 A lot of people are (ⓐ unaware ⓑ unwilling) to accept change.
많은 사람들이 변화를 받아들이고 싶어 하지 않는다.

53 The shop owner found the product particularly (ⓐ annoying ⓑ appealing) to female customers.
상점 주인은 그 제품이 여성 고객에게 특히 매력적인 상품이었음을 알게되었다.

54 A (ⓐ complicated ⓑ comprehensive) approach is needed to solve this problem.
이 문제를 해결하게 위해서는 포괄적인 접근법이 필요하다.

55 The pastor lives a (ⓐ frugal ⓑ practical) life helping the poor people.
그 목사는 가난한 사람들을 도우면서 검소한 생활을 한다.

56 The company found the information (ⓐ general ⓑ useful) for increasing productivity.
회사는 그 정보가 생산성을 향상시키는 데 유용하다는 사실을 알았다.

57 I only have a (ⓐ impressive ⓑ vague) idea about what the point of the lecture was.
나는 그 강의의 요지가 무엇이었는지 막연하게 알 뿐이다.

58 (ⓐ Excessive ⓑ Modern) smoking can lead to lung cancer.
지나친 흡연은 폐암을 일으킬 수 있다.

59 His interpersonal skills are (ⓐ exceptional ⓑ moderate) compared to his colleagues.
그의 대인관계 기술은 동료들에 비해 탁월하다.

60 Seoul attracts tourists from (ⓐ adaptable ⓑ various) nations.
다양한 나라에서 온 관광객들이 서울에 끌려 방문한다.

어휘 Check! **51 dreadful** 끔찍한; 무서운 **52 unwilling** ~하려 하지 않는 **53 appealing** 매력적인, 호소하는 **54 comprehensive** 포괄적인; 이해력이 있는 **55 frugal** 검소한 **56 useful** 유용한 **57 vague** 애매한, 모호한 **58 excessive** 지나친, 과대한 **59 exceptional** 탁월한; 예외적인 **60 various** 다양한

정답 51 ⓐ 52 ⓑ 53 ⓑ 54 ⓑ 55 ⓐ 56 ⓑ 57 ⓑ 58 ⓐ 59 ⓐ 60 ⓑ

Check-up TEST

정답 및 해설 p. 67

Part II Choose the option that best completes each sentence.

1 The soccer association is considering banning product _____ during matches.
(a) election
(b) generation
(c) solution
(d) promotion

2 We welcome all students to make use of the new fitness _____ that has opened recently.
(a) facility
(b) environment
(c) motive
(d) ancestor

3 Customer reaction to the redesigned model has been _____ so far, and sales remain at practically zero.
(a) hopeful
(b) wasteful
(c) dreadful
(d) thoughtful

4 It is important that you be _____ dressed when going in for a job interview.
(a) freshly
(b) quickly
(c) neatly
(d) bravely

5 The engineer was criticized for not correcting the _____ in the product.
(a) mistake
(b) limitation
(c) estimate
(d) feature

6 The _____ political summit promises to be bigger and more spectacular than any before it.
(a) outgoing
(b) current
(c) distant
(d) forthcoming

7 One of the main _____ for this job is having a college degree.
(a) recommendations
(b) qualifications
(c) responsibilities
(d) opportunities

8 The company network came down _____ today due to an unusually high volume of traffic.
(a) eagerly
(b) recently
(c) abruptly
(d) significantly

9 That boy's piano skills are simply _____; he could very well be the next Beethoven.
(a) exceptional
(b) encouraging
(c) excessive
(d) expected

10 If you experience _____ such as headache, blurred vision, or fatigue, please contact your doctor immediately.
(a) illnesses
(b) consequences
(c) symptoms
(d) diseases

11 This laptop may look _____ but it is actually quite fragile.
(a) flimsy
(b) durable
(c) expensive
(d) modern

12 Nearly thirty percent of American children currently suffer from _____ caused by a lack of exercise and a diet high in calories.
(a) measles
(b) diabetes
(c) rabies
(d) obesity

13 The value of the US dollar fell _____ during the first week of the economic downturn.
(a) largely
(b) sharply
(c) entirely
(d) utterly

14 The city has installed cameras around the park in an attempt to reduce the number of bicycle _____ in the area.
(a) thefts
(b) collections
(c) returns
(d) demands

15 Many people feel _____ before giving a speech in front of a large audience.
(a) peaceful
(b) envious
(c) terrific
(d) nervous

16 The White House has recently pledged to provide all American children with equal _____ to a quality education.
(a) attention
(b) progress
(c) access
(d) motive

17 A product's _____ must be easy to read in order to get the customer's attention quickly.
(a) label
(b) container
(c) instructions
(d) insulation

18 I still do not know how many positions are currently open in the company because the representatives gave me only a _____ answer when I asked them.
(a) specific
(b) rehearsed
(c) vague
(d) definite

19 Your final exam will be a _____ test covering all the material we have studied in class thus far.
(a) comprehensive
(b) determinative
(c) manipulative
(d) progressive

20 Some _____ are renewable, such as water and sunlight, while others will eventually run out.
(a) resources
(b) materials
(c) features
(d) solutions

Voca Review

A 다음 영어 표현과 일치하는 한글 뜻을 고르시오.

01 have a **flexible** attitude   (ⓐ 완고한 ⓑ 융통성 있는) 태도를 취하다

02 **appealing** to the customer   고객들의 (ⓐ 마음을 끄는 ⓑ 불만이 많은)

03 be **closely** related to humans   인간과 (ⓐ 적절히 ⓑ 밀접하게) 연관되다

04 **constant** research   (ⓐ 지속적인 ⓑ 훌륭한) 연구

05 his **excessive** greed   그의 (ⓐ 지나친 ⓑ 어리석은) 욕심

06 live a **frugal** life   (ⓐ 지루한 ⓑ 검소한) 삶을 살다

07 economic **recession**   경기 (ⓐ 호황 ⓑ 침체)

08 the **purpose** of the survey   설문조사의 (ⓐ 대상 ⓑ 목적)

09 be **unaware** of my mistake   내 실수를 (ⓐ 깨닫지 못하다 ⓑ 인정하지 않다)

10 water **scarcity** in Africa   아프리카의 물 (ⓐ 관리 ⓑ 부족)

B 한글 뜻에 맞는 영어 표현을 완성하시오.

ⓐ impact	ⓑ extremely	ⓒ consequence	ⓓ temporarily	ⓔ various
ⓕ theft	ⓖ adverse	ⓗ gap	ⓘ unwilling	ⓙ attention

01 due to _____ weather   나쁜 날씨 때문에

02 _____ unavailable   일시적으로 사용 불가능한

03 pay _____ to his behavior   그의 행동에 주의를 기울이다

04 be _____ to continue talks   이야기를 계속하기 싫어하다

05 _____ kinds of books   책의 다양한 종류

06 _____ tired   극도로 피곤한

07 a generation _____   세대 격차

08 have a deep _____   깊은 영향을 끼치다

09 be accused of _____   도둑질로 고소당하다

10 a positive _____   긍정적인 결과

풀면서 익히는 Mini Test ▶ 다음 한글 뜻에 맞는 영어 표현을 고르시오.

기출 어휘

01 Scientists developed a new drug aimed at (ⓐ spurring ⓑ stimulating) the metabolism.
과학자들은 신진대사를 촉진시키는 것을 목표를 하는 새로운 약을 개발해냈다.

02 I don't want my parents to (ⓐ impose ⓑ pose) their religious beliefs on me.
나의 부모님이 그들의 종교적 신념을 나에게 강요하지 않았으면 좋겠다.

03 Salmon swim their way upstream to (ⓐ pawn ⓑ spawn).
연어는 강물을 거슬러 올라가 알을 낳는다.

04 Japan once (ⓐ supported ⓑ suppressed) the people in several Asian nations, which is now criticized by the world.
일본은 한때 여러 아시아 국가의 사람들을 탄압했고 전 세계가 이제 그 행위를 규탄하고 있다.

05 The time has come to (ⓐ repeal ⓑ reverse) the old laws.
그 낡은 법들을 폐지할 때가 왔다.

06 This disease will (ⓐ recur ⓑ refute) if the patient doesn't receive proper treatment.
환자가 제대로 된 치료를 받지 않으면 이 질병은 재발한다.

07 Rice has been the (ⓐ staple ⓑ stapler) in Asia for thousands of years.
쌀은 수천 년 동안 아시아에서 주식이었다.

08 The (ⓐ probe ⓑ search) found that the parents never threatened against their daughter.
조사에서 그 부모가 딸을 절대로 위협하지 않았다는 것이 드러났다.

09 The machine stopped working due to mechanical (ⓐ glides ⓑ glitches).
그 기계는 기계적인 결함으로 인해 작동을 멈추었다.

10 As you move up the corporate ladder, it is (ⓐ effect ⓑ efficiency) that counts.
기업에서 승진을 할수록 중요한 것은 효율성이다.

11 The old lady has a (ⓐ bias ⓑ penchant) for feeding stray dogs.
그 할머니는 들개들에게 먹이를 주는 것을 좋아한다.

12 Her (ⓐ agitation ⓑ aspiration) to become a senator has finally been realized.
상원의원이 되겠다는 그녀의 염원이 마침내 실현되었다.

13 The mayor will deal with any problems that might arise during the (ⓐ hiatus ⓑ transition) process.
시장은 변화의 과정에서 발생할 수도 있을 어떤 문제든 다룰 것이다.

14 The (ⓐ ambience ⓑ seduction) of the new apartment is very cozy.
그 새로 지어진 아파트의 분위기는 매우 아늑하다.

어휘 Check!

01 stimulate 자극하다, 촉진시키다 **02 impose** 강요하다; 부과하다 **03 spawn** 알을 낳다 **04 suppress** 억압하다, 진압하다 **05 repeal** (법을) 폐지하다 **06 recur** 재발하다; 되풀이하다 **07 staple** 주된 음식; 주요한 **08 probe** 조사, 탐사 **09 glitch** (기계적) 결함 **10 efficiency** 효율성 **11 penchant** 경향, 선호 **12 aspiration** 염원, 포부 **13 transition** 전환, 변화 **14 ambience** 분위기

정답 01 ⓑ 02 ⓐ 03 ⓑ 04 ⓑ 05 ⓐ 06 ⓐ 07 ⓐ 08 ⓐ 09 ⓑ 10 ⓑ 11 ⓑ 12 ⓑ 13 ⓑ 14 ⓐ

15 A successful company is in full (ⓐ compliance ⓑ conference) with the rules and regulations.
성공적인 회사는 규칙과 규정을 충실히 준수한다.

16 The (ⓐ interim ⓑ surrogate) government was established with the aid of developed nations.
선진국들의 도움으로 임시 정부가 수립되었다.

17 Complacency is (ⓐ rampant ⓑ robotic) among public servants in Japan.
무사안일주의가 일본 공무원들 사이에 팽배해 있다.

18 The (ⓐ atmospheric ⓑ intriguing) discovery was made in Cairo Egypt, where many historical remains are buried.
많은 역사적 유적이 묻혀 있는 이집트 카이로에서 흥미로운 발견이 있었다.

19 You are advised to pay (ⓐ jovial ⓑ keen) attention to every detail of the report.
보고서의 모든 세부 사항에 날카로운 주의를 기울여야 한다.

20 The management was (ⓐ recessive ⓑ resistant) to change.
경영진은 변화에 저항적이었다.

기출 가능 어휘

21 The police arrested five gang members for (ⓐ diversifying ⓑ peddling) illegal drugs.
경찰은 불법 약물을 밀매한 혐의로 갱단 요원 다섯 명을 체포했다.

22 The young teacher (ⓐ exhaled ⓑ inhaled) deeply, as her students didn't do their homework.
그 젊은 선생님은 학생들이 숙제를 해오지 않아서 깊이 한숨을 내쉬었다.

23 My mother is (ⓐ staring ⓑ starring) at me in disbelief.
어머니가 나를 믿을 수 없는 듯이 응시하고 있다.

24 The businessman (ⓐ hailed ⓑ nailed) a cab, since his car broke down.
그 사업가는 자신의 차가 고장이 나서 택시를 불러 세웠다.

25 The economic crisis has negatively (ⓐ affected ⓑ assuaged) both the lives of ordinary people and businesses.
경제 위기가 일반 시민들의 생활과 기업에 모두 부정적으로 영향을 미쳤다.

26 The violinist (ⓐ implicated ⓑ improvised) a performance that left a lasting impression on the audience.
그 바이올린 연주가는 관객들에게 깊은 인상을 남긴 즉흥 공연을 했다.

27 One's life can be (ⓐ empowered ⓑ enriched) with new hobbies and interests.
새로운 취미와 관심사를 통해 인생은 윤택해질 수 있다.

어휘 Check!

15 compliance 준수, 순응 **16 interim** 임시의 **17 rampant** 만연하는 **18 intriguing** 흥미로운 **19 keen** (활동에) 열정적인, 날카로운 **20 resistant** 저항하는; 내성이 생긴 **21 peddle** (마약을) 밀매하다 **22 exhale** (숨을) 내쉬다 **23 stare** 응시하다 **24 hail** (차를) 잡다, 불러 세우다 **25 affect** ~에 영향을 미치다 **26 improvise** 즉흥적으로 연주[연설]하다 **27 enrich** 풍부하게 하다

정답 15 ⓐ 16 ⓐ 17 ⓐ 18 ⓑ 19 ⓑ 20 ⓑ 21 ⓑ 22 ⓐ 23 ⓐ 24 ⓐ 25 ⓐ 26 ⓑ 27 ⓑ

28 The company does not have the (ⓐ luxury ⓑ ambition) of investing in the owner's pet project in times of economic crisis.

경제 위기 시점에 그 회사는 경영자가 좋아하는 프로젝트에 투자할 여유가 없다.

29 The time has come for us to (ⓐ acclimate ⓑ address) a few tricky problems that need to be taken care of immediately.

당장 처리해야 할 몇몇 까다로운 문제를 우리가 해결해야 할 시간이 왔다.

30 The designer clothes are on (ⓐ demonstration ⓑ display).

명품 옷이 진열되어 있다.

31 Malaria is particularly (ⓐ prevalent ⓑ proactive) in tropical regions.

말라리아는 열대 지방에서 특히 만연해 있다.

32 The reasons for the riot are (ⓐ manifold ⓑ mandatory).

이번 폭동의 이유는 여러 가지이다.

33 The pastor was criticized for living a very (ⓐ laborious ⓑ lavish) life.

그 목사는 몹시 호화로운 삶을 산다 하여 비난을 받았다.

34 The (ⓐ dissimilar ⓑ simultaneous) interpreter had trouble clearly understanding what the speaker was saying.

그 동시 통역사는 연사가 무슨 말을 하고 있는지 정확히 이해하는 데 어려움을 겪었다.

35 The monsoon season is (ⓐ imminent ⓑ peculiar) in Korea.

한국에 장마철이 임박했다.

36 The (ⓐ incubating ⓑ incumbent) senator opposed the plan of building a landfill in the suburbs.

그 현직 상원의원은 교외 지역에 쓰레기 매립지를 건설한다는 계획에 반대했다.

37 This area is (ⓐ horrendous ⓑ vulnerable) to flooding during the rainy season.

이 지역은 장마철에는 홍수에 취약하다.

38 The workers of the department store are always (ⓐ compliant ⓑ courteous) and professional.

백화점 직원들은 항상 정중하며 프로답다.

39 Four (ⓐ consecutive ⓑ deliberate) earthquakes have devastated the poverty-stricken region.

네 번의 연속적인 지진으로 인해 가난에 시달리고 있는 지역이 황폐화되었다.

40 Fire has caused (ⓐ extensive ⓑ progressive) damage to the forest.

화재로 인해 그 숲은 광범위한 피해를 입었다.

 어휘 Check!

28 have the luxury of V-ing ~할 여유가 있다 **29** address (문제를) 해결하다 **30** display 전시 **31** prevalent 만연한, 팽배해 있는
32 manifold 여러 가지의, 다양한 **33** lavish 호화로운 **34** simultaneous 동시의, 동시에 일어나는 **35** imminent 임박한
36 incumbent 현직[재직]의 **37** vulnerable 취약한 **38** courteous 정중한 **39** consecutive 연속적인 **40** extensive 광범위한

정답 28 ⓐ 29 ⓑ 30 ⓑ 31 ⓐ 32 ⓐ 33 ⓑ 34 ⓑ 35 ⓐ 36 ⓑ 37 ⓑ 38 ⓑ 39 ⓐ 40 ⓐ

Part II Choose the option that best completes each sentence.

1 The federal government worries that a terrorist attack is _____ and is advising all citizens to report suspicious activity.
(a) abnormal
(b) imminent
(c) sensible
(d) impractical

2 Antibiotics were no longer effective against the virus because it had become _____ to them.
(a) flawless
(b) susceptible
(c) dispensable
(d) resistant

3 The software company has released an update to address some of the _____ present in the original release.
(a) glitches
(b) features
(c) attributes
(d) hurdles

4 After a lifetime of working hard and saving money, Matthew was able to live the _____ lifestyle he had always dreamed of.
(a) generous
(b) modest
(c) lavish
(d) genuine

5 Our _____ product selection ensures that you will find the perfect outfit every time you shop with us.
(a) extensive
(b) ignorant
(c) limited
(d) domestic

6 Pickpockets target people who look _____, so be sure that you remain confident at all times.
(a) assertive
(b) gloomy
(c) cheerful
(d) vulnerable

7 The live music contributes well to the _____ of this restaurant.
(a) ambulance
(b) moisture
(c) ambience
(d) shipment

8 During bad weather, it is difficult to _____ a taxi, so taking public transportation is often better.
(a) grab
(b) hail
(c) buy
(d) wave

9 The head of the city council became the _____ mayor following the arrest of the current mayor on corruption charges.
(a) interim
(b) permanent
(c) influential
(d) possible

10 Even as a young child, Mozart showed a _____ interest in music.
(a) general
(b) keen
(c) crude
(d) lengthy

11 Due to public demand, the _____ of Vincent Van Gogh's artworks will continue until the end of the month.

(a) moderate
(b) progress
(c) angle
(d) display

12 In 1933, Congress _____ the 18th Amendment, making the sale of alcoholic beverages legal again.

(a) repealed
(b) bothered
(c) infringed
(d) hesitated

13 His intelligence is _____, covering all areas of the arts and sciences.

(a) financial
(b) offensive
(c) deductible
(d) manifold

14 Tommy has always had a _____ for painting, so it is no surprise that he decided to major in fine arts.

(a) compassion
(b) transaction
(c) penchant
(d) diploma

15 Many people strive to live a life of _____, but few people can afford to do so.

(a) luxury
(b) fatigue
(c) sacrifice
(d) identity

16 Food prices have soared as a result of the summer flooding that killed countless _____ food crops around the country.

(a) reserve
(b) staple
(c) lucrative
(d) dense

17 Child psychologists have found that bullying has become more _____ among elementary school children.

(a) persuasive
(b) flexible
(c) prevalent
(d) aggressive

18 The cars of today have much greater fuel _____ than the cars produced just 20 years ago.

(a) reputation
(b) strategy
(c) efficiency
(d) consumption

19 The university has decided to ban the use of cell phones during classes in order to curb the _____ cheating occurring among its undergraduate students.

(a) rampant
(b) excessive
(c) transparent
(d) fragmented

20 To reach the widest audience possible, the president's speech will have a _____ broadcast on television and on the Internet.

(a) parallel
(b) talkative
(c) simultaneous
(d) generous

Voca Review

A 다음 영어 표현과 일치하는 한글 뜻을 고르시오.

01 their **consecutive** victories   그들의 (ⓐ 연속적인 ⓑ 완벽한) 승리

02 have **aspirations**   (ⓐ 자존심을 ⓑ 열망을) 갖고 있다

03 **enrich** the soil   토양을 (ⓐ 깨끗하게 하다 ⓑ 풍요롭게 하다)

04 an **incumbent** president   (ⓐ 재직 중인 ⓑ 퇴직한) 대통령

05 a political corruption **probe**   정치 부패 (ⓐ 보고서 ⓑ 조사)

06 a sudden **transition**   갑작스러운 (ⓐ 전환 ⓑ 발전)

07 a **courteous** receptionist   (ⓐ 예의 바른 ⓑ 유쾌한) 접수원

08 **suppress** the protest   저항을 (ⓐ 야기하다 ⓑ 억압하다)

09 **spawn** eggs   알을 (ⓐ 낳다 ⓑ 품다)

10 disease **recurs**   병이 (ⓐ 옮다 ⓑ 재발하다)

B 한글 뜻에 맞는 영어 표현을 완성하시오.

ⓐ address	ⓑ intriguing	ⓒ exhale	ⓓ affect	ⓔ improvise
ⓕ impose	ⓖ stare	ⓗ compliance	ⓘ peddle	ⓙ stimulate

01 _____ deeply   깊게 한숨을 내쉬다

02 _____ illegal drugs   불법 마약을 팔다

03 in _____ with the rules   규칙에 순응하여

04 _____ my imagination   내 상상력을 자극하다

05 negatively _____ our health   건강에 부정적인 영향을 미치다

06 _____ at their teacher   그들의 선생님을 응시하다

07 make an _____ discovery   흥미로운 발견을 하다

08 _____ a tax   세금을 부과하다

09 _____ a problem   문제를 해결하다

10 _____ a performance   즉석에서 공연을 하다

정답 A 01 ⓐ 02 ⓑ 03 ⓑ 04 ⓐ 05 ⓑ 06 ⓐ 07 ⓐ 08 ⓑ 09 ⓐ 10 ⓑ   **B** 01 ⓒ 02 ⓘ 03 ⓗ 04 ⓙ 05 ⓓ 06 ⓖ 07 ⓑ 08 ⓕ 09 ⓐ 10 ⓔ

Section
2

400점대로 이끌어 주는
고마운 어휘

Part Ⅰ, Ⅱ

풀면서 익히는 **Mini Test** ▶ 다음 한글 뜻에 맞는 영어 표현을 고르시오.

필수 어휘

동사+명사

01 It is hard to (ⓐ meet ⓑ save) the needs of customers.
고객의 필요한 점들을 충족시키는 일은 어렵다.

02 The CEO will soon (ⓐ carry ⓑ deliver) a speech on how to boost productivity.
최고 경영자는 생산성을 향상시키는 방법에 관한 연설을 곧 할 것이다.

03 Donald Trump donated money to (ⓐ draw ⓑ make) attention to the project.
도널드 트럼프는 프로젝트에 대한 관심을 끌기 위해 돈을 기부했다.

04 It's time to (ⓐ hold ⓑ push) a meeting to discuss the project.
그 프로젝트에 대해 논의하기 위해 회의를 열 시간이다.

05 If you do not (ⓐ believe ⓑ follow) the doctor's instructions, you will get sick again.
의사 선생님의 지시사항을 따르지 않는다면 넌 또 아프게 될 거야.

06 Why don't we (ⓐ make ⓑ take) a break now? We've studied for 3 hours.
우리 이제 쉬는 것이 어떨까? 3시간 동안 공부를 해 왔잖아.

07 I would like to (ⓐ fill ⓑ feel) this prescription, please.
이 처방전대로 약을 지어주세요.

08 Advanced nations should (ⓐ make ⓑ take) responsibility for cleaning up pollution.
선진국들은 오염을 정화하는 것에 대해서 책임을 져야 한다.

09 Tom (ⓐ increased ⓑ raised) the issue of the pay freeze during the meeting.
톰은 회의에서 급여 동결에 관해 문제를 제기했다.

10 The protestors have (ⓐ done ⓑ pushed) a lot of damage to the buildings.
시위자들은 건물에 매우 큰 피해를 입혔다.

11 To (ⓐ cast ⓑ lift) a ballot, you must have one form of photo identification.
투표를 하기 위해서는 당신의 사진이 들어간 신분증 중에 하나가 필요합니다.

12 The flight delay (ⓐ called ⓑ caused) inconvenience to passengers.
비행기 연착은 승객들에게 불편을 끼쳤다.

어휘 Check! 01 **meet the needs** 필요를 충족시키다 02 **deliver a speech** 연설을 하다 03 **draw attention** 관심을 끌다 04 **hold a meeting** 회의를 열다 05 **follow instructions** 지시사항을 따르다 06 **take a break** 휴식을 취하다 07 **fill the prescription** 처방전대로 약을 조제하다 08 **take responsibility** 책임을 지다 09 **raise an issue** 문제를 제기하다 10 **do damage** 피해를 입히다 11 **cast a ballot** 투표하다 12 **cause inconvenience** 불편을 끼치다

정답 01 ⓐ 02 ⓑ 03 ⓐ 04 ⓐ 05 ⓑ 06 ⓑ 07 ⓐ 08 ⓑ 09 ⓑ 10 ⓐ 11 ⓐ 12 ⓑ

13 The photographer (ⓐ drew ⓑ made) praise worldwide for his moving pictures.
그 사진작가는 감동적인 사진을 찍어 전 세계적으로 찬사를 받았다.

14 Volunteering in your community is a great way to (ⓐ take ⓑ make) a difference.
지역사회에서 자원봉사를 하는 일은 변화를 가져오는 훌륭한 방법이다.

15 The panel could not (ⓐ go ⓑ reach) an agreement on how to solve the issue of climate change.
어떻게 기후 변화와 관련된 문제를 해결할 것인지 토론자들은 합의점에 다다르지 못했다.

16 You have to (ⓐ serve ⓑ watch) your weight to prevent lifestyle diseases.
성인병을 예방하기 위해서는 너의 체중을 조절해야 한다.

17 I had to (ⓐ pay ⓑ gain) the price for not doing my homework.
나는 숙제를 하지 않은 데 대한 대가를 치러야 했다.

18 She (ⓐ earned ⓑ made) a fortune in the stock market.
그녀는 주식 시장에서 거액을 벌어들였다.

19 I have to work quickly to (ⓐ meet ⓑ produce) the deadline.
나는 마감기한을 맞추려면 빨리 일을 해야 한다.

20 If you want to eat at the restaurant, you have to (ⓐ make ⓑ take) a reservation in advance.
그 식당에서 식사를 하려면 사전에 예약을 해야 한다.

형용사+명사

21 (ⓐ Personal ⓑ Personnel) information should be handled with great care.
개인 정보는 각별히 주의해서 다루어야 한다.

22 It's very cold outside. I think you should wear your (ⓐ heavy ⓑ hectic) coat.
밖이 무척 추워. 네가 두꺼운 코트를 입는 것이 좋을 것 같아.

23 (ⓐ Deficient ⓑ Sufficient) nutrition is particularly important for infants.
충분한 영양은 유아에게 특히나 중요하다.

24 All the employees had to work an (ⓐ overall ⓑ extra) hour to meet the deadline.
모든 직원들은 마감기한을 맞추기 위해서 한 시간 더 추가로 일을 해야 했다.

어휘 Check! 13 **draw praise** 칭찬을 받다 14 **make a difference** 차이를 낳다, 변화를 가져오다 15 **reach an agreement** 합의점에 이르다 16 **watch one's weight** 체중을 조절하다 17 **pay the price** 대가를 치르다 18 **make a fortune** 돈을 많이 벌다 19 **meet the deadline** 마감기한을 맞추다 20 **make a reservation** 예약하다 21 **personal information** 개인 정보 22 **heavy coat** 두꺼운 외투 23 **sufficient nutrition** 충분한 영양 24 **extra hour** 추가 시간

정답 13 ⓐ 14 ⓑ 15 ⓑ 16 ⓑ 17 ⓐ 18 ⓑ 19 ⓐ 20 ⓐ 21 ⓐ 22 ⓐ 23 ⓑ 24 ⓑ

25 It is unlikely that the two Koreas will reunite in the (ⓐ foreseeable ⓑ obvious) future.
가까운 미래에 한국과 북한이 통일할 것처럼 보이지는 않는다.

26 Why do you have a (ⓐ hard ⓑ long) face? Is something the matter?
왜 그렇게 시무룩한 얼굴이니? 무슨 문제라도 있는 거야?

27 The department store is known for providing (ⓐ constant ⓑ superior) customer service.
그 백화점은 우수한 고객 서비스를 제공하는 것으로 유명하다.

28 Most advanced nations have abolished (ⓐ capital ⓑ clinical) punishment.
대부분의 선진국들은 사형제도를 폐지시켰다.

29 (ⓐ Artificial ⓑ Natural) disasters are unpredictable, so it's very hard to prepare for them in advance.
천재지변은 예측이 불가능해서 거기에 미리 대비하기란 매우 어렵다.

30 You are such a (ⓐ dark ⓑ heavy) smoker. If you do not stop now, you may develop cancer.
너는 정말 골초구나. 당장 금연을 하지 않으면 암에 걸릴지도 몰라.

명사+명사

31 The company is going to hold a (ⓐ farewell ⓑ surprise) party for Christina, who's worked there for 7 years.
회사는 7년 동안 근무해온 크리스티나를 위해 송별회를 열어줄 예정이다.

32 English communication (ⓐ competence ⓑ competition) is highly valued in this globalized world.
영어 의사소통 능력은 세계화되고 있는 이 세상에서 높이 평가된다.

33 Food (ⓐ stamps ⓑ stands) line the street, selling almost every type of food imaginable.
음식 가판대가 길을 따라 늘어서 있는데, 당신이 상상할 수 있는 거의 모든 종류의 음식을 판다.

34 HP's market (ⓐ portion ⓑ share) now stands at 57 percent.
HP의 시장 점유율은 현재 57%를 기록하고 있다.

35 Our restaurant is completely booked at the moment, but we can put you on the (ⓐ shopping ⓑ waiting) list if you want.
현재 우리 식당은 예약이 완전히 찼지만 원하신다면 당신을 대기자 명단에 올려드릴 수 있습니다.

어휘
Check!
25 foreseeable future 가까운 미래 **26 long face** 시무룩한 얼굴 **27 superior customer service** 우수한 고객 서비스
28 capital punishment 사형 **29 natural disaster** 천재지변 **30 heavy smoker** 담배를 많이 피우는 사람 **31 farewell party**
송별회 **32 communication competence** 의사소통 능력 **33 food stand** 음식 가판대 **34 market share** 시장 점유율
35 waiting list 대기자 명단

정답 25 ⓐ 26 ⓑ 27 ⓑ 28 ⓐ 29 ⓑ 30 ⓑ 31 ⓐ 32 ⓐ 33 ⓑ 34 ⓑ 35 ⓑ

부사+형용사

36 Violence occurs in the city because guns are (ⓐ easily ⓑ hardly) available to criminals.
도시에서 폭력은 범죄자들이 총을 쉽게 사용할 수 있기 때문에 발생한다.

37 The doctor was (ⓐ cautiously ⓑ precariously) optimistic about the possibility of his recovery.
그 의사는 환자의 회복 가능성에 대해 조심스럽게 낙관적인 입장을 취했다.

38 Trash cans are (ⓐ comfortably ⓑ conveniently) placed throughout the city to help prevent littering.
쓰레기통은 쓰레기를 버리는 것을 막기 위해 도시 곳곳에 편리하게 위치해야 한다.

39 I was (ⓐ bitterly ⓑ strictly) disappointed with not receiving the promotion.
나는 승진을 하지 못한 것에 대해 매우 실망했다.

40 This job is (ⓐ quiet ⓑ quite) different from what I expected.
이 일은 내가 기대했던 것과는 매우 다르다.

 36 easily available 쉽게 얻을 수 있는 **37 cautiously optimistic** 조심스럽게 낙관하는 **38 conveniently placed** 편리하게 위치한 **39 bitterly disappointed** 심히 실망한 **40 quite different** 매우 다른

Check-up TEST

정답 및 해설 p. 71

Part I Choose the option that best completes each dialogue.

1 A: Who is responsible for this terrible tragedy?
   B: As unit leader, I must _____ responsibility.
   (a) have
   (b) take
   (c) earn
   (d) make

2 A: Were you able to enroll in the class you wanted?
   B: Unfortunately no, but I was able to get on a waiting _____.
   (a) roll
   (b) file
   (c) note
   (d) list

3 A: I heard that Erick was sent to prison. Is that true?
   B: Yes it is. He broke the law and now he is _____ the price.
   (a) spending
   (b) paying
   (c) costing
   (d) facing

4 A: The organization is going to protest the company's use of animal testing.
   B: That's great news. I'm glad that somebody is finally _____ attention to this issue.
   (a) sketching
   (b) raising
   (c) noticing
   (d) drawing

5 A: The doctor diagnosed Richard with lung cancer.
   B: I can't say that I'm surprised. He has been a _____ smoker for years.
   (a) regular
   (b) grave
   (c) heavy
   (d) typical

6 A: How did the negotiations go?
   B: Not well. The two parties could not _____ an agreement.
   (a) find
   (b) reach
   (c) consider
   (d) achieve

7 A: One of the greatest problems our nation faces is violence.
   B: Yes and the problem will continue as long as handguns are _____ available.
   (a) quickly
   (b) surely
   (c) simply
   (d) easily

8 A: Is your team nearly done with the project?
   B: No, we will probably have to work through the night to _____ the deadline.
   (a) meet
   (b) face
   (c) reach
   (d) take

9 A: I'm hungry. Do you want to stop by a restaurant?
   B: Actually, why don't we eat at a food _____ instead?
   (a) location
   (b) stand
   (c) vendor
   (d) table

10 A: I think the management needs to do something about our vacation policy.
   B: I agree. You should _____ the issue at the next employee meeting.
   (a) raise
   (b) hoist
   (c) mention
   (d) state

Part II Choose the option that best completes each sentence.

11 The subway has automated ticket vending machines _____ placed near every entrance.

(a) conveniently
(b) regularly
(c) extensively
(d) recently

12 One of the key aspects of a being a good employee is the ability to _____ instructions.

(a) handle
(b) hear
(c) follow
(d) respect

13 I have taken up an exercise routine in order to _____ my weight.

(a) track
(b) watch
(c) direct
(d) prevent

14 Although economic growth has been slow this year, experts are _____ optimistic that the market will improve next year.

(a) cautiously
(b) watchfully
(c) suspiciously
(d) reluctantly

15 The staff decided to throw a _____ party for Mr. Jackson's last day at the office.

(a) birthday
(b) house
(c) reception
(d) farewell

16 We regret to inform you that the store will be closed tomorrow to make repairs and we apologize if this _____ any inconvenience.

(a) causes
(b) makes
(c) creates
(d) produces

17 Even though several companies have developed cars powered by hydrogen, cars that run on fossil fuels will remain in use for the _____ future.

(a) foreseeable
(b) predictable
(c) expected
(d) anticipated

18 The company has increased its market _____ from eight percent to fifteen percent in just two years.

(a) place
(b) share
(c) control
(d) reach

19 The United States is the only developed nation where _____ punishment remains legal.

(a) solitary
(b) lethal
(c) corporal
(d) capital

20 The government's new education policy has _____ praise from politicians and voters alike.

(a) earned
(b) drawn
(c) gathered
(d) assembled

Voca Review

A 다음 영어 표현과 일치하는 한글 뜻을 고르시오.

01 deliver a speech   (ⓐ 연설을 하다 ⓑ 연설을 경청하다)

02 cast a ballot   (ⓐ 투표하다 ⓑ 선거에 나가다)

03 make a reservation   (ⓐ 기다리다 ⓑ 예약하다)

04 make a fortune   (ⓐ 행운이 따르다 ⓑ 돈을 많이 벌다)

05 sufficient nutrition   (ⓐ 필수적인 ⓑ 충분한) 영양

06 meet the needs   필요한 점을 (ⓐ 충족시키다 ⓑ 요구하다)

07 superior customer service (ⓐ 형편없는 ⓑ 우수한) 고객 서비스

08 communication competence 의사소통 (ⓐ 능력 ⓑ 문제)

09 quite different   (ⓐ 매우 ⓑ 조금) 다른

10 do damage   피해를 (ⓐ 입다 ⓑ 입히다)

B 한글 뜻에 맞는 영어 표현을 완성하시오.

ⓐ fill	ⓑ personal	ⓒ extra	ⓓ make	ⓔ hold
ⓕ bitterly	ⓖ long	ⓗ heavy	ⓘ take	ⓙ natural

01 _____ hour   추가적인 시간

02 _____ a meeting   회의를 열다

03 _____ coat   두꺼운 코트

04 _____ the prescription   처방전대로 약을 조제하다

05 a _____ face   우울한 얼굴

06 _____ disasters   천재지변

07 _____ a break   휴식을 취하다

08 _____ disappointed   아주 실망한

09 _____ information   개인 정보

10 _____ a difference   차이를 만들어내다

풀면서 익히는 Mini Test ▶ 다음 한글 뜻에 맞는 영어 표현을 고르시오.

필수 어휘

adapt / adept / adjust / adopt

01 I am planning to (ⓐ adapt ⓑ adopt) a boy and a girl in the near future.
나는 가까운 미래에 남자 아이 하나와 여자 아이 하나를 입양할 계획이다.

02 It's not easy to (ⓐ adapt ⓑ adept) to a military life.
군 생활에 적응하기가 쉽지 않다.

03 The speaker is (ⓐ adjusting ⓑ adopting) his microphone.
연설자가 마이크를 조정하고 있다.

04 Tom is (ⓐ adept ⓑ adjusting) at working with computers.
톰은 컴퓨터 작업에 능숙하다.

boast / boost / boot

05 The parents are always (ⓐ boosting ⓑ boasting) about how smart their children are.
부모들은 항상 그들의 자녀가 얼마나 똑똑한지 자랑한다.

06 New investments are needed to (ⓐ boost ⓑ boot) research and development.
연구와 개발을 향상시키기 위해서 신규 투자가 필요하다.

07 My computer is so powerful that it can (ⓐ boost ⓑ boot) up in under 30 seconds.
내 컴퓨터는 아주 파워가 강력해서 30초 안에 시동될 수 있다.

complementary / complimentary

08 Every passenger is allowed to take (ⓐ complementary ⓑ complimentary) newspapers when boarding the airplane.
비행기에 탑승하면 모든 승객들은 무료 신문을 받을 수 있다.

09 The cheesecake was (ⓐ complementary ⓑ complimentary) to the delicious dinner.
치즈케이크가 맛있는 저녁식사를 보충했다.

어휘 Check! 01 **adopt** 입양하다; 채택하다 02 **adapt** ~에 적응하다 [to] 03 **adjust** 조정하다 04 **adept** ~에 능통한, 잘하는 [at/in] 05 **boast** 자랑하다 06 **boost** 향상시키다, 북돋우다 07 **boot** (컴퓨터를) 부팅시키다, 시동하다 [up] 08 **complimentary** 칭찬하는; 무료의 09 **complementary** 보완[보충]하는

정답 01 ⓑ 02 ⓐ 03 ⓐ 04 ⓐ 05 ⓑ 06 ⓐ 07 ⓑ 08 ⓑ 09 ⓐ

comprehensible / comprehensive

10 The professor's lectures are so easily (ⓐ comprehensible ⓑ comprehensive) that more than 100 students signed up for her class.
그 교수의 수업은 아주 쉽게 이해할 수 있어서 100명이 넘는 학생들이 수업에 등록했다.

11 The government came up with a (ⓐ comprehensible ⓑ comprehensive) plan to develop the nation's IT infrastructure.
정부는 그 나라의 IT 기간산업을 발전시키기 위해 종합적인 계획을 제안했다.

confident / confidential

12 I am (ⓐ confident ⓑ confidential) that 2019 will be better than 2018.
2018년보다 2019년이 더 좋은 한 해가 될 거라고 확신한다.

13 What you've heard so far is (ⓐ confident ⓑ confidential). You are forbidden to disclose it.
지금까지 여러분들이 들은 건 기밀입니다. 그것을 누설하는 것은 금지되어 있습니다.

considerable / considerate

14 That's so (ⓐ considerable ⓑ considerate) of you to say so.
그렇게 말씀하시다니 당신은 참 배려가 깊은 분이군요.

15 A (ⓐ considerable ⓑ considerate) number of students are avoiding humanities classes these days.
요즘 상당수의 학생들이 인문학 수업을 기피하고 있다.

precede / proceed

16 Everything (ⓐ precedes ⓑ proceeds) well according to the plan.
모든 것이 계획대로 잘 진행되고 있다.

17 The CEO (ⓐ preceded ⓑ proceeded) the rest of executives out of the meeting room.
그 최고 경영자는 나머지 임원들보다 앞서서 회의실을 나왔다.

어휘 Check! 10 **comprehensible** 이해할 수 있는 11 **comprehensive** 포괄적인, 종합적인 12 **confident** 확신하는, 자신감에 찬 13 **confidential** 기밀의, 비밀의 14 **considerate** 사려 깊은 15 **considerable** 상당한 16 **proceed** (일이) 진행되다 17 **precede** 앞서다; 먼저 일어나다

정답 10 ⓐ 11 ⓑ 12 ⓐ 13 ⓑ 14 ⓑ 15 ⓐ 16 ⓑ 17 ⓐ

respectfully / respectively

18 Jeffery and Jason weigh 70 kilograms and 67 kilograms (ⓐ respectfully ⓑ respectively).
제프리와 제이슨은 몸무게가 각각 70킬로그램과 67킬로그램이 나간다.

19 I have to (ⓐ respectfully ⓑ respectively) decline answering your question.
당신의 질문에 정중히 답변을 거절해야 하겠습니다.

preserve / deserve / reserve / serve / service

20 You (ⓐ deserve ⓑ serve) a raise since you have been working here for 3 years.
당신은 여기서 3년을 근무했으니 급여 인상을 받을 자격이 됩니다.

21 I am already being (ⓐ reserved ⓑ served). Thank you for asking.
저는 이미 직원의(특히 웨이터의) 도움을 받고 있습니다. 물어봐 주셔서 감사합니다.

22 The remains of ancient skeletons have been (ⓐ preserved ⓑ deserved) well.
고대 두개골의 유해가 잘 보존되어 있다.

23 I'd like to (ⓐ deserve ⓑ reserve) a table for seven for 7 pm.
오후 7시에 7명 테이블을 예약하고 싶습니다.

24 I need to have my car (ⓐ reserved ⓑ serviced).
내 차를 정비해야겠어.

transform / translate / transfer / transmit

25 I was (ⓐ transferred ⓑ transmitted) to the Japanese office in 2016.
나는 2016년에 일본의 지사로 전근을 가야 했다.

26 It's hard to (ⓐ transform ⓑ translate) English into Korean.
영어를 한국어로 번역하는 것은 어렵다.

27 The rumor that the actor was involved in a crime was (ⓐ transferred ⓑ transmitted) from mouth to mouth.
그 영화배우가 범죄에 연루되어 있다는 소문이 입에서 입으로 전해졌다.

28 The old factory has been (ⓐ transformed ⓑ transmitted) into an art gallery.
그 오래된 공장이 미술관으로 변화되었다.

어휘 Check! **18** respectively 각각, 제각기 **19** respectfully 정중하게 **20** deserve ~할 자격을 갖추다; ~할 만하다 **21** serve (손님의) 시중을 들다, 주문을 받다 **22** preserve 보존하다; 보호하다 **23** reserve 예약하다 **24** service (차량을) 정비하다 **25** transfer 전근시키다; (지하철을) 갈아타다 **26** translate 번역하다 **27** transmit (메시지를) 전달하다, 전송하다 **28** transform 전환하다; 변형시키다

정답 18 ⓑ 19 ⓐ 20 ⓐ 21 ⓑ 22 ⓐ 23 ⓑ 24 ⓑ 25 ⓐ 26 ⓑ 27 ⓑ 28 ⓐ

regain / relent / rest / resume

29 Kevin (ⓐ regained ⓑ resumed) his health after the operation.
케빈은 수술을 받고 나서 건강을 회복했다.

30 The doctor told me to (ⓐ rest ⓑ relent) for a while.
의사가 나보고 잠시 동안 쉬라고 말했다.

31 Jim (ⓐ relented ⓑ resumed) studying English after he realized that having a strong command of English is a must for employment.
짐은 취업을 하려면 훌륭한 영어 실력을 갖추어야 한다는 사실을 깨달은 후, 영어 공부를 다시 시작했다.

32 The boss finally (ⓐ regained ⓑ relented) after he heard the merger agreement was completed.
합병 계약이 마무리되었다는 소식을 듣자 사장은 마침내 안도했다.

a successful / successive

33 He is a (ⓐ successful ⓑ successive) businessman who is respected worldwide.
그는 전 세계적으로 존경받는 성공적인 사업가이다.

34 Droughts have lasted for the fifth (ⓐ successful ⓑ successive) month.
가뭄이 5개월 연속해서 지속되었다.

release / relieve

35 I was (ⓐ released ⓑ relieved) to hear the news that the negotiation went well.
협상이 잘 진행되었다는 소식을 듣고 나는 안도했다.

36 The much-anticipated movie was finally (ⓐ released ⓑ relieved) worldwide.
기다리고 기다려왔던 그 영화가 마침내 전세계에서 개봉되었다.

 어휘 Check! **29 regain** 다시 회복하다 **30 rest** 휴식을 취하다 **31 resume** 다시 시작하다 **32 relent** (기세, 강도, 감정이) 누그러지다 **33 successful** 성공적인 **34 successive** 연속하는; 계승하는 **35 relieve** 안도시키다; 고통을 덜어주다 **36 release** (영화, 음반을) 발표하다; 해방[석방]하다

Check-up TEST

Part I Choose the option that best completes each dialogue.

1 A: Why is the image on the monitor so blurry? I can't see anything.
   B: I think you just need to _____ the resolution settings.

   (a) adapt
   (b) adept
   (c) adjust
   (d) adopt

2 A: Wow! There are so many students taking this class.
   B: That's because Dr. Herbert's lectures are easily _____, making it simple to understand even difficult concepts.

   (a) comprehensible
   (b) compoundable
   (c) commendable
   (d) comprehensive

3 A: I would like a table for two this evening.
   B: I'm sorry, but you must _____ your table at least two days in advance.

   (a) reserve
   (b) preserve
   (c) deserve
   (d) serve

4 A: I think that Sadie has been punished long enough.
   B: I'm sorry, but I cannot _____ until she has learned her lesson.

   (a) rest
   (b) regain
   (c) relent
   (d) resume

5 A: Gerald thinks he is so talented at everything.
   B: He certainly does, and I'm tired of hearing him _____ about his abilities.

   (a) boost
   (b) boast
   (c) boot
   (d) board

6 A: Can you tell me when the reception is going to take place?
   B: Yes, it _____ the conference, so make sure you show up early.

   (a) precipitates
   (b) proceeds
   (c) processes
   (d) precedes

7 A: It is important to use an online security program when browsing the Internet.
   B: Right. You need to make sure that the data you _____ does not fall into the wrong hands.

   (a) transmit
   (b) translate
   (c) transfer
   (d) transform

8 A: Do you have any tips for how I should greet my manager?
   B: For one, you should act _____ and politely.

   (a) respectfully
   (b) restrictedly
   (c) resolvedly
   (d) respectively

9 A: I was thinking we could eat at that restaurant on the corner tomorrow morning.
   B: Well, the hotel offers _____ breakfast, so let's just have that.

   (a) complementary
   (b) completive
   (c) complimentary
   (d) complicated

10 A: Congratulations on selling one million copies of your novel.
   B: Thank you very much. The book has been more _____ than I could have ever imagined.

   (a) substantial
   (b) successive
   (c) succinct
   (d) successful

Part II Choose the option that best completes each sentence.

11 Opponents of the death penalty
argue that no one _____ to die for
committing a crime.
(a) reserves
(b) deserves
(c) serves
(d) preserves

12 Our firm has decided to _____ two
dozen employees to our Dubai office in
order to get a better understanding of the
current market there.
(a) transmit
(b) transform
(c) translate
(d) transfer

13 Several computer hackers have broken
into the military's database and gained
access to _____ military information,
posing a threat to national security.
(a) considerable
(b) confidential
(c) contaminated
(d) confident

14 An increasing number of young wealthy
couples are choosing to _____
children from overseas.
(a) adapt
(b) adjust
(c) adopt
(d) adept

15 Hurricane Alice caused _____
damage to the city, destroying hundreds
of homes and businesses.
(a) considerable
(b) considerate
(c) comfortable
(d) commendable

16 The suspect was _____ from police
custody after his neighbor admitted to
committing the crime.
(a) relapsed
(b) released
(c) relived
(d) relieved

17 The government is spending more
money to _____ the nation's historical
monuments, ensuring that they will
remain for generations to come.
(a) service
(b) reserve
(c) deserve
(d) preserve

18 In order to cut down on crime, the
mayor wants to _____ the number
of uniformed officers on the street from
5,000 to 8,000.
(a) boast
(b) boot
(c) bound
(d) boost

19 The international conference was unable
to _____ due to a series of massive
protests.
(a) process
(b) proceed
(c) precipitate
(d) precede

20 Our city's Urban Renewal Project
will _____ the downtown from
an impoverished area to an upscale
community.
(a) transform
(b) transfix
(c) transfer
(d) translate

Voca Review

A 다음 영어 표현과 일치하는 한글 뜻을 고르시오.

01 **serve** the food   음식을 (ⓐ 주문하다 ⓑ 제공하다)

02 **complimentary** newspapers   (ⓐ 유명한 ⓑ 무료) 신문

03 a **comprehensive** plan   (ⓐ 종합적인 ⓑ 일부의) 계획

04 be **confident** of our success   우리의 성공을 (ⓐ 확신하다 ⓑ 의심스러워 하다)

05 a **considerate** person   (ⓐ 편협한 ⓑ 사려 깊은) 사람

06 **service** a car   자동차를 (ⓐ 정비하다 ⓑ 견인하다)

07 **successive** explosion   (ⓐ 연쇄적인 ⓑ 위협적인) 폭발

08 **resume** studying English   영어 공부를 (ⓐ 다시 시작하다 ⓑ 포기하다)

09 **preserve** nature   자연을 (ⓐ 개발하다 ⓑ 보존하다)

10 **adopt** a child   아이를 (ⓐ 입양하다 ⓑ 훈계하다)

B 한글 뜻에 맞는 영어 표현을 완성하시오.

ⓐ relieve	ⓑ adept	ⓒ translate	ⓓ reserve	ⓔ regain
ⓕ rest	ⓖ proceed	ⓗ respectively	ⓘ adapt	ⓙ boot

01 _____ her health   그녀의 건강을 회복하다

02 cost $1 and $5 _____   각각 1달러와 5달러이다

03 _____ at playing the piano   피아노를 잘 치다

04 _____ the computer   컴퓨터를 부팅하다

05 _____ pain   고통을 경감하다

06 _____ for a while   잠시 쉬다

07 _____ to a new environment   새로운 환경에 적응하다

08 _____ a hotel room   호텔 방을 예약하다

09 _____ smoothly   순조롭게 진행되다

10 _____ French into Korean   불어를 한국어로 번역하다

VP | 09 의미가 비슷한 어휘

풀면서 익히는 Mini Test ▶ 다음 한글 뜻에 맞는 영어 표현을 고르시오.

필수 어휘

fare / fee / price

01 The (ⓐ fare ⓑ price) of this coffee is very expensive.
이 커피의 가격은 아주 비싸다.

02 The bus (ⓐ fare ⓑ fee) has increased, as the result of higher oil prices.
유가가 상승하면서 버스 요금이 올랐다.

03 Students are opposing the increase of the tuition (ⓐ fee ⓑ price).
학생들은 등록금 인상에 반대하고 있다.

accident / incident

04 The politician stepped down because of the (ⓐ accident ⓑ incident).
그 정치인은 그 사건 때문에 사퇴했다.

05 The car (ⓐ accident ⓑ incident) took place at the busy intersection.
자동사 차고가 번화한 교차로에서 발생했다.

appointment / promise / pledge

06 I have a(n) (ⓐ appointment ⓑ promise) at 5 o'clock with the client.
나는 고객과 5시 정각에 약속이 있다.

07 The political (ⓐ appointment ⓑ pledge) made by the presidential candidate proved to be unfeasible.
그 대선 후보가 내건 정치 공약은 실행할 수 없는 것으로 판명됐다.

08 I made a(n) (ⓐ appointment ⓑ promise) never to drink or smoke again.
다시는 술과 담배를 하지 않겠다고 약속했다.

어휘 Check! **01 price** (일반적인 제품에 대한) 가격 **02 fare** (버스, 기차, 배, 비행기 등의) 교통 요금 **03 fee** (서비스에 대한) 비용, 수수료; 수업료
04 incident (의도성이 다소 있는) 사고 **05 accident** (우발적인, 우연성이 포함된) 사고 **06 appointment** (시간, 장소에 대한) 약속
07 pledge (다소 무거운 느낌의) 약속, 맹세; (정부, 정당의) 공약 **08 promise** (의지와 내용이 있는) 약속

정답 01 ⓑ 02 ⓐ 03 ⓐ 04 ⓑ 05 ⓐ 06 ⓐ 07 ⓑ 08 ⓑ

autograph / signature

09 Wow! Is that Simon Pegg? Let's go ask for his (ⓐ autograph ⓑ signature).
우와! 저 사람이 사이먼 페그지? 사인 받으러 가자.

10 This document needs a(n) (ⓐ autograph ⓑ signature) from the vice president to get the project going.
프로젝트를 진행시키기 위해서는 이 서류에 부사장님의 서명이 필요하다.

leftovers / residues / remains

11 Consumers are concerned about the pesticide (ⓐ leftovers ⓑ residues) on vegetables.
소비자들은 채소의 농약 잔존물에 대해 걱정한다.

12 Why don't you eat the (ⓐ leftovers ⓑ remains) in the refrigerator if you're hungry?
배고프다면 냉장고에 있는 먹고 남은 음식을 먹는 것이 어떠니?

13 The (ⓐ residues ⓑ remains) of an ancient tribe were finally discovered in Australia.
고대 부족의 유해가 마침내 호주에서 발견되었다.

address / handle / treat

14 (ⓐ Handle ⓑ Treat) other people fairly if you want to be treated fairly.
정당하게 대우받고 싶거든 정당하게 다른 사람을 대우하라.

15 The world needs to (ⓐ address ⓑ treat) poverty in Africa.
세계는 아프리카의 빈곤 문제를 해결해야 한다.

16 That luggage looks heavy. Can you (ⓐ address ⓑ handle) it by yourself?
그 가방은 무거워 보이네요. 혼자서 그걸 다룰 수 있겠어요?

comfortable / convenient

17 I feel especially (ⓐ comfortable ⓑ convenient) at this bar.
나는 이 술집에서 특히 편안함을 느낀다.

18 The employees found the new system more (ⓐ comfortable ⓑ convenient) than the previous one.
직원들은 이전 시스템보다 새 시스템이 더 편리하다고 느꼈다.

 어휘 Check!
09 autograph (연예인이나 스포츠 스타의) 사인 **10** signature (결재 받을 때 하는) 서명 **11** residue 찌꺼기, 잔류물 **12** leftovers 먹다 남은 음식 **13** remains (파괴되거나 사라진 후에 남은) 나머지; 유해; 유적; 잔액 **14** treat (사람을) 대우하다; (병을) 치료하다 **15** address (심각한 문제를) 해결하다 **16** handle 처리하다, 다루다 **17** comfortable (사람이) 편안함을 느끼는 **18** convenient (사물이나 제도가) 편리한

정답 09 ⓐ 10 ⓑ 11 ⓑ 12 ⓐ 13 ⓑ 14 ⓑ 15 ⓐ 16 ⓑ 17 ⓐ 18 ⓑ

accept / receive

19 The patient involved in the car crash (ⓐ accepted ⓑ received) an intensive treatment.
자동차 사고를 당했던 그 환자는 집중 치료를 받았다.

20 I can understand why he continues to make mistakes. But I can't (ⓐ accept ⓑ receive) it.
그가 왜 계속 실수하는지 이해할 수는 있다. 그렇지만 받아들일 수는 없다.

borrow / lend

21 Jimmy (ⓐ borrowed ⓑ lent) 200 dollars from me last year and still hasn't paid me back.
지미는 작년에 내게 200달러를 빌렸는데 아직 갚지 않았다.

22 I (ⓐ borrowed ⓑ lent) the *Harry Potter* books to poor children.
나는 해리포터 책을 가난한 아이들에게 빌려주었다.

acknowledge / realize / recognize / understand

23 Although I didn't (ⓐ acknowledge ⓑ recognize) the man in the black suit at first, I realized that he was my old math teacher.
처음에는 검은색 정장을 입은 남자를 알아보지 못했지만 나는 그가 내 예전 수학선생님이었다는 것을 깨달았다.

24 It's hard to (ⓐ realize ⓑ understand) quantum mechanics, even if you are already familiar with physics.
설령 네가 이미 물리학에 정통하다 할지라도 양자 역학을 이해하기란 어려운 일이다.

25 The party leadership refused to (ⓐ acknowledge ⓑ recognize) the need for reform.
당 수뇌부는 개혁의 필요성을 인정하지 않았다.

26 I never (ⓐ realized ⓑ understood) that I was treated unfairly by the company.
나는 회사가 날 부당하게 대했다는 사실을 결코 알지 못했다.

 어휘 Check! **19 receive** (물건을) 받다; (치료를) 받다 **20 accept** 수락하다, 받아들이다, 허용하다 **21 borrow** 빌리다 **22 lend** 빌려주다
23 recognize (오랜만에 만난 사람을) 알아보다; (이전에 접했던 것을) 알아차리다; 인정하다 **24 understand** (지식, 개념, 감정을) 이해하다
25 acknowledge (어떠한 사실을) 인정하다 **26 realize** (어떠한 사실을) 알기 시작하다, 깨닫다

정답 19 ⓑ 20 ⓐ 21 ⓐ 22 ⓑ 23 ⓑ 24 ⓑ 25 ⓐ 26 ⓐ

damage / harm / hurt / impair / wound

27 Many soldiers were (ⓐ damaged ⓑ wounded) in the war against terrorism.
많은 병사들이 테러와의 전쟁에서 부상당했다.

28 My vision was (ⓐ impaired ⓑ harmed) due to the heavy fog.
안개 때문에 내 시야가 약해졌다.

29 Michael Bisping was (ⓐ hurt ⓑ impaired) by Yoshihiro Akiyama during their fighting match.
마이클 비스핑은 격투 시합 중에 아키야마 요시히로의 공격에 부상당했다.

30 Protesters took to the streets and (ⓐ wounded ⓑ damaged) many facilities.
시위자들이 거리를 점거했고 많은 시설들에 피해를 입혔다.

31 The scandal (ⓐ harmed ⓑ wounded) the senator's reputation.
그 스캔들은 상원의원의 명성에 먹칠을 했다.

gaze / glance / stare

32 At first (ⓐ glance ⓑ stare), everything appeared to be going according to the plan.
얼핏 보기에는 모든 것이 계획대로 잘 되고 있는 것처럼 보였다.

33 The woman (ⓐ gazed ⓑ glanced) into space after she realized that she had been betrayed by her boyfriend.
그 여성은 남자친구에게 배신당했다는 사실을 깨달은 후에 허공을 한동안 쳐다보았다.

34 Some guy on the subway kept (ⓐ gazing ⓑ staring) at me, making me uncomfortable.
지하철에 탄 어떤 남자가 날 계속해서 빤히 쳐다봐서 불편함을 느꼈다.

 어휘 Check! **27 wound** (전쟁, 전투에서 병사를) 부상 입히다 **28 impair** (건강, 가치, 힘을) 손상시키다, 약하게 하다 **29 hurt** (공격을 받아서) 다치다, (신체 특정 부위가) 다치다 **30 damage** (물건, 건물을) 훼손시키다 **31 harm** (사람의 명성, 평판을) 해하다, 먹칠하다, 훼손하다 **32 glance** 힐끗 보다, 잠시 보다 **33 gaze** (한곳을 오랫동안 멍하니) 쳐다보다 **34 stare** (의도적으로) 빤히 쳐다보다

정답 27 ⓑ 28 ⓐ 29 ⓐ 30 ⓑ 31 ⓐ 32 ⓐ 33 ⓐ 34 ⓑ

Part I Choose the option that best completes each dialogue.

1 A: Allen said that he would come to my party, but he didn't show up.
   B: That's not surprising. He never keeps his _____.
   (a) pledges
   (b) promises
   (c) guarantees
   (d) appointments

2 A: What shall we have for dinner this evening?
   B: I think we should just eat the _____ from last night's meal.
   (a) leftovers
   (b) remains
   (c) residues
   (d) remnants

3 A: I'm so sorry for backing into your car.
   B: Don't worry. It seems like no _____ was done.
   (a) harm
   (b) hurt
   (c) injury
   (d) damage

4 A: Wow! Look at that woman's strange clothing.
   B: Don't _____ at other people. It's very rude.
   (a) see
   (b) watch
   (c) stare
   (d) glance

5 A: Is that Tom Cruise sitting over there?
   B: It sure looks like it. Come on, let's go get his _____.
   (a) autograph
   (b) name
   (c) signature
   (d) mark

6 A: Is that my antique vase smashed into pieces all over the floor?
   B: Yes, it is. I didn't mean to break it. It was _____.
   (a) an incident
   (b) a disaster
   (c) an accident
   (d) an occurrence

7 A: Driving in the city is such a hassle because of traffic jams.
   B: Right. It is much more _____ to take public transportation.
   (a) convenient
   (b) comfortable
   (c) complicated
   (d) conventional

8 A: Do you happen to have a hammer? I'm trying to do some household repairs.
   B: Sure, I've got one you can _____ in the garage.
   (a) sell
   (b) borrow
   (c) purchase
   (d) lend

9 A: How did you respond to her apology?
   B: She was sincere, so I had no choice but to _____ it.
   (a) accept
   (b) receive
   (c) admit
   (d) reduce

10 A: Wellington's is such a nice grocery store with excellent product selection.
   B: That may be true, but I still think their _____ are excessively high.
   (a) costs
   (b) fees
   (c) fares
   (d) prices

Part II Choose the option that best completes each sentence.

11 The doctor _____ the disease with a new type of medicine.
(a) managed
(b) handled
(c) addressed
(d) treated

12 Police responded to the _____ that took place in Central Bank this morning.
(a) occasion
(b) accident
(c) festival
(d) incident

13 The bank will _____ money only to customers who meet its minimum requirements.
(a) lend
(b) charge
(c) borrow
(d) donate

14 Although people fear animal attacks, in reality animals almost never _____ people.
(a) damage
(b) harm
(c) spoil
(d) destroy

15 The city is planning to raise subway _____ in order to compensate for the decrease in government funding.
(a) fees
(b) fares
(c) prices
(d) costs

16 A flesh _____ can easily become infected if not treated quickly.
(a) wound
(b) damage
(c) harm
(d) disorder

17 _____ that he made a mistake, the CEO immediately corrected himself.
(a) Realizing
(b) Understanding
(c) Recalling
(d) Responding

18 Fred and Hillary _____ lovingly into each other's eyes.
(a) stared
(b) glared
(c) glanced
(d) gazed

19 Construction on the new skyscraper was stopped after the _____ of an ancient Incan woman were found.
(a) residues
(b) leftovers
(c) remains
(d) fragments

20 The members of the international community refused to _____ the region as a separate nation.
(a) realize
(b) know
(c) recognize
(d) understand

Voca Review

A 다음 영어 표현과 일치하는 한글 뜻을 고르시오.

01 **harm** his reputation   그의 명성을 (ⓐ 해치다 ⓑ 이용하다)

02 the **remains** of Ancient Rome   고대 로마 (ⓐ 관광지 ⓑ 유적)

03 **glance** at a newspaper   신문을 (ⓐ 흘끗 보다 ⓑ 정독하다)

04 **impair** eyesight   시력을 (ⓐ 보호하다 ⓑ 손상시키다)

05 chemical **residue**   화학 (ⓐ 잔존물 ⓑ 약품)

06 a political **pledge**   정치 (ⓐ 부패 ⓑ 공약)

07 **handle** a machine   기계를 (ⓐ 수리하다 ⓑ 다루다)

08 **address** an issue   문제를 (ⓐ 해결하다 ⓑ 제시하다)

09 **borrow** books from the library   도서관에서 책을 (ⓐ 빌리다 ⓑ 빌려주다)

10 **hurt** my leg   내 다리를 (ⓐ 치료하다 ⓑ 다치다)

B 한글 뜻에 맞는 영어 표현을 완성하시오.

ⓐ accept	ⓑ convenient	ⓒ comfortable	ⓓ accident	ⓔ appointment
ⓕ acknowledge	ⓖ signature	ⓗ fare	ⓘ receive	ⓙ fee

01 an admission _____   입장료

02 write a _____   서명하다

03 _____ his apology   그의 사과를 받아들이다

04 have an _____   약속이 있다

05 pay the taxi _____   택시 요금을 지불하다

06 a very _____ sofa   아주 편안한 소파

07 _____ treatment   치료를 받다

08 _____ his faults   그의 잘못을 인정하다

09 witness a car _____   자동차 사고를 목격하다

10 a _____ electronic device   편리한 전자제품

정답 **A** 01 ⓐ 02 ⓑ 03 ⓐ 04 ⓑ 05 ⓐ 06 ⓑ 07 ⓑ 08 ⓐ 09 ⓐ 10 ⓑ **B** 01 ⓙ 02 ⓖ 03 ⓐ 04 ⓔ 05 ⓗ 06 ⓒ 07 ⓘ 08 ⓕ 09 ⓓ 10 ⓑ

풀면서 익히는 Mini Test ▶ 다음 한글 뜻에 맞는 영어 표현을 고르시오.

기출 어휘

01 The puzzle is (ⓐ a piece of cake ⓑ a bowl of rice).
그 퍼즐은 식은 죽 먹기다.

02 The politician failed to get reelected, which was a slap (ⓐ in the face ⓑ on the wrist) for him.
그 정치인은 재선에 실패하여 모욕감을 느꼈다.

03 I am sick and tired of beating around the (ⓐ bush ⓑ shrub). Just tell me what you want.
둘러말하기는 이제 신물이 나. 그냥 네가 원하는 것을 말해.

04 The pastor found himself in (ⓐ cold ⓑ hot) water over the sex scandal.
그 목사는 자신이 섹스 스캔들 때문에 곤경에 처했다는 것을 깨달았다.

05 It's hard to predict when the iPhone will go out of (ⓐ fashion ⓑ model).
아이폰의 유행이 언제 끝날지 예측하기란 어렵다.

06 The workers of the company gave the new recruits the cold (ⓐ elbow ⓑ shoulder).
그 회사의 직원들은 신입사원들을 차갑게 대했다.

07 If I hit the (ⓐ jackpot ⓑ gamble), I will stop working.
내가 대박을 터뜨리기만 하면 일을 그만둘 거야.

08 Hurry up. We have to hit the (ⓐ road ⓑ street) now.
서둘러. 이제 출발해야 해.

09 I am leaving this job at the end of the month. Please keep it under your (ⓐ shoes ⓑ hat).
다음 달 말에 이 일을 그만 두려고 합니다. 이건 비밀로 해주세요.

10 You are a grown-up. You need to face the (ⓐ music ⓑ musical).
너는 이제 어른이야. 현실을 직시할 필요가 있어.

11 Last night, my parents visited my apartment out of the (ⓐ blue ⓑ red).
어젯밤에 우리 부모님께서 갑자기 내 아파트를 방문하셨다.

12 Environmentalists poured (ⓐ warm ⓑ cold) water on the government's plan to build a nuclear reactor.
환경보호론자들은 원자로를 건설하려는 정부의 계획에 비판적인 목소리를 냈다.

13 I want you to stop pulling my (ⓐ feet ⓑ leg).
네가 날 그만 놀렸으면 좋겠어.

어휘 Check! **01 a piece of cake** 식은 죽 먹기 **02 a slap in the face** 모욕 **03 beat around the bush** 말을 돌려서 하다 **04 in hot water** 곤경에 처한 **05 go out of fashion** 유행이 지나가다 **06 give ~ the cold shoulder** ~에게 차갑게 대하다 **07 hit the jackpot** (도박이나 로또에서) 대박을 터뜨리다 **08 hit the road** 출발하다 **09 keep ~ under one's hat** ~을 비밀로 해두다 **10 face the music** 현실을 직시하다; (자신의 행동에 대한) 벌을 받다 **11 out of the blue** 갑자기 **12 pour cold water on** ~을 비판하다, ~에 찬물을 끼얹다 **13 pull one's leg** 장난치다, 놀리다

정답 01 ⓐ 02 ⓐ 03 ⓐ 04 ⓑ 05 ⓐ 06 ⓑ 07 ⓐ 08 ⓐ 09 ⓑ 10 ⓐ 11 ⓐ 12 ⓑ 13 ⓑ

14 That work is not important. You can put it on the (ⓐ back ⓑ front) burner.
그 일은 중요하지 않아. 뒤로 미루어도 돼.

15 I clearly remember that my mother always worried about me, (ⓐ rain ⓑ snow) or shine.
어머니께서 비가 오나 눈이 오나 항상 날 걱정하셨던 것을 나는 분명히 기억한다.

16 I didn't sleep (ⓐ an eye ⓑ a wink) last night.
어젯밤에 한숨도 못 잤다.

17 I forgot to pick up the laundry. It completely (ⓐ skipped ⓑ slipped) my mind.
세탁물을 챙겨 오는 것을 잊어 버렸다. 완전히 깜빡 잊었다.

18 Speaking of the (ⓐ demon ⓑ devil), Linda showed up out of nowhere.
호랑이도 제 말하면 온다더니 린다가 갑자기 나타났다.

19 I'm sorry, but I have to take a (ⓐ rain check ⓑ snow check). We can see the movie next time.
미안하지만 뒤로 미뤄야겠다. 그 영화는 다음에 보자.

20 I have been under the (ⓐ climate ⓑ weather) for a couple of days.
한 이틀간 몸이 안 좋았다.

기출 가능 어휘

21 The decision has not been made. It is still up in the (ⓐ air ⓑ sky).
아직 결정된 바 없습니다. 아직 미정인 상태입니다.

22 I told a (ⓐ black ⓑ white) lie not to hurt her feelings.
나는 그녀의 기분을 상하게 하지 않으려고 선의의 거짓말을 했다.

23 I tried to please my girlfriend, but I just added (ⓐ fuel ⓑ petroleum) to the fire.
여자 친구를 기쁘게 해주려고 했지만 오히려 불 난 집에 부채질한 꼴이 되었을 뿐이다.

24 My father is all (ⓐ palms ⓑ thumbs). He can't even change radio batteries.
우리 아버지께서는 손재주가 영 없으시다. 심지어 라디오 배터리조차 갈지 못하신다.

25 The final is just around the (ⓐ corner ⓑ street). Let's hit the books.
기말고사가 바로 코앞이야. 열심히 공부하자.

26 He was put behind (ⓐ bars ⓑ steels) for embezzlement.
그는 횡령을 해서 감옥에 투옥됐다.

어휘 Check! 　**14 put ~ on the back burner** ~을 뒤로 미루다　**15 rain or shine** 비가 오나 눈이 오나　**16 do not sleep a wink** 한숨도 못 자다　**17 slip one's mind** 깜빡 잊다　**18 speaking of the devil** 호랑이도 제 말하면 온다더니　**19 take a rain check** 뒤로 미루다　**20 under the weather** 몸 상태가 좋지 않은　**21 up in the air** 아직 정해지지 않은　**22 white lie** 선의의 거짓말　**23 add fuel to the fire** 불 난 집에 부채질하다　**24 all thumbs** 손재주가 없는　**25 around the corner** 곧 다가오는　**26 behind bars** 감옥에 투옥된

정답 14 ⓐ　15 ⓐ　16 ⓑ　17 ⓑ　18 ⓑ　19 ⓐ　20 ⓑ　21 ⓐ　22 ⓑ　23 ⓐ　24 ⓑ　25 ⓐ　26 ⓐ

27 To (ⓐ break ⓑ destroy) the ice, he said to her, "You look very pretty."
어색한 분위기를 해소하려고 그는 그녀에게 "참 예쁘시군요."라고 말했다.

28 Algebra is really difficult. I can't make heads or (ⓐ toes ⓑ tails) of it.
대수학은 정말 어려워. 도저히 이해할 수가 없어.

29 My new laptop computer cost me (ⓐ an arm and a leg ⓑ a head and a toe).
내 새 노트북 컴퓨터는 돈이 많이 들었다.

30 The CEO (ⓐ made ⓑ did) time for promoting illegal practices.
그 최고 경영자는 불법 관행을 조장하여 징역을 살았다.

31 The president gave the new business expansion proposal the (ⓐ green ⓑ blue) light.
그 사장은 새로운 사업 확장 제안서를 승인했다.

32 Many companies went (ⓐ belly-down ⓑ belly-up) due to the economic crisis in the late 1990s.
1990년대 후반의 경제 위기로 인해 많은 기업들이 파산했다.

33 The newcomer showed up (ⓐ in the nick of time ⓑ on the spur of the moment).
신입 사원이 아슬아슬하게 때를 맞추어 등장했다.

34 Would you keep (ⓐ an eye ⓑ eyes) on this baggage?
이 짐 좀 봐주시겠어요?

35 The boss gave me a (ⓐ pat ⓑ slap) on the back for working so hard.
사장님은 내가 아주 열심히 일한다고 칭찬해주었다.

36 This is (ⓐ for ⓑ off) the record. Don't tell anyone about this.
이건 비밀이야. 아무한테도 말하지마.

37 Her name is on the tip of my (ⓐ mouth ⓑ tongue). I just can't say it.
그녀의 이름이 생각이 날 듯 말 듯해. 말할 수가 없어.

38 Does the name Jessica (ⓐ ring ⓑ sound) a bell with you? She used to live nearby.
제시카라는 이름 기억 나니? 그녀는 예전에 이 근처에서 살았어.

39 What we currently know about the merger is just the tip of the (ⓐ ice ⓑ iceberg).
이번 합병 건에 대해서 현재 우리가 아는 것은 단지 빙산의 일각에 불과하다.

40 Laura (ⓐ sealed ⓑ tied) the knot with a fund manager who earns more than a million dollars a year.
로라는 연봉이 백만 달러가 넘는 펀드매니저와 결혼했다.

 어휘 Check! **27 break the ice** 어색한 분위기를 깨다 **28 make heads or tails of** ~을 이해하다 **29 cost an arm and a leg** 많은 비용이 들다 **30 do time** (감옥에서) 복역하다 **31 give the green light** 허락하다 **32 go belly-up** 파산하다 **33 in the nick of time** 아슬아슬하게 때를 맞추어 **34 keep an eye on** ~을 지켜보다 **35 a pat on the back** 칭찬의 말 **36 off the record** 비공개의 **37 on the tip of one's tongue** 생각이 날 듯 말 듯한 **38 ring a bell** 생각[기억]이 나게 하다 **39 the tip of the iceberg** 빙산의 일각 **40 tie the knot** 결혼하다

정답 27 ⓐ 28 ⓑ 29 ⓐ 30 ⓑ 31 ⓐ 32 ⓑ 33 ⓐ 34 ⓐ 35 ⓐ 36 ⓑ 37 ⓑ 38 ⓐ 39 ⓑ 40 ⓑ

Part I Choose the option that best completes each dialogue.

1 A: What did you tell Hillary about her dress?
   B: Of course I told her a _____ and said that it looked good.

   (a) tall tale
   (b) white lie
   (c) hat trick
   (d) bitter end

2 A: Would you like to go hiking with us this weekend?
   B: Sorry, but I already have plans so I'll have to _____.

   (a) take a rain check
   (b) make ends meet
   (c) hit the road
   (d) spill the beans

3 A: Guess what, Andrew. You've won the lottery!
   B: Quit _____. I know that will never happen.

   (a) making fun of me
   (b) pulling my leg
   (c) having a ball
   (d) stretching the truth

4 A: Please don't tell anyone that I got laid off.
   B: Don't worry. I'll be sure to _____.

   (a) keep it under my hat
   (b) hit below the belt
   (c) fit like a glove
   (d) roll up my sleeves

5 A: I just won 10 million dollars from the lottery!
   B: Wow! Congratulations on _____.

   (a) hitting the jackpot
   (b) making it big
   (c) going all out
   (d) taking the chair

6 A: Hello. My name's Timothy McManus.
   B: Have I met you before? That name _____ me.

   (a) rings a bell with
   (b) strikes a chord with
   (c) hits home for
   (d) bites the dust for

7 A: Do you need help with that? I'm good at building things.
   B: Thanks. I'm _____ and can never put anything together correctly.

   (a) all toes
   (b) all fingers
   (c) all thumbs
   (d) all ears

8 A: Where have you decided to live next year?
   B: Right now, we still don't know. Our plans are _____.

   (a) in the clear
   (b) up in the air
   (c) in the red
   (d) up and running

9 A: Oh, I forgot to stop by the grocery store. Now I have to go back.
   B: It's all right. There's another one just _____.

   (a) down the drain
   (b) up the creek
   (c) around the corner
   (d) in the short run

10 A: That party next door was way too loud last night.
   B: I'll say it was. I couldn't _____.

   (a) rise and shine
   (b) sleep a wink
   (c) learn the ropes
   (d) say a word

Part II Choose the option that best completes each sentence.

11 You can trust that the mail will always arrive, _____.
(a) right as rain
(b) under the weather
(c) rain or shine
(d) out of the blue

12 The development team could not begin the project until their manager gave it _____.
(a) the short straw
(b) a once over
(c) the green light
(d) a fresh pair of eyes

13 Darla showed up _____ at the party, much the surprise of everyone.
(a) out of the woods
(b) out on a limb
(c) out to lunch
(d) out of the blue

14 The politician gave his honest opinion of the situation _____.
(a) off the record
(b) down the tubes
(c) off the wall
(d) down the pan

15 Brad was unwilling to _____ and tell his father that he crashed the car.
(a) blow my own horn
(b) play it by ear
(c) hit home
(d) face the music

16 Unable to _____ of the map given to her, Jackie had to call for directions.
(a) see the forest for the trees
(b) make heads or tails
(c) hit the nail on the head
(d) take her eyes off

17 I asked the woman to _____ my bag when I went to the restroom.
(a) pour cold water on
(b) hang in there with
(c) lend a hand to
(d) keep an eye on

18 The CEO ended up _____ for 10 years after illegally investing his employees' pensions.
(a) off the hook
(b) under fire
(c) in the red
(d) behind bars

19 After a six-month engagement, Brandon and Lori finally _____.
(a) worked things out
(b) made ends meet
(c) tied the knot
(d) brought it together

20 The defendant kept _____ and avoided talking about the main issue.
(a) looking on the bright side
(b) dragging our heels
(c) shooting the breeze
(d) beating around the bush

Voca Review

A 다음 영어 표현과 일치하는 한글 뜻을 고르시오.

01 hit the road   (ⓐ 출발하다 ⓑ 도착하다)

02 cost an arm and a leg   (ⓐ 많은 ⓑ 적은) 비용이 들다

03 do time   (ⓐ 죽다 ⓑ 복역하다)

04 go belly-up   (ⓐ 파산하다 ⓑ 성공하다)

05 go out of fashion   유행이 (ⓐ 빠르다 ⓑ 지나가다)

06 a pat on the back   (ⓐ 꾸지람 ⓑ 칭찬의 말)

07 on the tip of my tongue   (ⓐ 생각이 날 듯 말 듯한 ⓑ 실언을 하는)

08 give me the cold shoulder   나에게 (ⓐ 버럭 화를 내다 ⓑ 차갑게 대하다)

09 in hot water   (ⓐ 곤경에 처한 ⓑ 매우 피곤한)

10 hit the jackpot   (ⓐ 실수하다 ⓑ 대성공하다)

B 한글 뜻에 맞는 영어 표현을 완성하시오.

ⓐ tip	ⓑ devil	ⓒ weather	ⓓ slap	ⓔ slip
ⓕ pour	ⓖ ice	ⓗ cake	ⓘ fuel	ⓙ nick

01 a _____ in the face   모욕감

02 the _____ of the iceberg   빙산의 일각

03 a piece of _____   식은 죽 먹기

04 in the _____ of time   아슬아슬하게 때를 맞추어

05 _____ cold water on   ~을 비판하다

06 speaking of the _____   호랑이도 제 말하면 온다더니

07 add _____ to the fire   상황을 더욱 악화시키다

08 _____ one's mind   깜빡 잊어버리다

09 under the _____   몸 상태가 좋지 않은

10 break the _____   어색한 분위기를 해소하다

정답 **A** 01 ⓐ 02 ⓐ 03 ⓑ 04 ⓐ 05 ⓑ 06 ⓑ 07 ⓐ 08 ⓑ 09 ⓐ 10 ⓑ   **B** 01 ⓓ 02 ⓐ 03 ⓗ 04 ⓙ 05 ⓕ 06 ⓑ 07 ⓘ 08 ⓔ 09 ⓒ 10 ⓖ

Section
3

Actual
Test 01~06
Vocabulary

Actual Test 01

Part I Questions 1-10
Choose the option that best completes each dialogue.

1. A: Why don't you go to France for your vacation?
   B: I _____ doing that, but I decided to go to Germany instead.

   (a) separated
   (b) overlooked
   (c) defended
   (d) considered

2. A: I saw that Rick Jackson passed away last night.
   B: What a _____. He was such a good actor.

   (a) zeal
   (b) pity
   (c) vice
   (d) firm

3. A: Why are you crying? Is something the matter?
   B: No. I just watched a _____ film about two young lovers.

   (a) jealous
   (b) touching
   (c) fascinating
   (d) pleasant

4. A: Have the technicians figured out why the computer isn't working?
   B: No, they haven't been able to _____ the source of the problem yet.

   (a) identify
   (b) dispose
   (c) maintain
   (d) declare

5. A: Excuse me, nurse. I'd like to see my father, please.
   B: _____, he passed away just before you arrived.

   (a) Fortunately
   (b) Regrettably
   (c) Actually
   (d) Obviously

6. A: I've lost over 40 pounds by exercising every day.
   B: That's great news! I knew you could _____ your weight problem.

   (a) attack
   (b) overcome
   (c) remove
   (d) damage

7. A: Why is there an ambulance on the field?
   B: Apparently, one of the players _____ a serious injury.

   (a) impressed
   (b) concerned
   (c) achieved
   (d) suffered

8. A: Will your dog bite me if I try to pet her?
   B: Don't worry. She's completely _____.

   (a) harmless
   (b) anxious
   (c) sensible
   (d) cheerful

9. A: What made you decide to try this restaurant?
   B: A friend of mine _____ it to me.

   (a) substituted
   (b) described
   (c) recommended
   (d) transported

10. A: What do you usually do each morning?
    B: My _____ usually consists of waking up, taking a shower, and eating breakfast.

    (a) existence
    (b) routine
    (c) concern
    (d) passion

Part II Questions 11-30

Choose the option that best completes each sentence.

11. The box has two _____ that make it easier to carry.

    (a) spirits
    (b) blocks
    (c) handles
    (d) lids

12. Children should always _____ their parents.

    (a) obey
    (b) quit
    (c) suit
    (d) vote

13. Judges will _____ the entries based on their quality, size, and creativity.

    (a) transport
    (b) recognize
    (c) evaluate
    (d) govern

14. You can help protect the _____ by recycling and taking public transportation.

    (a) temperature
    (b) environment
    (c) continent
    (d) universe

15. When somebody asks you a question, you should _____ to them quickly and politely.

    (a) remind
    (b) respond
    (c) remove
    (d) relieve

16. The weather in this area is so _____; every day is cold and cloudy.

    (a) cheerful
    (b) random
    (c) gloomy
    (d) ordinary

17. A great way to _____ when meeting new people is to play a game.

    (a) learn the ropes
    (b) feel at home
    (c) break the ice
    (d) deliver the goods

18. As people get older, they become less likely to _____ their birthdays.

    (a) spread
    (b) prefer
    (c) celebrate
    (d) decorate

19. This _____ tower was built by the Romans when they controlled the city more than 2,000 years ago.

    (a) commercial
    (b) priceless
    (c) regional
    (d) ancient

20. The troops were able to _____ the enemy base undetected by sneaking through the weeds.

    (a) transport
    (b) overcome
    (c) approach
    (d) achieve

21. The high school's _____ introduced several new rules to improve student behavior.

(a) principle
(b) prisoner
(c) principal
(d) primate

22. Working at the factory was difficult at first, but the job no longer _____ me.

(a) challenges
(b) amazes
(c) delights
(d) demands

23. Water becomes a _____ when the temperature is between zero and one hundred degrees Celsius.

(a) solid
(b) liquid
(c) carbon
(d) chemistry

24. I used my credit card to _____ a new living room set for my home.

(a) reserve
(b) satisfy
(c) purchase
(d) damage

25. After World War II, Germany was _____ into East Germany and West Germany.

(a) divided
(b) maintained
(c) exported
(d) recognized

26. I prefer to travel to _____ locations far from the reaches of civilization.

(a) historic
(b) isolated
(c) faithful
(d) identical

27. This restaurant is famous for its wide selection of wonderful _____, including tiramisu and strawberry cheesecake.

(a) deserts
(b) deserters
(c) desserts
(d) deservers

28. The costs of flights can _____ dramatically depending on the season.

(a) lack
(b) bend
(c) vary
(d) envy

29. The subway trains arrive more _____ during rush hour than during other parts of the day.

(a) frequently
(b) annually
(c) normally
(d) passively

30. The government _____ a state of emergency in response to the destruction caused by the hurricane.

(a) declared
(b) protested
(c) reacted
(d) offended

You have finished the Vocabulary questions. Please continue on to the Grammar questions.

Actual Test 02

Part I **Questions 1-10**
Choose the option that best completes each dialogue.

1. A: Excuse me. Does this bus go to city hall?
   B: Yes, it does. You need to _____ at the next stop.

   (a) take back
   (b) leave out
   (c) chase down
   (d) get off

2. A: What do you usually do each day after work?
   B: A lot of times I eat dinner with some of my _____ before going home.

   (a) grandparents
   (b) coworkers
   (c) physicians
   (d) professors

3. A: Are these the gifts you bought for the children?
   B: Yes, they are. Could you _____ them in gift paper for me, please?

   (a) lend
   (b) chase
   (c) wrap
   (d) delay

4. A: I really love the movie *Avengers*.
   B: Me too! I actually have the _____ series on DVD.

   (a) native
   (b) entire
   (c) familiar
   (d) practical

5. A: Do you think that retirement homes offer good medical services?
   B: Absolutely. They are the best way to _____ the elderly.

   (a) care about
   (b) care for
   (c) make up
   (d) make over

6. A: Do you think I should rent an apartment or buy a house?
   B: The answer to that _____ on your long-term goals.

   (a) includes
   (b) restricts
   (c) depends
   (d) considers

7. A: What job does your father have?
   B: He _____ last year, but he used to be an engineer.

   (a) delayed
   (b) inquired
   (c) accepted
   (d) retired

8. A: I love this new version of the word processor.
   B: That's not surprising. Most critics say it compares _____ with the previous version.

   (a) instantly
   (b) properly
   (c) fittingly
   (d) favorably

9. A: How do you like this outfit?
   B: I think it _____ you very well. You should buy it.

   (a) treats
   (b) suits
   (c) credits
   (d) proves

10. A: Doctor, I wake up in the middle of the night with a great pain in my chest.
    B: In that case, let me _____ you to determine what's causing this.

    (a) heal
    (b) cure
    (c) relieve
    (d) examine

11. A common way that people _____ electricity is by leaving lights on in empty rooms.

    (a) block
    (b) suggest
    (c) waste
    (d) share

12. This area has several _____ that sell canned soft drinks and prepackaged foods.

    (a) weather reports
    (b) vending machines
    (c) medical treatments
    (d) information desks

13. The suspect _____ that he did not rob the convenience store.

    (a) insists
    (b) recognizes
    (c) delights
    (d) corrects

14. Mellissa decided to _____ and become a high school teacher as well.

    (a) hit the ground running
    (b) follow her father's footsteps
    (c) lend a helping hand
    (d) mind her own business

15. Although Martin has a keen interest in various nations throughout the world, he has never had the opportunity to travel _____.

    (a) outwards
    (b) abroad
    (c) onwards
    (d) around

16. To _____ your dreams, you must be willing to work hard and make sacrifices.

    (a) achieve
    (b) chase
    (c) manage
    (d) improve

17. You cannot solve problems by turning a _____ to them.

    (a) stuffed nose
    (b) straight leg
    (c) blind eye
    (d) closed mouth

18. According to surveys, around 50 percent of the adult population _____ in the presidential elections.

    (a) protests
    (b) votes
    (c) campaigns
    (d) runs

19. The college erected a _____ of the school's founder outside the student center.

    (a) statue
    (b) stature
    (c) statute
    (d) status

20. The computer company _____ the release of its new software to fix more of its glitches.

    (a) regulated
    (b) transported
    (c) postponed
    (d) completed

21. Jean was able to speak Spanish _____ even though she had never lived in a Spanish-speaking nation.

(a) fluently
(b) energetically
(c) pleasantly
(d) smoothly

22. The cost of health insurance is so high that very few people can _____ to purchase it.

(a) intend
(b) consider
(c) prove
(d) afford

23. One reason I like Salvador Dali's artwork is its _____ images that readily grab the attention of viewers.

(a) bland
(b) vivid
(c) noted
(d) casual

24. This film contains scenes of violence and scary situations that may _____ younger viewers.

(a) frighten
(b) delight
(c) fatigue
(d) distract

25. The teacher walked around the room to make sure that no students tried to _____ during the test.

(a) react
(b) cheat
(c) deceive
(d) share

26. People can easily become _____ if you make negative comments about them.

(a) inconvenient
(b) gratified
(c) offended
(d) humbled

27. The surface of this floor may appear _____ from a distance, but if you look at it closely you can see that it has several bumps and grooves.

(a) comfortable
(b) smooth
(c) attractive
(d) slippery

28. The dog _____ after the cat, knocking down furniture as she did so.

(a) galloped
(b) jogged
(c) chased
(d) sprinted

29. Although high in fat and calories, fast foods do not provide sufficient _____ to live a healthy life.

(a) ingredients
(b) nutrition
(c) flavor
(d) scent

30. Our car dealership strives to provide _____ customer service, so please let us know what we can do to make your shopping experience better.

(a) awkward
(b) sophisticated
(c) superior
(d) convenient

V

You have finished the Vocabulary questions. Please continue on to the Grammar questions.

Part I **Questions 1-10**
Choose the option that best completes each dialogue.

1. A: My cousin offered me a job at his company, but I'm not sure if I should take it.
   B: If I were you, I would _____ his offer.

   (a) correct
   (b) accept
   (c) defend
   (d) include

2. A: Does silver cost more money, or does gold?
   B: Of course gold is more _____ than silver.

   (a) sensible
   (b) valuable
   (c) familiar
   (d) ordinary

3. A: I hate to ask you this, but could I get some money from you?
   B: No problem. I can _____ you as much as you need.

   (a) borrow
   (b) sell
   (c) collect
   (d) lend

4. A: What sort of clothing should I wear to the party?
   B: It's going to be a casual party, so you can dress _____.

   (a) gracefully
   (b) informally
   (c) literally
   (d) completely

5. A: These vegetables are not very fresh. Should I throw them away?
   B: No, we can still eat them. I don't want to _____ food.

   (a) waste
   (b) prepare
   (c) store
   (d) offer

6. A: Sarah, if you need some help, I'm here for you.
   B: Thank you for your _____, but I'll be fine by myself.

   (a) honesty
   (b) concern
   (c) generosity
   (d) criticism

7. A: I heard that koala bears originally came from Asia. Is that true?
   B: As far as I know, they are _____ to Australia.

   (a) traditional
   (b) limited
   (c) native
   (d) primitive

8. A: Where does our company's name come from?
   B: It comes from the name of its _____, who named his original shop after himself.

   (a) founder
   (b) flounder
   (c) funder
   (d) floater

9. A: In my spare time, I like to play sports. What about you?
   B: I like to _____ coins and banknotes from around the world.

   (a) record
   (b) collect
   (c) appreciate
   (d) store

10. A: Smoking cigarettes is very harmful to your health.
    B: I know. My father got lung _____ because he smoked.

    (a) cure
    (b) diagnosis
    (c) disease
    (d) medication

Part II Questions 11-30

Choose the option that best completes each sentence.

11. If you have any questions about your purchase, please _____ customer service at 1-800-555-HELP.

(a) request
(b) impress
(c) contact
(d) describe

12. One important _____ of getting regular exercise is increased energy levels.

(a) export
(b) myth
(c) benefit
(d) victim

13. Employees under the age of 16 are not allowed to _____ any heavy machinery.

(a) prepare
(b) decorate
(c) operate
(d) relieve

14. Parking your car along the street during the day is _____, punishable with a fine up to $250.

(a) legal
(b) illegal
(c) unwise
(d) noble

15. Although many auto dealers come and go, you can always count on O.C. Welsh to be there for you _____.

(a) out of season
(b) year in year out
(c) over my dead body
(d) under the table

16. My friends _____ a surprise party for my birthday last year.

(a) ensured
(b) provided
(c) exported
(d) prepared

17. Even at a young age, Mozart had a great _____ for music.

(a) knowledge
(b) passion
(c) motive
(d) temper

18. Duncan is so _____ that he can never keep his opinion to himself.

(a) offended
(b) official
(c) offensive
(d) officious

19. He was finally able to _____ smoking with the help of his doctor.

(a) cure
(b) treat
(c) quit
(d) delay

20. Nancy was able to maintain a _____ attitude in spite of all the troubles she faced.

(a) positive
(b) moderate
(c) sensible
(d) tender

21. The exam _____ of two sections, starting with multiple-choice questions and ending with an essay.

(a) extends
(b) consists
(c) responds
(d) satisfies

22. _____ your family to a good meal at Bob Evan's Family Restaurant tonight.

(a) Offer
(b) Present
(c) Treat
(d) Involve

23. The computer automatically shuts off after being _____ for 10 minutes.

(a) tender
(b) still
(c) idle
(d) active

24. We accept credit cards, but we _____ you to pay in cash.

(a) prefer
(b) expect
(c) demand
(d) request

25. The cat remained _____ so that it would remain undetected by its prey.

(a) situated
(b) stationary
(c) statutory
(d) stationery

26. This restaurant is so _____ that you must reserve your table at least two months in advance.

(a) available
(b) virtual
(c) extensive
(d) popular

27. The expectant father _____ awaited the news about his newborn daughter.

(a) gracefully
(b) regretfully
(c) innocently
(d) anxiously

28. There is no greater _____ than giving your life so that another person may live.

(a) substitute
(b) debate
(c) challenge
(d) sacrifice

29. If you _____ money in the stock market, you can either become rich or lose everything.

(a) invest
(b) deposit
(c) withdraw
(d) transfer

30. The clever thief _____ the woman into giving him her personal information by pretending to be a police officer.

(a) tricked
(b) convicted
(c) forced
(d) influenced

You have finished the Vocabulary questions. Please continue on to the Grammar questions.

Part I **Questions 1-10**
Choose the option that best completes each dialogue.

1. A: How did you first meet your wife?
   B: She was my high school _____.

   (a) sweetheart
   (b) fiancee
   (c) dictator
   (d) reporter

2. A: I'm sorry, sir, but you are not allowed to take pictures here.
   B: My apologies. I didn't _____ that it wasn't permitted.

   (a) overlook
   (b) realize
   (c) approach
   (d) manage

3. A: What would you like to have for dinner tonight?
   B: Actually, I was thinking we could _____ for pizza.

   (a) dish out
   (b) call out
   (c) dish up
   (d) call up

4. A: This is the best steak I've ever eaten.
   B: I agree. The meat is very tender and _____.

   (a) loose
   (b) juicy
   (c) absurd
   (d) harsh

5. A: What happened to your car? It has so many dents and scratches.
   B: It was _____ during the thunderstorm last week.

   (a) suffered
   (b) spread
   (c) damaged
   (d) prepared

6. A: How did you sneak up on her?
   B: I just walked up behind her _____ .

   (a) violently
   (b) politely
   (c) silently
   (d) brightly

7. A: Where does this company sell most of its products?
   B: It _____ them to several countries around the world.

   (a) selects
   (b) exports
   (c) imports
   (d) produces

8. A: What's the best way to get to the top of the mountain?
   B: You should take this _____ here.

   (a) block
   (b) trail
   (c) vehicle
   (d) bend

9. A: How do you get your children to behave so well?
   B: I always make sure to _____ them when they do something bad.

   (a) disappear
   (b) dispose
   (c) discipline
   (d) display

10. A: I think the city needs to get more trains for the subway.
    B: I agree. The trains are so _____ now that you can never get a seat.

    (a) shabby
    (b) common
    (c) rushed
    (d) crowded

Part II Questions 11-30

Choose the option that best completes each sentence.

11. The young girl _____ badly in order to get more attention from her mother.

    (a) completed
    (b) behaved
    (c) defended
    (d) managed

12. Unfortunately, our website has been taken down due to numerous virus _____ caused by hackers.

    (a) beatings
    (b) downloads
    (c) attacks
    (d) visits

13. I used many cleaners to _____ this wine stain from my carpet, but none of them worked.

    (a) report
    (b) respond
    (c) relieve
    (d) remove

14. The girl was _____ when her brother received more gifts than she did.

    (a) aware
    (b) jealous
    (c) typical
    (d) candid

15. Members of the community _____ to help fire fighters rescue victims from the collapsed building.

    (a) lent a hand
    (b) hung in there
    (c) stepped on it
    (d) broke the ice

16. Michael is so strong that he can _____ steel bars with his bare hands.

    (a) wrap
    (b) bend
    (c) melt
    (d) harm

17. A great way to _____ your home for Christmas is putting up a Christmas tree and hanging colorful lights.

    (a) decorate
    (b) interfere
    (c) measure
    (d) feature

18. Proofread your writing at least two times to make sure you do not _____ any mistakes.

    (a) identify
    (b) overlook
    (c) correct
    (d) maintain

19. The new documentary offers a _____ look into the life of Vincent van Gogh.

    (a) persuasive
    (b) fascinating
    (c) celebrated
    (d) terrifying

20. Although the two countries continue their talks, relations between them still have not _____.

    (a) declined
    (b) disappeared
    (c) increased
    (d) improved

21. The president was able to _____ few of her goals after her party lost the general election.

    (a) challenge
    (b) declare
    (c) replace
    (d) accomplish

22. To make tea properly, you must first _____ water in a teakettle.

    (a) steam
    (b) boil
    (c) heat
    (d) cook

23. The mother sang _____ to help her baby fall asleep.

    (a) boldly
    (b) noisily
    (c) gently
    (d) safely

24. My son _____ me when he was caught cheating on his test.

    (a) disappointed
    (b) encouraged
    (c) celebrated
    (d) irritated

25. The public library features different sections for each age _____ of children.

    (a) gathering
    (b) group
    (c) collection
    (d) portion

26. The energy commission conducts _____ inspections of nuclear plants every six months.

    (a) excessive
    (b) rampant
    (c) notable
    (d) routine

27. Thanks to assistance from members of the community, police were able to _____ the bank robbery suspects.

    (a) investigate
    (b) confine
    (c) apprehend
    (d) notify

28. Though the road had several potholes and bumps, the car still drove _____.

    (a) smoothly
    (b) roughly
    (c) certainly
    (d) quietly

29. My friends thought the exam was difficult, but I thought it was _____.

    (a) a pain in the neck
    (b) a close call
    (c) a piece of cake
    (d) a white lie

30. The strikers _____ improved healthcare coverage and guaranteed pension plans.

    (a) apprehend
    (b) solicit
    (c) demand
    (d) reject

You have finished the Vocabulary questions. Please continue on to the Grammar questions.

Part I **Questions 1-10**

Choose the option that best completes each dialogue.

1. A: Doctor, I'm concerned that my child still can't speak.
   B: I wouldn't worry. Your son's _____ is completely normal.

   (a) development
   (b) enhancement
   (c) treatment
   (d) commitment

2. A: Can I listen to my music?
   B: Sure, just as long as you don't _____ anyone else.

   (a) describe
   (b) bother
   (c) prove
   (d) compare

3. A: Why are you leaving so early?
   B: I have a _____ day tomorrow, so I need to get up early.

   (a) large
   (b) great
   (c) quick
   (d) big

4. A: Why is the traffic not moving?
   B: It looks like an accident has _____ the road.

   (a) corrected
   (b) examined
   (c) blocked
   (d) preferred

5. A: Ouch! My leg is starting to hurt again.
   B: You need to rest and let your injury _____.

   (a) mend
   (b) correct
   (c) repair
   (d) heal

6. A: I heard that your new coffee shop is doing very well.
   B: Yes. It has been more _____ than I could have ever imagined.

   (a) common
   (b) profitable
   (c) unusual
   (d) tiresome

7. A: Did you get accepted into Princeton?
   B: No, because I did not _____ the conditions for entry.

   (a) have
   (b) include
   (c) meet
   (d) earn

8. A: Let's meet tomorrow at 6:30 at central train station.
   B: Actually, that doesn't _____ for me. Can we meet at 7?

   (a) work
   (b) sit
   (c) stand
   (d) know

9. A: Christine, please be home by midnight.
   B: Okay. You have my _____ that I'll be here.

   (a) thought
   (b) belief
   (c) remark
   (d) word

10. A: Would you like me to help you with those boxes?
    B: Thanks for offering, but I think I can _____ it.

    (a) understand
    (b) handle
    (c) prepare
    (d) propose

Part II Questions 11-30

Choose the option that best completes each sentence.

11. The group of soldiers _____ their enemies before daylight.

    (a) stressed
    (b) attacked
    (c) damaged
    (d) featured

12. Some common flu _____ include fever, cough, and high temperature.

    (a) descriptions
    (b) symptoms
    (c) indicators
    (d) conditions

13. Please _____ of your waste after you finish your meal.

    (a) dispose
    (b) relieve
    (c) gather
    (d) invent

14. This steak has been overcooked, so the meat is very _____ and difficult to chew.

    (a) tough
    (b) upset
    (c) spicy
    (d) tender

15. Be sure to _____ to somebody politely whenever they ask you a question.

    (a) recycle
    (b) respond
    (c) regret
    (d) remind

16. It was cloudy yesterday, but today the sun is shining _____.

    (a) brightly
    (b) exactly
    (c) poorly
    (d) really

17. New York has created a traffic congestion charge to reduce air _____ in the downtown.

    (a) climate
    (b) damage
    (c) moisture
    (d) pollution

18. The company has not been able to _____ the project because the funding has run out.

    (a) separate
    (b) overlook
    (c) complete
    (d) defend

19. The FBI is offering a five-million-dollar _____ for information that leads to the capture of the terrorist.

    (a) awkward
    (b) award
    (c) rearward
    (d) reward

20. My mother and father will _____ their 30th wedding anniversary this year.

    (a) decorate
    (b) celebrate
    (c) tolerate
    (d) pursue

21. Regardless of the situation, Sunny is always smiling and _____ to everybody.

    (a) guilty
    (b) cheerful
    (c) moderate
    (d) indifferent

22. Several diseases are no longer _____ by medicines that worked well in the past.

    (a) effected
    (b) infected
    (c) selected
    (d) affected

23. You should _____ of pickpockets while riding the subway.

    (a) concern
    (b) resist
    (c) contact
    (d) beware

24. In order to _____ operating costs, the company has been forced to lay off nearly 500 staff.

    (a) cut
    (b) require
    (c) expect
    (d) drive

25. In the event that we do not have a product _____, we will be glad to order it for you.

    (a) for kicks
    (b) in stock
    (c) at large
    (d) on hold

26. Your clothing does not _____ in the living room, so please put it in the proper place.

    (a) disappear
    (b) occur
    (c) belong
    (d) reduce

27. She could _____ the man by the unique tattoo he has on his left arm.

    (a) recall
    (b) share
    (c) recognize
    (d) approach

28. Police began patrolling the street based on reports of a man acting _____ in the area.

    (a) foolishly
    (b) innocently
    (c) obediently
    (d) suspiciously

29. Members of parliament spent several hours _____ whether or not to pass the bill into law.

    (a) evaluating
    (b) debating
    (c) consenting
    (d) initiating

30. The pay raise that came with my promotion was just the _____.

    (a) salt in the wound
    (b) end of the line
    (c) can of worms
    (d) icing on the cake

You have finished the Vocabulary questions. Please continue on to the Grammar questions.

Part I **Questions 1-10**

Choose the option that best completes each dialogue.

1. A: How have things been since you lost your job?

B: It's been difficult, but at least I can still _____.

(a) go around
(b) get by
(c) give away
(d) go down

2. A: I heard you really like Carl.

B: Yes, I do. I've had a _____ on him since my freshman year.

(a) thought
(b) dream
(c) glance
(d) crush

3. A: Your twin daughters are cute, but how do you distinguish between them?

B: To be honest, I can't always _____ them apart myself.

(a) see
(b) tell
(c) break
(d) make

4. A: My computer monitor is too dark. I can't see anything clearly.

B: It sounds like you have to _____ your brightness settings.

(a) permit
(b) adjust
(c) offend
(d) remind

5. A: Do we need to go through immigration?

B: No, because we are taking a _____ flight, not an international one.

(a) domestic
(b) regular
(c) convenient
(d) random

6. A: I think I caught a cold from being outside in the rain.

B: Bad weather does not _____ you to get sick, viruses do.

(a) develop
(b) behave
(c) expose
(d) cause

7. A: I like that shirt on you. It looks really good.

B: I agree, but it fits too _____. I need a smaller size.

(a) sternly
(b) loosely
(c) clearly
(d) tightly

8. A: I'm really thirsty, but I'm all out of water.

B: Here, I have some water that I can _____ with you.

(a) share
(b) afford
(c) divide
(d) replace

9. A: I can't believe the university is cutting back on student scholarships.

B: They have to because the state has _____ its funding for the school.

(a) elevated
(b) removed
(c) decreased
(d) influenced

10. A: Can I have your television after you go to college?

B: _____! I'm not giving that away to anybody.

(a) Over my dead body
(b) Easy come easy go
(c) Cut me some slack
(d) Keep your fingers crossed

Choose the option that best completes each sentence.

11. Although not everyone enjoys his music, no one can deny that Elvis Presley had a great _____ on modern music.

    (a) concern
    (b) measure
    (c) generation
    (d) influence

12. Each of our cell phones _____ one month of service at no charge.

    (a) separates
    (b) includes
    (c) evaluates
    (d) considers

13. Whenever you make a mistake, you should try to _____ it immediately.

    (a) glance
    (b) ensure
    (c) rescue
    (d) correct

14. My teenagers drive me crazy when they _____ over using the computer.

    (a) blame
    (b) bother
    (c) argue
    (d) adjust

15. The president wants to _____ on policy reform again after previous talks failed.

    (a) hit the nail on the head
    (b) get the ball rolling
    (c) beat around the bush
    (d) turn over a new leaf

16. For most people, the taste of black coffee is very _____.

    (a) bitter
    (b) sour
    (c) bland
    (d) salty

17. The disease was first _____ across the Atlantic by European explorers.

    (a) examined
    (b) transported
    (c) accompanied
    (d) provided

18. Many Americans are unhappy that illegal _____ from Mexico are taking jobs from citizens.

    (a) officials
    (b) immigrants
    (c) tourists
    (d) volunteers

19. My mother _____ to the news by giving me a big hug.

    (a) reacted
    (b) emerged
    (c) astonished
    (d) devoted

20. Scientists have _____ the data in an effort to determine the cause of the earthquakes.

    (a) permitted
    (b) consisted
    (c) analyzed
    (d) reflected

21. After a full day of sightseeing, Stephen slept _____.

(a) noisily
(b) soundly
(c) merrily
(d) fondly

22. My family can no longer use our well because the _____ in the area has become contaminated.

(a) rainwater
(b) groundwater
(c) dishwater
(d) wastewater

23. I have always been a _____ shopper, only buying products when they are on sale.

(a) lengthy
(b) notable
(c) central
(d) frugal

24. Unable to _____ the weight of the traffic, the bridge collapsed into the water.

(a) bear
(b) float
(c) spoil
(d) wrap

25. Congress recently passed a new _____ that allows people to own firearms.

(a) rule
(b) repeal
(c) law
(d) contract

26. Even though Dutch and Flemish have different names, in reality the two languages are nearly _____.

(a) identical
(b) forgettable
(c) isolated
(d) meaningful

27. Only a medical physician is able to _____ medication to patients.

(a) proscribe
(b) describe
(c) prescribe
(d) ascribe

28. After you _____ your exam, please turn it in to me.

(a) postpone
(b) operate
(c) deprive
(d) complete

29. All students are expected to arrive at least 15 minutes before the graduation ceremony _____.

(a) commences
(b) initiates
(c) launches
(d) embarks

30. The army successfully _____ its homeland from the invading enemy forces.

(a) defended
(b) encouraged
(c) developed
(d) approached

You have finished the Vocabulary questions. Please continue on to the Grammar questions.

신유형 분석 반영!

뉴텝스 최강 실전대비서!

NEW TEPS Research Team

문법·어휘

정답 및 해설

더 뉴텝스 **실전연습**
300

Section 1

시험에 가장 자주 출제되는 Grammar Point

Unit 1 어순

GP 01 | as ~ as 원급 비교

간편한 Check!

1 magnificent a 2 tall

1 이 건물은 엠파이어스테이트 빌딩만큼 웅장한 건물이다.
「as+형용사+관사+명사+as」를 묻는 문제이다.

2 나는 톰만큼 키가 크다.
as ~ as 사이에 비교급이나 최상급은 올 수 없다. 원급으로 표시해야 한다.

Check-up TEST 01

1 (d) 2 (c) 3 (d) 4 (d)

1

해석 A: 저 교회 좀 봐. 웅장하군.
B: 정말 그러네. 이전 교회만큼이나 크네.

해설 as ~ as 원급 비교의 어순은 「as+형용사+as」이다. 따라서 '이전 교회만큼이나 큰'이라고 할 때는 as large as the old one으로 표현하면 된다.

어구 magnificent 장엄한, 웅장한

2

해석 한국은 미국과 일본이 제공한 것만큼이나 많은 의료품을 황폐해진국가에 제공했다.

해설 '황폐해진 국가에 미국과 일본이 제공한 것만큼이나'라는 뜻을 담아야 하기 때문에 as ~ as 원급 비교를 쓰면 된다. 이 문제는 「as+형용사+관사+명사+as」 어순을 묻는 문제인데, 여기서는 명사가 복수이므로 관사가 필요 없다.

어구 offer 제공하다 medical supplies 의료[약]품 devastated 황폐해진

3

해석 (a) A: 방이 많은 유명 농구선수들 포스터로 꽉 차있구나.
(b) B: 난 농구 없이는 못살아.
(c) A: 그래서 매일 열심히 연습하는구나.
(d) B: 내 꿈은 스테판 커리 같은 훌륭한 농구선수가 되는 거야.

해설 「as+형용사+관사+명사+as」 어순이므로 (d)의 as a good player as를 as good a player as로 바꿔야 한다.

어구 be covered with ~로 뒤덮이다

4

해석 (a) 최근 들어 전세계적으로 유가가 급격하게 증가했다. (b) 사회의 거의 모든 부분들이 고공 행진하는 유가로 인해 부정적인 영향을 받았다. (c) 치솟는 유가의 영향을 최소화하기 위해 따를 수 있는 몇 가지 방법이 있다. (d) 그 중 하나는 당신이 운전하기 편하게 느낄 수 있는 작은 차를 구입하는 것이다.

해설 as ~ as 원급은 「형용사+관사+명사」의 어순을 쓰므로 (d)의 buy as a small car as를 buy as small a car as로 고쳐야 한다.

어구 oil prices 유가 dramatically 급격하게 affect 영향을 미치다 negatively 부정적으로 surging 치솟는 minimize 최소화하다 skyrocketing 치솟는

GP 02 | enough의 위치

간편한 Check!

1 (A) 2 (B)

1 나는 충분한 돈이 있다.
enough가 명사를 수식하는 형용사 역할을 하므로, money 앞에 와야 한다.

2 그녀는 충분히 아름답다.
enough가 형용사를 수식하고 있기 때문에 beautiful 뒤에 위치해야 한다.

Check-up TEST 02

1 (d) 2 (b) 3 (b) 4 (c)

1

해석 A: 엄마. 차 잠깐만 몰아도 될까요?
B: 너는 아직 운전할 나이가 아니잖니.

해설 enough가 부사로 사용되어 형용사를 수식할 경우 형용사 뒤에 나와야 한다. 또한 부정어 not은 be동사 다음에 위치한다.

2

해석 정부는 농촌 지역의 빈민을 부양할 충분한 기금이 없다.

해설 enough가 형용사로 사용되어 명사를 수식할 때는 명사 앞에 위치한다. 또한 일반동사의 부정문이므로 조동사 does 뒤에 not이 온다.

어구 government 정부 funds 기금, 자금 provide (for) 부양하다, 돌보다; 조달하다 the poor 빈민, 가난한 사람들 rural 시골의, 농촌지역의

3

해석 (a) A: 배 많이 고프겠구나.
(b) B: 식탁에 있는 음식을 모조리 먹어 치울 수 있을 정도로 배가 고파.
(c) A: 손부터 씻고 음식을 먹도록 해.
(d) B: 이번엔 손 씻는 거 건너뛰면 안 될까? 한 번만 봐줘.

해설 enough가 부사로 사용되어 형용사를 수식하면 형용사 뒤

에 위치하게 된다. 따라서 (b)의 enough hungry를 hungry enough로 바꾸어야 한다.

어구 **forget to V** ~할 것을 잊다 **skip** 거르다, 건너뛰다 **Give me a break.** 한 번만 봐주세요; 이제 그만; 그만 좀 내버려둬.

4
해석 (a) 친구와 동료들이 나를 속였다. (b) 너무 가슴이 아프고 실망스러워서 어느 누구도 믿을 수 없었다. (c) 그래도 비밀을 터놓고 이야기할 수 있을 만큼 잘 아는 친구가 딱 세 명이 있다. (d) 그 친구들에게 어떠한 문제라도 생긴다면 난 그들을 위해 뭐든지 다 할 것이다.

해설 enough가 부사로 사용되어 같은 부사를 수식하면 부사 바로 뒤에 위치하게 된다. 따라서 (c)에서 enough well이 아니라 well enough가 되어야 한다.

어구 **cheat** 속이다 **heartbroken** 가슴 아픈, 상심한 **frustrated** 실망한, 좌절한 **trust** 신뢰하다 **still** 그래도, 그럼에도 불구하고 **confide in** 신뢰하다, 비밀을 털어놓다 **ever** 〈조건문〉 언젠가, 앞으로

GP 03 | ever의 위치

간편한 Check!

1 Have you ever 2 ever bought
3 as ever lived

1 그 식당 이용해본 적 있니?
ever는 조동사 Have와 과거분사 tried 사이에 위치하는데 의문문이므로 주어 you가 Have 다음에 왔다.

2 이것은 내가 그동안 구입한 것 중에서 가장 비싼 컴퓨터이다.
ever는 조동사 have와 과거분사 bought 사이에 위치한다.

3 그는 이제껏 가장 훌륭한 운동선수이다.
「as ~ as ever」의 어순이다.

Check-up TEST 03

1 (b) 2 (a) 3 (c) 4 (c)

1
해석 A: 저스틴 비버나 엠마 왓슨 같은 연예인과 이야기 해본 적 있니?
B: 아니. 아직 없어.

해설 ever는 조동사와 본동사 사이에 위치한다. 따라서 (b) Have you ever talked가 되어야 한다.

어구 **celebrity** 연예인; 유명인사

2
해석 그 배우는 40대임에도 불구하고 여전히 아름답다.

해설 as ~ as 비교급에서 ever의 위치는 「as+형용사+as ever」이므로 정답은 (a)이다.

어구 **in one's forties** 40대의

3
해석 나의 사촌형은 고등교육을 받은 적이 없다.

해설 ever는 조동사와 본동사 사이에 놓이는데, 이 문제는 그 사이에 부정어 not이나 never가 오면 어순이 어떻게 되는지를 묻는 문제이다. 흔히 wouldn't/haven't/won't를 한 덩어리로 묶는 경우가 많으므로 ever를 부정어 다음에 쓴다고 기억해 두자.

어구 **higher education** 고등교육

4
해석 (a) A: 수학 시험 결과에 낙담하지 마.
(b) B: 도저히 머리에서 떨쳐버릴 수가 없어. 정말 중요한 시험이었거든.
(c) A: 나쁜 기억을 잊기 위해 새로운 걸 시도해 본 적이 있니?
(d) B: 제안해줄 만한 게 있어?

해설 ever는 조동사와 본동사 사이에 온다. 따라서 (c)의 Have you tried ever는 Have you ever tried가 되어야 한다.

어구 **discouraged** 낙담한, 실망한 **result** 결과 **can't get it out of my head** 기억에서 지울 수가 없다 **in order to V** ~하기 위하여, ~할 목적으로 **suggestion** 제안

GP 04-05 | 간접의문문의 어순 / 구동사와 목적어의 어순

간편한 Check!

1 (A) 2 (A)

1
동사 suppose가 있으므로 의문사 What이 앞에 위치한 (A)가 옳은 표현이다.

2
check out은 구동사이고 대명사 them이 사용되었으므로 check과 out 사이에 위치해야 한다.

Check-up TEST 04~05

1 (c) 2 (c) 3 (c) 4 (b)

1
해석 A: 제임스가 왜 이전 직장을 그만뒀는지 아니?
B: 그는 다른 동료들에 비해 자기 봉급이 너무 적다고 생각했어.

해설 동사 think가 간접의문문에 사용되었다. 이 경우 답이 yes나 no로 떨어지지 않고 구체적인 답을 요구하게 된다. 이와 같은 동사가 사용될 때는 의문사가 문장 맨 앞에 와야 한다. 「Why do you think+주어+동사」 형태를 찾으면 된다.

어구 **quit** 그만두다; 사직하다 **previous** 이전의 **compared to** ~와 비교해 보면 **colleague** 동료

2
해석 A: 비록 날씨가 덥고 습하지만 나는 이 스카프를 착용하는 것이 좋아.

4

B: 벗어 버리지 그러니. 지금은 여름이야.

해설 목적어가 일반 명사이면 take와 off 사이에 와도 되고 take off 다음에 와도 된다. 그러나 대명사일 때는 반드시 take와 off 사이에 와서 take it off로 써야 한다.

어구 **humid** 습한 **wear** 착용하다 **why don't you** ~? ~하는 것이 어때? **take off** 벗다; 이륙하다

3

해석 회사의 최고경영자는 작년에 매출이 하락한 이유를 파악하려고 노력 중이다.

해설 이유를 묻는 의문사 why가 이끄는 절이 구동사 figure out의 목적어 역할을 하는 간접의문문이다. 「why+주어+동사」 어순이 된다.

어구 **figure out** 알아내다 **sales** 매출, 판매 **go down** 하락하다, 내려가다

4

해석 (a) A: 여보세요. 마이클 케인이라고 하는데요. 톰 브레들리씨와 통화할 수 있을까요?
(b) B: 잠시만 기다려 주십시오. 지금 어디 있는지 알 수가 없네요.
(c) A: 그러면 메시지를 전해 주시겠습니까?
(d) B: 물론이죠. 펜 좀 찾겠습니다.

해설 간접의문문의 어순은 「의문사+주어+동사」라는 것을 기억해 두자. 따라서 (b)의 where is he now를 where he is now로 바꾸어야 한다.

어구 **Hold on.** (전화상에서) 끊지 말고 기다리세요.

GP 06 | 빈도부사의 위치

간편한 Check!

1 always goes
2 frequently visited
3 was rarely

1 그녀는 힘들 때면 항상 교회에 간다.
   빈도부사 always는 일반 동사 goes 앞에 위치한다.

2 나는 시간을 때우기 위해 지역 센터를 종종 방문한다.
   빈도부사 frequently는 조동사 have와 과거분사 visited 사이에 위치한다.

3 내가 20대였을 때는 성공한 경우가 거의 없었다.
   빈도부사 rarely는 be동사 다음에 위치한다.

Check-up TEST 06

1 (c)   2 (d)   3 (a)   4 (a)

1

해석 A: 난 점심 먹고 나면 항상 졸려.
   B: 그건 정상적인 거야. 네 몸이 방금 먹은 음식을 소화시키는 데 집중하고 있기 때문이지.

해설 빈도부사인 always는 일반 동사 feel 앞에 놓여야 한다. 또한 feel은 뒤에 보어를 필요로 하는 동사인데, 문장에서는 형용사 drowsy가 보어의 역할을 해 주고 있다.

어구 **drowsy** 졸리는 **normal** 정상적인, 보통의 **focus on** ~에 집중하다 **digest** ~을 소화하다

2

해석 정부는 수시로 범죄와의 전쟁을 선포했지만, 지금까지는 성공적이지 못했다.

해설 have p.p.는 능동의 뜻이고 have been p.p.는 수동의 뜻을 나타낸다. 문맥상 정부가 범죄와의 전쟁을 '선포했다'는 능동의 의미이므로 답은 (c)나 (d) 둘 중의 하나가 된다. 여기서 has는 조동사, declared는 과거분사이므로 빈도부사인 frequently는 has와 declared 사이에 위치하게 된다.

어구 **declare war against** ~에게 선전 포고하다 **frequently** 수시로, 자주 **so far** 지금까지

3

해석 (a) A: 이상한걸. 그녀가 회의에 늦는 일은 거의 없는데 말야.
(b) B: 실은 프랭크가 말하길 그녀가 10분 전에 아파서 못 오겠다고 전화했었대.
(c) A: 그래? 그런데 왜 아무도 나한테 말해주지 않았어?
(d) B: 난 자네가 벌써 알고 있는 줄 알았지.

해설 (a)의 She's는 She is의 준말이고 빈도부사 seldom은 be동사 뒤에 와야 한다. 따라서 She's late seldom을 She's seldom late로 바꾸어야 한다.

어구 **weird** 이상한, 불가사의한 **call in sick** 병으로 결석하겠다고 전화로 알리다 **how come** 왜, 어째서

4

해석 (a) 과거에 일본 회사는 직원들을 거의 해고하지 않았고, 직원들의 회사에 대한 충성도는 전 세계 그 어느 나라 직원들의 충성도보다 높았다. (b) 그러나 가혹한 경기침체가 그러한 관례를 바꿔놓았다. (c) 파산의 위협 아래 놓인 기업들은 과거의 경영관행과 가치를 폐기했다. (d) 그 이후부터 일본에서 평생고용이라는 개념을 신봉하는 기업은 찾기 힘들다.

해설 rarely는 빈도부사이기 때문에 일반 동사 앞에 놓여야 한다. 따라서 (a)의 fired their employees rarely를 rarely fired their employees로 바꾸어야 한다.

어구 **firm** 회사 **fire** 해고하다 **loyalty** 충성도 **harsh** 가혹한 **downturn** 침체, 하강 **practice** 관습, 관행 **bankruptcy** 파산 **discard** 버리다, 폐기하다 **believe in** ~을 믿다, 신봉하다 **concept** 개념, 관념 **lifetime employment** 평생고용

GP 07 | 양보구문의 어순

간편한 Check!

1 angry you are
2 difficult the subject might look

1 네가 아무리 화가 난다 하더라도 스스로를 다스리는 법을 배워야 한다.
「No matter how+형용사+주어+동사」의 양보 구문이다.

2 그 과목이 아무리 어렵게 보인다 하더라도 곧 공부하기 쉽다는 것을 알게 될 것이다.
「However+형용사+주어+might+동사원형」의 양보 구문이다.

Check-up TEST 07

1 (c)　　**2** (d)　　**3** (d)　　**4** (d)

1
해석 A: 그 일이 네게 얼마나 중요하든지 간에, 그 행사에 가려고 수업을 빠지는 건 안 된다.
　　 B: 네, 선생님.
해설 「No matter+의문사(how)+형용사+주어+동사」로 이루어진 양보구문이다.
어구 **miss** ~을 빠지다

2
해석 처음 보면 TEPS 시험이 어렵게 보일지라도 끈기를 가지고 열심히 공부하다 보면 고득점을 받을 수 있다.
해설 「형용사+as+주어+may+동사」 어순의 양보구문이다.
어구 **at first sight** 처음 보기에　　**persevere** 인내심을 갖고 하다

3
해석 (a) A: 난 사람들이 그를 그만 비난했으면 해. 사람들이 너무 가혹한 것 같아.
　　 (b) B: 하지만 그는 그럴만한 짓을 했어. 경기 중에 부정행위를 저질렀다고.
　　 (c) A: 나도 알아. 그렇지만 좋은 사람인 것 같고 자기가 한 행위를 뉘우치고 있잖아.
　　 (d) B: 좋은 사람이긴 하지만 그는 공정하게 경기를 하지 않았어.
해설 (d)의 A good guy as he is는 양보구문으로 사용된 것이므로 관사 a를 쓰면 안 된다.
어구 **criticize** 비난하다　　**deserve** ~할 만하다, ~받을 자격이 있다
　　 cheat 속이다, 사기 치다　　**regret** 후회하다

4
해석 (a) 월요일 기사에 따르면 캘리포니아주의 몇몇 간수들이 죄수들의 식비로 예정된 돈을 착복했다. (b) 돈을 횡령한 간수들은 정부의 태만을 악용한 것이다. (c) 횡령된 돈의 액수는 다른 유사 사건에 비하면 비교적 적은 편이다. (d) 그러나 얼마를 착복했든지 간에 앞으로 이런 사건이 발생하는 것을 막기 위해 처벌은 엄해야 한다.
해설 (d)는 「No matter 의문사(how)+부사+주어+동사」 양보구문이다. 주어가 와야 할 자리에 did가 왔으므로 how much did they pocket을 how much they pocketed로 바꾸어야 한다.
어구 **prison guard** 간수　　**pocket** 착복하다　　**mean (for)** 어떤 용도에 예정하다, ~이 되게 할 생각이다　　**misappropriate**

남용하다, 횡령하다　　**take advantage of** ~을 이용[악용]하다
negligence 태만, 부주의　　**relatively** 비교적　　**compared to** ~와 비교하여　　**case** 사건　　**tough** 모진, 가차 없는

GP 08 | 특정 동사의 어순

간편한 Check!

1 leave　　**2** of

1 그 선생님은 말썽꾸러기 학생들을 교실에서 나가게 했다.
문장에서 사용된 make는 사역동사로 목적어 다음에 동사원형을 쓴다.

2 한 이웃 주민이 경찰관에게 불법 무기를 판매하고 있는 가게를 알려 주었다.
동사 notify는 「notify+간접목적어+of+직접목적어」의 형태로 쓴다.

Check-up TEST 08

1 (a)　　**2** (d)　　**3** (b)　　**4** (d)

1
해석 A: 여보, 표정이 무거워 보이는데요.
　　 B: 아들에게 안 좋은 소식을 전할 시간이 왔어요.
해설 동사 inform은 「inform+간접목적어+of+직접목적어」의 형태를 취한다.
어구 **the time has come** 시간이 왔다　　**inform** 통지하다, 알려주다

2
해석 최신 업데이트된 저희 서비스에 대해 알려드리고자 합니다.
해설 '…에게 ~한 사실을 알려주다'는 「notify+간접목적어+of+직접목적어」를 쓰면 된다.
어구 **would like to do** 기꺼이 ~하고 싶다　　**(the) latest** 최신의

3
해석 (a) A: 돼지고기도 좀 먹어보는 게 어때?
　　 (b) B: 내가 이슬람교도라는걸 알려야겠군.
　　 (c) A: 이런, 미안해. 몰랐어.
　　 (d) B: 괜찮아. 난 이 맛있는 생선을 먹으면 돼.
해설 have가 사역동사로 사용되어 '~하게 하다'의 뜻을 가지게 되면 「have+목적어+동사원형」으로 써야 한다. 따라서 (b)의 to know는 know가 되어야 맞다.
어구 **pork** 돼지고기　　**Muslim** 이슬람교도

4
해석 (a) 지난 금요일 정부는 저소득층 아동들에게 더 많은 기회를 주기 위해 새로운 정책을 몇 가지 채택했다. (b) 이 정책들은 경쟁의 기회를 동등하게 주는 것에 초점을 맞추고 있다. (c) 정책의 최우선 목표는 계급간의 격차를 줄이는 것이다. (d) 가난이 아이들에게서 교육받을 기회를 앗아간다는 것은 잘 알려져 있다.
해설 동사 deprive는 「deprive+간접목적어+of+직접목적

어」의 형태로 쓰인다. 따라서 (d)의 deprives children opportunities를 deprives children of opportunities로 바꾸어야 옳다.

어구 **adopt** ~을 채택하다 **underprivileged** 혜택 받지 못한, 권리가 적은 **level the competition** 경쟁 기회를 동등하게 하다 **primary objective** 우선 목표 **narrow the gap between** ~간의 격차[차이]를 좁히다 **deprive A of B** A에게서 B를 앗아가다

GP 09 | 변칙 어순

간편한 Check!

1 very delicious   2 heavy a box

3 a boring movie

1 매우 맛있는 사과 한 개
부사 very 다음에 형용사 delicious가 온다.

2 너무 무거운 상자 한 개
부사 too 다음에 형용사가 먼저 오고 다음에 관사와 명사가 온다.

3 매우 지루한 영화 한 편
「such+관사+형용사+명사」 어순이다.

Check-up TEST 09

1 (a)   2 (c)   3 (b)   4 (c)

1

해석 A: 너희 팀은 월요일 회의에서 결정을 내렸니?
B: 아직이야. 알다시피, 꽤나 어려운 문제잖아.

해설 '매우 까다로운 문제'를 영어로 풀면 「관사+부사+형용사+명사」 순이다. (d)의 경우 부사 so 앞에 관사를 쓸 수 없기 때문에 오답이 된다.

어구 **make a decision** 결정을 내리다 **sticky** 어려운, 난처한

2

해석 말콤 글래드웰은 매우 재미난 저자로 최근에 《Blink: The Power of Thinking Without Thinking》이라는 그의 책이 발매되었다.

해설 so를 써서 '매우 재미있는 저자'라고 할 때 어순은 「so+형용사+관사+명사」이다. 따라서 so interesting an author가 올바른 표현이다.

어구 **release** 출시하다; 개봉하다

3

해석 (a) A: 어제 민디와의 데이트는 어땠어?
(b) B: 음…. 데이트는 좋았어. 그런데 민디도 꽤 멋진 여자더군.
(c) A: 그렇지만 그녀와 다시 데이트를 하지는 않을 건가보지?
(d) B: 사실, 잘 모르겠어. 좀 혼란스러워.

해설 (b)의 부사 quite는 very와 같은 의미로 뒤의 형용사 good을 수식하는 부사이다. 이 경우 통상적인 「관사+부사+형용사+명사」 어순이 아닌 「부사(quite)+관사+형용사+명사」 순으로 쓰인다는 것을 기억하자. 따라서 (b)의 a quite good girl을 quite a good girl로 바꾸어야 한다.

어구 **go out with** ~와 교제하다 **confused** 혼란스러운

4

해석 (a) 델마에 있는 오션 뷰 호텔에 오신 것을 환영합니다. 이곳에서 여러분께서는 기분전환을 하실 수 있습니다. (b) 저희는 태평양의 멋진 경치와 고품질의 서비스를 제공해 드리고 있습니다. (c) 여러분은 미국의 서해안이 얼마나 아름다운지 오션 뷰 호텔에서 깨닫게 되실 것입니다. (d) 가족 및 친구들과 즐거운 시간을 보내실 수 있는 놀이시설과 쇼핑구역도 많이 있습니다.

해설 「how+형용사+주어+동사」 어순이므로 (c)의 '얼마나 아름다운지 깨닫게 될 것이다'는 find how beautiful (형용사) the west coast of the U.S.(주어) is(동사)라고 써야 한다.

어구 **refresh** 상쾌하게 하다, 원기를 회복시키다 **facilities** 시설 **district** 지구, 지역

GP 10 | 기타 어순

간편한 Check!

1 he is   2 do I

1 그는 왜 저렇게 거만한 거야?
How come 다음에는 「주어+동사」의 어순이 나와야 한다.

2 A: 나는 회의 진행 방식이 마음에 들어.
B: 나도 그래.
문맥상 주어인 I도 그러하다는 의미가 되어야 하므로 「So+동사+주어」 어순이 알맞다.

Check-up TEST 10

1 (b)   2 (a)   3 (b)   4 (c)

1

해석 A: 왜 프랑스 요리를 싫어하는 거야?
B: 솔직히 말해서 난 프랑스의 모든 게 다 싫어.

해설 how come 다음에 「주어+동사」 순으로 나와야 한다.

어구 **how come** 어째서, 왜 **frankly speaking** 솔직히 말해서 **dislike** 싫어하다

2

해석 호흡 장애는 조기 사망 가능성을 더 높인다.

해설 bring with it[them] 구문은 목적어를 뒤로 빼서 쓸 수 있다. 위 문제에서 목적어는 높은 조기 사망 가능성(a greater chance of premature death)이다.

어구 **disorder** 장애 **premature** 이른, 조기의

3

해석 (a) A: 저기 길 건너에 있는 예쁜 여자애 봐봐. 정말 끝내주는걸.
(b) B: 그러게. 내가 지금껏 본 여자 중에서 가장 예쁜 여자군.
(c) A: 당장 가서 말 걸고 싶은데.
(d) B: 그냥 가서 좋아한다고 하지 그래?

해설 (b)는 '그래, 그녀는 정말 멋져'라며 상대의 의견에 동의를 나타낸 것이므로 「So+주어+동사」 어순으로 표시해야 한다. 따라서 So is she를 So she is로 고쳐야 맞는 표현이다.

어구 **gorgeous** 멋진, 호화스러운   **why don't you** ~하는 게 어때?

4

해석 (a) 몇몇 정부 기관의 홈페이지가 지난 일요일 신원을 알 수 없는 해커들에 의해 습격을 받았다. (b) 홈페이지는 즉각 복구가 되었고, 정부는 아직 해커들을 추적 중이다. (c) 사실, 이런 종류의 사건은 정부에게 있어서는 새로운 일이 아니다. (d) 지난 10월에는 몇몇 정부 홈페이지 서버가 해커들에 의해 다운되었다.

해설 something은 형용사 new의 후치 수식을 받아야 하므로 (c)에서는 new something이 아니라 something new가 되어야 한다.

어구 **government agency** 정부기관   **anonymous** 익명의   **promptly** 즉각   **fix** 수리하다, 고치다   **track** 추적하다   **take down** ~을 넘어뜨리다, 분해하다

Unit **2** 분사

GP 11 | 현재분사와 분사구문

간편한 Check!

1 Walking   2 The weather being

1 길을 걸어가다가 나는 유명인사와 맞닥뜨렸다.
의미상 주어와 주절의 주어가 같으므로 접속사 As와 I를 생략하고 I가 걷는 주체이므로 현재분사 Walking을 쓰면 된다.

2 날씨가 아주 좋아서 우리는 소풍을 갔다.
의미상 주어와 주절의 주어가 다르므로 의미상 주어 the weather를 살려주어야 한다. 날씨는 능동 개념으로 접근하므로 현재분사 being이 뒤에 붙는다.

Check-up TEST ⑪

1 (a)   2 (a)   3 (c)   4 (d)

1

해석 A: 여보, 오늘은 꽤 일찍 왔네요.
B: 피곤해서 평소보다 일찍 왔어요.

해설 화자가 피곤함을 느꼈다는 '능동'의 의미이므로 feel을 현재분사로 써야 한다. 뒤에는 tiring(피로하게 하는)이 아니라 tired(피곤한)가 와야 옳다.

어구 **earlier than usual** 평소보다 일찍이

2

해석 창문에서 낯선 목소리가 들리자, 그녀는 옆에서 자고 있는 남편을 깨우려고 했다.

해설 '자고 있는'은 의미상 능동이므로 현재 분사로 써준다.

어구 **next to** ~의 옆에

3

해석 (a) A: 오랜만이야. 요즘 어떻게 지내?
(b) B: 그럭저럭 지내. 넌 어때? 아직 그 회사에서 일하고 있어?
(c) A: 그래. 근데, 지금 하고 있는 프로젝트를 끝내면 회사를 그만둘 거야.
(d) B: 왜? 지난번에 봤을 땐 그런 생각 안 하고 있었잖아.

해설 (c)를 보면 화자가 프로젝트를 끝내는 주체로 능동의 의미이므로 completed를 completing으로 써주어야 한다.

어구 **Long time no see.** 오랜만이야.   **lately** 최근에   **firm** 회사

4

해석 (a) 알렉산더 대왕은 마케도니아의 왕이었고, 역사상 가장 위대한 군사 지휘자 중 한 명으로 여겨진다. (b) 그는 항상 군의 선두에 서 있었고 리더십과 카리스마로 유명했다. (c) 그는 전투 중에 계속해서 페르시아군을 무찔렀고, 결국 페르시아 제국을 정복했다. (d) 세상 끝에 다다르겠다는 자신의 욕망을 따라, 그는 인도를 침략했지만 자신의 군대가 전쟁에 지쳐버리자 되돌아갈 수밖에 없었다.

해설 (d)의 분사구문은 '그의 열망을 따라서'라는 뜻으로, 무언가를 좇는다는 것은 능동의 개념이다. 따라서 Followed를 Following으로 바꾸어야 옳다.

어구 **military leader** 군 지휘자   **at the front** 정면에, 맨 앞에; 출전 중의   **charisma** 카리스마, 권위   **repeatedly** 반복해서   **defeat** 패배시키다, 물리치다   **in battle** 전투 중에   **eventually** 결국   **conquer** 정복하다   **invade** 침략하다   **be forced to V** ~할 수밖에 없는 상황이 되다   **troop** 군대

GP 12 | 과거분사와 분사구문

간편한 Check!

1 Lost in thought   2 Given

1 생각에 빠진 나머지 그녀는 다가온 차를 보지 못했다.
주절과 종속절의 주어가 she로 같으므로 접속사 As를 생략하고 과거분사 Lost를 쓴다.

2 상을 받아서 그녀는 매우 행복했다.
주절과 종속절의 주어가 같으므로 Because she를 생략하고 상이 '주어지는' 것이므로 수동의 뜻을 가진 과거분사 Given을 쓰면 된다.

Check-up TEST ⑫

1 (d)   2 (a)   3 (c)   4 (a)

1

해석 A: 그녀답지 않은걸. 왜 저리 우울해 보이지?
B: 정 선생이 결혼한다잖아. 그 소식에 실망해서, 일에 집중을 못 하는 것일지도 몰라.

해설 disappoint는 '실망시키다'라는 뜻을 갖는다. 여기서는 '실망한'의 뜻으로 수동의 의미를 나타내므로 disappointed로 표현해야 한다. 소식이 그녀를 실망시킨 주체이므로 전치사 by와 함께 써주면 된다.

어구 focus on ~에 초점을 맞추다

2

해석 왼손잡이로 태어난 나는 억지로 오른손잡이가 되어야 했는데, 그 이유는 아버지가 왼손잡이는 살아가기 힘들 것이라고 생각했기 때문이다.

해설 왼손잡이가 된 것은 본인의 의지와 선택에 의한 것이 아니라 그렇게 태어나게 된 것이므로 수동형으로 표현해야 한다.

어구 left-handed 왼손잡이의   right-handed 오른손잡이의

3

해석 (a) 회피는 분쟁을 처리하는 한 가지 방법이다. (b) 이 방법에는 분쟁의 소지가 있는 주제를 다른 주제로 돌리거나, 그 주제에 대한 논의를 미루거나, 어떤 주제에 대한 논의 자체를 시작하지 않는 것이 포함될 수 있다. (c) 사소한 분쟁에 직면하게 되면 일부 사람들은 이 방법에 의지한다. (d) 그러나 많은 사람들은 회피가 모두 패자가 되는 상황만을 가져올 뿐이라고 주장한다.

해설 '~에 직면하게 되는'의 수동의 의미이므로 Confronting을 Confronted로 바꾸어야 한다.

어구 avoidance 회피   address (어려운 문제를) 다루다, 처리하다   conflict 갈등   divert ~을 ...으로 전환하다; 딴 데로 돌리다   postpone 미루다   resort (to) 의지하다   generate 초래하다, 발생시키다   a lose-lose situation 승자는 없고 패자만 있는 상황

4

해석 (a) 독재정권은 한 사람 또는 소규모 집단의 사람들에 의해 통제되는 정부 형태이다. (b) 독재정권의 가장 잘 알려진 예 중 하나는 나치 독일이다. (c) 나치의 집권기간 동안 3백만 명이 넘는 독일인들이 정치적 이유로 수감되거나 강제수용소로 끌려갔다. (d) 2차 세계대전 이후 독일인들은 자신들이 한 행위를 잊지 않았고 다시는 자신들의 실수를 반복하지 않기 위해 극도로 주의하고 있다.

해설 (a)에서 '독재정권이란 한 사람 또는 소수에 의해서 지배되는 정부'라는 수동태 개념으로 봐야지, 정부가 한 명이나 한 집단을 통제한다고 하면 내용이 어색해진다. 따라서 (a)의 controlling을 controlled by로 고친다.

어구 dictatorship 독재 정권   imprison 수감하다, 교도소에 넣다   concentration camp 강제수용소, (정치범) 수용소   extremely 극도로, 매우

GP 13-14 완료분사구문 / 분사구문의 부정

간편한 Check!

1 Having finished   2 Having been fired
3 Not knowing   4 Never treated

1 보고서를 더 일찍 끝내서 저녁에는 조금 쉴 수 있었다.
보고서를 끝낸 행위가 먼저이므로 having p.p. 혹은 having been p.p.로 나타낼 수 있는데 보고서를 끝내는 동작은 능동이므로 having p.p.가 옳다.

2 해고되어서 톰은 할 일이 없었다.
톰이 해고가 된 것은 할 일이 없는 것보다 먼저 일어난 일이므로 수동태의 완료분사구문인 Having been p.p.로 표현한다

3 그를 모르기 때문에 그에게 말을 걸지 않았다.
분사구문의 부정은 분사 바로 앞에 not을 위치시킨다.

4 사장님은 나를 단 한 번도 제대로 대우해 주지 않았기 때문에 회사를 떠나기로 결심했다.
분사 바로 앞에 부정을 나타내는 never가 와야 한다.

Check-up TEST 13~14

1 (d)   2 (d)   3 (b)   4 (b)

1

해석 A: 왜 회사를 떠나기로 결심했는지 설명해 주실 수 있습니까?
B: 일주일 내내 일하는 것과 마찬가지인 생활을 3년 동안 했더니 이제는 제 일에 넌더리가 나요.

해설 3년 동안 거의 매주 7일을 일했다는 분사구문은 주절보다 한 시제 앞서고 능동 개념이므로 having p.p.로 쓰는 것이 맞다.

어구 practically 사실상, 거의, ~이나 마찬가지   be sick and tired of ~에 넌더리가 나다

2

해석 정크푸드를 먹으며 자라지 않았기 때문에 그는 다 자라면 건강할 것이다.

해설 분사구문과 주절 사이에 시간적 차이가 존재한다. 분사구문이 한 시제 앞서기 때문에 having p.p.로 써야 하는데 수동 개념이므로 having been p.p.로 쓰고, 이에 대해 부정하므로 not을 맨 앞에 둔다.

어구 raise 기르다, 키우다   in good shape (건강·몸) 상태가 좋은   grow up 다 자라다; 어른이 되다

3

해석 (a) A: 그 소식 들었어? 고고학자들이 《금지된 전설》의 원본을 발견했대.
(b) B: 원본은 오래 전에 소실되어서, 아무도 원본을 다시 찾을 수 있으리라고는 기대도 안 했잖아.
(c) A: 그리고 다른 판본에는 없는 스무 페이지가 원본엔 포함되어 있다는군.
(d) B: 이제 그 책이 쓰여졌던 당시의 왕들이 그 책을 금지하기 위해 왜 그리 애썼는지 알 수 있겠네.

해설 (b)에서 원본은 '소실한' 것이 아니라 '소실된' 것이다. 또한 뒤에 나오는 시간의 부사구 long ago를 통해 원본의 소실이 주절의 시점보다 먼저 발생했음을 알 수 있다. 따라서 losing을 lost로 바꾸어야 옳다.

어구 **archaeologist** 고고학자　**original** 원본　**edition** 판(본)　**contain** 담고 있다, 포함하다　**ban** 금지하다

4

해석 (a) 친환경 일자리 창출은 우리나라의 이산화탄소 배출을 줄일 뿐 아니라 현재의 경제 불황의 강도를 낮추는 데도 도움이 될 것이다. (b) 그러나 사태의 급박함은 생각하지 않은 채, 정부는 시장이 모든 것을 알아서 하도록 멍하니 손 놓고 있다. (c) 정부는 친환경 경제를 위해 필요한 인력과 기술을 평가할 필요가 있고, 친환경 경제의 창설을 지원하기 위해 할 수 있는 일을 해야만 한다. (d) 정부는 너무 늦기 전에 환경을 보호하기 위해 뒤따라가는 것이 아니라 앞장서야 한다.

해설 (b)를 보면 정부가 사태의 긴박함을 생각하는 주체이고, 이를 다시 부정하고 있으므로 Not reflecting이 바른 표현이다.

어구 **creation** 창출; 창설; 창조　**carbon dioxide** 이산화탄소　**emission** 배출　**limit** 제한하다, 한정하다　**severity** 격렬함, 혹독함　**urgency** 긴급, 긴급한 일　**government** 정부　**reflect** 심사숙고하다; 나타내다　**stand by** 방관하다　**idly** 하는 일 없이　**assess** 평가하다　**workforce** 노동력

GP 15 ｜ 독립 분사구문

간편한 Check!

1 Judging　　2 Strictly　　3 Taking

1 너의 표정을 보고 판단하건데 무슨 문제라도 생긴 것 같구나.
'~로부터 판단해 보면'은 judging from이다.

2 엄격히 말하면 당신은 규정을 위반했습니다.
'엄격하게 말하면'은 strictly speaking이다.

3 모든 것을 고려해봤을 때 우리는 가야 할 길이 멀다.
'모든 것을 고려해봤을 때'는 taking all things into consideration이다

Check-up TEST ⑮

1 (b)　　2 (c)　　3 (a)　　4 (a)

1

해석 A: 외모로 보건대 그는 부자임에 틀림없어.
　　　B: 글쎄, 난 그렇게 생각 안 해. 반짝이는 것이 모두 금은 아니잖아.

해설 '~로 판단해보건대'라는 뜻의 독립 분사구문은 judging from이다.

어구 **appearance** 외모, 외견　**glitter** 반짝이다

2

해석 상황이 허락하면, 일군의 전문가들이 이라크로 들어가 안보문

제를 다룰 것이다.

해설 '상황이 허락한다면'은 The situation permitting으로 표현한다. Weather permitting과 함께 잘 외워두자.

어구 **expert** 전문가　**address** (어려운 문제 등을) 다루다, 처리하다　**security** 안보　**issue** 문제

3

해석 (a) A: 비용 문제를 포함해 모든 것을 고려한 결과, 전 이 에스프레소 기계를 사기로 결정했어요.
(b) B: 훌륭한 선택이십니다. 결코 실망하지 않으실 거예요.
(c) A: 이 기계를 간수하기 위해서 제가 알아둬야 할 것이 있나요?
(d) B: 2주에 한 번씩 기계를 청소해 주셔야 합니다.

해설 (a)에서 '모든 것을 고려해 봤을 때'라는 표현은 taking everything into consideration이다.

어구 **maintain** 간수[건사]하다, 보존하다; 유지하다　**every two weeks** 2주마다

4

해석 (a) 일반적으로 말하자면, 언론매체의 관심을 받는 사람을 유명인사라 한다. (b) 영화배우나 운동선수 같은 몇몇 특정 직업에서 유명인사가 배출되기 더 쉽다. (c) 하지만 때로는 일반인도 우연한 기회에 유명인사가 되기도 한다. (d) 그리고 모든 영화배우나 운동선수가 유명인사가 되는 것도 아니다.

해설 (a)에서 '일반적으로 말해서'라는 표현은 generally speaking이다.

어구 **celebrity** 유명인사, 연예인　**the media** 언론매체　**occupation** 직업　**athlete** 운동선수　**ordinary** 평범한, 보통의　**by accident** 우연히, 어쩌다

Unit 3 관계사

GP 16 ｜ who / whose / whom

간편한 Check!

1 whose　　2 whom　　3 who

1 나는 생각이 항상 혁신적인 민수와 이야기하는 것을 좋아한다.
Minsu가 ideas를 소유하고 있는 것이므로 소유격 관계대명사가 알맞다.

2 그녀는 어제 내가 입구에서 우연히 부딪혔던 사람이다.
bumped into의 목적어가 선행사인 the person이므로 목적격 관계대명사가 정답이다.

3 기차 역 앞에는 많은 사람들이 서 있다.
are standing의 주어가 many people이므로 주격 관계대명사가 정답이다.

Check-up TEST ⑯

1 (a)　　**2** (b)　　**3** (d)　　**4** (b)

1

해석 A: 제임스, 내가 어제 널 우연히 만났을 때 네 옆에 앉아있던 사람은 누구였니?
B: 누구? 조지를 말하는 건가? 그 애는 내 사촌이야. 서울을 떠나기 전에 날 보러 왔었어.

해설 선택지를 보면 관계대명사 문제임을 알 수 있다. 선행사가 사람인 guy인데 was sitting의 주어 역할을 하고 있으므로 주격 관계대명사 who가 정답이다.

어구 come across 우연히 만나다

2

해석 탐 루이스는 자수성가한 존경받는 사업가이지만 그의 성격은 너무나도 이상해서 극소수의 사람만이 그가 사고뭉치임을 알고 있다.

해설 빈칸 앞뒤에 있는 a self-made and respected businessman과 personality의 의미상 관계를 파악해야 한다. '사람의 성격'을 의미하므로 소유 관계임을 알 수 있다. 선행사가 사람이고 소유 관계이면 whose를 써야 한다.

어구 self-made 자수성가한　respected 존경 받는　personality 성격　only a few 극소수의　troubling 사고를 일으키는

3

해석 (a) A: 911입니다. 무엇을 도와드릴까요?
(b) B: 안녕하세요. 택배 기사분한테서 소포를 하나 받았는데, 뭔가 이상해요.
(c) A: 무슨 일이시죠?
(d) B: 누가 이 물건을 보냈는지 모르겠어요. 폭탄일 수도 있지 않을까요? 방금 안에서 뭔가 똑딱거리는 소리를 들었어요.

해설 (d)의 sent this package의 주어는 the person이다. 따라서 주어 역할을 하는 관계대명사가 나와야 하므로 whom을 who로 바꾸어야 한다.

어구 package 소포　express delivery (빠른) 택배　tick 시계 등이 똑딱거리다

4

해석 (a) 조지 이스트먼은 이스트먼 코닥사의 창립자였다. (b) 그는 롤 필름을 발명한 사람이자 사업가였다. (c) 그는 또한 말년에 펼친 자선활동으로도 유명했다. (d) 그는 1억 달러 가량을 로체스터 대학과 MIT에 기부하였다.

해설 (b)에서 관계대명사의 선행사가 사람인 the man이며 이것이 동사 invented의 주격 역할을 하고 있으므로 소유격 관계대명사인 whose가 아니라 주격 관계대명사인 who가 나와야 한다.

어구 founder 창립자, 창설자　philanthropic 자선활동의; 인정 많은, 박애(주의)의　donate 기부하다

GP 17 | which/ whose / which

간편한 Check!

1 which　　**2** whose　　**3** which

1 이 건물에는 유명인사만 숙박할 수 있는 특별한 방이 마련되어 있다.
a special room은 사물 선행사로 accommodates의 주어이다. 주격 관계대명사 which가 와야 한다.

2 나는 벽이 꽃무늬로 장식되어 있는 집에 살고 있다.
'집의 벽' 이므로 house가 walls를 소유하고 있는 관계이다.

3 기차가 지난 10년 동안 많은 사람들이 사용해왔던 역으로 접근하고 있다.
have used의 목적어가 사물 선행사 the station이므로 목적격 관계대명사가 온다.

Check-up TEST ⑰

1 (c)　　**2** (b)　　**3** (d)　　**4** (a)

1

해석 A: 무슨 일이니? 기분이 엉망인 것처럼 보이는걸.
B: 10년 전에 엄마가 유품으로 남기신 브로치를 잃어버렸어.

해설 선행사가 사물인 브로치이고 이것이 관계대명사절 안에서 동사 left의 목적어 역할을 하므로 목적격 관계대명사 which를 써야 한다.

어구 leave 남기다, 남기고 죽다　brooch 브로치

2

해석 이 책은 엄청난 논란을 야기했으며, 이 논란은 검찰의 광범위한 수사로 이어졌다.

해설 논란(controversy)이 선행사인데 이것이 관계대명사절 안에서 led to의 주어 역할을 하고 있다. 따라서 주격 관계대명사인 which를 써야 한다.

어구 controversy 논란　extensive 광범위한　investigation 조사, 수사　public prosecutor 검찰, 검사

3

해석 (a) A: 그 소식 들었어? 수가 외국으로 유학 간대.
(b) B: 이미 알고 있었어. 네가 여기 오기 바로 전에 나한테 전화했었어.
(c) A: 언제 가는지 알아?
(d) B: 삶의 질을 향상시키는 것을 목적으로 하는 프로젝트를 끝내고 두 달 뒤에 이탈리아로 떠날 예정이라는군.

해설 (d)에서 project와 purpose의 관계를 잘 살펴볼 필요가 있다. 여기서 purpose는 'project의 목적'으로 purpose가 project에 속하는 개념이라 할 수 있다. 선행사가 사물이고 뒤의 관계대명사절에 나오는 명사를 소유하는 개념이므로 that이 아니라 whose 또는 of which를 쓴다.

어구 study abroad 외국으로 유학 가다　in two months 두 달이 지나서

4

(a) 로스트 필름(lost film)이란 더 이상 존재하지 않는 것으로 간주되는 영화를 말한다. (b) 대부분의 로스트 필름은 1880년대 말부터 1930년대 초까지 만들어진 무성영화나 초창기 발성영화이다. (c) 그 당시의 많은 영화는 쓸모없는 것으로 취급되어 새로 만들어지는 영화에 공간을 내주기 위해 폐기되었다. (d) 하지만 그 시기에 만들어진 많은 영화가 살아남았기에 우리는 디지털로 복구된 포맷으로 그 영화들을 볼 수 있다.

해설 (a)의 a film who is no longer considered to exist에서 사물인 a film이 선행사이고 관계대명사절에서 주어 역할을 하고 있으므로 that이나 which가 관계대명사로 나와야 한다.

어구 **talkie film** 발성영화   **make space** 공간을 내주다   **era** 시기, 시대   **restore** 복구하다, 회복시키다

GP 18 | what과 that의 차이

간편한 Check!

1	what	2	that
3	What	4	that

1 이것이 내가 항상 말해 오던 것이다.
    that은 앞에 선행사가 있어야 한다. 목적격으로 쓸 수 있는 관계대명사 what이 정답이다.

2 문제는 우리가 돈이 부족하다는 것이다.
    '돈이 부족하다'는 사실은 is의 보어 역할을 하며 완전한 문장이므로 명사절 접속사 역할을 하는 that이 알맞다.

3 사람이 항상 원해왔던 것은 음식이 아니라 자유이다.
    동사 is에 대한 주어가 필요하다. '~한 것'의 의미로 선행사를 포함한 관계대명사 what이 들어가야 한다.

4 나는 네가 쓰는 것과 같은 지도를 쓴다.
    선행사 the same map이 use의 목적어이므로 목적격 관계대명사로 쓰인 that이 정답이다.

■■ Check-up TEST 18

1	(d)	2	(a)	3	(b)	4	(c)

1

해석 A: 축하하네. 자네 딸이 경연대회에서 3등을 했다면서.
    B: 우리 딸은 그저 자신이 할 수 있는 것을 보여 준 것일 뿐이네. 그뿐이야.

해설 빈칸 앞에 선행사가 없고, 「관계대명사+she can do」가 동사 showed의 목적어 역할을 하고 있다. 따라서 선행사가 포함되어 있으면서 목적격으로 쓸 수 있는 what이 답이다.

어구 **win third prize** 3등상을 타다

2

해석 모든 마을 사람들이 원하는 것은 언론의 자유였다.

해설 빈칸 앞에 선행사가 없으며 동사 was의 주어도 없다. 따라서 선행사가 포함되어 있으면서 주격 역할을 할 수 있는 관계대

명사 what이 정답이다.

어구 **freedom of speech** 언론의 자유

3

해석 (a) A: 왜 아직도 그녀에게 화가 나 있는 거야? 너에게 사과했다고 들었는데.
    (b) B: 사과? 말도 안 되는 소리. 그녀는 자기가 어떤 짓을 했는지도 모르더군.
    (c) A: 그럴 리가. 어제 나한테 널 만나서는 미안하다고 할 거라고 했는데.
    (d) B: 글쎄. 만나긴 했는데, 그녀가 한 것은 말도 안 되는 변명뿐이었어.

해설 (b)를 보면 관계대명사 앞에 선행사가 없다. 또한 관계대명사절은 동사 know의 목적어 역할을 해야 한다. that도 명사절 접속사로도 쓰여서 know의 목적어 역할을 할 수 있지만 that이 쓰이려면 뒤에 완전한 문장이 와야 한다. 여기서는 she had done이라는 불완전한 문장이 왔으므로 선행사를 포함하면서 목적어 역할을 할 수 있는 what이 쓰여야 한다.

어구 **apologize** 사과하다   **poor excuse** 어설픈 변명

4

해석 (a) 마닐라에 거주하는 사람들이 2백만 명이 넘는 관계로 대규모 화산폭발이 일어나면 마닐라는 심각한 타격을 입을 수 있다. (b) 대규모 화산폭발에 대비해 반드시 조치를 취해야 할 때이다. (c) 마닐라는 여러 형태의 자연재해를 겪기 쉬운 도시이다. (d) 만약 어떤 재해가 발생한다면, 대피할 시간이 거의 없을 것이다.

해설 (c)에서 a city라는 선행사가 있고 관계대명사 뒤로 동사가 이어지고 있으므로 주격 관계대명사임을 알 수 있다. 따라서 what을 that[which]로 고쳐야 한다.

어구 **reside** 거주하다   **volcanic eruption** 화산폭발   **deal a blow** 타격을 주다   **take steps** 조치를 취하다   **prone to** ~의 경향이 있는; ~을 잘 하는   **evacuate** 피난[대피]하다

GP 19 | 관계대명사와 전치사의 조합

간편한 Check!

1	which/that	2	in	3	in which

1 지질학은 내가 무척 관심 있는 과목이다.
    관계대명사 which나 that으로 연결하고 전치사는 그대로 둔다.

2
    1번 문장에서 목적격 관계대명사 which를 생략할 수 있다.

3
    관계대명사 which 앞에 전치사 in을 붙인다.

■■ Check-up TEST 19

1	(a)	2	(c)	3	(b)	4	(c)

1

해석 A: 어제 이사한 집은 어때?
B: 아주 좋아. 특히 정원에 있는 사과나무가 정말 좋아.

해설 '~로 이동하다[이사하다]'라고 할 때 move to를 쓴다. A는 How is your new home?과 You moved to your new home yesterday.의 두 문장을 관계대명사를 사용하여 한 문장으로 합친 것이다. 선행사가 사물인 new home이므로 관계대명사 which를 쓰고 전치사 to를 살려 which 앞에 둔다.

어구 especially 특히

2

해석 A: 조니 뎁이 전설적인 해적 역할을 했던 영화 〈캐리비안의 해적〉을 아니?
B: 응, 알아.

해설 Do you know the film?과 Johnny Depp play the role of a legendary pirate in the film을 합친 문장이다. 전치사 in이 있으므로 뒤에 목적격 관계대명사 which가 오는 것이 알맞다. 전치사 뒤에 관계대명사 that은 올 수 없다.

어구 pirate 해적   play a role of ~의 역할을 하다   legendary 전설적인

3

해석 이 펜은 우드로우 윌슨 대통령이 1919년 베르사유 조약에 조인할 때 사용한 펜이다.

해설 선행사가 사물 pen이므로 관계대명사로 which가 나올 수 있고, 펜을 '가지고' 서명하는 것이므로 전치사 with를 사용할 수 있다. 이 문장은 This is the pen.과 President Woodrow Wilson signed the Treaty of Versailles with it in 1919.을 관계대명사 which 앞에 전치사 with를 살려 한 문장으로 합친 것이다.

어구 sign a treaty 조약에 조인하다

4

해석 (a) 윌리엄 셰익스피어는 역사상 가장 유명한 소네트 작가 중 한 사람이다. (b) 그는 154편의 소네트를 썼으며, 이들은 시간과 사랑, 아름다움 같은 주제를 다루고 있다. (c) 셰익스피어에 관한 수수께끼 중 하나는 126편의 소네트가 보내진 '미모의 청년'의 정체이다. (d) 이 소네트들에 쓰인 낭만적인 언어 때문에 어떤 사람들은 셰익스피어와 그 청년이 동성애 관계였다고 주장하기도 한다.

해설 (c)는 One of the mysteries about Shakespeare is the identity of the Fair Youth.와 126 sonnets are addressed to him.의 두 문장이 관계대명사를 사용해 한 문장으로 연결된 것이라 볼 수 있다. 선행사가 사람인 '미모의 청년'이고, 이를 받는 관계대명사가 전치사의 목적어로 사용되므로 who를 to whom으로 바꾸어야 옳다.

어구 sonnet 소네트; 14행시   deal with ~을 다루다   mystery 비밀, 수수께끼   identity 신원, 정체   address (to) (편지 따위를) ~앞으로 하다   romantic 낭만적인   argue 주장하다   homosexual 동성애의

GP 20 | 관계부사

간편한 Check!

1 where   2 when

1 이 도서관에서 오래된 책들을 찾을 수 있다.
선행사가 library로 장소이므로 where를 쓴다.

2 나는 우리가 처음 만났던 날을 기억한다.
선행사가 the day로 시간이므로 when을 쓴다.

■ Check-up TEST 20 ■

1 (d)   2 (b)   3 (d)   4 (c)

1

해석 A: 권투 경기가 시작하는 정확한 시간 알고 있어?
B: 응. 내일 밤 9시 정각에 시작하기로 예정되어 있어.

해설 선행사가 the exact time으로 시간과 관련되어 있다. 따라서 연결할 수 있는 관계부사는 when이다.

어구 exact 정확한   boxing match 권투 시합   be scheduled to V ~하기로 스케줄이 잡혀있다, 예정되어 있다

2

해석 30년 전쟁 이후, 많은 사람들은 출생증명서 및 기타 관련 서류가 전쟁 기간 동안 불타버려서 자신들이 태어난 장소를 증명할 수 없었다.

해설 선행사가 장소를 나타내는 the place이므로 where가 선택지에서 가장 적절하다.

어구 unable ~할 수 없는   prove 증명하다   birth certificate 출생증명서   document 서류, 문서

3

해석 (a) A: 여보, 내일 영화 보러 안 갈래요?
(b) B: 좋지요. 보고 싶은 거라도 있어요?
(c) A: 아이맥스 3D 극장에서 〈어벤져스〉가 보고 싶어요.
(d) B: 좋아요. 그거 재미있겠네요. 난 정말 감독이 어떻게 그런 대단한 시각 효과를 만들었는지 궁금해요.

해설 관계부사 문제는 내용을 정확히 파악할 필요가 있다. (d)에서 감독이 그렇게 대단한 시각 효과를 '어떻게' 만들었는지가 궁금하다는 내용이 나와야 적절하다. 따라서 what이 아니라 방법과 관련된 관계부사 how를 써야 한다.

어구 director 감독, 연출자   visual effect 시각효과

4

해석 (a) 워싱턴 DC에는 도시 내 건축물의 높이를 규제하는 법이 있다. (b) 도시 내의 고도제한은 시의 중심가 상업 지역이 맨해튼처럼 되는 것을 막았고, 그 결과 이 규제로 인해 사람들은 수 마일 떨어진 곳에서도 시야를 가리는 것 없이 불꽃놀이를 즐길 수 있게 되었다. (c) 그러나 일부 사람들은 고도제한이 워싱턴 DC의 교통 및 주택문제를 일으키는 주원인이라고 주장한다. (d) 시에서 주택과 사무실의 공간을 제한했기 때문에 많은 사람들이 교외에서 살게 되었고, 사람들이 집에서 사무실

로 출퇴근하는 과정에서 심각한 교통체증을 유발시킨다는 것이다.

해설 선행사가 '이유'와 관련된 the reason이면 관계부사로 why가 사용된다. 따라서 (c)에서 the primary reason which가 아니라 the primary reason why가 되어야 한다. 또는 reason 뒤의 관계부사 why를 생략할 수도 있다. 흔히 the reason why에서 the reason이나 why 둘 중에 하나를 아무거나 생략한다.

어구 limit 제한하다　height restriction 고도제한　business district 상업 지구[지역]　fireworks 불꽃놀이　block one's view 시야를 가리다, ~의 조망을 가로막다　suburban 교외의　traffic jam 교통체증　commute 통근하다

Unit 4 동사와 조동사

GP 21 | 현재완료

간편한 Check!

1 has worked　　　2 have played

1 샤론은 그 회사에서 20년 동안 근무해왔다.
　for 20 years(20년 동안)이라고 힌트를 주고 있으므로 현재완료 시제가 정답이다.

2 나는 10살부터 축구를 해 왔다.
　since가 '~한 이후로' 라는 의미로 사용되면 현재완료 시제를 사용한다.

Check-up TEST 21

| 1 | (c) | 2 | (a) | 3 | (c) | 4 | (a) |

1

해석 A: 바깥이 정말 추워.
　　B: 알래스카에 가본 적 있어? 거기에 비하면 이건 아무것도 아니야.

해설 문맥상 알래스카에 가본 적이 있는지 과거부터 현재까지의 경험을 묻고 있으므로 현재완료를 써야 한다. 「have been to+장소」는 장소에 가본 적 있다는 '경험'의 의미와 장소에 갔다왔다는 '완료'의 의미가 있다. '경험'의 의미일 때는 부사 ever와 함께 쓰이는 경우가 많다.

어구 freeze 얼 정도로 춥다　compare to ~와 비교하면

2

해석 그는 자신의 최신작인 〈필연적 결과〉의 촬영을 막 마쳤고, 그 영화는 현재 편집 작업이 진행되고 있다.

해설 과거에 시작해서 현재 시점에 완료된 일을 표현할 때는 현재완료를 써야 하고, 이렇게 쓰인 구문을 현재완료의 '완료' 용법이라 한다. 완료 용법 구문은 just, already, yet 등과 종종 같이 쓰인다.

어구 post-production 필름 촬영 후의 편집

3

해석 (a) A: 토미 엠마뉴엘은 위대한 기타의 대가지. 그는 정말 놀라워.
　　(b) B: 전적으로 동감이야. 열정적이면서 복잡한 그의 기타연주는 환상적이지.
　　(c) A: 그는 아홉 살 때부터 전문 음악인으로 활동했어.
　　(d) B: 정말? 아홉 살 때부터라면 45년 전이잖아.

해설 (c)는 '아홉 살 때부터 지금까지 음악인으로 활동하고 있다'는 의미이므로 was가 아니라 has been으로 써야 한다. since가 '~이래로'라는 의미로 쓰일 경우 종종 현재완료와 같이 쓰인다.

어구 virtuoso (음악의) 대가, 거장　I couldn't agree with you more. 너와 전적으로 동감한다.　energetic 정력적인, 활기에 찬　complex 복잡한　performance 연주, 공연

4

해석 (a) 화성 유인 탐사는 20세기와 21세기에 걸쳐서 논의되어온 과학적이고 공개적인 주제이다. (b) 탐사에 관한 계획은 화성과 주변 위성들에 착륙하는 것뿐만 아니라 궁극적으로 그곳에 정착하는 것도 다루고 있다. (c) 1950년대 이후로 탐사를 위한 예비 작업이 진행되었고 많은 기관과 회사에서는 다양한 탐사 계획을 내놓았다. (d) 하지만 몇몇 과학자들은 화성에 우주 비행사를 보내는 시도가 과학 분야에 역효과를 낼 것이라고 주장했다.

해설 (a) 의 '20세기와 21세기에 걸쳐서'라는 표현은 과거 (20세기)뿐만 아니라 현재(21세기) 시점도 포함하는 것이므로 was가 아니라 현재완료인 has been을 써야 한다.

어구 manned 사람을 실은, 유인(有人)의　mission (우주선에 의한) 특무비행　proposal 계획; 제안　deal with ~을 다루다　eventually 결국　moon 위성　preliminary 예비적인　undertake 착수하다　organization 기관, 조직, 단체　agency 회사, 기관　attempt 시도; 시도하다　claim 주장하다　counterproductive 역효과가 나는, 역효과의; 비생산적인

GP 22 | 과거완료 / 미래완료

간편한 Check!

1 will have disappeared　　　2 had already left

1 금세기 말이 되면 인간이 사용하는 언어 절반이 사라지고 말 것이다.
　금세기 말에 사라지는 것이 아니라 금세기 말에 이미 절반이 사라지고 없는 것이다. 또한 「by the end of+시간」 표현이 나와 있으므로 미래완료 시제가 적절하다.

2 내가 역에 도착했을 때 기차는 이미 출발해 버렸다.
　내가 도착한 시점보다 기차가 출발한 시점이 앞서므로 과거완료 시제가 적절하다.

1 (d)   **2** (d)   **3** (d)   **4** (c)

1

해석 A: 앨런, 프로젝트는 어떻게 돼 가고 있어?
B: 잘 진행되고 있어. 이 기계의 시제품을 다음 달까지는 생산할 거야.

해설 by next month를 유념해서 보자. 미래완료 구문은 「by+시간」 표현과 함께 오는 경우가 많다. 다음 달까지는 현재 진행되고 있는 프로젝트의 시제품 개발을 '완료'해 놓을 것이므로 미래 시제가 아니라 미래완료 시제로 써야 한다.

어구 prototype 시제품; 원형, 견본

2

해석 나는 왜 그가 내 명령을 거역하고 방을 비워뒀는지 궁금했다.

해설 내가 궁금해 한 시점이 과거인데, 그가 방을 비워둔 것은 그보다 더 앞서 발생한 일이므로 과거완료 시제인 had left를 써야 한다.

어구 wonder 궁금하게 여기다   against order 명령에 어긋나게

3

해석 (a) A: 네가 축구 동호회에 가입했다는 얘기 들었어. 맞니?
(b) B: 응. 매주 일요일마다 연습해.
(c) A: 언제쯤 시합에 나가서 뛸 수 있을 것 같아?
(d) B: 연습을 빼먹지 않으면 6월까지는 미드필더로 뛸 것 같아.

해설 (d)에 쓰인 by June을 유념해서 보자. 문맥상 6월에 미드필더가 될 것이라는 의미가 아니라 6월까지 미드필더로 경기를 뛰고 있을 거라는 얘기이므로 have played 대신 미래완료 시제를 써야 한다.

어구 soccer club 축구 동호회   match 시합   midfielder 미드필더   miss a practice 연습을 빼먹다

4

해석 (a) 두 종류의 주택 담보 대출이 있다. 하나는 원리금 상환 담보 대출이고 또 하나는 이자 선 지급 담보 대출이다. (b) 원리금 상환 담보 대출은 매달 대출금의 일부분과 이자를 내는 것을 말한다. (c) 상환 기간이 끝날 때에는 이자뿐만 아니라 대출금을 모두 갚는다. (d) 이자 선 지급 모기지는 매달 대출금 이자만 내는 것을 의미한다.

해설 문맥을 잘 살펴보자. (c)를 보면 담보 대출이 끝날 때까지 매달 이자와 대출금 일부를 상환하여 빚을 청산하는 것이므로 미래완료 시제를 써야 한다. 따라서 have paid off가 아니라 will have paid off가 되어야 한다.

어구 home mortgage 주택 담보 대출   repayment mortgage 원리금 상환 담보 대출   interest–only mortgage 이자 선 지급 담보 대출   pay off (빚을) 갚다, 청산하다   loan 대출   interest 이자

GP 23 │ 시제 일치

간편한 Check!

1 was   **2** is

1 나는 내가 게으른 학생이었는지 결코 몰랐었다.
게을렀던 시점과 그 사실을 몰랐던 시점은 둘 다 과거이다.

2 침묵은 금이다.
격언은 현재 시제로 표현한다.

1 (b)   **2** (d)   **3** (a)   **4** (d)

1

해석 A: 옛날 사람들은 지구가 태양 주위를 돈다는 사실을 믿지 않았어.
B: 맞아. 게다가 지구가 평평하다고 믿었지.

해설 지구가 태양 주위를 돈다는 것은 과학적인 사실이므로 주절의 시제와는 상관없이 현재시제를 써야 한다.

어구 flat 평평한

2

해석 나는 물이 항상 100℃에서 끓는다고 생각했는데 에베레스트 정상에서는 69℃에서 끓는다.

해설 물이 100℃에서 끓는 것은 엄연한 과학적 사실이므로 주절의 시제와는 상관 없이 현재 시제를 써주어야 한다.

어구 boil (물 등이) 끓다   boiling point 끓는점

3

해석 (a) A: 나는 그들이 아주 친한 줄 알았어.
(b) B: 친했는데 더 이상은 친하지 않아.
(c) A: 무엇 때문에 소원해진 거야?
(d) B: 종교 문제로 심하게 다퉜다고 들었어.

해설 (a)를 보면 thought가 과거이므로 종속절을 과거시제 were로 써주어야 시제 일치가 된다. 주절이 과거일 때 종속절의 시제는 과거 또는 과거완료가 되어야 하는데 여기서는 문맥상 과거완료가 될 필요가 없다.

어구 estranged 소원해진   nasty 험악한; 난처한, 심한   dispute 논쟁, 분쟁   religious 종교적인

4

해석 (a) A: 요전에 너랑 얘기하던 여자분은 누구니?
(b) B: 내가 듣는 수업의 교수님이신데, 난 그분의 수업 교재를 아직 구입하지 못했어.
(c) A: 교수님은 뭐라고 하셨니?
(d) B: 교수님 책을 복사해서 제본해도 된다고만 말씀하셨어.

해설 주절의 동사의 시제가 said로 과거이므로 종속절도 시제를 일치시켜 과거나 과거완료로 써야 한다. 따라서 can을 could로 바꾸어야 옳다.

어구 the other day 며칠 전에, 요전에   textbook 교과서   bind

묶다, 제본하다

GP 24-25 | 시간과 조건의 부사절 / 진행시제

간편한 Check!

1 stops   2 was cooking

3 are going hunting

1 비가 그친다면 당신 사무실에 들르겠습니다.
if를 통해 조건 부사절임을 알 수 있으므로, will stop이 아닌 stops를 써야 한다.

2 내가 집에 도착했을 때 어머니는 요리를 하는 중이었다.
내가 집에 도착했을 때 어머니가 무엇인가를 하고 있는 그 순간을 언급하고 있으므로 진행형 시제가 적절하다.

3 우리는 다음 주에 사냥하러 갈 것이다.
next week가 힌트이다. 가까운 미래를 나타내는 현재진행 시제가 옳다.

Check-up TEST 24~25

1 (d)   2 (c)   3 (b)   4 (a)

1
해석 A: 서른이 되면 무엇을 할 거니?
B: 음, 그때쯤이면 내 사업을 하고 있을 것 같아.
해설 시간 부사절일 경우 미래의 의미라도 현재형을 써야 한다. 현재 시제가 미래를 대신하기 때문이다. 따라서 will become이 아니라 become이 된다.
어구 have one's own business 자기 사업을 하다

2
해석 쇼핑몰 주차장에서 경미한 접촉사고가 났을 때 나는 핸드폰으로 통화하고 있었다.
해설 사고가 났던 과거의 순간에 통화를 하고 있었다고 보아야 하므로 과거 진행형을 써야 한다.
어구 be involved in ~에 관련되다   fender-bender 경미한 자동차 (접촉) 사고   parking lot 주차장

3
해석 (a) A: 우울해 보이네. 무슨 일 있어?
(b) B: 내일 서울 갈 때 비행기를 타야 해.
(c) A: 근데 왜 그리 심각해? 걱정할 일이 아니잖아.
(d) B: 난 비행기 타는 걸 정말 싫어하거든. 비행기 공포증이 있는 것 같아.
해설 (b)의 접속사 when이 이끄는 절은 시간 부사절이다. 따라서 미래의 의미지만 현재 시제를 써서 will leave를 leave로 바꾸어야 한다.

4
해석 (a) 내가 데이비드를 봤을 때 그는 자기 여자친구인 수잔과 이야기 중이었다. (b) 그들에게 다가갔지만 그들이 서로 다투고 있다는 것을 알았다. (c) 그래서 물러서서는 마치 그들을 안 본

것 같이 행동했다. (d) 다행히 그들은 나를 알아보지 못했던 것 같았는데, 나중에 데이비드는 나를 전혀 보지 못했다고 말했다.
해설 (a)를 보면 뒤의 주절이 was talking으로 과거 진행형이므로 when절은 과거 시제로 써야 한다. 내가 데이비드를 본 시점과 데이비드가 말다툼을 하고 있었던 것은 동일 시점이다. 따라서 had seen이 아니라 saw라고 해야 옳다.
어구 approach 다가가다, 접근하다   quarrel (with) 언쟁하다   move back 물러서다   behave as if 마치 ~인 것처럼 행동하다   fortunately 다행히도

GP 26 | 자동사와 타동사

간편한 Check!

1 happen   2 awaiting

1 모든 일은 이유가 있기 때문에 발생한다.
happen은 자동사이기 때문에 수동태로 쓰일 수 없다.

2 나는 한 시간 동안 너를 기다렸어.
동사 await는 타동사이므로 전치사 for를 필요로 하지 않는다.

Check-up TEST 26

1 (c)   2 (b)   3 (a)   4 (a)

1
해석 A: 돌아온 걸 환영해. 출장은 어땠어?
B: 사장님하고 내년도 제품 라인에 관해 의논했어.
해설 discuss는 타동사이므로 뒤에 바로 목적어가 와야 한다. '~에 관해 의논하다'라고 해서 discuss about이라고 쓰는 실수를 하지 말자.
어구 business trip 출장   president 사장   discuss ~에 대해 토론하다, 의논하다

2
해석 쿠바는 쿠바섬과 이슬라 데 라 후벤뚜드, 그리고 몇몇 군도로 이루어져 있다.
해설 consist of는 '~로 구성되다'란 뜻이다. consist는 자동사여서 바로 뒤에 목적어가 올 수 없고, of랑 함께 쓰이며 수동태가 될 수 없다.
어구 consist of ~으로 구성되다   several 몇몇; 여러 가지   archipelago 군도

3
해석 (a) A: 너 너희 아버지랑 정말 닮았다.
(b) B: 그런 말 많이 들었어. 아버지랑 목소리도 똑같다고 하는 사람들도 많아.
(c) A: 너 완전 아버지 판박이구나.
(d) B: 그 아버지에 그 아들이지.
해설 resemble은 타동사로 뒤에 바로 목적어를 취한다. '~와 닮다'라고 해서 with를 쓰는 실수를 범하지 말자.

어구 a chip off the old block 판박이, 부모를 빼닮은 아이

4

해석 (a) 우리를 스트레스 받게 하는 많은 일들이 우리 인생에서 일어날 수 있다. (b) 스트레스를 더 받으면 받을수록, 우리는 우리 자신을 '짧은 뇌관(쉬운 격분)'이라고 부르는 상태로 만들기 쉽다. (c) 우리가 앉아서 "왜 내가 그토록 화가 나지?"라는 질문에 대한 답을 생각할 때까지는 그 분노를 풀 수 있는 길에 있어서 진전을 이룰 수 없다. (d) 따라서 시간을 내어서 당신의 감정을 검토해 봐라. 그러면 그것이 당신이 필요로 하는 답과 해결책을 당신에게 말해줄 수 있을 것이다.

해설 happen은 자동사로 뒤에 목적어를 취할 수 없으며 수동태도 될 수 없다. 따라서 (a)의 be happened를 happen으로 고쳐야 한다.

어구 event 사건　feel stressed 스트레스를 받는　short fuse 성마른, 화를 내는　make progress 진전을 이루다　be sure to V 반드시 ~해라　solution 해결책

GP 27 | 5형식 문장의 목적격 보어

간편한 Check!

1 to leave　　　　2 painted

1 지금 당장 이 방에서 나가세요.
　tell은 목적격 보어로 to부정사를 취한다.

2 나는 자전거를 페인트칠했다.
　had는 사역동사로 사용됐는데, 자전거 입장에서 보면 페인트칠을 당한 것이므로 수동의 의미를 갖는 과거분사가 온다.

Check-up TEST 27

1 (a)　　2 (a)　　3 (b)　　4 (b)

1

해석 A: 난 정부가 노숙자들을 돕기 위해 조치를 취해야 한다고 생각해.
　　　B: 나도 네 말에 어느 정도 동의해. 하지만 생계를 위해서 직업을 가지려고 노력하지 않는 것은 그들의 잘못이라고 일부 사람들이 말하는 걸 들었어.

해설 목적격 보어로 동사원형 say가 왔다. 동사원형을 목적격 보어로 취할 수 있는 동사는 선택지에서 heard 밖에 없다.

어구 take action 조치를 취하다　the homeless 노숙자　to a certain extent 어느 정도　fault 잘못

2

해석 스마트폰은 사용자가 컴퓨터 없이 인터넷 서핑을 할 수 있게끔 한다.

해설 allow는 목적격 보어로 to부정사를 취하는 5형식 동사이다.

3

해석 (a) A: 저는 캐나다인입니다. 오늘 비자가 들어 있는 여권을 분

실했어요.
　　　(b) B: 파리 소재 캐나다 대사관에서 여권을 발급받고 새 비자를 받으셔야 합니다.
　　　(c) A: 새 여권을 발급받는 데 얼마나 걸릴까요?
　　　(d) B: 상황에 따라 다르지만 평균적으로 이틀 걸립니다.

해설 비자는 대체되는 것이지 비자가 스스로의 힘으로 대체하는 것은 아니다. 따라서 (b)의 get your visa replacing에서 replacing을 replaced로 고쳐야 한다. 분사를 목적격 보어로 받는 5형식 문장이다.

어구 issue 발행하다; 지급하다　embassy 대사관　replace 대체하다, 교환하다　depend ~ 나름이다, ~에 달려있다[좌우되다]　on average 평균적으로

4

해석 (a) 비만율이 급격히 증가하는 상황에서, 매일 많은 양의 운동을 하는 것은 여러분의 남편들에게 큰 이득이 됩니다. (b) 등산은 여러분의 남편들을 건강하게 지켜줄 신체적 활동량을 증가시키죠. (c) 정상에 도달하기까지 발걸음을 계속 옮기는 것은 많은 힘과 체력을 필요로 합니다. (d) 산을 오르면서 칼로리를 연소시킨 후 과체중인 여러분의 남편은 더 건강해질 것입니다.

해설 keep은 목적격 보어로 형용사를 취한다. 따라서 (b)의 keep your husband health를 keep your husband healthy로 고쳐야 한다.

어구 obesity 비만　at a rapid pace 빠른 속도로　be in one's (best) interest ~에게 (가장) 이익이 되다　significant 상당한, 아주 큰　physical activity 신체적 활동　strength 체력; 힘　take step after step 계속 발걸음을 옮기다　summit (산의) 정상　overweight 과체중의, 비만의　burn calories 칼로리를 소비하다

GP 28 | 동사 help의 쓰임

간편한 Check!

1 help me overcome　　2 understand

1 이 문제를 극복할 수 있도록 네가 날 도와주었으면 한다.
　동사 help 다음에 목적어 me를 쓰고 동사원형을 쓴다.

2 교수님은 그들이 어려운 개념을 이해할 수 있도록 도와주었다.
　동사 help와 목적어 다음에 동사원형이 온다.

Check-up TEST 28

1 (a)　　2 (a)　　3 (d)　　4 (a)

1

해석 A: 음식에 약간의 비타민 C를 더 추가하면 장수하는 데 도움이 될 수 있어.
　　　B: 나는 비타민 C를 너무 많이 섭취하면 건강에 해로울 수 있다는 기사를 읽었어.

해설 「help somebody+동사원형」은 '~할 수 있도록 누군가를 도와주다'란 의미이다. 목적어 you 뒤에는 동사원형을 쓴다.

어구 diet 음식물; 식이 요법　**article** 기사　**harmful** 해로운, 유해한

2

해석 그 친근한 노인은 "인생은 한 번 사는 거야."라고 말하면서 내가 인생을 즐기도록 도와주었다.

해설 help는 목적어 다음에 동사원형 또는 to부정사를 목적격 보어로 취하는 5형식 동사이다. (d)의 경우, 주어가 3인칭 단수인데 동사를 원형으로 써서 적합하지 않다.

3

해석 (a) A: 나이가 들수록 밤에 깨어 있는 것이 힘들어.
(b) B: 졸릴 때 카페인이 든 알약을 복용하면 몸이 활기를 띠게 되는 걸 느껴.
(c) A: 하지만 오래 복용하면 내성이 생겨.
(d) B: 스트레칭을 하면 잠이 깰 거야.

해설 「help keep(동사원형) somebody 형용사」는 'somebody의 형용사 상태를 유지하는 데 도움을 주다'의 의미이다. (d)를 보면 help 뒤에 keep의 과거시제인 kept를 썼는데, help 뒤에는 과거시제가 아니라 to부정사나 동사원형이 와야 한다.

어구 stay awake 자지 않고 깨어 있다　**caffeine** 카페인　**pill** 알약　**stimulate** 자극시키다; 활기 띠게 하다　**develop** 발현시키다, 나타나게 하다; 발병시키다　**resistance** 내성; 저항

4

해석 (a) 재생에너지는 우리가 경제 위기를 탈출하는 데 도움을 줄 수 있다. (b) 좀 더 친환경적인 에너지원을 개발하면 지역경제에 일자리와 돈을 창출할 수 있으며, 이것은 지역 사회의 회복을 북돋우고 국가의 배출가스 목표량을 충족시키는 데 도움이 될 것이다. (c) 옥수수와 나무 같은 농업제품이 화석 연료를 대체할 수 있기에 농부들에게는 새로운 수입원이 될 것이다. (d) 농민연합의 연구에 의하면, 녹색에너지산업은 30억 달러 이상의 농가 순수익을 창출할 수 있다고 한다.

해설 「help 동사원형(lift) somebody out of something」은 '누군가를 ~로부터 들어올리는 것을 돕다'의 의미가 된다. (a)를 보면 동사원형이 들어가야 할 자리에 lifting이 쓰였으므로, lifting을 lift로 고쳐야 맞다.

어구 renewable energy 재생에너지　**lift ~ out of ...** ~를 ...에서 들어 올리다　**boost** 돕우다; ~의 경기를 부양하다　**meet** 충족시키다, 맞다　**emission** 배출가스　**agricultural products** 농산품　**fossil fuels** 화석연료　**revenue stream** 수익원　**net income** 순이익, 실수익

GP 29 | 5형식 문장의 수동태

간편한 Check!

1　to pay　　　　**2**　to park

1 나는 연체료를 지불해야 했다.
사역동사 make의 수동태이므로 to부정사가 되어야 한다.

2 여기에 주차하시면 안 됩니다.
5형식 동사 allow를 수동태로 만든 것이므로 to부정사가 정답이다.

Check-up TEST 29

1 (a)　　**2** (d)　　**3** (d)　　**4** (b)

1

해석 A: 호주의 개인생활보호법에 따라, 경찰은 여행자의 생체정보를 수집할 수 있어.
B: 국가신원확인 데이터베이스에서 개인 기록을 쉽게 입수할 수 있게 될까 봐 걱정돼.

해설 allow라는 동사는 뒤에 to부정사를 취한다. 수동태로 쓰일 때나 능동태로 쓰일 때나 allow 뒤에는 항상 to가 따라다닌다. 또한 the police는 「the+군집적 집합명사」로 복수 동사를 취한다.

어구 biometrics 생체정보, 생체인식　**access** 입수[이용]하다　**national identification database** 국가신원확인 데이터베이스

2

해석 최근 연구에 따르면 농약에 노출된 후 수컷 개구리가 알을 낳게 되었다.

해설 사역동사 make가 수동태로 쓰이면 뒤에 to부정사가 온다. 문맥상 '수컷 개구리가 알을 낳다'가 아니라 '낳도록 만들어졌다'가 자연스럽다.

어구 pesticide 살충제, 농약　**lay eggs** 알을 낳다　**affect** 영향을 미치다

3

해석 (a) A: 학교측에서 의무 교복제도를 끝내야 한다고 생각해.
(b) B: 네 말도 일리는 있어. 하지만 그게 학생들의 학업을 위해 최선의 방법이라고 생각하지 않니?
(c) A: 학생들은 자신들이 원하는 옷이라면 뭐든지 입을 수 있도록 허락되어야 한다고 봐.
(d) B: 음, 나는 학생들이 교복을 입어야 한다고 생각해.

해설 동사 require의 용법을 묻는 문제이다. 능동태일 때는 「require+목적어+to부정사」인데 수동태가 되면 「be required+to부정사」의 형태가 되어야 한다. (d)를 보면 주어인 학생들이 '~하도록 요구되어져야 한다'라는 의미이므로 be required of wearing가 아니라 be required to wear가 되어야 한다.

어구 You have a point. 네 말도 일리가 있다.　**mandatory** 의무적인

4

해석 (a) 자유 무역협정이 도래한 시점에, 제조업자들은 자동화가 미국 내 공장의 해외 이탈을 막는 해답이라고 생각한다. (b) 끊임없는 혁신이 없다면, 제조업자들은 경쟁력을 유지하기 위해 공장을 이전하는 수밖에 없을 것이다. (c) 보다 효율적인 시설을 구축함으로써 미국 자동차 제조업체들은 서서히 경쟁력을 되찾을 것이다. (d) 그러한 개선을 통해 차량 생산에 드는 시간과 비용을 성공적으로 줄일 수 있게 될 것이다.

해설 force는 수동태이든 능동태이든 항상 to부정사를 수반한다. 따라서 (b)의 will be forced relocate를 will be forced to relocate로 고쳐야 한다.

어구 manufacturer 제조업자　**view** ~이라고 생각하다[간주하다], 판단하다　**automation** 자동화　**advent** 도래, 출현　**Free**

Trade Agreement 자유무역협정　**tireless** 부단한; 지칠 줄 모르는　**innovation** 혁신　**stay competitive** 경쟁력을 유지하다　**relocate** 이전하다, 재배치하다　**efficient** 효율적인　**facilities** 시설, 설비　**regain** 되찾다, 회복하다　**edge** 우세, 유리　**improvement** 개선, 향상

GP 30 | 조동사 1

간편한 Check!

1　used to　　　　　**2**　must

1 나는 이 지역 근처에 살았었다.
'과거 한때 ∼했다'를 의미하는 used to가 적절하다.

2 나는 건강이 악화되는 것을 막기 위해 금연을 해야 한다.
내용상 의무를 나타내는 must가 적절하다.

━ Check-up TEST ③⓪ ━

1 (d)　　**2** (c)　　**3** (c)　　**4** (d)

1
해석 A: 여기서 담배 피우시면 안 돼요.
　　 B: 오, 미안해요. 몰랐어요.
해설 문맥상 '∼해서는 안 된다'라는 표현인 must가 들어가야 한다.
어구 be aware of ∼을 알다

2
해석 옛날에 우리 가족은 종종 관악산에 하이킹 가곤 했다.
해설 과거에 '∼하곤 했다'의 표현이 들어가야 맞다. 문장에 있는 빈도부사 often을 통해 관악산에 하이킹 가는 것이 불규칙적인 습관이라는 것을 알 수 있으므로 would를 써야 한다.
어구 go hiking 하이킹 하다

3
해석 (a) A: 불쌍한 진. 시험에 또 떨어졌어. 이번이 4번째야.
　　 (b) B: 수업을 빠지지 말았어야지.
　　 (c) A: 시간을 돌릴 수 있다면 그녀를 도와줄 수 있는 방법을 찾아볼 수 있을 텐데.
　　 (d) B: 하지만 그럴 수 없다는 거 알잖아.
해설 (c)는 '시간을 돌릴 수만 있다면 도와줄 수 있을 텐데'의 의미로 현재에 반대되는 가정 내지 희망을 말하고 있으므로 가정법 과거로 써야 한다. 가정법 과거는 「If 주어+동사의 과거형, 주어+would/could/should/might+동사원형」의 형태이다. 따라서 if절의 can과 주절의 can 모두 could가 되어야 한다.
어구 should have p.p. ∼했어야 했다　turn back time 시간을 돌리다

4
해석 (a) 최고 경영자가 되고 싶다면 창업을 고려해 보아야 한다.
　　 (b) 회사를 성공시키기 위해 자신의 모든 경험을 최대한 이용

할 수 있다. (c) 물론 쉽지 않을 것이고, 회사를 시작한다는 것은 많은 일 중에서도 가장 힘든 일일 수 있다. (d) 하지만 기회가 보인다면 그 기회를 잡아야 한다.
해설 (d)는 문맥상 '기회가 보이면 잡아야 한다'는 의미이다. might는 '∼일지도 모른다'는 뜻이므로 '∼해야 한다'는 의미를 가지는 must로 고쳐야 한다.
어구 start one's own business 창업[독립]하다　make the most of ∼을 최대한 이용하다, 활용하다　tough 힘든, 어려운　opportunity 기회　go for ∼을 얻으려 노력하다

GP 31 | 조동사 2

간편한 Check!

1　should have　　　**2**　must have

1 A: 아빠, 게임에서 졌어요.
　 B: 네가 연습을 열심히 했었어야 했는데.
경기에서 졌으니 연습을 열심히 했어야 한다는 의미가 논리적으로 맞다. should have p.p.를 써야 한다.

2 A: 영어 시험에서 만점을 받았어.
　 B: 네가 영어 공부를 열심히 했음에 틀림없구나.
만점을 받은 이유는 열심히 공부를 했기 때문이다. 따라서 must have p.p.를 써야 한다.

━ Check-up TEST ③① ━

1 (a)　　**2** (d)　　**3** (b)　　**4** (d)

1
해석 A: 어제 그녀가 곤경에 처했을 때 도와줄 수도 있었잖아.
　　 B: 그냥 그러고 싶지 않았어. 그게 다야.
해설 과거를 나타내는 yesterday가 있으므로 문맥상 '∼할 수도 있었다'란 표현이 되어야 한다. 따라서 could have p.p.로 써 준다.
어구 be in trouble 곤경에 처하다

2
해석 회사의 사장은 말을 더듬었고 땀을 흘렸으며, 직원들과 눈을 마주치지 않았기 때문에 직원들에게 거짓말을 했음에 틀림없다.
해설 조동사 문제는 철저하게 의미를 따져야 한다. 사장이 말을 더듬고 땀을 흘리며 눈을 맞추지 않은 것을 토대로 거짓말을 했을 거라고 추측할 수 있다. 따라서 '∼했음에 틀림없다'의 뜻을 가진 must have p.p가 들어가야 한다.
어구 stammer 말을 더듬다　sweat 땀을 흘리다

3
해석 (a) A: 팀 어디 있어? 안 보이네.
　　 (b) B: 몰라. 일찍 집에 갔을 수도 있을 것 같아.
　　 (c) A: 왜 그렇게 생각해?
　　 (d) B: 하루 종일 힘들어 보인 데다 휴식이 필요하다고 했거든.

해설 (b)를 보면 문맥상 '일찍 집에 갔을 수도 있다'가 되어야 한다. 따라서 could/might have p.p.로 쓴다.

어구 **What makes you think that?** 왜 그렇게 생각하는데?
all day long 하루 종일

4

해설 (a) 윤 사장은 건설회사 사장이었다. (b) 건설업에 40년 동안 종사했고 지난해에 퇴직했다. (c) 앞으로 할 일을 찾느라 열두 달을 보낸 후에 그는 요리를 배우기로 결정했다. (d) 지금 그는 자신의 선택에 만족하며 좀 더 일찍 요리를 시작했어야 했다고 말한다.

해설 (d)를 보면 문맥상 '좀 더 일찍 요리를 시작했어야 했는데'라는 후회의 표현이 들어가야 한다. 따라서 could have started 를 should have started로 고쳐야 한다.

어구 **construction** 건설 **be involved in** ~에 종사하다 **retire** 퇴직하다 **be satisfied with** ~에 만족하다

로 주절은 would have p.p.를 쓴다. 또한 과거에 공부를 열심히 했더라면 나쁜 성적을 '받지 않았을' 것이므로 would 다음에 부정어 not을 써야 한다.

어구 **results** 성적; 최종 득점

3

해석 (a) A: 클로이 모레츠가 왔다 갔어. 봤어?
(b) B: 뭐라고? 그녀가 여기 왔었어? 믿을 수가 없어.
(c) A: 그래. 그런데 그냥 아주 평범한 사람이더라.
(d) B: 내가 조금만 더 일찍 왔더라면 그녀를 만날 수 있었을 텐데.

해설 (d)를 보면 조금 더 일찍 오지 못했기 때문에 클로이 모레츠를 만날 수가 없었다는 내용이다. 주절이 could have p.p.이고 과거 사실의 반대 내용이기 때문에 가정법 과거완료임을 알 수 있다. 따라서 If I came을 If I had come으로 바꾸어야 옳다.

4

해석 (a) 아프리카가 식량 및 의료 지원을 손쉽게 이용할 수 있다면 그곳의 어린이들은 굶주려 죽지 않을 것이다. (b) 이제는 전 세계의 다른 나라들이 아프리카의 상황에 각별한 관심을 가져야 할 때이다. (c) 전 세계 선진국들은 아프리카인을 돕기 위해 아프리카에 일정 금액을 지급해야 한다. (d) 전 세계 지도자들은 다가오는 정상회담에서 이 문제를 논의할 예정이다.

해설 (a)는 '이러한 지원을 쉽게 받을 수 있다면'이라고 하면서 현실과 반대되는 소망을 가정하고 있으므로 가정법 과거 문장이다. 따라서 if절의 동사 has를 과거형인 had로 써야 한다.

어구 **assistance** 지원 **go hungry** 굶주리다 **pay special attention to** ~에 각별한 관심을 가지다 **advanced** 발달한, 진보한 **continent** 대륙 **upcoming** 다가오는 **summit talk** 정상회담

Unit **5** 가정법

GP 32 | 가정법 과거, 과거완료

간편한 Check!

1 were **2** had studied

1 내가 새라면 너에게 날아갈 텐데.
주절이 would fly이므로 가정법 과거임을 알 수 있다. 가정법 과거에서 if절의 be동사는 인칭과 상관없이 were로 써야 한다.

2 내가 더 열심히 공부했더라면 그 시험에 합격할 수 있었을 텐데.
주절이 could have passed이므로 가정법 과거완료임을 알 수 있다. 가정법 과거완료의 if절은 「If+주어+had+p.p.」로 나타낸다.

═ Check-up TEST 32 ═

1 (c) **2** (d) **3** (d) **4** (a)

1

해석 A: 오늘 밤에 영화 보러 가는데 같이 갈래?
B: 시간이 있다면 너랑 같이 가면 좋으련만.

해설 지금 시간이 없어서 못 간다는 말을 가정법 과거로 대신 표현하고 있다. 주절에서 would go로 표현했으므로 가정법 과거임을 알 수 있고 if절에서 동사를 과거형으로 처리하므로 had가 옳다.

어구 **catch a movie** 영화를 보다(= catch a flick)

2

해석 내가 공부를 더 열심히 했더라면 이렇게 엉망인 성적을 받지 않았을 텐데.

해설 가정법 과거완료 구문이다. if절에 had p.p.가 사용되었으므

GP 33 | 혼합 가정법

간편한 Check!

1 had gone **2** be

1 내가 어젯밤 그 파티에 갔더라면, 지금 피곤할 거야.
주절에 현재를 나타내는 now가 있지만, if절에 '지난밤'을 나타내는 'last night'이 있으므로 과거의 반대 사실을 가정하는 가정법 과거완료가 되어야 한다.

2 네가 아침을 좀 먹었더라면, 지금 배고프진 않을 거야.
if절이 가정법 과거완료이지만, 주절에 현재를 나타내는 now가 있으므로 혼합 가정법임을 알 수 있다. 따라서 be가 들어가는 것이 알맞다.

═ Check-up TEST 33 ═

1 (c) **2** (c) **3** (d) **4** (d)

1

해석 A: 요즘 자네 건강이 더 나빠지고 있는 것처럼 보이는군.
B: 자네 말이 맞아. 내가 담배와 술을 끊었더라면 건강 상태가

더 나을 텐데 말일세.

해설 주절을 보면 「would+동사원형」이 쓰인 가정법 과거 문장이나, 지금 금연하고 금주한다고 당장 건강이 호전되는 것은 아니다. 과거에 금연, 금주했어야 지금 건강이 좋아질 수 있으므로 if절은 가정법 과거완료로 쓰여야 한다. 따라서 이 문장은 가정법 과거완료와 가정법 과거가 함께 섞인 혼합 가정법 문장이다.

어구 **get worse** 악화되다

2

해석 내가 과거에 다양한 경험을 했다면 지금 더 좋은 교사가 될 수 있을 텐데.

해설 이 문제에서 힌트는 주절에 사용된 시간을 나타내는 부사 now이다. 가정법 문제에서 now나 today가 나오면 일단 혼합 가정법 문장이 아닐까 의심해 볼 필요가 있다. 지금 다양한 경험을 한다고 해서 당장 더 좋은 교사가 되는 것은 아니다. 과거에 겪은 풍부한 경험이 축적되어 오늘날 훌륭한 교사가 될 수 있는 것이다. 따라서 이 문장은 가정법 과거완료와 가정법 과거가 함께 쓰인 혼합 가정법 문장이다.

어구 **a wide range of** 다양한, 폭넓은

3

해석 (a) A: 그거 알아? 우리 집이 털렸어. 그런데 경찰은 진지하게 강도 잡을 생각을 하지 않더라고.
(b) B: 왜 그런 거지?
(c) A: 경찰이 하는 말이 내가 세금을 제때 납부하지 않았다네.
(d) B: 자네가 세금을 규칙적으로 납부했다면 지금 곤란한 상황을 겪고 있지 않을 텐데.

해설 가정법 문장인 (d)에서 주절에 부사 now가 쓰인 사실에 주목하자. 혼합 가정법 문장일 확률이 크다는 전제하에 문제를 풀어보는 게 필요하다. 일단, 지금 당장 세금을 낸다고 한들 일이 해결되지는 않을 것이다. 과거에 세금을 규칙적으로 냈더라면 지금의 곤란한 상황은 겪지 않아도 될 것이다. 따라서 (d)의 if절은 가정법 과거완료로 had p.p.를 써주고, 주절은 would 동사원형이 되어 wouldn't have been을 wouldn't be로 고쳐야 한다.

어구 **rob** 강도질 하다 **serious about** ~에 대해 진지한 **on a regular basis** 정기적으로 **be in hot water** 곤란[곤경]에 처하다

4

해석 (a) 구글의 공동 창업자인 세르게이 브린과 래리 페이지는 확실히 다른 사업가들과는 달랐다. 그들은 돈 버는 데 관심이 없었기 때문이다. (b) 사업을 시작하는 사람들 대부분은 어떻게 돈을 벌 수 있을까만 생각한다. (c) 이 두 젊은이는 인터넷상에서 어떻게 하면 더 빨리 검색결과를 얻을 수 있을지에 대해서만 궁리했다. (d) 그들이 부자가 되는 것에만 초점을 맞췄다면 오늘날 성공하지 못했을 것이다.

해설 (d)의 주절에 now가 쓰인 것을 보면 혼합 가정법 문장일 가능성이 높다. if절은 문맥상 '그들이 부자가 되는 것에만 치중했었다면'이라고 해석하는 것이 적절하다. 따라서 이 부분은 시제가 과거이므로 가정법 과거완료로 써서 if절의 thought를 had thought로 바꾸어 준다. 반면, 성공은 지금 한 것이므로

가정법 과거로 쓰이는 게 맞다.

어구 **different from** ~와 다른 **be interested in** ~에 관심을 가지는 **make money** 돈을 벌다

GP 34 | I wish 가정법 구문

간편한 Check!

1 had known   **2** were

1 내가 그때 철이 들었다면 좋았을 텐데.
then이라는 과거 시점이 있으므로 가정법 과거완료 시제인 had known을 써야 한다.

2 내가 지금 의사라면 좋겠다.
now로 보아 나는 현재 의사가 아니면서 그러길 바라는 것이므로 가정법 과거 동사 were가 와야 한다.

Check-up TEST 34

1 (b)   **2** (c)   **3** (d)   **4** (d)

1

해석 A: 나도 그녀처럼 그림을 그릴 수 있으면 좋겠어.
B: 글쎄, 그녀는 천재야. 그러나 네 바람이 불가능하다고 생각하진 마. 노력하면 너도 그녀처럼 그릴 수 있을 거야.

해설 내용상 현재와 반대되는 사실을 '~할 수 있으면 좋겠다'고 희망하는 것이므로 가정법 과거로 써야 한다. 여기서는 가정법 과거로 조동사의 과거형, 즉 「could+동사원형」을 쓴다.

어구 **genius** 천재

2

해석 A: 우리 엄마는 내가 어제 엄마에게 전화했기를 바라셔.
B: 그 말은 네가 어머니께 전화하지 않았다는 거로군. 왜 안 했어?

해설 yesterday에 나와 있듯 과거 사실과 반대되는 상황을 희망하는 것이므로 가정법 과거완료인 had p.p.로 써야 한다.

3

해석 (a) A: 동유럽 여행 계획은 다 짰니?
(b) B: 응. 2주간 그곳을 여행할 예정이야.
(c) A: 동유럽을 즐기기에 2주란 시간은 충분하지 않은 것 같은데.
(d) B: 알아. 하지만 어쩔 수 없어. 여행할 시간이 더 있으면 좋겠다.

해설 (d)를 보면 현재의 사실과 반대되는 상황을 소망하고 있으므로 가정법 과거로 써야 한다. 따라서 I wish I have가 아니라 I wish I had가 되어야 한다.

어구 **complete** 끝내다, 완성하다 **Eastern Europe** 동유럽 **I can't help it.** 어쩔 수가 없다.

4

해석 (a) A: 너희 삼촌 괜찮으시니? 강도를 뒤쫓다가 총에 맞으셨

다고 들었는데.

(b) B: 괜찮으셔. 심각하진 않아. 곧 나으실 거야.

(c) A: 다행이네.

(d) B: 삼촌이 총을 갖고 계셨다면 좋았을 걸 그랬어. 근무시간이 지난 터라 총을 갖고 있지 않으셨거든. 그래서 자신을 보호하실 수 없었지.

해설 (d)의 I wish절은 과거 사실과 반대되는 내용에 대한 가정이므로 가정법 과거완료로 써야 한다. 따라서 I wish he has his gun.이 아니라 I wish he had had his gun.이라고 해야 옳다.

어구 **get shot** 총에 맞다　**chase a burglar** 강도[도둑]을 뒤쫓다[추적하다]　**be off duty** 근무가 끝나다

Unit 6　전치사와 접속사

GP 35 | 전치사의 기본 의미 1

간편한 Check!

1 in　2 on

1 나는 1998년에 태어났다.
연도 앞에 쓰이는 전치사는 in이다.

2 네 생일에 뭘 할 계획이야?
생일은 특정한 날이므로 전치사 on이 옳다.

Check-up TEST 35

1 (a)　2 (d)　3 (d)　4 (c)

1

해석 A: 서울엔 몇 번 가봤니?
B: 여섯 번. 처음 서울에 도착한 건 1983년이었지.

해설 나라나 도시처럼 큰 장소 앞에 쓰이는 전치사는 in이다.

어구 **have been to** ~에 가본 적이 있다

2

해석 우리 부모님께서는 1월에 처음 만나 10개월 뒤에 결혼하셨다.

해설 달 앞에 쓰이는 전치사는 in이다.

어구 **get married** 결혼하다

3

해석 (a) A: 제임스 선생님, 2학년에 켈리를 아세요?
(b) B: 네, 알아요. 왜요?
(c) A: 그 애가 수업에 지각을 했어요. 문을 쾅 하고 닫고는 자리로 가서 아무 말도 없이 책상에 엎드리더군요.
(d) B: 그 애는 소위 말하는 문제아라더군요. 지난 학기에는 별다른 이유도 없이 2주일 동안 결석을 하기도 했어요.

해설 '지난 학기에'라는 표현은 in the last semester이다. (d)의 전치사 on을 in으로 고쳐야 한다.

어구 **grade** 학년　**show up** 나타나다　**slam the door shut** 문을 꽝 닫다　**lay down** ~을 내려놓다　**so-called** 소위　**semester** 학기　**for no particular reason** 특별한 이유 없이

4

해석 (a) A: 무엇을 도와 드릴까요?
(b) B: 겨울 교육 프로그램에 관심이 있어서요. 언제 수업이 시작되나요?
(c) A: 두 개의 겨울 학기가 있습니다. 첫 번째는 1월 10일에 시작하고, 두 번째 는 2월 10일에 시작합니다.
(d) B: 좋군요. 첫 학기의 게임 개발 캠프를 듣고 싶습니다.

해설 특정한 날에 대해 구체적으로 언급할 때는 날짜 앞에 전치사 on을 쓴다. 따라서 (c)의 in January 10th를 on January 10th로 바꾸어야 한다.

어구 **course** 수업　**session** 학기　**attend** 출석하다　**development** 개발

GP 36 | 전치사의 기본 의미 2

간편한 Check!

1 for　2 during

1 우리는 지난 2주일 동안 시험 준비를 해왔다.
기간을 의미하고 숫자가 나오면 전치사 for를 사용한다.

2 휴가 기간 동안에 뭐하고 싶어?
기간을 의미하고, 숫자가 아니라 명사가 나오면 during을 사용한다.

Check-up TEST 36

1 (b)　2 (a)　3 (c)　4 (a)

1

해석 A: 이번엔 네가 이겼지만 다음번엔 그렇게 안 될 거야.
B: 그건 네가 작년부터 하던 말인데.

해설 앞부분이 현재완료 진행형이고 뒤에는 last year가 나와 있다. 따라서 '지난해 이후로 ~하고 있다'라는 의미가 되도록 since가 들어가는 것이 적절하다.

2

해석 이 책은 중국이 인도와 국경 분쟁을 하는 동안 중국이 취한 정책에 관한 것이다.

해설 밑줄의 앞에는 '중국 정책', 뒤에는 '인도와의 국경 분쟁'이 나와 있다. 주어인 This book에 양국간의 국경 분쟁 기간 동안 중국이 취한 정책에 관한 내용이 담겨 있다는 것을 알 수 있다. 즉 '~하는 동안'을 표현하는 during이 들어가야 한다.

어구 **policy** 정책　**border dispute** 국경 분쟁

3

해석 (a) A: 렘브란트는 유럽의 가장 위대한 화가 중 한 명이었어.

(b) B: 말년에는 경제적으로 힘들었다고 들었는데.

(c) A: 맞아. 하지만 그의 판화와 그림은 생전에도 매우 평판이 좋았지.

(d) B: 그럼 뭐 때문에 그리 가난해진 거지? 자기 수입 이상의 생활을 했던 건가?

해설 (c)를 보면 since가 사용되었는데, since가 쓰이면 흔히 앞에 현재완료가 나온다. 그러나 이 문장에서는 과거 시제 동사가 나왔다. 그리고 since his lifetime은 '평생 이후'란 의미인데, 평생 이후가 아닌 '생전에, 일생 동안'이라고 보는 것이 문맥상 적절하므로 since his lifetime을 during his lifetime으로 고쳐야 한다.

어구 **later years** 말년, 노년   **etching** 에칭, 부식 동판술
financially 재정적으로   **live beyond one's means** 분수에 넘치는 생활을 하다

4

해석 (a) 요즘 많은 한국 학생들이 긴 여름방학 동안 유럽 전역을 배낭여행을 한다. (b) 그들은 보통 침대칸이 있는 기차나 장거리 관광버스에서 밤을 보낸다. (c) 물론 그들은 호텔에 있는 것보다 차에서 잘 때 좀 더 경비를 절약할 수 있다. (d) 그러나 그들이 자는 동안 돈이나 여권을 잃어버릴 수 있기 때문에 조심해야 한다.

해설 (a)는 '유럽의 도처를 배낭여행한다'라는 뜻이 되어야 자연스러우므로 '구석구석,' '전역'을 뜻하는 전치사가 와야 한다. 따라서 for를 throughout으로 고치는 것이 옳다.

어구 **backpack** 배낭여행을 하다   **long-distance** 장거리의
coach (장거리용) 대형 버스   **expense** 경비, 비용

GP 37 | 전치사의 기본 의미 3

간편한 Check!

1 until   **2** between

1 당신은 여기서 정오까지 기다려야 합니다.
정오까지 계속 기다리고 있어야 하므로 계속의 의미를 갖는 until이 와야 한다.

2 두 사람 사이에 편지가 여러 번 왔다갔다.
'두 명'이라는 명확한 표현이 있으므로 between이 알맞다.

■Check-up TEST 37 ■

1 (c)   **2** (c)   **3** (b)   **4** (d)

1

해석 A: 에드거 앨런 포는 몇 편의 소설을 썼어?
B: 1849년에 사망하기까지 20편이 넘는 단편소설을 썼어.

해설 '사망하기 전까지'의 의미가 되어야 한다. '~까지'의 의미를 가지는 전치사로는 by와 until이 있는데 by는 완료의 의미, 그리고 until은 지속의 의미가 포함되어 있다. 문맥상 완료의 의미가 맞으므로 by가 와야 한다.

어구 **fiction** 소설   **short story** 단편소설

2

해석 충족될 수 없는 사랑은 그의 최신 소설 〈로스트〉의 주제이다.

해설 그의 최신 소설과 Lost는 동격이다. '그의 최신 소설 작품의 주제'라고 해석해야 하므로 무생물의 소유격을 나타내는 전치사 of가 들어가야 한다.

어구 **fulfill** (필요·요건 등을) 채우다, 완수하다   **main theme** 주제
latest 최신의, 최근의

3

해석 (a) A: 수가 아무 혐의도 받지 않게 되었다니 다행이야.
(b) B: 지난주에는 예전 상사와 함께 뇌물 혐의를 받고 있었잖아.
(c) A: 하지만 그런 혐의가 신빙성이 있다고 생각한 사람은 거의 없었어.
(d) B: 맞아. 그리고 법정에서 혐의를 벗었지.

해설 선택지 (b)의 내용은 지난주에 있었던 어떤 한 사건에 대해서 설명하고 있다. was facing이라는 과거 진행시제로 볼 때 단순 과거 사건에 대한 설명이므로 By last week(지난주까지)가 아닌 Last week(지난주에)로 표현하는 것이 옳다.

어구 **be charged with** ~의 죄로 기소되다, 혐의를 입다
charge 고소, 혐의; 비난   **face** 직면하다   **bribery** 뇌물
in connection with ~와 함께, ~와 관련하여
credible 믿을 만한, 확실한   **drop** 없어지다, 떨어지다

4

해석 (a) 로버트 와이즈는 전설적인 미국 영화 감독이다. (b) 그는 1935년에 필름 편집자로 자신의 영화 인생을 시작했지만 1944년에는 감독이 되었다. (c) 그는 〈웨스트사이드 스토리〉와 〈사운드 오브 뮤직〉으로 아카데미 감독상을 두 번이나 탔다. (d) 그의 작품으로는 〈스타트렉: 모션 픽쳐〉와 〈지구가 정지한 날〉, 그리고 〈신체 강탈자〉 등이 있다.

해설 '여러 개 중에서'를 나타낼 때는 among을 쓰고, '두 개 중에서'라고 할 때는 between을 쓴다. (d)에서 로버트 와이즈의 작품은 최소 세 편 이상이므로 '그의 작품 중에'라고 표현할 경우 between이 아닌 among을 써야 한다.

어구 **legendary** 전설적인   **director** (영화) 감독   **film career** 영화계에서의 경력   **editor** 필름 편집자

GP 38 | 전치사의 관용표현

간편한 Check!

1 under   **2** at

1 새 연구개발 센터가 건설 중이다.
'건설 중인'이라는 표현은 under construction이다.

2 경제가 느린 속도로 성장하고 있다.
속도와 관련된 전치사는 at이다.

■Check-up TEST 38 ■

1 (a)   **2** (d)   **3** (b)   **4** (d)

1

해석 A: 영화 마지막에 그 형사에게 무슨 일이 일어난 거야?
B: 불행히도 그는 칼에 찔려 죽었어.

해설 be stabbed to death는 '칼에 찔려 죽다'라는 뜻의 관용적인 표현이다. 여기서 사용된 전치사 to는 결과의 의미를 가지고 있다.

어구 **detective** 형사   **stab** 칼로 찌르다

2

해석 새로운 결제 기술을 채택하는 데 있어서 중국은 놀라운 속도로 발전하고 있다.

해설 빈칸 뒤에 rate가 있는데 속도와 비율을 나타낼 때는 전치사 at을 쓴다.

어구 **incredible** 놀라운, 대단한   **when it comes to** ~에 관해서라면   **adopt** 채택하다   **payment** 결제

3

해석 (a) A: 소비자 서비스 부서입니다. 어떻게 도와 드릴까요?
(b) B: 네. 스마트폰에 문제가 있습니다. 고장 났어요.
(c) A: 정확하게 무엇이 문제인지 말씀해 주시겠습니까?
(d) B: 12시간 연속해서 그걸로 노래를 들었는데, 그리고 나서 기기가 갑자기 작동을 멈추었어요.

해설 (b)에서 '고장 난'이라는 의미를 가진 표현은 out order가 아니라 out of order이다.

어구 **cause trouble** 문제를 일으키다   **in a row** 연속하여

4

해석 (a) 경찰은 실종 아동 티나 게일을 아직도 찾고 있는 중이다.
(b) 티나 게일은 수요일 방과 후 집으로 오는 길에 사라졌다.
(c) 경찰은 티나처럼 생긴 아이를 따라간 키 큰 백인 남자를 봤다는 목격자를 찾았다. (d) 이 사건은 아직도 수사 중이다.

해설 전치사 under는 '~하는 중'인의 뜻으로, (d)에서 '수사 중인'이라고 하려면 in investigation가 아니라 under investigation이라고 해야 옳은 표현이다.

어구 **missing child** 실종 아동   **witness** 목격자   **investigation** 수사

GP 39 | 기타 전치사

간편한 Check!

1 for   **2** regarding

1 오늘 늦어서 사과드립니다.
이유를 나타내는 전치사 for가 옳다.

2 오늘 수업은 점묘법에 관한 것이다.
'~에 관하여'라는 뜻의 표현은 regarded가 아니라 regarding이다.

Check-up TEST 39

1 (d)   **2** (a)   **3** (c)   **4** (c)

1

해석 A: 내가 나이에 비해 어려 보이니?
B: 응. 20대 초반 대학생 같아.

해설 전치사 for는 '~에 비해서'라는 뜻이 있다. '~의 나이에 비해서'라는 뜻의 for one's age를 통째로 외워두자.

어구 **college student** 대학생   **in the early 20s** 20대 초반에

2

해석 다이어트에 관해서라면 적게 먹으면서 규칙적으로 운동할 때만 그 효과를 볼 수 있다.

해설 when it comes to 뒤에 동명사나 명사가 와서 '~에 관해서[대해서]라면'이라는 뜻으로 쓰인다.

어구 **go on a diet** 다이어트 하다   **effective** 효과적인   **regularly** 규칙적으로   **work out** 운동하다

3

해석 (a) A: 총선이 이제 딱 일주일 남았어.
(b) B: 이번에는 무슨 일이 있어도 투표할 거야.
(c) A: 여당에 한 표 줄 거야 아님 주지 않을 거야?
(d) B: 우리 둘 다 같은 생각을 하고 있는 것 같은데. 그렇지 않아?

해설 vote for는 '~에 찬성표를 던지다', vote against는 '~에 반대표를 던지다'라는 뜻이다. (c)를 보면 '찬성표를 던질 것이냐 반대표를 던질 것이냐'라고 묻고 있는데, against는 있지만 for가 없으므로 vote for the ruling party라고 써야 한다.

어구 **general election** 총선   **no matter what happens** 무슨 일이 일어나더라도   **the ruling party** 집권 여당

4

해석 *Fake Love*는 케이팝 보이 그룹인 BTS의 노래이다. 2018년에 처음 발매되어 그 해 5월에 빌보드 챠트 200에서 48위를 차지했다. 이 노래의 성공은 상당 부분 뮤직 비디오 덕분이기도 했다. (d) YouTube에 따르면, 이 뮤직 비디오는 발매된 지 44일 만에 2억 뷰를 달성했다.

해설 (c)의 내용을 보면 뮤직 비디오가 노래의 성공에 상당한 영향을 끼쳤다는 것을 유추할 수 있다. 따라서 (c)에서 in small part가 아니라 in no small apart가 되어야 한다. in small part가 '적게'이고, in no small part는 '상당부분'이란 뜻이다.

어구 **release** 개봉하다   **rank** (등급, 순위를) 차지하다   **success** 성공   **according to** ~에 의하면

GP 40 | 접속사의 기본 의미

간편한 Check!

1 Unless   **2** so

1 예상 못한 일이 발생하지 않는 한, 난 내일 너를 보게 될 것이다.
내일 상대방을 보려면 예상 못한 일이 발생하지 않았을 경우여야 한다.

2 우리는 최선을 다했으므로 스스로에 대해서 자랑스럽게 생각한다.

앞뒤 문장이 인과관계를 나타내고 있으므로 so가 알맞다.

Check-up TEST 40

1 (a)　　2 (c)　　3 (c)　　4 (c)

1

해석 A: 네가 배운 것을 전부 암기할 수 없다면 몇 번이고 계속 복습해야 해.
B: 그건 알아. 하지만 너무 지겨워.

해설 앞의 접속사절의 내용과 뒤에 나오는 주절의 내용이 반대되므로 '~하지 않는다면'의 뜻을 갖는 unless가 문맥상 적절하다.

어구 **memorize** 암기하다, 기억하다　**go over** 복습하다; 되풀이하다

2

해석 그녀는 발목을 다쳤지만 동계 올림픽에서 금메달 두 개를 딸 수 있었다.

해설 앞의 접속사절과 뒤의 주절 내용을 잘 살펴보자. 서로 대조되는 내용이므로 although(~일지라도)가 나오는 게 가장 적합하다.

어구 **injure** 다치다　**ankle** 발목　**win a gold medal** 금메달을 따다

3

해석 (a) A: 내일 회의에 참석 못하신다니 유감이네요.
(b) B: 미안해요. 3일 내로 과제를 끝내야 해서요.
(c) A: 어려운 일이 생기면 주저하지 말고 전화 주세요.
(d) B: 호의에 감사드려요. 하지만 저 혼자 처리할 수 있을 거에요.

해설 (c)를 보면 문맥상 '곤경에 처하면, 곤경에 처할 때'라는 의미가 되어야 한다. 따라서 as가 아니라 when이나 if로 써야 한다.

어구 **be unable to V** ~할 수 없다　**attend a meeting** 회의[모임]에 참석하다　**assignment** 과제　**hesitate** 주저하다, 망설이다　**be in trouble** 곤경에 처하다　**take care of** ~을 처리하다; ~을 책임지고 떠안다

4

해석 (a) 〈스카페이스〉는 브라이언 드 팔마 감독, 올리버 스톤 각본, 알 파치노 주연의 범죄영화이다. (b) 이 영화는 마이애미의 암흑가를 배경으로 토니 몬타나의 흥망성쇠를 다루었다. (c) 많은 비평가들이 영화의 폭력성과 노골적인 언어 표현을 지적했지만 대히트를 치며 긍정적인 평가를 받았다. (d) 그리고 이 영화는 미국영화연구소(AFI)가 선정한 각기 다른 10개 장르별 최고의 영화 10편 목록 중 최고 갱 영화 중 하나로 이름을 올렸다.

해설 (c)를 보면 앞 부분은 '많은 비평가에게 폭력성과 노골적인 언어 표현으로 지적을 받았지만'이라는 내용이고, 뒤는 '대히트를 쳤고 긍정적인 평가를 받았다'라고 앞과 대조되는 내용이 나오므로 even if보다는 although나 even though가 적합하다.

어구 **direct** 감독하다, 연출하다　**star** 주연을 시키다, 주역으로 하다　**rise and fall** 흥망성쇠　**criminal underworld** 암흑가, 지하 범죄조직　**critic** 비평가, 평론가　**point out** ~을 지적하다

어구 **violence** 폭력(성)　**graphic** 생생한; 사실적인　**box office hit** 대히트, 흥행작　**review** 비평, 평론, 논평　**list** 명단에 올리다, 기재하다　**gangster movie** 갱[조폭] 영화

Unit 7 대명사

GP 41 | 대명사의 기본 의미

간편한 Check!

1 It's → They're[They are]　2 your → you

1 A: 이 꽃들은 뭐하는 데 쓸 거야?
B: 아내를 위한 깜짝 파티에 쓰려고.
B가 한 말에서 It's를 They're로 바꾸어야 한다. 왜냐하면 A가 한 말에서 these flowers를 받기 때문이다.

2 A: 네가 준 선물 정말 마음에 들어.
B: 오히려 내가 기쁘지.
네가 준 선물은 the present that you gave to me로 표현해야 한다. 소유격이 아니라 주격으로 바꾸어야 한다.

Check-up TEST 41

1 (a)　　2 (b)　　3 (d)　　4 (c)

1

해석 A: 읽지도 않을 책은 왜 샀어?
B: 그것들은 내 책이 아냐.

해설 앞에 나온 some books는 복수이므로 당연히 They are가 되어야 한다.

2

해석 기기를 사용한 뒤에는 잘 씻어서 닦은 후 선반 위에 보관해 주십시오.

해설 앞에 나온 the devices를 받는 대명사를 골라야 하는 문제이다. devices는 복수이므로 복수 대명사 them이 정답이다. and 뒤에서도 put them이라고 명시하고 있다.

어구 **device** 기기, 장치　**wax** (초로) 닦다, ~에 초를 칠하다

3

해석 (a) A: 학부모회의는 언제 시작하죠?
(b) B: 6시에 시작할 겁니다.
(c) A: 안나한테 학부모님들을 B 회의실로 모시고 오라고 해줄래요?
(d) B: 알겠습니다. 그녀한테 얘기할게요.

해설 내용을 살펴보면 (d)는 '안나에게 말하겠다'가 되어야 한다. 안나는 한 사람이므로 복수 대명사 them이 올 수 없다. them 대신 Anna를 받는 her가 와야 한다.

어구 **guide** 안내하다, 인도하다

4

해석 (a) 그 회사는 목요일에 새로운 게임 CD 몇 개를 출시할 것입니다. (b) 지난번 게임 출시 이후 1년 만이죠. (c) 이번에 출시되는 제품에는 롤플레잉 게임 하나와 시뮬레이션 게임 두 개가 포함됩니다. (d) 각각 23달러 50센트죠.

해설 (c)에서 주어로 나온 대명사는 앞에 나온 game CDs를 받는 대명사가 되어야 한다. CD는 셀 수 있는 명사이고 복수이기 때문에 복수 대명사를 써서 It includes를 They include로 바꿔야 한다.

GP 42-43 | it과 one의 구분 / some

1 it **2** one **3** the students

1 A: 네 달력이 마음에 들어. 그걸 나에게 줄 수 있니?
B: 그럼. 못 줄 이유가 없지.
A가 가지고 있는 바로 그 달력을 달라고 하는 것이므로 정답은 it이다.

2 A: 멋진 스마트폰을 샀어.
B: 나도 네가 가지고 있는 것과 같은 스마트폰을 사고 싶어.
A가 가지고 있는 바로 그 기기가 아니라 그와 같은 기기면 만족한다는 의미이므로 one으로 표현한다.

3 그 학생들 중 몇 명은 결과를 초조해하면서 기다리고 있었다.
Some of를 사용할 경우 뒤에 한정사 the와 함께 명사를 써야 한다.

Check-up TEST 42~43

1 (a) **2** (d) **3** (d) **4** (c)

1

해석 A: 제시의 보고서 좀 넘겨줘.
B: 나한테 없는데. 탐에게 물어봐야 할 것 같아.

해설 B는 A가 말한 제시의 보고서에 관해 탐에게 물어보라고 답하고 있다. 앞에 나온 제시의 보고서를 지칭하는 대명사가 들어가야 하므로 답은 one이 아닌 it이다.

어구 **hand** 직접 건네주다, 넘겨주다

2

해석 (a) A: 비가 너무 많이 온다. 그칠 기미가 보이지 않네.
(b) B: 네 말이 맞아. 비가 정말 쏟아지듯이 오네.
(c) A: 내가 빌릴 우산 있니?
(d) B: 집에 우산이 3개 있어. 아무것이나 쓰면 돼.

해설 (d)에서 우산이 여러 개가 있고 그 중에 아무거나 하나를 쓰면 되는 상황이므로 it이 아니라 one을 써야 한다.

어구 **let up** 비가 그치다; (강도가) 약해지다 **rain cats and dogs** 비가 억수로 내리다

3

해석 (a) A: 정말 오랜만이다.

(b) B: 오, 드디어 왔구나.
(c) A: 그래. 나 여기 오려고 저녁도 안 먹었어.
(d) B: 배고프겠다. 테이블 위에 먹을 게 좀 있어.

해설 (d)에서 some 뒤에 셀 수 있는 복수 명사가 왔기 때문에 동사도 주어가 복수일 때 쓰이는 동사형으로 써야 한다. is가 아닌 are로 바꿔야 한다.

어구 **make it** 제시간에 도착하다, (장소에) 나타나다 **skip** 뛰어 넘다, 건너뛰다 **starve** 굶주리다 **refreshments** 가벼운 음식물

4

해석 (a) 정부는 이동통신 사업자에게 통신료를 인하할 것을 요청해 왔다. (b) 이에 따라 몇몇 회사는 통신료를 꾸준히 인하시켰다. (c) 하지만 몇몇 회사는 여전히 정부의 지시에 불복하고 있다. (d) 그들은 전세계 표준 요금과 비교했을 때 지금의 통화료가 적정 수준이라고 주장한다.

해설 (c)의 some은 (b)에서 언급한 several companies와 다른 입장을 취하는 몇몇 회사들(some companies)을 가리키는 대명사이다. 주어가 복수이므로 동사도 주어가 복수일 때 취하는 동사형으로 써야 한다. 즉 is가 아닌 are로 쓴다.

어구 **mobile carrier** 이동통신 사업체 **cut** (비용을) 삭감하다, 줄이다 **mobile rate** 이동통신 요금 **progressively** 꾸준하게, 점진적으로 **struggle** 싸우다, 분투하다 **global standard** 세계 표준 **adequate** 적정한, 적당한

GP 44 | –body

1 anybody **2** anybody

1 과연 이 어려운 수학 문제를 누가 풀 수 있을까?
의문문이므로 somebody가 아니라 anybody를 써야 한다.

2 나는 입이 가벼운 사람과는 절대로 이야기를 하지 않을 것이다.
never가 있으므로 부정문이다. 부정문에서는 somebody가 아니라 anybody를 쓴다.

Check-up TEST 44

1 (d) **2** (a) **3** (c) **4** (c)

1

해석 A: 오늘밤 파티에 나도 가도 될까?
B: 물론이지. 누구든지 와서 즐거운 시간을 보낼 수 있어.

해설 '누구나 파티에 올 수 있다'는 의미이다. 따라서 '누구나, 누구든지'의 뜻을 가지는 anybody가 와야 한다.

어구 **have fun** 재미있게 보내다[놀다]

2

해석 내가 범죄 현장에 도착했을 때 그곳에는 아무도 없었다.

해설 anybody가 부정문에서 쓰이면 '아무도'라는 뜻이 된다.

어구 **crime scene** 범죄 현장

3

해석 (a) A: 의사 선생님을 만나기 전에 이 양식부터 작성해 주세요.
(b) B: 병력 양식도 적어야 하나요?
(c) A: 병력이 있거나 기저질환이 있으신 분은 그 양식을 꼭 작성해 주셔야 해요.
(d) B: 그러면 작성하는 걸 도와주실래요?

해설 문맥상 (c)는 '병력이나 기저질환이 있는 사람은 누구든지'라고 해석되므로 nobody가 아니라 '누구든지'의 뜻을 가진 anybody/anyone이 되어야 맞다. nobody는 '아무도[어느 누구도] ~않다'라는 부정의 의미로, 문맥상 부정은 맞지 않다.

어구 **medical history** 병력   **underlying disease** 기저질환

4

해석 (a) 지난 월요일 헨더슨은 새로운 원예책을 출판했다. (b) 그 책은 초보자용으로 정원 가꾸기에 관한 기초를 자세히 알려준다. (c) 이 책이 있으면 서툰 사람이라 할지라도 누구든지 원예에 능숙해질 수 있다. (d) 이 책은 온라인에서 주문하거나 서점에서 살 수 있다.

해설 (c)는 '서툰 사람이어도 누구든지 원예에 능숙해질 수 있다'의 의미가 되어야 한다. 따라서 '누구든지'의 의미를 가진 anybody가 와야 하며 no one은 부정의 내용을 담고 있어 문맥상 적합하지 않다.

어구 **gardening book** 원예 책   **beginner** 초보자   **basics** 기초
in detail 상세히, 자세히   **clumsy** 서투른

GP 45 | each / every

간편한 Check!

1 book   **2** Each

1 각 책은 삽화가 잘 그려졌다.
each 다음에는 단수 명사를 써야 한다.

2 각각의 펜은 색깔이 다르다.
대명사로 쓸 수 있는 것은 each이다.

Check-up TEST 45

1 (a)   **2** (a)   **3** (d)   **4** (a)

1

해석 A: 이 박스 안에 있는 고구마 전부 썩었어.
B: 고구마는 건조한 곳에 보관해야 해.

해설 every는 복수의 의미지만 단수 취급한다. 따라서 뒤에 복수형이 올 수 없다. 또한 every는 형용사이기에 「every of +명사」로 쓸 수 없다.

어구 **sweet potato** 고구마   **rotten** 썩은   **store** 저장하다

2

해석 각각의 선수들은 오늘 감독이 강조한 내용을 기억하라고 지시받았다.

해설 Each 다음에는 단수명사 player가 나와야 하며, 동사도 마찬가지로 단수 처리한다.

어구 **emphasize** 강조하다   **coach** 감독

3

해석 (a) A: 영어 강의 몇 개를 수강하고 싶은데요.
(b) B: 어느 강의를 들을 건지 결정하셨습니까?
(c) A: 네. 그런데 몇 시간짜리 강의들인지 알고 싶어요.
(d) B: 모든 강의는 50분간 수업합니다.

해설 every는 형용사이다. 대명사로 쓰일 수 없기 때문에 (d)에 나온 것처럼 Every of the lectures라고 쓸 수 없다. 따라서 Every[each] lecture 또는 Each of the lectures로 바꾸어야 한다.

어구 **enroll (in)** 등록하다, 입학하다   **lecture** 강의, 수업   **last** 지속하다

4

해석 (a) 이 기기를 사용하기 전에 각각의 버튼이 'Off'로 되어 있는지 확인하셔야 합니다. (b) 버튼의 위치를 확인한 뒤 튜브의 상태와 액체의 양을 점검하십시오. (c) 그 후에 기기에 있는 'Start' 버튼과 컴퓨터에 있는 'On' 버튼을 누르십시오. (d) 기기나 컴퓨터를 작동시키지 못하셨다면 작동 매뉴얼의 2항을 보십시오.

해설 each, every 뒤에는 단수 명사 형태가 오며 동사도 단수로 처리해야 한다. 따라서 (a)의 buttons are를 button is로 고쳐야 한다.

어구 **ensure** 확실하게 하다, 보증하다   **liquid** 액체   **press** 누르다
operational manual 작동 매뉴얼

GP 46 | every / another + 명사

간편한 Check!

1 seven   **2** hours

1 주간지는 7일마다 출간된다.
뒤에 나온 days가 복수이므로 기수 seven이 온다.

2 10시간 더 연습합시다.
「another+기수+복수명사」 구문이다.

Check-up TEST 46

1 (d)   **2** (a)   **3** (b)   **4** (c)

1

해석 A: 총알이 다 떨어졌어. 넌 총알이 얼마나 남았니?
B: 난 4발 더 쏠 수 있어.

해설 추가적으로 4발을 더 쏠 수 있다는 의미이다. another 뒤에는 단수명사가 나오는 게 일반적이지만, 문제처럼 기존의 것에서 '추가적 의미'로 쓰일 때는 「another+기수+복수명사」 형태를 쓴다. another는 four만을 수식하고, four라는 수사는 복

수명사 rounds를 수식한다.

어구 **run out of** ～을 다 써버리다, (물건이) 바닥나다 **ammunition** 탄약, 총알 **round** 총알, (탄약의) 1발분 **fire** 발사하다

2

해석 우리나라의 대선은 5년마다 9월의 첫 번째 일요일에 치러진다.

해설 '～마다'는 「every＋기수＋복수명사」 또는 「every＋서수＋단수명사」 중에 하나로 쓰면 된다. 따라서 '5년마다'는 every five years 또는 every fifth year이다.

3

해석 (a) A: 자네 아내의 식당은 어떤가? 장사가 잘 된다고 들었어.
(b) B: 맞아. 아내는 다음 달에 지점 두 곳을 더 열 예정이야.
(c) A: 우와, 대단한데.
(d) B: 그렇긴 한데, 난 직장을 그만두고 지점 한 곳을 맡아야 할 것 같아. 아내가 어제 그렇게 말을 꺼내더군.

해설 (b)는 '다음 달에 아내가 또 다른 지점 두 곳을 추가로 개업할 예정이다'라고 해석된다. 기존의 것에서 추가되는 개념을 표현할 때 「another＋기수＋복수명사」 형태를 쓴다. 따라서 branch를 branches로 써야 한다.

어구 **boom** 인기가 좋아지다, 활기를 돋우다; 폭등하다 **branch** 지점 **in charge of** ～을 맡고 있는[담당하는] **quit** 그만두다

4

해석 (a) 제비 뽑아 죽이기는 로마군 장교들이 사용했던 군대식 처벌행위였다. (b) 이 처벌법은 겁이 많거나 복종하지 않는 병사들에게 행해졌다. (c) 그들은 10명 단위로 나눠져서, 제비뽑기로 선택된 매 10번째 병사는 나머지 9명의 병사들에 의해 죽임을 당했다. (d) 오늘날 decimation이라는 단어는 많은 사람, 동물 또는 기타 생명체의 살해나 제거를 의미한다.

해설 every 다음에 every ten days처럼 기수가 오면 명사를 복수 처리해주고 every 다음에 every tenth day처럼 서수가 오면 단수를 쓴다. (c)에서 every tenth soldiers는 서수 다음에 복수 soldiers가 쓰여서 틀린 표현이 된다. every tenth soldier, 혹은 every ten soldiers로 고쳐야 한다.

어구 **decimation** 대량으로 죽임 **disciplinary action** 처벌행위 **levy** ～을 부과하다, 징수하다 **lot** 제비뽑기; 추첨

GP 47 | most/all/any/some+of

간편한 Check!

1 books → the books
2 Most the people → Most people / Most of the people

1 책상에 있는 모든 책들이 역사에 관한 것이다.
of 뒤에 한정사를 써야 한다.

2 이 동네의 대부분의 사람들은 아시아인들이다.
Most 뒤의 관사를 빼거나 「most of the＋명사」 형태로 써야 한다.

Check-up TEST 47

1	(d)	2	(c)	3	(b)	4	(b)

1

해석 A: 크리스토퍼 놀란은 훌륭한 감독이야. 대부분의 그의 영화는 대히트를 쳤어.
B: 그는 〈덩케르크〉의 감독이지, 그렇지?

해설 관사와 소유격은 나란히 쓸 수 없다. 따라서 (b)는 답이 될 수 없다. Most films(대부분의 영화), Most of his films(대부분의 그의 영화), Most of the films(그 영화들의 대부분)는 모두 문법상 오류가 없지만, 이 문제에서는 의미상 '대부분의 그의 영화'가 되어야 하므로 Most of his가 정답이다.

어구 **director** 감독 **box office hits** 대히트

2

해석 우리에게 주어진 그 어떤 기회도 우리의 상황을 개선하기에 충분치 않았다.

해설 부정문에서 '어떤 ～(라)도'란 의미를 나타내는 표현으로 「any＋복수명사」 또는 「any of the＋복수명사」를 쓴다.

어구 **improve** 개선하다

3

해석 (a) A: 1920년대의 한국의 시장 경제에 대한 리포트를 제출해야 해. 어떻게 해야 할까?
(b) B: 도서관에서 그 주제에 대해 쓰인 모든 문헌을 읽어야 할 것 같은데.
(c) A: 그건 이미 했어. 문제는 참고할 만한 가치가 있는 자료가 몇 안 된다는 거야.
(d) B: 그렇다면 한국 국회도서관을 방문해야 할 것 같아. 그곳에서 더 많은 문헌을 찾을 거야.

해설 (b)를 보면 '그것에 대해 쓰인 모든 문헌'이라는 의미로, 문헌을 한정하는 정관사 the가 필요하다. 따라서 all of documents를 all of the documents라고 고쳐야 맞다.

어구 **submit** 제출하다 **market economy** 시장 경제 **document** 기록, 문헌, 문서 **material** 자료 **National Assembly** 국회

4

해석 (a) 케이투(K2)는 지구에서 두 번째로 높은 산이다. (b) 히말라야에 가 본 적이 있는 대부분의 산악인들은 에베레스트보다 케이투를 정복하는 것이 더 어렵다고 말한다. (c) 또한 그들은 케이투를 세계에서 가장 위험한 산 가운데 하나로 여긴다. (d) 사실, 케이투는 산악인들에게 안나푸르나 다음으로 산악인들의 사망률이 높은 산으로 악명 높다.

해설 (b)는 '히말라야에 가 본 적이 있는 대부분의 산악인들'이라는 의미로, 산악인들을 한정하는 정관사 the가 필요하다. 따라서 Most of mountaineers가 아니라 Most of the mountaineers가 되어야 한다.

어구 **mountaineer** 산악인, 등산가 **challenging** 힘든, 어려운; 도전적인 **conquer** 정복하다 **regard as** ～으로 여기다 **notorious for** ～으로 악명 높은 **fatality rate** 사망률 **Annapurna** 안나푸르나 (네팔 북부의 히말라야 산맥의 산)

Unit 8 형용사와 부사

GP 48 | 비교급

간편한 Check!

1. even more
2. two times heavier
3. more beautiful

1. 나는 너보다 초콜릿을 훨씬 더 좋아한다.
   비교급을 강조하는 단어는 very가 아니라 even이다.

2. 나는 네가 가지고 있는 책보다 두 배는 더 무거운 새 책을 한 권 샀다.
   배수사 비교급 문제다. 몇 배(숫자+times)를 먼저 쓰고 그 다음에 비교급을 쓰면 된다.

3. 넌 윤아보다 훨씬 더 아름다워.
   beautiful은 3음절 이상의 단어이므로 비교급을 나타낼 때 -er이 아니라 앞에 more를 붙여야 한다.

▬ Check-up TEST 48 ▬

| 1 | (a) | 2 | (d) | 3 | (d) | 4 | (a) |

1

해석 A: 우와! 이 컴퓨터가 내 것보다 더 비싸 보이는걸.
    B: 글쎄, 네 컴퓨터가 내 것보다 훨씬 비싸 보인다고 생각해.

해설 문제의 포인트는 비교급을 강조하는 부사 much의 위치이다. much는 비교급 바로 앞에 나와 비교급을 강조하는 역할을 한다.

2

해석 정부는 인터넷 인프라에 이전보다 8배 더 많이 투자할 계획이다.

해설 배수사가 사용된 비교급 문제이다. 「배수사+비교급+than」 어순으로 된 것을 찾으면 된다.

어구 **previous** 이전의 **invest** 투자하다 **infrastructure** 인프라, (사회공공) 기본 시설

3

해석 (a) A: 이 컴퓨터 또 말썽이네. 더 이상 못 참겠어.
    (b) B: 컴퓨터를 업그레이드할 때가 왔군.
    (c) A: 업그레이드하는 데 돈이 많이 들까?
    (d) B: 아니야. 네가 컴퓨터 샀을 때 든 돈의 10분의 1도 안 들 거야.

해설 배수사가 사용된 비교급 문제이다. 배수사를 먼저 쓰고 다음에 비교급 than을 쓰면 된다. 따라서 (d)의 less than ten times를 ten times less than이라고 해야 한다.

어구 **act up** (기계 등이) 기능이 나빠지다, 제 기능을 못하다 **stand** 참다, 견디다 **cost** (비용이) 들다, (~에게 얼마를) 치르게 하다

4

해석 (a) 아프리카 빈곤은 당신이 생각하는 것보다 훨씬 더 빨리 사

라지고 있다. (b) 이는 국제적 지원과 아프리카인들이 스스로 일어서려는 노력이 합쳐져서 가능해진 것이다. (c) 기아와 질병으로 사망하는 아이들의 수도 줄어들고 있다. (d) 그러나 아프리카가 완전히 빈곤으로부터 벗어날 수 있는지는 두고 볼 일이다.

해설 (a)를 보면 than이 나와 있는데, than이 있으면 반드시 앞에 비교급이 나와야 한다. 그래서 fast가 아니라 faster임을 알 수 있다. much는 비교급을 강조하는 부사이다.

어구 **poverty** 빈곤 **combination** 조합 **assistance** 지원, 원조 **stand up one's feet** 스스로 문제를 해결하다 **starvation** 기아 **it remains to be seen whether** ~인지는 두고 봐야 한다 **lift out of poverty** 빈곤에서 벗어나다

GP 49 | 최상급

간편한 Check!

1. taller
2. the largest
3. by far

1. 스테이시는 그의 학급에서 다른 어떤 학생보다 키가 더 크다.
   「비교급+any other+단수명사」 형태의 구문이다.

2. 이것은 세상에서 가장 큰 그림이다.
   large의 최상급은 largest이다.

3. 텝스는 모든 영어 시험 중에서 단연코 가장 어려운 영어 시험이다.
   최상급을 강조할 수 있는 것은 by far이다.

▬ Check-up TEST 49 ▬

| 1 | (c) | 2 | (c) | 3 | (a) | 4 | (d) |

1

해석 A: 여기가 이 도시에서 가장 위험한 도로야.
    B: 그럼 우회하는 게 어때?

해설 두 개의 대상을 비교하는 것이 아닌 상태에서 in the city를 사용해서 한정시키고 있다. 따라서 최상급이 사용되어야 함을 알 수 있다.

어구 **take a detour** 우회하다, 돌아가다

2

해석 보잉 747은 1970년대에 단연코 가장 큰 비행기였다.

해설 보기 중 최상급인 the largest를 강조할 수 있는 것은 by far 이다.

3

해석 (a) A: 이건 내가 그 동안 읽어본 책 중에 가장 지루한 책이야.
    (b) B: 정말? 왜 그렇게 말하는데?
    (c) A: 등장인물이 너무 많아서 아직까지도 누가 누구인지 모르겠어.
    (d) B: 그래도 끝까지 읽어봐.

해설 most가 최상급으로 사용되면 앞에 the를 꼭 써야 한다. 따라

서 (a)의 most boring book은 the most boring book이 되어야 옳다.

어구 though (문장 마지막에 쓰여서) 그래도, 그러나

4

해석 (a) 아스피린은 통증을 줄여주는 동시에 열을 내려주는 것으로 잘 알려진 약이다. (b) 아스피린은 한 프랑스 과학자에 의해 합성되었고, 1899년 바이엘(Bayer)사는 이것을 상용 의약품으로 개발하였다. (c) 그때부터 아스피린은 흔한 약이 되었다. (d) 현재 아스피린은 세계에서 가장 대중적이며 안전한 약이다.

해설 최상급을 표현할 때는 정관사 the를 항상 붙여야 한다. 따라서 (d)의 most popular and safest drug을 the most popular and safest drug으로 바꾸어야 한다. most popular와 safest가 모두 drug를 수식하므로 the는 한 번만 쓰면 된다.

어구 well-known 유명한, 잘 알려진 reduce 줄이다, 감소시키다 simultaneously 동시에 synthesize 합성하다; 종합하다 commercial drug 상용 약품 medication 약제, 약물

GP 50 | 형태가 비슷한 형용사와 부사

간편한 Check!

1 lately　　　　　2 likely

1 이 영화는 최근 들어 인기가 많아졌다.
late는 '늦은', lately는 '최근에'이다.

2 비가 올 것 같다.
like는 '~와 같은', likely는 '~일 것 같은'이다.

Check-up TEST 50

1 (b)　　2 (d)　　3 (c)　　4 (a)

1

해석 A: 최근에 제프리를 통 못 봤어.
B: 어머니를 뵈러 갔다고 들었는데.

해설 문맥상 '최근에 못 봤다'라고 해석하는 게 적절하다. 따라서 '최근에'라는 뜻을 가진 lately를 쓴다.

2

해석 북한이 협상 테이블로 돌아올 가능성은 매우 높다.

해설 문맥상 '~할 것 같다'는 의미가 되어야 하므로 likely를 쓴다. 「be most likely+to부정사」는 '정말 ~할 것 같다, ~할 가능성이 매우 높다'라는 의미이다.

어구 negotiating table 협상의 테이블, 협상의 장 return to ~으로 돌아가다

3

해석 (a) A: 봄맞이 청소 다 했어?
(b) B: 거의 끝났어. 여기 있는 커피 얼룩을 지우려고 하는 중

이야.
(c) A: 커피 자국은 좀처럼 지워지지 않더라고.
(d) B: 인터넷에서 어떻게 해야 하는지 몇 가지 비법을 찾을 수 있을 것 같아.

해설 (c)에는 문맥상 '거의 ~하지 않는다'는 부정의 의미가 들어가야 한다. hardly ever는 '좀처럼 ~하지 않다'라는 의미이다. 따라서 (c)의 hard를 hardly로 바꿔 준다.

어구 spring cleaning 봄맞이 대청소 stain 자국, 얼룩 remove 제거하다 tip 비법, 비결; 조언

4

해석 (a) 대부분의 사람들은 한국에는 좀처럼 심한 지진이나 쓰나미가 발생하지 않는다고 생각한다. (b) 한편으론 사실이지만, 과거에 몇 번 심한 지진이 발생한 적이 있었다. (c) 요즘 세계 곳곳에서 더욱 더 격렬한 지진이 일어나고 있다. (d) 그래서 점점 더 많은 한국인들이 지진을 걱정하기 시작했다.

해설 (b)의 접속사 but 이하는 앞에 나온 (a)의 내용과 반대되는 사실을 말하고 있다. 이를 바탕으로 (a)의 문장은 '한국에는 심한 지진이나 쓰나미가 거의 발생하지 않는다고 대개의 사람들이 생각한다'라는 의미가 되어야 함을 알 수 있다. 따라서 (a)의 hard ever를 hardly ever로 고쳐 준다.

어구 severe 심한, 맹렬한 earthquake 지진 tsunami 쓰나미 (지진에 의한 해일) somewhat 얼만간, 다소 violent 격렬한 occur 발생하다 a growing number of 점점 더 많은

GP 51 | 부정부사/부정구문의 도치

간편한 Check!

1 hardly　　　　　2 had I seen

1 그 회사는 직원을 거의 해고시키지 않는다.
부정부사 hardly는 일반 동사 앞에 온다.

2 나는 그녀를 보자마자 사랑에 빠졌다.
부정어 No가 문두에 쓰였으므로 I had를 도치시켜야 한다.

Check-up TEST 51

1 (a)　　2 (c)　　3 (b)　　4 (c)

1

해석 A: 그녀가 제시간에 사무실에 오는 일은 극히 드물어.
B: 지각하지 말라고 얘기하는 게 좋을 것 같은데.

해설 '그녀에게 지각하지 말라고 얘기하라'는 내용으로 보아 그녀가 제때 출근하는 적이 거의 없다는 것을 알 수 있다. 따라서 '좀처럼 ~ 않는, 드물게'라는 부정의 의미를 담고 있는 부사 seldom을 써야 한다.

어구 on time 제시간에

2

해석 월요일이 되어서야 시에서 시민들에게 음식과 물을 공급해 주었다.

해설 부정어구 Not until이 맨 앞에 왔다. 따라서 주어와 동사의 위치가 바뀌어야 하므로 「did+주어+원형동사」가 나온 (c)가 정답이다. (d)의 경우 distributing이 아니라 동사원형 distribute가 되어야 맞다.

어구 **citizen** 시민   **distribute** 보급하다, 분배하다

3

해석 (a) A: 신디하고 스키 타러 갈 계획이야. 너도 같이 갈래?
(b) B: 미안해. 난 좀처럼 스키 타러 가지 않아.
(c) A: 왜? 요즘에는 모두가 스키를 즐기잖아.
(d) B: 사실 예전에 스키 타다 다리가 부러졌거든.

해설 (b)를 보면 rarely 자체에 부정의 의미가 있으므로 don't와 같이 쓸 수 없다. rarely don't go를 rarely go로 바꾸어야 옳다.

어구 **go skiing** 스키 타러 가다   **rarely** 거의 ~ 않는

4

해석 (a) 현대 사회의 대부분의 사람들은 결혼을 서로 사랑하는 두 사람 사이의 일이라고 생각한다. (b) 사실, 그것은 다소 새로운 개념이다. (c) 19세기에 와서야 비로소 사람들은 사랑을 결혼의 필요조건이라고 생각하기 시작했다. (d) 그 이전에는 결혼이란 단지 집안과 집안 간의 결합이었다.

해설 (c)를 도치되기 전의 문장으로 다시 쓰면 People did not start to think that love was a prerequisite for marriage until the 19th century.이다. 이것을 until 이하의 the 19th century를 강조하기 위해 not until을 문두로 보내고 주절의 주어와 동사의 위치를 도치시켜 부정어구 도치 문장으로 만들었다. 위 문장 같은 경우, 「부정어구+do[does/did]+주어+동사원형」으로 쓰인다는 사실을 기억하자. 따라서 Not until the 19th century people started to think는 Not until the 19th century did people start to think가 되어야 한다.

어구 **marriage** 결혼   **be in love with** ~와 사랑에 빠지다
rather 다소, 어느 정도   **notion** 개념, 관념   **prerequisite** 필요조건   **mere** 단지   **union** 결합, 연합

Unit 9 주어·동사의 수 일치

GP 52 | 주어·동사의 수 일치 1

간편한 Check!

1 are   **2** likes

1 커피 한 잔이든 사과든 아무 거나 괜찮아요.
「either A or B」에서 주어는 B이다. 따라서 some apples에 수 일치한다.

2 두 간호사들 중 어느 누구도 그 환자를 좋아하지 않는다.
Neither of the 뒤에 복수명사가 온다 하더라도 동사는 단수로 처리한다.

1

해석 A: 너랑 케이트 둘 다 그 레스토랑이 어디에 있는지 알지, 그렇지?
B: 내가 위치를 알려줄 수 있어.

해설 「both A and B」는 복수 취급하므로 동사는 know가 되어야 한다. 의미상 (c)나 (d)는 답이 될 수 없다.

어구 **location** 위치, 장소

2

해석 영어 선생님은 그 답변 중 하나가 답이라고 했는데, 그 말은 교실에 큰 혼란을 불러일으켰다.

해설 either of the answers는 '답변 중에 하나'란 뜻이다. 의미상 단수 취급하기 때문에 「either of+복수명사+단수동사」가 된다. 주절의 동사가 과거 시제인 said로 쓰였으므로 either of the answers 뒤의 동사도 과거 시제로 일치시켜야 한다.

어구 **cause a stir** 혼란[파란]을 일으키다

3

해석 (a) A: 빨간색 아니면 파란색 중에서 어떤 걸로 먹을래?
(b) B: 이 두 알약 중 어느 쪽도 마음에 들지 않아. 기침 시럽으로 마시면 안 될까?
(c) A: 여보, 당신은 세 살짜리 여자아이가 아니야.
(d) B: 하지만 알약을 먹는 대신에 기침 시럽을 먹고 싶은걸.

해설 neither of는 '~의 어느 쪽도 아니다'란 의미이다. 단수 취급하여 「neither of+복수명사+단수동사」가 된다는 것을 알아두자. 따라서 (b)의 appeal을 appeals로 바꿔야 한다.

어구 **take** 복용하다; 먹다; 마시다   **pill** 알약[환약]   **appeal to** ~의 마음에 들다   **cough syrup** 기침약, 기침 시럽

4

해석 (a) 일요일에 발생한 사고로 지금까지 19명이 목숨을 잃었다.
(b) 경찰은 사고가 주말에 일어났기 때문에 그 피해가 특히 컸다고 말했다. (c) 당국은 사고 원인을 엔진 고장이나 운전자의 실수인 것으로 추정하고 있다. (d) 경찰은 여전히 실종된 승객을 찾고 있다.

해설 (c)의 either an engine failure or a driver's mistake에서 주어는 a driver's mistake이다. 동사를 뒤의 주어에 수 일치시키는데 3인칭 단수 주어이므로 are를 is로 고쳐야 한다.

어구 **so far** 지금까지   **take life** 목숨을 앗아가다   **authority** 당국   **assume** 추정하다, 가정하다   **engine failure** 엔진 고장   **search for** ~을 찾다   **missing** 실종된

GP 53 | 주어·동사의 수 일치 2

간편한 Check!

1 are   **2** personnel

1 경찰은 그 용의자를 추격하고 있다.
police는 복수 취급한다.

2 영업부의 직원 수가 가장 많다.
personnel은 단수, 복수가 같은 단어이므로 −s를 붙이지 않는다.

Check-up TEST 53

1 (c)　　**2** (b)　　**3** (d)　　**4** (a)

1

해석 경찰은 현재 범인의 몽타주를 만들기 위해 목격자들에게 질문을 하고 있다.

해설 The police는 경찰 한 명이 아니라 경찰 전체를 가리키는 집단명사이다. 그러므로 선택지 중에서 답은 are나 have been 중 하나이다. 그런데 now가 있으므로 현재시제인 are가 답이 된다.

어구 **witness** 목격자, 증인　**montage** 몽타주　**criminal** 범인

2

해석 A: 켈리, 인터넷 접속이 불안정해.
B: 알고 있어. IT 직원 몇 명이 고쳐주러 올 거야.
A: 그들이 언제쯤 올까?
B: 자기들이 점심 전에는 고쳐놓을 거라고 말했어.

해설 some은 '몇 명의'라는 뜻으로, some 뒤에 오는 명사는 가산명사라면 복수여야 한다. 그러나 personnel은 단수·복수형이 동일하므로 뒤에 −s가 붙지 않는다.

어구 **Internet connection** 인터넷 접속　**unstable** 불안정한　**personnel** 직원, 인원　**fix** 수리하다, 바로잡다

3

해석 (a) 정부는 미국으로부터 항공기 30대를 수입하기로 한 계획을 발표했다. (b) 어제 정부 대변인은 양국 정부가 협상을 완료했다고 전했다. (c) 그는 또한 이번 협상으로 나라의 국방력이 강화될 것이라고 말했다. (d) 다음 11월까지 항공기 수송이 완료될 것이다.

해설 다음 11월까지 운송될 것은 30 aircraft, 즉 30대의 항공기이다. 따라서 이를 받는 (d)의 대명사는 It이 아니라 They가 되어야 한다. aircraft는 단수와 복수형이 동일한 명사이므로 이렇게 문맥을 통해 단수, 복수를 판단해야 한다.

어구 **announce** 발표하다　**spokesman** 대변인　**negotiation** 협상　**deal** 협상, 거래　**boost** 신장시키다; (사기 등을) 돋우다　**national defense** 국방　**ship** 배로 보내다[나르다], 수송하다

4

해석 (a) 사람들이 바빠지면서 그들은 자신들에게 일부 필요한 비타민과 미네랄을 제공할 수 있는 신선한 과일을 먹을 기회를 잃는다. (b) 그 대신에, 몇몇 사람들은 과일주스를 마시는데 이는 손쉽게 이용할 수 있다. (c) 그러나, 그것이 설탕만으로 가득하다는 것을 아는 사람들은 드물다. (d) 과일주스는 여러분을 살찌게 하며 건강에 나쁜 경우가 많다.

해설 (a)에서 people은 '사람들'을 뜻하는 복수 명사이므로 동사는 gets 대신 get이 되어야 한다.

어구 **consume** 소비하다, 먹다, 마시다　**accessible** 접근 가능한, 이용 가능한　**nothing but** 오직

GP 54 | 주어·동사의 수 일치 3

간편한 Check!

1 is　　**2** are　　**3** has

1 책의 수는 20권이다.
주어는 the number이므로 단수 취급한다.

2 매일 많은 책이 출간된다.
주어는 books이므로 복수 취급한다.

3 건물의 3/4이 침수되었다.
주어는 the building이므로 단수 취급한다.

Check-up TEST 54

1 (c)　　**2** (a)　　**3** (c)　　**4** (c)

1

해석 이 도서관에 있는 책의 정확한 수는 그 보고서에 기록되지 않았다.

해설 exact가 있으므로 '많은' 책으로 해석하기는 어렵다. 의미를 생각해 보면 도서관의 책의 수를 의미함을 알 수 있다. '~의 수'는 the number of ~이다.

어구 **record** 기록하다

2

해석 (a) A: 우리 회사 직원 중 겨우 13%만이 근무조건에 만족한다는군.
(b) B: 상당히 놀라운 얘기인데. 이 빌딩에는 우리가 필요로 하는 것이 모두 갖추어져 있다고 생각했거든.
(c) A: 그들은 건물 얘기를 하는 게 아니야. 그들은 근무 분위기를 말하고 있는 거라고.
(d) B: 더 자세히 말해봐.

해설 (a)의 13% of our workers에서 주어는 13%가 아니라 workers이다. 그러므로 says를 say로 바꾸어야 한다.

어구 **be satisfied with** ~에 만족하다　**working conditions** 근무조건　**atmosphere** 분위기, 환경

3

해석 (a) A: 레니, 초대장 만드는 것 다 했니?
(b) B: 아직이요, 이 만화만 보고 할게요.
(c) A: 그래 그럼. 초대할 친구의 수를 알려주겠니?
(d) B: 6명이나 7명이에요.

해설 (d)의 대답을 볼 때 문맥상 (c)에서는 친구의 수를 묻고 있는 것이다. 따라서 a number of가 아니라 the number of가 되어야 한다.

어구 **invitation** 초대장　**cartoon** 만화

4

해석 (a) 나는 많은 시민들, 특히 아이들이 새로운 테마파크의 개장을 목 빼고 기다리고 있을 거라고 생각한다. (b) 그 프로젝트의 관리자에 의하면 테마파크는 4월에 개장할 것이다. (c) 그는 또한 공사의 3분의 2가 완료되었다고 말했다. (d) 만약 공사가 예정대로 진행된다면 그것은 국내 최대의 테마파크가 될 것이다.

해설 (c)의 two thirds of its construction에서 주어는 two thirds가 아니라 construction이다. 그러므로 동사는 are 대신에 is가 되어야 한다.

어구 **eagerly** 열망하여, 간절히 **theme park** 테마파크 **grand opening** 개장; 대규모 개점 축하 **construction** 건설 공사; 건설, 건축 **complete** 완료[완성]하다

GP 55 | 주어·동사의 수 일치 4

간편한 Check!

1 say   2 is   3 is

1 통계 수치에 따르면 미국 인구의 50% 이상이 과체중이거나 비만이다.
여기서 statistics는 '통계자료, 통계치'의 의미로 썼으므로 복수 취급한다.

2 세 시간은 긴 시간이다.
세 시간을 한 덩어리로 보고 있기 때문에 단수 취급한다.

3 〈심슨 가족〉은 TV 역사상 가장 오래 방영되고 있는 코미디 프로이며 폭스 방송사에서 방송되고 있다.
The Simpsons는 코미디 프로그램 제목이므로 단수 취급한다.

Check-up TEST 55

1 (b)   2 (c)   3 (d)   4 (d)

1

해석 A: 오늘 시험 어땠니?
B: 물리학이 경제학보다 약간 더 쉬웠어.

해설 Physics와 economics는 복수형이지만 학문을 지칭할 때는 단수로 쓰인다. is와 was 중에서 답을 골라야 하는데, 이 대화는 시험이 끝난 후에 이루어지고 있는 것이므로 was로 써야 한다.

어구 **slightly** 약간

2

해석 48시간은 박테리아를 배양하고 세균 군체를 형성하기에 충분한 시간이다.

해설 48 hours라는 시간의 단위를 한 덩어리로 보고 단수 취급한다. a long enough period of time이 힌트가 될 수 있다. '가지다'란 뜻을 지닌 has는 의미상 답이 될 수 없다.

어구 **incubate** 배양하다 **bacteria** 세균, 박테리아 **colony** 군집, 군체

3

해석 (a) A: 어느 과목을 들어야 할지 결정할 수가 없어.
(b) B: 내가 도움이 될 수도 있겠다.
(c) A: 졸업 기준에 따르면, 난 정치학이나 경제학 중 한 과목을 수강해야 해.
(d) B: 내 경험으론, 정치학은 좋은 점수를 받기가 조금 어려워.

해설 politics가 '정치학'이라는 학문 분야를 뜻할 때는 단수 취급하기 때문에, (d)의 본동사를 are가 아니라 is로 바꿔야 한다.

어구 **graduation criteria** 졸업 기준 **either A or B** A나 B 둘 중 하나 **in my experience** 내 경험으로는 **get a grade** 성적[점수]를 받다

4

해석 (a) 미국의 한 대학은 부정행위를 한 이유로 5명의 학생을 처벌했다. (b) 그 대학은 그 5명의 학생을 40일간 정학시키기로 결정했다. (c) 그러나, 그 학생들은 자신들은 그 처벌을 받아들일 수 없다고 불평하였다. (d) 그들은 자신들이 한 일에 비해 40일은 지나치게 긴 시간이라고 말한다.

해설 (d)에서 '40일은 긴 기간이다'라는 의미이므로 40 days는 한 덩어리로 단수로 취급된다. 그러므로 뒤에 오는 동사는 are가 아니라 is가 되어야 한다.

Unit 10 관사

GP 56 | 부정관사 a와 an

간편한 Check!

1 an   2 a break

1 나는 MP3 플레이어를 갖고 있다.
M은 자음이지만 발음은 모음이므로 an을 써야 한다.

2 휴식을 취하는 것이 어때?
take a break는 '휴식을 취하다'라는 뜻의 관용적인 표현이다.

Check-up TEST 56

1 (c)   2 (b)   3 (c)   4 (b)

1

해석 A: 어머! 너 괜찮니? 거기 젖은 곳에서 하마터면 미끄러질 뻔했잖아.
B: 난 괜찮아. 별일 아냐.

해설 '별일 아니다'라고 할 때 It's not a big deal.이라는 표현을 쓴다.

어구 **slip** 미끄러지다 **wet** 젖은 **spot** 곳, 장소

2

해석 화이트 의사는 그에게 더 정확한 진단을 위해 MRI 촬영을 받

으라고 권했다.

해설 MRI에서 M의 발음은 [엠]이다. 모음 소리가 나므로 M 앞에는 관사 an이 온다.

어구 recommend 권하다, 추천하다 have an MRI scan MRI 촬영을 하다 accurate 정확한 diagnosis 진단

3

해석 (a) A: 수지, 오늘 나 좀 도와줄 수 있니?
(b) B: 저녁에 윌과 영화 볼 거라서 시간이 될지 안 될지 모르겠어.
(c) A: 우리 집 가구를 옮기는 데 도움이 좀 필요했거든. 하지만 괜찮아. 친구랑 좋은 시간 보내.
(d) B: 샘에게 도움을 요청해보지 그러니?

해설 '좋은 시간 보내.'라는 표현은 Have a good time.이므로 (c)에서 good time 앞에 관사 a가 있어야 한다.

어구 give me a hand 손을 빌려주다, 도와주다

4

해석 (a) 제게 이렇게 큰 상을 주셔서 감사합니다. (b) 저와 제 동료들에게는 영광스러운 순간이네요. (c) 오랫동안 저희는 생명의 신비를 푸는 데 전념해 왔습니다. (d) 이 상은 저에게만 주어지는 것이 아니라 저를 격려해준 모든 과학자들에게 바쳐지는 것입니다.

해설 (b)에 나오는 honorable의 h는 묵음이어서 [어너러블]이라고 발음된다. 모음으로 발음되므로 관사를 a가 아니라 an으로 써야 한다.

어구 prize 상 thank A for B B에 대하여 A에게 감사하다 colleague 동료 devote oneself to ~에 전념하다 mystery 신비, 미스터리 inspire 영감을 주다; 고무하다, 고취하다

GP 57 | 정관사 the

간편한 Check!

1 time   2 the whole

1 A: 시간 있으세요?
B: 죄송하지만 지금은 바쁩니다.
B의 대답을 보면 시간이 없다고 에둘러서 표현하고 있으므로 시간이 있느냐는 의미로 Do you have time?을 써야 한다.

2 대체로 그들은 근무 조건에 만족한다.
'대체로'란 표현은 on the whole이다.

Check-up TEST 57

1 (a)   2 (c)   3 (d)   4 (b)

1

해석 A: 지금 몇 시야?
B: 7시야.

해설 Do you have the time?은 '몇 시입니까?'라는 의미이고,

Do you have time?은 '시간 있으세요?'라는 뜻이다. B의 대답이 '7시야.'인 것으로 보아 시각을 묻는 질문이다.

2

해석 A: 피아노 치는 것이 내 취미야. 너는?
B: 나는 축구하는 것을 좋아해.

해설 악기를 연주한다는 의미가 될 때는 악기 앞에 정관사 the를 붙여야 한다.

어구 hobby 취미

3

해석 (a) 제나와 그녀의 남편 마이크는 신혼부부였다. (b) 그의 가족은 집을 사도록 그를 재촉했지만 그에게는 돈이 충분하지 않았다. (c) 그래서 그는 30년 고정금리 5.6%의 담보대출을 받아 집을 샀다. (d) 그들은 캘리포니아에 있는 2층집으로 이사를 갔고, 이것은 가족이라는 이름으로 그들이 시작한 새로운 인생의 기반이 되었다.

해설 (d)의 명사 foundation은 for 이하의 한정을 받아 '새로운 인생을 위한 기반'이라는 의미를 나타낸다. 이때 한정되는 명사 foundation 앞에는 정관사 the가 필요하다.

어구 newlywed 신혼부부 urge 재촉하다; 설득하다, 강요하다 fixed-rate 고정금리 mortgage 담보대출, 저당 two-story house 2층집 foundation 기반, 토대

4

해석 (a) 흑인 한 명이 운전을 하다 과속으로 몇 명의 고속도로 순찰관에게 잡혔다. (b) 그는 현장에서 경찰봉으로 심하게 두들겨 맞았고 그 사건은 어떤 행인에 의해 녹화되었다. (c) 경찰의 만행이 담긴 화면은 대중의 분노를 불러일으켰고 흑인과 경찰 사이에 긴장을 고조시켰다. (d) 이후, 그 사건에 연루된 경찰관 네 명의 무죄석방은 로스앤젤레스 폭동의 도화선이 되었다.

해설 '현장에서'는 on the spot이다. 따라서 (b)의 on spot을 on the spot으로 고쳐야 맞는 표현이다.

어구 be caught speeding 과속으로 잡히다 highway 고속도로 patrolman 순찰관 baton 경찰봉 videotape (비디오테이프에) 녹화하다 bystander 행인, 구경꾼 footage 장면, 화면 brutality 만행, 잔인성 tension 긴장, 긴장 관계 provoke (감정 등을) 불러일으키다 acquittal 무죄석방, 무죄방면 riot 폭동

GP 58 | 관사의 유무

간편한 Check!

1 good source → a good source
2 combination → the[a] combination
3 the movie → movie

1 우유는 영양소의 훌륭한 원천이다.
source는 가산명사이므로 관사 a와 함께 써야 한다.

2 의사는 내가 스트레스, 음주, 흡연의 복합적인 요소로 인해 대머리가 될 것이라고 말했다.

stress, drinking, smoking에 의해서 한정을 받고 있기 때문에 combination 앞에 관사를 써야 한다.

3 어떤 종류의 영화를 보고 싶니?
kind of 다음에는 관사 없이 명사를 바로 쓴다.

■ Check-up TEST 58

1 (c)   **2** (d)   **3** (a)   **4** (c)

1

해석 우리 아버지는 어떻게 어머니를 만났고 그분을 왜 사랑했는지에 대해 이야기하는 것을 좋아하셨다.

해설 story가 of 이하의 한정을 받고 있다. 이럴 때는 명사 앞에 정관사 the를 써줘야 한다.

2

해석 (a) A: 내 컴퓨터는 켤 때마다 다운되더라고. 그 원인을 찾기 위해 어젯밤 늦게까지 안 잤어.
(b) B: 그래서 문제를 찾았어? 뭐가 문제였니?
(c) A: 하드 디스크 드라이브를 포맷하고 윈도우를 다시 깔아야 할 것 같아.
(d) B: 그래, 때때로 그렇게 하는 게 그런 류의 문제를 해결하는 데 있어서 가장 확실한 방법이 될 수 있지.

해설 kind of/sort of/type of 다음에는 관사 없이 명사가 온다. 따라서 (d)의 that kind of the problem에서 the를 빼야 한다.

어구 **freeze** (컴퓨터 시스템이) 정지하다, 멈추다   **stay up** 일어나 있다, 자지 않고 있다   **cause** 원인, 이유   **format** (디스크를) 포맷하다   **HDD(= hard disk drive)** 하드 디스크 드라이브   **reinstall** 재설치 하다   **sure** 확실한

3

해석 (a) '두 번째 아침'이란 아침식사와 점심식사 사이에 식사를 하는 것을 뜻한다. (b) 그것은 커피와 빵, 달걀과 같은 가벼운 음식들로 이루어진다. (c) 폴란드나 바바리아에서는 두 번째 아침을 먹는 풍습이 있다. (d) 《반지의 제왕》 3부작에 나오는 호빗족도 매일 두 번째 아침을 먹는다.

해설 breakfast/lunch/dinner에는 관사를 쓰지 않는다. 그러므로 (a)의 the breakfast와 the lunch에서 the를 빼야 한다. 참고로 a second breakfast의 경우는 breakfast 앞에 형용사 역할을 하는 second가 있으므로 관사가 붙은 것이다. 이처럼 breakfast/lunch/dinner 앞에 형용사 역할을 하는 단어가 붙을 때는 관사를 써야 한다.

어구 **meal** 식사, 한 끼   **consist of** ~으로 구성되다   **customary** 관습적인, 습관적인   **Bavaria** 바바리아 (독일 남동부에 있는 주− 바이에른주)   **the hobbits** 호빗 (소설에 나오는 난쟁이)   **trilogy** (극, 소설 등의) 3부작

4

해석 (a) 스콧 피츠제럴드는 시대를 초월한 고전 《위대한 겟츠비》의 저자였지만 알코올 중독자이기도 했다. (b) 그의 알코올 중독은 1920년대 들어 매우 심각해졌고, 1930년대 말에는 건강이 매우 나빠졌다. (c) 그는 건강이 안 좋은 이유는 폐결핵

때문이라고 언급했지만 그것은 자신의 음주문제를 덮기 위한 핑계에 불과했다고 어떤 이들은 주장한다. (d) 그러나 다른 이들은 그가 정말로 폐결핵을 앓았다고 반박한다.

해설 (c)의 pretext는 가산명사이고 문장 내에서 특별하게 한정을 받고 있지 않으므로 앞에 관사 a를 붙인다.

어구 **author** 저자   **all-time** 시대를 초월한, 전대미문의   **classic** 고전   **alcoholic** 알코올 중독자   **addiction (to)** 중독, 탐닉   **cite as** ~로서 언급하다   **tuberculosis** (폐)결핵   **pretext** 핑계, 구실   **contend** 논쟁하다, 주장하다

Unit 11 기타 문법 포인트

GP 59 | 주요 상호 복수 표현

간편한 Check!

1 make friends   **2** cars

1 나는 몇몇 여학생들과 친구가 되고 싶다.
상호 복수 표현 make friends with를 묻는 문제이다.

2 그 최고경영자는 자동차 타이어가 펑크가 난 후에 차를 갈아 탔다.
상호 복수 change cars가 정답이다..

■ Check-up TEST 59

1 (c)   **2** (a)   **3** (d)   **4** (d)

1

해석 A: 네가 이제 조나와 사이가 좋아졌다니 기쁘다.
B: 그래, 그는 예전과 달라졌어.

해설 be on good terms (with)는 '(~와) 좋은 사이인'이란 뜻의 숙어로, 누군가와 사이가 좋다는 말은 항상 '두 명 (또는 그 이상)'의 참여가 작용한다는 것이므로 복수명사를 써야 한다.

어구 **used to** (과거에) ~였다

2

해석 회사 사장은 이달의 직원들과 악수를 한 후 차에 탑승했다.

해설 주어 The president에 대한 동사가 필요하므로 (a)와 (b) 둘 중에 답이 있다. 악수는 항상 둘(또는 그 이상)의 상호작용을 통해 일어나는 행위이기 때문에 복수명사 hands를 써야 한다.

3

해석 (a) A: 추석을 생각할 때마다 우울해요.
(b) B: 왜 그렇게 느끼세요?
(c) A: 저희 부모님이 울산에 사시는데요. 거기 가는 데 최소 8시간에서 10시간 운전해야 하거든요.
(d) B: 아들과 교대로 운전하시지 그러세요?

해설 (d)에 나오는 take a turn은 '잠시 산책하다, 변화하다'라는 뜻

이기 때문에 문맥상 맞지 않는다. 아들과 돌아가며 운전하라는 의미가 되어야 하므로 '교대로 하다'라는 뜻의 take turns를 써야 한다.

어구 gloomy 우울한   at least 적어도

4

해석 (a) 데시데리우스 에라스무스는 네덜란드의 가톨릭 신부이자 르네상스 인문주의자이며 철학자였다. (b) 그는 로마 가톨릭 교회에 관해 비판적이었고, 로마 가톨릭에 대하여 신랄한 풍자 작품을 썼다. (c) 그는 개혁성향이 강한 사람이었지만 신교로 개종하지 않았고 내부에서 가톨릭교회를 개혁하는 데 전념하였다. (d) 그리고 그가 여러 사람과 주고받았던 편지들은 유럽의 르네상스 인문주의를 연구하는 데 있어 가장 좋은 자료 중 하나이다.

해설 (d)에서 편지란 혼자서 주고받는 게 아니라 특정 대상과 주고받는 것이다. 그러므로 letters라는 복수명사가 되어야 한다. 동사가 are인 것을 보면 letters를 복수형으로 써야 한다는 사실이 더욱 명확해진다.

어구 Catholic priest 가톨릭 신부   Renaissance humanist 르네상스 인문주의자   philosopher 철학자   critical of ~에 대하여 비판적인   stinging 신랄한; 콕 찌르는   satire 풍자(작품)   reform-minded 개혁성향의   convert 개종하다; 개종시키다   be committed to ~에 전념하다[헌신하다]   exchange 주고받다; 교환하다

GP 60 | to부정사와 동명사를 취하는 동사

간편한 Check!

1 smoking   2 to say

1 나의 건강을 위해서 담배를 끊었다.
   행동을 중단한다는 의미이므로 stop 다음에 동명사를 써야 한다.

2 너희 아빠한테 안부 전해주는 것 잊지 마.
   대화 시점에서 미래에 대한 이야기를 하는 것이므로 to부정사가 온다.

━ Check-up TEST 60 ━

1 (b)   2 (a)   3 (b)   4 (c)

1

해석 A: 잠들기 전에 알람시계 맞추는 거 잊지 마.
      B: 알겠어. 그럴게.

해설 「forget+V-ing」는 '~했던 것을 잊다'라는 뜻이며 「forget+to 동사원형」은 '~해야 할 것을 잊다'라는 뜻이다. 자기 전에 시계 알람을 맞추는 행위는 미래에 벌어질 일이므로 to set이 되어야 한다.

어구 set the alarm clock 알람시계를 맞추어 두다   fall asleep 잠들다

2

해석 A: 나는 아침에 일찍 일어나려고 항상 노력하지만 그게 너무

어려워.
      B: 나는 이제 아침에 일찍 일어나는 것에 익숙해졌어.

해설 아침에 일찍 일어나려고 노력한다는 의미이므로 「try+to 동사원형」이 적절하다. 「try+V-ing」는 '시험 삼아 ~하다'라는 뜻 이다.

어구 wake up 일어나다   be used to V-ing ~하는 데 익숙하다

3

해석 언론은 그가 축구 경기에서 저지른 실수에 대해 논하는 것을 그만 둬야 한다.

해설 「stop+to 동사원형」은 '~하기 위해 멈추다', 「stop+V-ing」는 '~하는 것을 멈추다'라는 뜻이다. '논하는 것을 멈추다'가 문맥상 적절하기 때문에 stop discussing이 되어야 한다.

어구 media 언론   soccer match 축구경기

4

해석 (a) A: 9시야.
      (b) B: 알아. 그리고 난 숙제 끝냈어.
      (c) A: 약 먹어야 되는 거 기억했지?
      (d) B: 아, 까먹고 있었어.

해설 「remember+V-ing」는 '~했던 것을 기억하다'란 뜻이고, 「remember+to 동사원형」은 '~해야 할 것을 기억하다'라는 뜻이다. (c)에서 '약 복용했던 것을 기억했냐'라는 질문은 문맥상 적절 하지 않고, '약을 먹어야 한다는 사실을 기억했냐'라고 물어야 자연스럽다. 따라서 remember taking을 remember to take로 바꿔야 한다.

어구 take medicine 약을 복용하다

GP 61 | 대부정사의 용법

간편한 Check!

1 I'd love → I'd love to

2 expect him to do → expect him to

1 A: 나랑 테니스 한 게임 하지 않겠니?
   B: 그러고 싶지만 바빠.
   I'd love to play tennis with you.로 표현하거나 I'd love to.까지만 써야 한다.

2 A: 네가 너희 아버지 핸드폰을 잃어버려서 아버지가 화를 내셨니?
   B: 아니. 아버지께서 화내실 거라 생각지도 않았어.
   대부정사는 to까지만 써야 한다.

━ Check-up TEST 61 ━

1 (d)   2 (b)   3 (b)   4 (d)

1

해석 A: 여기 숨이 막히네요. 창문을 열어도 될까요?

B: 원하시면 그렇게 하세요.

해설 대부정사 문제이다. You may open it if you want to open it.이라고도 말할 수 있지만 open이하가 반복되므로 반복을 피하기 위해 대부정사 to를 써서 if you want to라고 쓴다. 대부정사는 do나 it과 같은 대동사나 대명사와 함께 쓸 수 없다.

어구 stuffy 답답한, 숨 막히는; 통풍이 잘 안 되는

2

해석 A: 공항으로 누나를 마중 나가줄래?
B: 제가 갈 생각이에요.

해설 대부정사를 사용하여 I'm supposed to.라고 하거나 I'm supposed to pick up my sister.와 같이 동사와 목적어를 다시 써주어야 한다.

어구 pick up (차로 사람을) 마중 나가다, ~을 데리러 가다
be supposed to V ~하기로 되어 있다

3

해석 (a) A: 아이폰 같은 스마트폰을 갖고 싶니?
(b) B: 아니, 난 그걸 살만한 돈이 없어. 하지만 누가 준다면 갖고 싶지.
(c) A: 부모님을 졸라보는 건 어때?
(d) B: 이미 해 봤지. 하지만 내 부탁을 완강히 거절하셨어.

해설 (b)를 보면 I'd love to own에서 타동사 own의 목적어가 없다. I'd love to own a smartphone이라고 목적어까지 다 써주거나 own 이하가 반복되므로 이를 지우고 대부정사 to를 사용해 I'd love to.라고 해야 한다.

어구 can't afford to ~할 돈이 없다 obstinately 완강하게
refuse 거절하다, 거부하다

4

해석 (a) A: 재워주셔서 감사합니다. 정말 고마워요.
(b) B: 천만에요. 하룻밤 더 머무시는 게 어때요?
(c) A: 폐를 끼치고 싶지 않아요.
(d) B: 원하시면 이곳에 더 머무르셔도 돼요.

해설 (d)는 You may stay here if you want to stay here.이라고 하거나 stay 이하가 반복되므로 반복을 회피하기 위해 대부정사 to를 써서 You may stay here if you want to.라고 하면 된다.

어구 put up 잠을 재워주다, 숙박시키다 appreciate 감사하다
bother 성가시게 하다

GP 62 | 당위성 동사+that절

간편한 Check!

1 study **2** smoke

1 마이크가 더 열심히 공부해야 한다고 선생님께서 제안하셨다.
that 이하의 내용이 당위성이 있으므로 should를 생략한 동사원형 study가 정답이다.

2 설문 조사에 따르면 응답자의 20%가 흡연을 한다.

that 이하의 내용이 당위성이 아니라 어떤 사실이므로 시제는 상황에 맞게 쓴다.

Check-up TEST 62

1 (c) **2** (b) **3** (c) **4** (d)

1

해석 A: 어떤 경찰관이 우리 오빠에게 이름을 대고 가방도 열어보라고 요구했어.
B: 그 경찰이 영장을 소지하고 있었니? 아니었을 것 같은데.

해설 that절 앞에 사용된 demand는 '요구하다'라는 뜻으로 어떤 행동을 촉구하는 의미가 내포되어 있고 that절에는 그 행위에 대한 당위성이 드러나 있으므로, that절의 시제를 「(should)+동사원형」으로 써야 한다.

어구 demand 요구하다 give one's name 이름을 말하다
warrant 영장

2

해석 그 권투선수의 강사는 그가 35세의 파트너와 권투를 하는 대신 새로운 스파링 파트너를 찾아야 한다고 충고했다.

해설 that절 앞에 사용된 advise는 '충고하다'라는 뜻으로 어떤 행동을 하도록 조언하는 권고의 의미를 가진 동사이고, that절에는 당위성을 가진 내용이 나와 있다. 따라서 that절의 시제를 「(should)+동사원형」으로 써야 한다.

어구 boxer 권투선수 instructor 강사 sparring partner 스파링 파트너, 연습 상대 instead of ~ 대신에

3

해석 (a) A: 테디, 어디 가는 거야? 집에 있어야 하지 않아?
(b) B: 야, 난 그냥 산책을 나가는 것뿐이야. 금방 돌아올게.
(c) A: 난 너더러 통금시간 이후에 나가지 말라고 하신 엄마의 명령을 기억하는데.
(d) B: 글쎄, 내 생각엔 그건 권고였지 명령은 아니었어.

해설 (c)에서 order가 '명령'이라는 뜻의 명사이고 that절이 의무 및 당위성을 나타내는 내용이므로 that절의 시제는 「(should) + 동사원형」이 되어야 한다. 따라서 (c)의 order that you will not go out을 order that you should not go out으로 바꿔야 한다.

어구 be supposed to V ~하기로 되어 있다 stay home 집에 있다[머물다] stroll 산책하다, 어슬렁거리다 curfew 통금

4

해석 (a) 우주관광은 우주선을 우주로 내보내기 위해 비용을 지불하고 있다. (b) 우주여행은 매우 비싸며 우주로 나가고자하는 사람들에게 제한적인 기회를 제공한다. (c) 러시아는 2천만 달러에서 3천 5백만 달러를 내는 사람들에게 우주 방문의 기회를 제공하고 있었으나 2010년에 들어와 우주여행사업을 중단했다. (d) 한 조사에 따르면 응답자의 21%가 우주호텔이나 우주정거장에서 시간을 보내고 싶어한다고 하지만, 그 꿈이 짧은 미래에 이루어질 것 같지는 않다.

해설 (d)에 나오는 survey suggested that의 suggest는 that

절의 내용을 제안하는 것이 아니다. 조사의 결과를 '시사하다, 암시하다'라는 뜻으로 쓰였기 때문에 should want에서 should가 빠져야 한다.

어구 **pay** (값을) 치르다, 지불하다 **limited** 제한적인, 한정된 **opportunity** 기회 **offer** 제공하다 **chance** 기회 **halt** 중지하다; 끝내다 **respondent** 응답자 **unlikely** ~하지 않을 것 같은, 가능성이 적은 **come true** 이루어지다

GP 63 | use와 관련된 용법

간편한 Check!

1 work **2** is used to raise **3** learning

1 나는 엔지니어로 이곳에서 일했지만 지금은 보험회사에서 일한다.
과거에 했지만 지금은 하지 않는 행위에 대해 설명하므로 used to work가 맞다.

2 이 캠페인은 빈곤에 대해 대중들의 인식을 고취시키기 위해 사용된다.
주어 This campaign이 '~하기 위해 사용되는' 것이므로 is used to raise가 답이다.

3 너는 영어를 배우는 데 적응하는 수밖에 없다.
'~하는 데 익숙해지다'의 뜻인 get used to 다음에는 동명사나 명사가 와야 한다.

━ Check-up TEST 63 ━

1 (a) **2** (b) **3** (d) **4** (b)

1
해석 A: 이 동영상은 천문학에 대한 6학년생들의 관심을 북돋우는 데 사용되고 있습니다.
　　B: 좀 길지 않나요? 제 생각엔 10~12분 정도여야 할 것 같아요.
해설 문맥상 '~하는 데 사용되다'라는 내용이므로 「be used to+동사원형」이 되어야 한다.
어구 **video clip** 동영상, 비디오 클립 **astronomy** 천문학 **boost** (사기 등을) 돋우다; 밀어 올리다

2
해석 그 운동선수들은 신임 감독이 팀을 맡게 된 이후로 혹독한 훈련에 적응하게 되었다.
해설 문맥상 '혹독한 훈련에 익숙해졌다'라는 의미가 되는 것이 적절하므로 '~하는 데 익숙하다'는 뜻의 「become used to+명사/V-ing」로 써준다.
어구 **athlete** 운동선수 **rigorous** 혹독한, 호된; 엄격한 **take charge of** ~을 맡다, 책임지다[담당하다]

3
해석 (a) A: 브래드, 최근에 픽사에서 새 애니메이션 영화를 출시했는데, 나랑 같이 보지 않을래?

(b) B: 미안하지만, 보고 싶지 않아.
(c) A: 그렇지만 픽사에서 만든 영화를 정말 좋아하잖아.
(d) B: 그랬지. 하지만 이제는 아니야.
해설 (d)를 보면 문맥상 '과거에는 좋아했다'의 의미가 되어야 한다. 따라서 I'm used to enjoy를 I used to enjoy로 바꿔야 한다.
어구 **animated film** 애니메이션 영화 **anymore** 이제는, 더 이상

4
해석 (a) 이동전화는 작동하는 데 전력을 필요로 하며 이 전력은 일반적으로 충전지에서 얻는다. (b) USB 포트나 담배 라이터, AC 어댑터와 같이 전지를 충전하기 위해 많은 방법들이 사용되고 있다. (c) 많은 이동전화 제조사들은 나온 지 더 오래된 리튬이온 전지 대신 리튬폴리머 전지를 사용한다. (d) 전지의 수명이 제한되어 있기 때문에 많은 이동전화 제조사들은 태양 전지와 같은 대체 전력원을 찾아내고 있다.
해설 (b)의 are used to charging은 '충전하는 데 익숙하다'로 해석된다. 문맥상 '충전하기 위해 사용되다'라는 의미가 되어야 하므로 are used to charge로 고쳐야 맞다.
어구 **electric power** 전력 **obtain** 얻다; 획득하다 **rechargeable batteries** 충전지, 충전용 배터리 **charge** 충전하다 **AC adaptors** AC 어댑터 **lifetime** 수명 **alternative power source** 대체 전력원 **solar cell** 태양 전지

GP 64 | do의 다양한 역할

간편한 Check!

1 but **2** do

1 나는 연습만 할 것이다.
do nothing but이 올바른 표현이다.

2 A: 돈 있니?
　　B: 응, 있어.
A의 have를 다시 받아야 하고 Do로 묻고 있으므로 현재시제 do가 맞다.

━ Check-up TEST 64 ━

1 (a) **2** (a) **3** (b) **4** (c)

1
해석 A: 경찰이 근처에서 용의자를 발견했니?
　　B: 응, 발견했어.
해설 대동사에 관한 문제이다. 일반동사가 사용된 문장에서 동사의 반복을 피하기 위하여 흔히 대동사 do를 쓴다. 선택지 (a) they did의 did는 they found the suspect에서 found를 대신해 쓰인 대동사이다. found가 과거 시제이기 때문에 대동사도 과거시제인 did가 쓰인다.
어구 **suspect** 용의자 **in the neighborhood** 근처에, 동네에

2

해석 나는 사람들과 어울려 시간 보내는 것을 좋아하지만 다만 시간이 없을 뿐이다.

해설 강조 용법의 do를 묻는 문제이다. 일반동사의 긍정문에서 본동사를 강조하고 싶을 때 강조의 do를 동사 앞에 놓는다. do는 문장의 주어와 시제에 맞춰야 하는데, 위 문장의 경우 주어가 I이고 시제는 현재의 사실을 나타내는 단순 현재이기 때문에 do를 쓴다. (b) don't의 경우, 문맥상 의미가 맞지 않는다.

어구 hang out with ~와 시간을 보내다[어울려 놀다]

3

해석 (a) A: 어젯밤에 골프 경기 봤니?
(b) B: 아니, 못 봤어. 야근 근무를 서고 있었거든.
(c) A: 렉시의 프로 골퍼 데뷔전이었는데, 대회에서 이겼어.
(d) B: 나도 봤으면 좋았을 텐데.

해설 (a)의 시제는 last night가 있으므로 과거이다. (a)의 질문에 대한 답이 (b)이므로 대동사 do의 시제를 일치시켜 I don't가 아니라 I didn't로 써야 한다.

어구 competition 경기; 경쟁   work the night shift (교대 근무에서) 야간 근무를 하다   make one's debut 데뷔하다, 첫 무대에 서다   tournament 토너먼트, 선수권 대회

4

해석 (a) 고릴라 정글(Gorilla's Jungle)에 오신 것을 환영합니다. (b) 저희 커뮤니티에서는 고릴라에 관한 정보를 다운받거나 정보를 포스팅하실 수 있습니다. (c) 고릴라 정글에 있는 다양한 시각자료와 동영상을 이용하시려면 등록만 하면 됩니다. (d) 이 아이콘을 클릭해서 지금 등록하세요.

해설 (c)를 보면 문맥상 '등록만 하면 된다'라는 뜻이므로 「do nothing but 동사원형」으로 쓴다. 따라서 do something but register를 do nothing but register로 고쳐야 한다.

어구 post information 정보를 포스팅하다   community 커뮤니티; 공동체, 지역 사회   register 등록하다   various 다양한

GP 65 | 주요 동명사 표현

간편한 Check!

1 On seeing   2 going

1 경찰을 보자마자 그녀는 도망갔다.
To see가 문두에 오면 목적의 의미를 지니게 되는데, 여기서는 '~하자마자'의 의미가 더 적절하다.

2 산책 가는 것이 어때?
What do you say to 다음에는 동사원형이 아니라 동명사가 와야 한다.

Check-up TEST 65

1 (a)   2 (a)   3 (b)   4 (d)

1

해석 A: 우리 삼촌은 장애를 가진 아들을 돌보느라 자기 인생의 대

부분을 보내셨어.
B: 너무 안 되셨다. 정부로부터 아무런 지원도 못 받으시니?

해설 '~하면서 시간을 보내다, ~하는 데 시간을 쓰다'는 「spend 시간 V-ing」이다.

어구 handicapped 신체적 장애가 있는   care for 돌보다

2

해석 (a) A: 오늘날과 같은 경제 여건에서 석유를 비축해 두는 것은 소용없는 짓이야.
(b) B: 내 생각은 달라. 석유비축은 석유가격을 통제하기 위한 효과적인 방법이야.
(c) A: 분석가들은 공공 비축분을 유지하는 데 돈이 많이 든다는 것을 깨닫지 못하고 있어.
(d) B: 하지만 유전지대에서 전쟁이 발생한 경우에는 석유 비축분이 반드시 필요해.

해설 '~하는 것은 소용 없다'라는 표현은 there is no use V-ing이다. 따라서 (a)의 to stockpile을 stockpiling으로 고쳐야 한다.

어구 stockpile 비축하다, 사재기하다; 비축(량), 사재기   I beg to differ. 내 생각은 다르다, 그렇게 생각하지 않는다.   reserve 비축(분), 예비   keep A under control A를 억제[통제]하다, 억누르다   analyst 분석가   maintain 유지하다   indispensable 없어서는 안 되는, 필요 불가결한   break out (전쟁 등이) 발발[발생]하다   oil-rich 석유가 풍부한

3

해석 (a) A: 네가 여러 회사에 이력서를 내고 있다는 소문이 돌던데.
(b) B: 응, 이력서를 보내고 있지. 하지만 더 재미난 직업을 갖기 위해 안정된 일자리를 버리는 게 가치 있는 일인지에 대해서는 여전히 고민 중이야.
(c) A: 글쎄, 안정성을 너무 강조하면 잠재력을 발휘할 기회를 놓치게 될 거야.
(d) B: 그래도 요즘 같은 시기에 일자리를 찾기란 쉽지 않잖아.

해설 '~할 가치가 있다'는 be worth V-ing이다. (b)의 if it is worth for leaving에서 for를 지워야 올바른 표현이 된다.

어구 rumor 소문   resume 이력서   secure 안정된, 보장된   stress 강조하다   fulfill one's potential 잠재력을 발휘하다

4

해석 (a) 어렸을 때 나는 발을 물에 담그는 것을 무서워했다. (b) 하지만 5주간의 지속적인 훈련을 거친 뒤 나는 물고기처럼 수영을 하게 되었다. (c) 잘 훈련된 코치의 도움과 꾸준한 연습이 성공적인 수영선수가 되기 위한 비결인 것 같다. (d) 그 사실을 인지하고, 나는 규칙적으로 매일 내 아이들을 스포츠센터 수영장에 데려간다.

해설 make a point of V-ing는 '~하는 것을 규칙으로 하다, 반드시 ~하다'라는 표현이다. 따라서 (d)의 I make a point to taking에서 to를 of로 고친다.

어구 be scared to V ~하기가 겁나는   continuous 끊임없는   consistent 일관성 있는, 변함없는   successful 성공한, 잘된   in recognition of ~을 인정하여

GP 66 | 혼동하기 쉬운 어휘 1

간편한 Check!

1 manner　　　　2 damages

1 나에게 무례하게 말하지 마라.
'방법, 방식'을 의미하므로 manner가 옳다.

2 그 유명인사는 피해보상금으로 1000달러를 지급하라고 명령받았다.
$1,000라는 돈 액수가 나왔기 때문에 damages(손해 배상금)가 맞다.

━ Check-up TEST 66 ━

1 (d)　　2 (a)　　3 (b)　　4 (b)

1

해석 A: 조부모님과 식사할 때는 예절 바르게 행동해야지.
B: 하지만 그분들이 준비되실 때까지 기다릴 수는 없어요. 아시다시피 전 집에서 일찍 나가야 하잖아요.

해설 단수와 복수의 의미가 다른 명사를 분화복수라고 하는데 manner가 여기에 해당한다. 단수일 때는 '방법'이라는 뜻이지만 복수로 manners가 되면 '예의, 예절'이라는 의미가 된다. have good manners는 '예의가 바른, 매너가 좋은'의 뜻이다.

2

해석 그 세관 공무원은 밀수업자들을 보호한 혐의로 고소되었다.

해설 custom은 분화복수인데, 단수로는 '관습, 습관'이지만 복수로는 '세관'을 의미한다. 문맥상 '세관 공무원'이 되어야 한다.

어구 customs officer 세관 공무원　be accused of ~의 혐의로 기소[고소]당하다, ~의 혐의로 비난받다　smuggler 밀수업자

3

해석 (a) A: 2018년도 호주 경제의 성과는 어떠니?
(b) B: 12월 현재 호주는 상품 및 서비스 교역에서 30억 달러의 무역 흑자를 기록했어.
(c) A: 그 말은 작년 대비 무역 흑자가 7억 달러 증가했다는 거네.
(d) B: 맞아. 이 두드러진 성과는 주로 수출의 증가로 인한 거야.

해설 good은 단수일 경우 형용사로는 '좋은, 착한'의 의미이고 명사로는 '선; 이익'이라는 뜻이지만 복수일 때는 '상품[제품]'을 의미한다. (b)는 문맥상 '상품 및 서비스 교역에서 30억 달러의 무역 흑자를 기록했다'라고 보아야 하므로, good and services를 goods and services로 고쳐야 한다.

어구 trade surplus 무역 흑자　as of ~현재로　outstanding 뛰어난, 두드러진　drive 몰아가다, 추진시키다　export 수출

4

해석 (a) 과거 경제학은 주로 재화와 용역의 생산 및 분배를 다루었다. (b) 그러나 서구 열강에 의해 주로 주도된 세계화로 인해 경제학은 크게 변했다. (c) 기존의 경제학 교수들은 새로운 경제학 개념에 적응하기 위해 노력하고 있다. (d) 게다가 세계화는 학계뿐만 아니라 일반인들의 삶에도 영향을 미쳤다.

해설 (b)의 power는 '권력, 힘'이란 뜻이다. 여기서는 '서구 열강, 서구 강대국'이라는 말이 적절하므로 power를 powers로 바꾸어야 한다.

어구 be concerned with ~을 다루다, ~에 주로 관심을 쏟다　production 생산　distribution 분배　due to ~때문에　globalization 세계화　struggle 애쓰다, 분투하다　adapt (to) (새로운 환경 등에) 익숙해지다　concept 개념　affect ~에 영향을 미치다, 작용하다　the academic community 학계　ordinary 평범한

GP 67 | 혼동하기 쉬운 어휘 2

간편한 Check!

1 Nearly　　　　2 lately

1 거의 200여 명의 학생이 내 수업을 듣고 있다.
뒤에 숫자 200이 나왔으므로 nearly(거의)가 맞다.

2 그 책은 최근 들어 유명해졌다.
late는 '늦은', lately는 '최근에'라는 의미이므로 여기서는 lately가 문맥상 옳다.

━ Check-up TEST 67 ━

1 (b)　　2 (a)　　3 (c)　　4 (d)

1

해석 A: 경영진이 신입사원들을 극구 칭찬했어.
B: 자네는 신입사원들에 대해 어떻게 생각해?

해설 highly는 '대단히, 크게'라는 뜻으로 speak highly of는 '~을 격찬하다, ~을 극구 칭찬하다'라는 의미이다.

어구 the management 경영진, 회사(측)　newcomer 신입(사원)

2

해석 논란을 불러일으킨 CNN의 최신 뉴스는 소득을 두 배로 만드는 법에 관한 정보였다.

해설 latest는 보통 the latest, one's latest의 형태를 취하며 '최신의, 최근의'라는 뜻을 가지고 있다. 문맥상 'CNN의 최신 뉴스'로 해석하는 것이 적절하므로 latest를 써준다.

어구 spark controversy 논란을 야기하다　double 두 배로 만들다　income 수입, 소득

3

해석 (a) A: 인도네시아를 강타한 쓰나미에 대한 뉴스를 들었니?
(b) B: 아니, 무슨 일이 벌어졌는데? 그 자연재해로 많은 사람이 죽었니?
(c) A: 거의 천여 명이 사망했고 만 명 이상이 집을 잃었어.
(d) B: 내가 여태껏 들은 것 중 최악의 재앙이군.

해설 near는 '가까운, 근처의', nearly는 '거의'라는 뜻이다. (c)는 문맥상 '거의 천여 명이 사망했다'로 보아야 적절하므로 near를 nearly로 고친다.

어구 **tsunami** 쓰나미(지진에 의한 해일)　**natural disaster** 자연재해, 천재　**homeless** 집 없는

4

해석 (a) 세상에는 두 종류의 사람이 있다. 바로 능동적인 사람과 수동적인 사람이다. (b) 수동적인 사람은 누가 시켜야 일을 한다. (c) 반면 능동적인 사람은 솔선수범하며 자신이 할 수 있는 일, 또는 할 수 있다고 생각되는 일을 찾으려 노력한다. (d) 일반적으로 말해서 수동적인 사람보다 능동적인 사람이 더 성공할 가능성이 매우 높다.

해설 high는 '높은,' highly는 '매우'로 그 의미가 완전히 다르다. (d)에서 '~할 가능성이 매우 높다'는 표현이 되려면 be highly likely that ~이 되어야 하므로 high를 highly로 고쳐야 한다.

어구 **active** 능동적인, 적극적인　**passive** 수동적인, 소극적인　**take the initiative** 솔선수범하다　**generally speaking** 일반적으로 말해서　**successful** 성공한, 좋은 결과의

Section 2
Actual Test 01-06

Actual Test 01

1	(a)	2	(c)	3	(d)	4	(c)	5	(c)
6	(d)	7	(a)	8	(b)	9	(d)	10	(a)
11	(b)	12	(d)	13	(b)	14	(d)	15	(c)
16	(a)	17	(a)	18	(a)	19	(b)	20	(a)
21	(c)	22	(a)	23	(c)	24	(b)	25	(b)
26	(b)	27	(c)	28	(a)	29	(a)	30	(b)

1 (a)

해석 A: 그는 노래를 잘 부르니?
B: 너만큼 잘해.

해설 비교급에 관한 문제이다. 「as+부사+as」 원급비교는 '~만큼 ...한'의 의미로, 동사를 수식한다. 부사 very는 동사를 수식할 수 없으므로 as well as라고 해야 옳다.

2 (c)

해석 A: 수업이 언제 끝나니?
B: 20분 후에 끝날 거야.

해설 시제에 관한 문제이다. 전치사 in은 시간의 경과를 나타내어 '~후에, ~지나면'이라는 의미로 쓰이므로 미래시제 will end가 정답이다.

3 (d)

해석 A: 그는 뭐라고 말하던가요?
B: 그녀가 즉시 빚을 갚아야 한다고 말을 꺼냈어요.

해설 제안, 권고의 의미를 나타내는 동사 suggest 뒤에 목적어로 that절이 올 경우 그 내용이 당위성을 가지면 「주어+(should) 동사원형」이 온다.

어구 **pay off** 전액을 지불하다[갚다]　**debt** 빚

4 (c)

해석 A: 수업에서 무엇을 배웠니?
B: 지구가 태양 주위를 돈다는 걸 배웠어요.

해설 시제에 관한 문제이다. 불변의 진리나 보편적 사실은 시제의 일치와 상관없이 항상 현재시제를 쓴다.

어구 **go around** 돌다

5 (c)

해석 A: 내년에 뭐 할 거야?
B: 공부하러 외국으로 갈까 생각 중이야.

해설 동사 consider가 3형식으로 쓰일 경우 그 목적어로는 명사나 동명사가 온다. 내용상 미래의 행동으로 having gone은 불가능하므로 going이 정답이다.

어구 **consider** ~할 것을 생각하다; 고려하다　**go abroad** 외국에 가다

6 (d)

해석 A: 난 네가 메리랑 결혼한 줄 알았어.
B: 그러게. 그녀랑 결혼했어야 했어.

해설 A의 말은 B가 메리와 결혼하지 않았다는 의미이다. 따라서 '~했어야 했는데 하지 않았다'를 의미하는 should have p.p.로 써야 한다. (b)나 (c)가 들어가면 '결혼했었음이 틀림없다', '결혼했을지도 모른다'가 되어 의미상 어색하다.

7 (a)

해석 A: 이 선생님은 수영을 잘 하나요?
B: 그는 김 선생님만큼 수영을 잘 하는 사람이 되었어요.

해설 비교급 어순에 관한 문제이다. as와 as 사이에 형용사와 명사를 넣을 경우 어순은 「as+형용사+관사+명사+as」가 된다. 따라서 정답은 (a)이다.

8 (b)

해석 A: 그들과 마찬가지로 민수 역시 10년 전에 영어 말하기가 아주 능숙했어.
B: 전적으로 동감이야.

해설 as well as they는 삽입구로 문장의 주어는 Minsu이다. 따라서 단수동사가 와야 하는데, 10 years ago에서 보듯 과거시제 이므로 was가 바람직하다.

어구 **as well as** ~와 마찬가지로; ~뿐만 아니라　**be good at** ~을 잘하다　**I can't agree with you more.** 전적으로 동감이다, 전적으로 동의한다.

9 (d)

해석 A: 역사 선생님께서 너한테 뭐라고 말씀하셨니?
B: 프랑스 혁명이 1799년에 끝났다고 가르쳐 주셨어.

해설 in 1799에서 알 수 있듯, 프랑스 혁명이 끝난 것은 과거의 역사적 사실이므로 과거시제 ended가 되어야 한다.

10 (a)

해석 A: 고기 좀 더 드시겠어요?
　　B: 저도 정말 그러고 싶지만 벌써 배가 부르네요.

해설 대부정사와 관련된 문제이다. 본래의 문장은 I'd really love to have more meat이지만 to 이하는 반복되는 내용이므로 to부정사의 to만 남기고 나머지는 생략 가능하다. 참고로 I'd really love to는 I'd really like to와 같은 의미의 표현이다.

어구 **meat** 고기　**full** 배부르게 먹은, 배부른

11 (b)

해석 나는 그녀가 하는 말을 들었지만 무슨 의미인지는 이해하지 못했다.

해설 what 의문사절이 understand의 목적어로 사용되었다. 이때 「의문사＋주어＋동사」의 어순이 되어야 한다. 시제는 주절의 시제가 과거이므로 과거시제로 일치시켜야 한다.

어구 **mean** 의미하다, ~의 뜻으로 말하다

12 (d)

해석 이 건물은 천 명을 수용할 수 있을 정도로 크다.

해설 「형용사＋enough＋to부정사」는 '~할 만큼 충분히 …한'이라는 의미이다. enough가 형용사 뒤에 위치한다는 것에 주의하자.

어구 **house** (사람을) 수용하다

13 (b)

해석 저와 직장 동료들은 그 학자분을 만나길 고대하고 있습니다.

해설 look forward to에서 to는 부정사가 아닌 전치사이므로 뒤에는 명사나 동명사만이 올 수 있다. 따라서 forward to meeting이라고 써야 한다.

어구 **colleague** 직장 동료　**look forward to V-ing** ~을 고대하다　**scholar** 학자

14 (d)

해석 그 사회는 법을 어기는 이들을 몰아낼 것이다.

해설 drive out에는 목적어, break the law에는 주어가 필요하다. 따라서 '사람들'을 나타내는 선행사인 지시대명사 those와 주격 관계대명사 who를 이용해 이 둘을 연결할 수 있다.

어구 **community** 공동체, 지역사회　**drive out** 몰아내다, 쫓아내다　**break the law** 법을 어기다

15 (c)

해석 몇몇 시민 단체들은 선정된 후보들이 당선되는 것을 막기 위해 노력하며 반대 캠페인을 펼쳤다.

해설 빈칸에는 candidates를 수식하는 분사가 들어갈 수 있다. 이때 후보자는 선정하는 주체가 아니라 선정을 당하는 대상이므로 과거분사 designated가 정답이다.

어구 **civic organization** 시민 단체　**conduct a campaign** 캠페인을 벌이다　**negative** 거부적인, 반대의　**designate** 지명하다, 선정하다　**candidate** 후보자　**elect** 선거하다[선출하다]

16 (a)

해석 우리는 그가 패스트푸드를 먹지 못하도록 해야 한다.

해설 '(사람)으로 하여금 ~하지 못하게 하다'라는 의미가 되어야 하므로 「keep＋사람＋from＋동명사」로 써야 한다.

17 (a)

해석 나는 친구들과 어울리기 위해 교회에 간다.

해설 to부정사의 부사적 용법은 '~하기 위하여'라는 의미를 갖는다. 문맥상 '친구들과 어울리기 위하여'라는 의미가 되어야 하므로 to부정사로 써주어야 한다.

어구 **go to church** 교회에 다니다　**hang out with** ~와 시간을 보내다, 함께 다니다

18 (a)

해석 트렌트 씨는 어제 양떼를 잃어버려서 산에서 아직도 찾고 있다.

해설 명사 sheep은 단수와 복수가 같은 형태다. 따라서 뒤에 -s를 붙인 (b)와 (d)는 답에서 먼저 탈락시킨다. 또한 a flock of (~의 무리) 뒤에는 복수명사가 와야 하므로 정답은 sheep이다.

어구 **flock** (동물의) 무리, 떼

19 (b)

해석 서울의 인구는 인천의 인구보다 훨씬 많다.

해설 대명사 that은 바로 앞에 언급된 단수의 사물 또는 사람을 가리키며 중복을 피하기 위해 쓰인다. 따라서 the population의 중복을 피하기 위해서는 that을 쓰면 된다.

어구 **population** 인구

20 (a)

해석 내가 아무리 열심히 시도해 봐도 경비가 삼엄한 그 형무소에서 탈출할 수 없었다.

해설 양보구문에 관한 문제이다. 「No matter how＋형용사/부사＋주어＋동사」의 어순으로 쓰이며 '아무리 ~하더라도'라는 의미이다.

어구 **escape** 탈출하다, 벗어나다　**maximum security prison** 경비가 삼엄한 형무소

21 (c)

해석 나는 5살 때부터 피아노를 쳐오고 있다.

해설 시제에 관한 문제이다. since는 현재완료가 계속적 용법으로 쓰인 경우 함께 쓰이는 접속사이다. '~이후로 계속 …해왔다'는 의미를 갖는다.

22 (a)

해석 그는 그 소식에 대해 알고 있었을 뿐만 아니라 그에 대응하여 몇 가지 조치를 취하기까지 했다.

해설 도치구문에 관한 문제로, 본래 문장은 He not only knew about the news이다. 여기서 not only가 앞으로 가면 도치가 일어나 「Not only＋조동사＋주어＋동사원형」의 어순이 된다. 여기서는 knew가 일반동사의 과거시제이므로 앞에 조동사 did가 온다.

어구 **take a measure** 조치를 취하다　**in response to** ~에 응하여, ~에 답하여

23 (c)

해석 학생들은 어제 교실을 지나갈 때 그가 기타를 연주하는 것을 봤다.

해설 악기 이름 앞에는 정관사 the가 붙으므로 play the guitar가 정답이다.

어구 **pass by** (장소를) 지나가다

24 (b)

해석 도시 전체가 엉망인 걸 보니 재해가 있었던 것임에 틀림없다.

해설 문맥상 because 이하 절의 내용을 근거로 과거에 일어난 일을 추측하는 표현이 와야 한다. 따라서 '~했음이 틀림없다'라는 뜻의 must have p.p.를 쓰는 것이 가장 알맞다.

어구 **disaster** 재해, 재난 **entire** 전체의 **mess** 엉망진창, 난잡

25 (b)

해석 역사적으로 지방정부가 항상 중앙정부의 통제 하에 있었던 것은 아니다.

해설 빈도부사 always는 be동사 다음에 위치한다. 그리고 부분부정으로 not이 붙으면 not always의 어순이 되는데, 이것은 '항상 ~한 것은 아니다'라는 의미이다. '역사적으로'라는 뜻의 부사 Historically가 사용된 것으로 보아 역사적 사실에 대해 이야기한다는 것을 알 수 있으므로 과거시제를 써야 하는데, 주어 local governments는 복수명사이므로 동사 역시 복수형태인 were가 되어야 한다.

어구 **local government** 지방정부 **be under the control of** ~의 통제 하에 있다 **central government** 중앙정부

26 (b)

해석 (a) A: 벽에 페인트칠 언제 시작할 거니?
(b) B: 필요한 장비가 없어서 언제 할지 모르겠어. 네가 페인트 붓 사기로 했던 거 기억해?
(c) A: 아차! 깜빡하고 안 사왔어.
(d) B: 음, 그러면 내일 페인트칠 하는 게 어때?

해설 동사 remember 뒤에 to부정사가 올 경우 미래에 '~할 일을 기억하다'란 뜻이다. 반면 remember 뒤에 동명사가 올 경우 과거에 '~했던 것을 기억하다'란 의미로 쓰인다. 따라서 (b)의 remember buying을 remember to buy로 고쳐야 옳다.

어구 **equipment** 장비, 용품 **paintbrush** (페인트) 붓 **pick up** ~을 사다 **in that case** 그러면, 그런 경우에는

27 (c)

해석 (a) A: 나 죽을 뻔 했어.
(b) B: 무슨 일 있었니?
(c) A: 내 차 앞바퀴 중 하나가 헐거워져서 차에서 분리됐어.
(d) B: 그 다음에는 어떻게 됐는데?

해설 구어에서는 동작을 나타내는 수동형을 명시하기 위해 「get+과거분사」가 흔히 쓰인다. (c)에서 사물인 '바퀴'는 스스로 차에서 분리될 수 없고 분리됨을 당하는 것이므로 separating이 아니라 separated로 고쳐야 한다. 앞에 이미 got이 나왔으므로 got은 생략시킨다.

어구 **front wheel** 앞바퀴 **get loose** 헐거워지다, 느슨해지다 **separate** 분리하다

28 (a)

해석 (a) 지난달에 홍수가 나지 않았더라면 지금쯤 사람들은 좋은 시간을 보내고 있을 것이다. (b) 며칠 동안 비가 쏟아져서 모든 게 휩쓸려갔다. (c) 이 마을은 지금 진흙으로 뒤덮여 있다. (d) 마을 사람들은 가지고 있던 모든 것을 잃고 말았다.

해설 (a)를 보면 If절의 시제가 had p.p.이고 주절에는 now가 있다. 따라서 과거의 행위가 현재에 영향을 미치는 혼합가정법 구문임을 알 수 있다. 이때 주절의 시제는 현재형인 can이 아닌 과거형 could가 되어야 한다. 참고로 「If it had not been for+명사, 주어+would+원형동사」는 '(명사)가 없었더라면 ~할 텐데'라는 의미이다.

어구 **flood** 홍수 **pour** (비가) 쏟아지다 **wash away** 휩쓸어가다 **mud** 진흙 **be covered with** ~로 덮여 있다

29 (a)

해석 (a) 1950년에 한국전쟁이 일어났다. (b) 북한의 탱크가 남한 도시로 밀고 내려왔으며 방해가 되는 모든 사람들을 죽였다. (c) 북한군이 부산에 도착하기까지 불과 세 달밖에 걸리지 않았다. (d) 한국은 북한의 수중에 들어가기 일보 직전이었다.

해설 전치사 on은 요일이나 날짜 앞에 쓰이며, 연도 앞에서는 전치사 in을 사용한다. (a)에서는 1950이라는 연도가 나왔으므로 On을 In으로 고쳐야 맞다.

어구 **break out** 발발하다 **drive through** 뚫고 지나가다 **get in the way** 방해가 되다 **on the verge of** ~의 직전에 **fall into the hands of** ~의 수중에 들어가다

30 (b)

해석 (a) 국민권익위원회(ACRC)는 한국의 정부기관이다. (b) 이 기관은 사람들에게 일괄적 서비스를 제공하고자 세 개의 다른 위원회가 통합되어 탄생했다. (c) 시민들은 국민권익위원회를 통해 불만을 제기하거나 침해당한 권리를 되찾을 수 있다. (d) 국민권익위원회는 모든 국민들의 목소리에 귀를 기울이고 있다.

해설 (b)에서 It은 앞에 나오는 ACRC, 즉 정부기관을 일컫는다. 정부기관은 스스로 생기는 게 아니라 누군가에 의해 생겨나는 것이므로 수동태로 써야 알맞다. 따라서 created는 was created가 되어야 한다.

어구 **corruption** 부패; 타락 **civil rights** 시민의 평등권 **commission** 위원회 **government agency** 정부기관 **integration** 통합 **one-stop service** 일괄 서비스 **file a complaint** 불만을 제기하다 **infringe** (권리를) 침해하다 **restore** 되찾다, 회복하다 **unheard** 귀담아 들어주지 않는

Actual Test 02

1	(a)	2	(b)	3	(d)	4	(c)	5	(d)
6	(d)	7	(b)	8	(c)	9	(c)	10	(a)
11	(a)	12	(d)	13	(d)	14	(a)	15	(c)
16	(b)	17	(b)	18	(d)	19	(d)	20	(c)
21	(a)	22	(d)	23	(d)	24	(b)	25	(a)
26	(b)	27	(c)	28	(a)	29	(d)	30	(a)

1 (a)

해석 A: 그것이 왜 웃긴다고 생각해?
B: 솔직히 말하면 모르겠어.

해설 간접 의문문의 어순은 「의문사＋주어＋동사」인데 생각이나 사고와 연관된 think류의 동사가 나오면 의문사를 맨 앞으로 뺀다. 여기서는 동사 think가 사용되었으므로 의문사를 앞으로 빼서, Do you think why it is가 아니라 Why do you think it is로 쓴다.

어구 frankly speaking 솔직히 말해서

2 (b)

해석 A: 기말고사가 바짝 다가왔어. 나는 대수학이 싫어.
B: 대수학이 다른 어떤 과목보다도 훨씬 어렵다고 생각하지 않니?

해설 「비교급＋than any other＋명사」는 '그 어떤 명사보다 더 ~하다'라는 뜻의 비교급 표현이다. 이때 비교급 more difficult를 강조하기 위해 바로 앞에 much를 붙일 수 있으므로 정답은 (b)이다.

어구 final exam 기말고사   algebra 대수학

3 (d)

해석 A: 빌 게이츠는 세계에서 가장 부유한 사람이야.
B: 내가 부자라면 난 전 세계를 여행할 텐데.

해설 would travel을 보아 가정법 과거임을 알 수 있다. 따라서 if절에는 과거동사가 나와야 하는데, if절에서 be동사의 과거형은 무조건 were로 쓴다. If I were rich에서 If를 생략하고 주어와 동사를 도치할 수 있으므로 Were가 답이 된다.

어구 wealthy 부유한, 부자인

4 (c)

해석 A: 당신이 이 직업에 적임이라고 생각하는 이유가 무엇입니까?
B: 지금까지 제가 쌓아온 경력이 제가 이 직책을 맡을 준비가 되었다는 것을 증명합니다.

해설 so far는 '지금까지'라는 뜻으로, '지금까지 내가 쌓아온 경험'이 되려면 현재완료 시제를 쓸 수 있다. 또한 빈칸 앞에 나와 있는 조동사 have를 통해서도 현재완료 시제가 되어야 한다는 힌트를 얻을 수 있다. 현재완료의 형태는 have p.p.이므로 정답은 과거분사인 (c)이다.

어구 be qualified for ~에 대한 자격이 있다, ~에 적임이다
accumulate 모으다, 축적하다   professional experience 경력   be ready for ~에 대해 준비가 되다

5 (d)

해석 A: 나는 막 유럽에서 돌아왔어.
B: 즐거운 휴가 보냈기를 바라.

해설 A가 여행을 마치고 돌아왔다는 그 결과를 현재완료 시제로 말하고 있다. 과거에 이미 휴가를 즐기고 온 것이므로 과거시제 enjoyed가 정답이다.

어구 get back 돌아오다

6 (d)

해석 A: J.D. 샐린저는 사망할 때까지 지속한 은둔 생활로 잘 알려져 있지.
B: 그는 《호밀밭의 파수꾼》의 저자였어. 그렇지?

해설 '~로 알려지다'라는 표현으로는 be known for나 be known as를 쓸 수 있는데, be known as는 앞뒤에 오는 대상이 동일한 경우에만 쓰인다. 여기서는 J. D. Salinger가 '죽을 때까지 지속한 은둔 생활로 알려져 있다'는 의미이므로 전치사 for가 오는 것이 맞다.

어구 be well known for ~로 잘 알려져 있다   reclusive life 은둔 생활

7 (b)

해석 A: 나는 이 그림이 정말 좋아.
B: 우리가 몇 분 전에 본 것만큼이나 아름다운 그림이네.

해설 '~만큼 …한'이란 뜻의 비교급 표현인 「as＋형용사＋관사＋명사＋as」 구문이다. 여기서 one은 비교 대상인 painting을 가리키는 대명사이다.

8 (c)

해석 A: 언제쯤 네가 유럽에 갈 수 있을 것 같니?
B: 6월 말쯤이면 약 3천 달러를 모으게 될 테고, 그러면 거기로 여행갈 수 있을 거야.

해설 빈칸 앞에 있는 By the end of June이라는 표현에 주목하자. 3천 달러를 모으는 것이 6월 말이면 완료가 되는 것이므로 미래완료 시제로 써야 한다.

어구 be able to V ~할 수 있는   go on a trip 여행가다

9 (c)

해석 A: 그는 그 영화 보러 안 갔어.
B: 나도 안 갔어.

해설 「Neither＋동사＋주어」는 '주어도 역시 그러하다'라는 의미로, 앞서 나온 동사(구)의 내용이 반복되는 것을 피하기 위해 쓰인다. 「Neither＋동사＋주어」는 앞 문장이 부정문일 때 사용된다. 앞 문장이 긍정문이면 「so＋동사＋주어」로 쓰인다.

10 (a)

해석 A: 이 셔츠에 사인 좀 해 주시겠어요?
B: 물론이죠. 영광입니다.

해설 대부정사 관련 문제이다. to 이하의 동사를 그대로 써주거나 to까지만 써줘야 하므로 정답은 (a)이다.

어구 autograph 사인   honor 영예를 주다; 존경하다

11 (a)

해석 전 세계 나라들이 가난한 사람들에게 관심을 기울였다면, 아프리카의 죽어가는 아이들을 보며 죄책감을 느끼지 않았을 것이다.

해설 주절에 would not have felt가 있으므로 가정법 과거완료 구문이라는 것을 알 수 있다. 따라서 if절에는 「if＋주어＋had＋과거분사」가 와야 한다. 이때 if가 생략되면 주어와 조동사 had의 위치가 바뀌므로 정답은 (a)가 된다.

어구 pay attention to ~에 주의를 기울이다   feel guilty 죄책감을 느끼다

12 (d)
해석 대부분의 무술은 배우는 사람들에게 무장하지 않을 때 자신을 방어하는 방법을 가르친다.

해설 문맥상 '무장하지 않을 때'라는 의미가 되어야 하므로 unarmed가 정답이다.

어구 **martial art** 무술　**defend oneself** 자기 자신을 방어하다　**unarmed** 무장하지 않은

13 (d)
해석 만약 그 학생이 더 공부했더라면 시험에 합격했을지도 모른다.

해설 가정법 문제는 먼저 주절을 잘 살펴봐야 한다. 주절에 might have p.p.가 있으므로 가정법 과거완료 구문이라는 것을 파악할 수 있다. 따라서 if절에는 had p.p.가 와야 한다.

어구 **pass the exam** 시험을 통과하다

14 (a)
해석 우리 아이들은 자신들이 무엇을 배우고 있는지를 알아야 하며, 교과서에 나와 있는 것 이상의 것을 말할 준비가 되어있어야 한다.

해설 and로 연결되어 있는 be prepared에서 동사원형 be가 왔으므로, 앞에는 조동사가 와야 함을 알 수 있다. 조동사가 들어간 표현은 (a)와 (d)인데 문맥상 '~해야 한다'는 의미가 되어야 하므로 정답은 should가 들어간 (a)이다.

어구 **be prepared to V** ~할 준비가 되다　**beyond** ~의 범위를 넘어서　**textbook** 교과서; 교재

15 (c)
해석 그 환자를 돌보던 간호사는 그 마비된 환자가 갑자기 일어나더니 그녀 앞에 섰다고 증언했다.

해설 문맥상 '그 환자를 돌보던 간호사'라는 의미가 되어야 하는데, attend to가 '돌보다'라는 의미를 갖는다. 본래 문장 The nurse who was attending to the patient에서 주격관계 대명사 who와 be동사 was가 생략되었다.

어구 **testify** 증언하다; 증명하다　**paralyze** 마비시키다　**attend to** ~를 돌보다

16 (b)
해석 한때 글로벌 시장을 지배한 전자 회사의 오너였던 리치 씨는 그의 뒤를 이은 아들이 그가 갖고 있던 돈을 모두 날려 버린 후에 빈털터리로 생을 마감했다.

해설 관계대명사 문제이다. 선행사는 Mr. Rich라는 사람이고, 빈칸 뒤에는 사물인 electronics company(전자 회사)가 나와 있다. 사람이 회사를 소유하는 것이므로 소유격 관계대명사 whose가 와야 한다.

어구 **electronics company** 전자 회사　**once** 한때　**rule** 지배하다　**beggar** 거지; 빈곤자　**succeed** 뒤를 잇다, 계승하다

17 (b)
해석 그 회사에 관한 다양한 종류의 연구 자료를 분석함으로써 그는 그 회사가 망한 이유를 이해할 수 있었다.

해설 문장의 흐름상 '연구 자료를 분석함으로써 이해할 수 있었다'라는 뜻이 되어야 한다. 따라서 '~함으로써'라는 의미의 전치

사 by가 온 By analyzing이 정답이다. To analyze는 '분석하기 위해서'라는 뜻이 되어 문맥상 적당하지 않다.

어구 **analyze** 분석하다　**various** 다양한　**research paper** 연구 보고서　**collapse** 붕괴, 무너짐

18 (c)
해석 새해에는 경제에 좋은 소식이 있을 것이다.

해설 '~와 함께 오다'라고 할 때 「bring with it+명사(구)」 형태를 취해야 한다. 따라서 bring with it good news ~가 알맞은 어순이다.

19 (d)
해석 제국주의자나 외국 군대에게 점령당한 적이 한 번도 없는 그 나라의 국민들은 자기네 역사에 굉장한 자부심을 가지고 있다.

해설 주절의 has를 보면 시제가 현재임을 알 수 있다. 그런데 문맥을 보면 주어인 The nation이 이전에 외부 세력에 침략당한 적이 없음을 표현하고자 하므로 분사구문은 주절보다 한 시제 앞서게 되며 수동의 의미를 가진다. 따라서 having been p.p. 앞에 부정어인 never를 쓴 형태가 정답이다.

어구 **conquer** 정복하다　**imperialist** 제국주의자　**force** 군사력, 군대

20 (c)
해석 군인들은 끝날 기미가 보이지 않는 전쟁으로 인해 오랜 기간 동안 고향으로 돌아갈 수 없었다.

해설 관사가 들어간 관용표현 문제다. '오랜 기간 동안'은 for a long time으로 부정관사 a를 반드시 써 주어야 한다.

어구 **soldier** 군인, 병사　**due to** ~때문에　**abate** (세력·심한 정도가) 줄다, 덜어지다

21 (a)
해석 수중에 많은 돈을 가지고 있다면 은행 경비원들의 도움을 요청할 수 있다.

해설 '경비원들의 도움'이므로 소유를 나타내는 전치사 of를 사용해서 그 뜻을 명확히 해야 한다.

어구 **ask for** ~을 요청하다　**security guard** 경비원

22 (d)
해석 우리가 아무리 열심히 노력할지라도, 우리는 때때로 성공에 실패한다.

해설 문맥상 '아무리 ~하더라도'라는 뜻의 「no matter how+형용사/부사」 구문이 들어가는 것이 가장 알맞다. 이때 try를 수식하는 부사로서 '열심히'라는 의미의 hard가 와야 한다. 빈도부사 hardly는 '거의 ~이 아니다'라는 뜻이므로 전혀 다른 의미가 된다.

어구 **fail** 실패하다　**succeed** 성공하다

23 (d)
해석 지난 30년간 세계적으로 유명한 중남미의 열대 우림은 무분별한 벌목으로 파괴되어왔다.

해설 시제에 관한 문제이다. 문두에 over the last three decades라는 특정 기간이 언급되었는데 이는 '30년 전부터 지금까지'라는 의미를 가지므로 현재완료로 쓰는 것이 적절하다.

어구 **rainforest** 열대 우림　**reckless** 무분별한　**lumbering** 벌목, 벌채

24 (b)

해석 레스토랑에 가기 전에 인터넷으로 그 레스토랑에 대한 평가를 확인하는 것이 현명할 것이다.

해설 the restaurant처럼 정관사가 붙은 '그 식당'을 받을 수 있는 대명사는 앞에 언급된 명사를 받는 it이다. one은 막연한 대상을 가리키므로 답이 될 수 없다.

어구 **check out** 확인하다, 검토하다　**review** 보고; 평가

25 (a)

해석 많은 불확실성과 위험에 직면하면서 일반 대중은 앞으로 나아갈 길을 찾으려고 노력하고 있다.

해설 분사구문 관련 문제이다. 분사구문에서 생략된 주어는 주절의 the general public으로, 일반 대중이 무언가에 직면했다는 의미다. '~에 직면한'이라는 의미로 confronted with나 confronting을 쓴다.

어구 **be confronted with** ~에 직면하다　**uncertainty** 불확실함　**risk** 위험성　**the general public** 일반 대중　**struggle to V** ~하려고 노력하다.　**forward** 앞으로

26 (b)

해석 (a) A: 높은 중퇴 비율에 대해 누가 책임져야 합니까?
(b) B: 교육당국에서 그 문제에 대해 무슨 조치를 취해야 한다고 생각합니다.
(c) A: 레논 씨, 좀 더 구체적으로 말씀해 주시겠습니까?
(d) B: 교육 당국에서 학생들이 학교를 다니도록 장려하는 정책을 시행해야 합니다.

해설 '~에 대해 조치를 취하다, 손을 쓰다'에 해당하는 표현은 do something about이다. 따라서 선택지 (b)에서 act를 do로 고쳐야 한다.

어구 **take responsibility** 책임지다　**dropout** (학교에서의) 중퇴생　**the educational authorities** 교육 당국　**implement** 시행하다, 이행하다　**policy** 정책

27 (c)

해석 (a) A: 왜 수업시간에 자꾸 졸았니? 안색이 안 좋아 보였어.
(b) B: 기말고사 공부하느라 며칠 밤 동안 늦게까지 안 자서 그래. 시험이 곧 있거든.
(c) A: 시험 준비 정말 많이 했겠구나.
(d) B: 응, 하지만 그게 시험에서 좋은 점수를 받을 수 있다는 말은 아니지.

해설 여러 밤을 샐 정도로 공부를 많이 했다고 했으므로 (c)에서 '시험을 좀 더 열심히 준비했어야 했는데'라고 반응하는 것은 어색하다. '시험 준비를 열심히 했음에 틀림없다'고 하는 것이 적절하므로 should have prepared가 아닌 must have prepared라고 해야 한다.

어구 **nod** (꾸벅꾸벅) 졸다　**stay up** 자지 않고 있다, 늦게까지 깨어있다　**final** 기말고사　**around the corner** 곧 있을

28 (d)

해석 (a) 만프레드 폰 리히트호펜은 제1차 세계대전 동안 활약했던

독일의 전투기 조종사이다. (b) 그는 80건의 전투에서 승리한 것으로 인정받고 있으며 붉은 남작으로 알려졌다. (c) 그러나 통념과는 다르게, 그가 몰았던 전투기 중에서 포커 Dr.I 딱 한 대만이 완전히 붉은색으로 칠해져 있었고 나머지 전투기들은 부분적으로만 붉은 색이었다. (d) 붉은색 포커 Dr.I을 몰기 전에 그를 유명하게 만들었던 비행기는 알바트로스 D.Ⅲ였다.

해설 (d)를 보면 made him famous의 주체인 비행기 aircraft가 언급되어 있다. 즉 선행사가 관계대명사 what 안에 포함되어 있는 것이 아니라 따로 언급되어 있으므로 what을 that이나 which로 바꾸어야 한다.

어구 **fighter pilot** 전투기 조종사　**be credited with** ~한 것으로 (공로를) 인정받다　**contrary to** ~와는 반대로　**baron** 남작　**popular belief** 통념　**aircraft** 항공기

29 (d)

해석 (a) 척은 브라운 대학의 대학원생으로, 전공은 역사이다. (b) 그는 아버지로부터 많은 영향을 받아 역사에 관심을 갖게 되었고 15세 때 역사를 전공하기로 결심했다. (c) 척은 이번 학기에 세 개의 역사 관련 수업을 듣고 있다. (d) 그리고 계획대로 일이 진행된다면, 다음 학기에는 두 과목을 더 들을 것이다.

해설 시간이나 조건의 부사절에서는 미래의 내용이라 하더라도 쓸 때는 현재시제로 쓴다. (d)에서 '계획대로 일이 풀린다면'은 미래에 관한 내용이지만 if절이 조건의 부사절이므로 현재시제로 써야 한다.

어구 **graduate school** 대학원　**influence** 영향을 미치다　**major in** ~을 전공하다　**–related** ~와 관련 있는　**semester** 학기

30 (a)

해석 (a) 대한의사협회의 통계에 따르면 작년 겨울에 계절독감을 일으키는 바이러스 중 80%가 인플루엔자 A였다고 한다. (b) 일반적으로 겨울에는 인플루엔자 A와 인플루엔자 B라는 두 가지 형태의 독감 바이러스가 유행한다. (c) 유행병의 경향은 매년 바뀐다. (d) 따라서, 다음 계절에 유행할 독감바이러스의 유형이 정확히 무엇이 될지 추측하기 어렵다.

해설 statistics는 '통계학'으로 쓰이면 단수 취급하고 '통계자료, 통계수치'로 쓰이면 복수 취급한다. (a)에서는 '통계수치'로 사용되었으므로 복수 취급하여 shows가 아니라 show로 써야 한다.

어구 **statistics** 통계(수치), 통계자료　**seasonal influenza** 계절 독감　**prevail** 유행하다, 창궐하다　**tendency** 경향, 성향　**epidemic** 유행병, 전염병　**viral** 바이러스의

Actual Test 03

1	(a)	2	(c)	3	(a)	4	(d)	5	(a)
6	(c)	7	(c)	8	(c)	9	(a)	10	(b)
11	(c)	12	(d)	13	(d)	14	(d)	15	(c)
16	(b)	17	(a)	18	(a)	19	(b)	20	(b)
21	(c)	22	(d)	23	(a)	24	(c)	25	(b)
26	(c)	27	(b)	28	(c)	29	(b)	30	(d)

1 (a)

해석 A: 무엇에 대해서 읽고 있니?
B: 이 기사에 따르면 ABC 소프트웨어에서 새로운 해결책을 제공할 거야.

해설 동사 provide는 3형식 동사이며 「provide+사람+with+사물」의 형태로 사용한다. 4형식으로 착각해서는 안 된다.

어구 article 기사, 글

2 (c)

해석 A: 말도 안 돼. 난 못 믿겠어.
B: 제대로 작동하지 않으면 나를 거짓말쟁이라고 불러도 좋아.

해설 동사 call을 사용한 5형식 문장으로, 「call+목적어+목적격 보어」의 형태로 써야 한다. call의 목적어인 me는 목적격 보어 a liar의 의미상 주어 역할을 한다.

어구 work (제대로) 작동되다, 기능하다

3 (a)

해석 A: 출전자들이 돌아가면서 마이크 앞에 서서 차례대로 자신이 제일 좋아하는 노래를 부를 거야.
B: 누가 대회에 참가할 수 있니?

해설 take turns는 '교대로 하다'라는 의미의 상호 복수 표현이다. 또한 조동사 will 뒤에 올 수 있는 것은 동사원형 take뿐이다.

어구 take turns 교대로 하다   eligible (자격을) 가질 수 있는, ~할 수 있는

4 (d)

해석 A: 오늘 수업의 요지가 뭐였지?
B: 요지는 1846년 이후로 사형제도가 미국에서 불법이었다는 거야.

해설 since는 '~이후로, 이래로'라는 뜻이므로 현재완료 시제 has p.p.가 와야 한다.

어구 capital punishment 사형   illegal 불법의

5 (a)

해석 A: 우리 엄마는 나한테 억지로 공부시키지 않겠다고 하셨어.
B: 잘 됐구나.

해설 try가 to부정사를 취하면 '~하도록 노력하다'라는 뜻으로 쓰인다. 이때 to부정사의 부정은 to앞에 not을 붙이므로 정답은 (a)이다.

어구 force (억지로) ~하게 하다

6 (c)

해석 A: 그 회사 CEO가 한 연설에 대해 어떻게 생각해?
B: 난 그가 메시지를 전달하는 방식에 매혹되었어.

해설 빈칸에는 the speech를 수식하는 분사가 들어갈 수 있다. 이때 연설은 사람에 의해 말해지는 것이고, 빈칸 뒤에 by the CEO라는 행위의 주체가 있으므로 과거분사 given이 알맞다.

어구 give the speech 연설하다   mesmerize 매혹시키다; 놀라게 하다

7 (c)

해석 A: 무공해 자동차에 대해 얘기해 주시겠어요?

B: 두 가지 종류가 있습니다.

해설 수 일치에 관한 문제이다. two가 있으므로 복수 명사 types가 먼저 와야 하며, type of 뒤에는 관사를 쓸 수 없으므로 정답은 (c)다. (d)처럼 한정사 two와 the를 함께 쓸 수는 없다.

어구 pollution-free 공해가 없는, 무공해의

8 (c)

해석 A: 왜 시도해 보지 않았니?
B: 내가 연습을 충분히 했더라면 한 번 시도해봤을 거야.

해설 주절에 would have p.p.가 사용된 것으로 보아 if절의 동사 부분은 had p.p. 형태가 요구되는 가정법 과거완료 구문이다. 연습을 충분히 하지 않았던 과거 사실에 반대되는 내용을 가정하고 있다.

어구 give it a try[shot] 시도하다

9 (a)

해석 A: 그가 미국에 도착했을 때 목표가 뭐였니?
B: 그는 동전 한 푼도 없이 이탈리아를 떠났기 때문에 돈을 벌기 위해 열심히 일했어.

해설 앞에 Having left라는 완료분사구문이 나와 있다. 그가 돈을 벌기 위해 열심히 일한 것은 이탈리아를 떠난 후에 일어난 과거의 사실이므로 시제는 단순 과거형이 되어야 한다.

어구 goal 목표   without a dime 동전 한 푼도 없이   make money 돈을 벌다

10 (b)

해석 A: 로라의 결혼 피로연에 대해 얘기 좀 해줄래?
B: 나도 그러고 싶지만 지금은 시간이 없어.

해설 대부정사 문제이다. 본래는 I'd love to tell you about Laura's wedding reception.이라는 문장이지만, to부정사만 남기고 생략하는 대부정사를 쓸 수 있다.

어구 wedding reception 결혼 피로연

11 (c)

해석 제인은 자신이 원하면 언제든 성공할 수 있다고 믿을 정도로 순진한 애다.

해설 enough가 형용사 innocent를 수식하는 부사로 사용되었다. 따라서 형용사 뒤에 enough가 위치하여, 「형용사+enough+명사」의 어순으로 쓰인다.

어구 innocent 순진한; 무죄의

12 (d)

해석 현지 통화가 달러에 비해 지나치게 강세이다 보니 그곳에 거주하는 미국인들은 경제적으로 어려운 상황에 처해 있다.

해설 어순 문제이다. 접속사 so는 완전한 문장 두 개를 연결하므로 빈칸에는 「주어+동사」로 된 완전한 문장이 들어가야 한다. 또한 remain은 2형식 동사이고 뒤에 주격 보어로 형용사가 올 수 있으므로 정답은 (d)이다.

어구 currency 통화   against the dollar 달러 대비, 달러에 비해   expatriate 국외 거주자   be financially strapped 경제적인 어려움에 처해 있다

13 (d)

해설 피해자가 공격받았을 때 자신은 범행 현장에 없었다는 용의자의 주장은 거짓으로 판명되었다.

해설 insistence가 '주장'의 뜻으로 쓰였으나 that절이 어떤 행동을 촉구하는 당위성에 관한 내용이 아니라 단순히 과거에 발생한 사건에 대해 언급한 것이다. 따라서 that절 이하의 시제를 「(should)+동사원형」이 아니라 상황에 맞춰 직설법으로 써준다. 주어가 he이므로 was를 사용해 나타내면 된다.

어구 suspect 용의자   scene of the crime 범행 현장   victim 피해자, 희생자   prove ~으로 판명되다

14 (d)

해석 그 둘은 당시에 좀처럼 서로 대화를 가질 수 없었다.

해설 상호 복수 표현을 묻는 문제이다. '~와 (사이 좋게) 말을 건네는 사이이다'라는 의미의 be on speaking terms with라는 관용표현만 알면 쉽게 해결할 수 있다.

어구 hardly 좀처럼 ~하지 않다

15 (c)

해석 중산층은 그것이 세금 인상을 의미함에도 불구하고 구제 금융안에 대한 지지를 표명했다.

해설 논리상 앞뒤 문장이 서로 상충되므로 양보절을 이끄는 접속사가 오는 것이 바람직하다. '설사 ~일지라도'라는 의미를 갖는 even if가 정답이다.

어구 the middle class 중산층   bailout package 구제금융안

16 (b)

해석 저명한 경제학자 상당수는 부실기업에 돈을 대출해주지 말 것을 은행에 충고한다.

해설 동사 refrain은 「refrain from+V-ing」 형태로 쓰여 '~을 삼가다'라는 의미를 갖는다.

어구 prominent 저명한   urge 충고하다; 촉구하다   struggling business 부실기업, 재정 상황이 좋지 않은 기업

17 (a)

해석 나는 그게 얼마나 힘들지 생각도 못한 채 서울국제마라톤에 등록했다.

해설 분사구문에 관한 문제이다. 주어의 부대상황을 전달하기 위해 분사구문이 쓰인 것으로 '~한 채'라는 의미로 해석하면 된다. 분사구문의 부정은 앞에 not을 붙이면 되므로 정답은 (a)이다.

어구 register 등록하다   marathon 마라톤

18 (a)

해석 아래의 신청서를 기입한 후 사진과 함께 제출해주세요.

해설 앞 문장의 목적어 the application form을 받는 대명사가 필요하다. 단수이므로 it으로 받으면 된다.

어구 fill out (필요한 사항을) 기입하다   application form 신청서

19 (d)

해석 판돈이 아무리 크더라도 정작 돈을 따는 사람은 게임을 주최하는 사람이다.

해설 「No matter how+형용사/부사+주어+동사」의 어순으로 쓰여 '아무리 주어가 ~하다 할지라도'의 의미가 된다. 참고로 이 문장은 포커 게임의 상황을 묘사하고 있다.

어구 pot (포커 등의 게임에서) 건 돈 전부, 판돈   green 돈이 많은(본래 '녹색'이라는 의미이나 '달러'의 녹색에 비유하여 돈이 많다는 의미로 쓰임)   host 주최하다

20 (b)

해석 스테판 커리는 지난 5년간 그가 출연한 쇼 한 회당 백만 달러 이상을 받았다.

해설 시제에 관한 문제이다. 문장 마지막에 for the past five years(지난 5년간)이라는 특정 기간이 언급되므로 현재완료 시제가 정답이다.

어구 appear 출연하다, 등장하다

21 (c)

해석 톰슨 씨는 그 대학을 프린스턴 대학만큼 명문대학으로 만들기 위해서 열심히 일했다.

해설 「as+형용사+관사+명사+as」의 어순을 기억하자. 부정관사의 위치에 주의해야 한다.

어구 elite 최고의, 엘리트의

22 (d)

해석 지방법원에서 피고에게 유죄 판결을 내리자마자 존 폴 형사는 그 살인 사건의 새로운 증거 몇 가지를 찾아냈다고 통보했다.

해설 도치에 관한 문제이다. No sooner가 문장 앞으로 올 경우 도치가 일어나서 조동사 had와 주어의 위치가 바뀐다.

어구 district court 지방법원   defendant 피고   guilty 유죄의   detective 형사, 수사관

23 (a)

해석 과학자들은 여전히 목표 달성을 위해 필수적인 조치를 취할 필요성을 정책 입안자들에게 납득시켜야 할 것이다.

해설 동사 convince는 「convince+사람+of+명사」의 어순을 취한다. '(사람)에게 (명사)를 납득시키다'라는 의미이다.

어구 convince 납득시키다, 확신시키다   policymaker 정책 입안자

24 (c)

해석 몇 년 전까지만 해도 기상학자들은 허리케인이 닥칠 시점을 정확하게 추측할 수 있었다.

해설 be able to 앞에 올 수 있는 것은 조동사이다. Until a few years ago로 보아 시제는 과거가 되어야 하므로, '예전에는 ~이었다', '~하곤 했다'라는 의미의 used to가 정답이다.

어구 meteorologist 기상학자   accurately 정확하게   hit (재난 등이) 닥치다

25 (b)

해석 그것들을 나누어 주기에 가장 좋을 때는 20분의 휴식시간이라고 제이슨이 말했다.

해설 명사 the best time 뒤에 to가 위치한 것으로 보아 to부정사임을 알 수 있다. 따라서 먼저 동사원형이 나와야 한다. 그리고 구동사 hand out의 목적어로 대명사 them이 왔으므로 동사

와 전치사 사이에 위치한다.

어구 **hand out** 나누어 주다   **coffee break** 휴식 시간

26 (c)

해석 (a) A: 그녀는 저소득층을 위해 주택 5천 채가 건설됐다고 말했어.
(b) B: 그 얘기 언제 들었어?
(c) A: KBC 기자의 질문에 대한 답변으로 월요일에 그렇게 말했어.
(d) B: 그녀는 금요일까지는 그 정보를 비밀로 해야 하는데.

해설 (c)를 보면 분사구문의 주어는 she인데 답변하는 행위의 주체가 그녀 자신이므로, 과거분사가 아닌 능동의 의미를 갖는 현재분사가 나와야 한다. 따라서 Replied를 Replying으로 고쳐야 옳다.

어구 **low-income bracket** 저소득층   **be supposed to V** ~하기로 되어 있다. ~할 의무가 있다   **keep something secret** ~을 비밀로 하다

27 (b)

해석 (a) A: 만약 내가 일자리를 잃게 되면 어떻게 하지?
(b) B: 너희 공장이 어제 문을 닫았다고 들었어.
(c) A: 아냐. 단지 구조조정을 시작했을 뿐이야.
(d) B: 난 이미 문을 닫았다고 생각했는데.

해설 시제 일치에 관한 문제이다. (b)에서 주절의 동사 heard는 과거시제이므로 that절 안의 동사 역시 과거나 과거완료시제가 되어야 한다. 특히 뒤에 yesterday라는 과거 시점이 분명하게 명시되어 있으므로 is를 was로 고쳐야 맞다.

어구 **get restructured** 구조조정하다   **shut down** (공장의) 문을 닫다. 폐쇄하다

28 (c)

해석 (a) 에릭은 대통령에 출마하겠다고 말했다. (b) 그 유명배우는 금요일에 출마를 선언할 생각이라고 밝혔다. (c) 언론에서는 다른 대선후보가 아무도 없을 경우에나 당선될 거라며 그의 결정을 비웃었다. (d) 대선은 11월 4일에 실시된다.

해설 가정법에 관한 문제이다. (c)에서 가정법 과거로 only if구문을 사용하고 있으므로 would 등의 조동사가 있어야 한다. 이미 기정사실처럼 현재완료를 쓰면 어색하다. 따라서 have won을 would win으로 바꿔야 옳다.

어구 **run for** (선거에) 출마하다   **entry** 출마, 참가   **make fun of** 비웃다

29 (b)

해석 (a) 이전에 상승했던 아시아 주가지수가 수요일 다시 하락했다. (b) 정오경 홍콩 주가지수는 3포인트 하락한 31,234를 기록했다. (c) 통신주의 경우 ABC 텔레콤에서 새로운 프로그램을 시작한다는 발표가 나온 후 0.2퍼센트 올랐다. (d) 그러나 제약주는 변동사항이 없었다.

해설 (b)에서 noon(정오)은 전치사 at과 함께 쓰인다. 따라서 In은 At이 되어야 한다.

어구 **stock market index** 주가지수   **shed** 버리다, 없애다   **showcase** 공개 행사로 알리다   **pharmaceutical** 제약의

30 (d)

해석 (a) 그 펀드는 향후 10년에 걸쳐 약 200개의 일자리를 창출하는 데 도움이 될 거라고 장관이 밝혔다. (b) 경기부양책에 힘입어 12월 31일 현재 전국적으로 110만 개의 일자리가 생겨났다. (c) 그러나 금융지원에 의해 실제로 얼마나 많은 일자리가 생겨났는지 추산하기는 쉽지 않은 것으로 밝혀졌다. (d) 비평가들은 기업들이 데이터 편집 방법에 대해 혼란을 느끼고 있기 때문에 정부의 통계수치가 정확하지 않을 것이라고 주장한다.

해설 (d)를 보면 동사 confuse는 '혼란스럽게 하다'라는 뜻의 타동사이므로 뒤에 목적어가 오지 않는다면 수동태로 사용해야 바람직하다. 따라서 confuse는 are confused가 되어야 옳다.

어구 **minister** 장관   **stimulus package** 경기부양책   **as of** ~현재, ~일자로   **critic** 비평가, 평론가   **statistics** 통계, 통계자료   **compile** 편집하다

Actual Test 04

1	(b)	2	(c)	3	(b)	4	(b)	5	(d)
6	(a)	7	(b)	8	(b)	9	(a)	10	(d)
11	(d)	12	(d)	13	(d)	14	(a)	15	(c)
16	(a)	17	(b)	18	(b)	19	(b)	20	(b)
21	(a)	22	(d)	23	(d)	24	(b)	25	(a)
26	(b)	27	(c)	28	(d)	29	(a)	30	(d)

1 (b)

해석 A: 이봐요, 차를 여기에 주차하시면 안 됩니다.
B: 하지만 이 근처에는 주차장이 없는 것 같은데요.

해설 a parking lot이 의미상 주어로 쓰였다. 문두에 장소를 나타내는 지시부사를 써서 there seems to be가 올 수 있는데, 부정문이 되려면 not은 조동사 does와 함께 일반동사 seem 앞에 위치해야 한다.

어구 **parking lot** 주차장

2 (c)

해석 A: 너 설마 그 일을 하려는 건 아니지?
B: 절대 아니지. 어떤 상황에서도 그 일은 하지 않을 거야.

해설 Under no circumstances가 강조를 위해 문두로 오면 주어와 동사가 도치된다. 따라서 (c)가 정답이다. I won't do the work under any circumstances로도 쓸 수 있다.

어구 **Absolutely not.** 절대 안 돼. 절대 그렇지 않아.

3 (b)

해석 A: 정말 멋진 밤이야! 이 밤을 결코 잊을 수 없을 거야.
B: 이곳에서 이틀 더 머무르는 게 어떨까?

해설 「What+부정관사+명사」로 감탄문을 만들 수 있다

4 (b)

해석 A: 어제 네 친구가 이 식당에 왔는데 나한테 팁으로 열 배나 많은 돈을 줬어.

B: 그 애 아버지가 부자거든. 유감스럽게도 나는 그렇지 않지만.

해설 배수사가 들어간 비교급의 어순은 「배수사+as much+명사+(as+명사)」이다.

어구 regrettably 유감스럽게도

5 (d)

해석 A: 왜 파티에 안 갔니?
B: 엄마 도와드리느라 너무 바빴어.

해설 busy 뒤에 동명사가 와서 '~하느라 바쁘다'란 뜻이 되므로 정답은 helping이다. (b)의 경우 too ~ to 구문으로 생각하면 문법상 맞으나 '너무 바빠서 엄마를 도와드리지 못했다'는 의미가 되므로 어색하다.

6 (a)

해석 A: 얘야, 왜 넌 한국에서의 학교생활을 좋아하지 않는 것 같니?
B: 우리 반에 학생이 너무 많아요.

해설 수의 일치에 관한 문제이다. many 뒤에는 복수명사 students가 오므로, 동사도 복수 are가 되어야 한다.

7 (b)

해석 A: 라디오를 켜도 괜찮을까요?
B: 그러지 않았으면 좋겠어요.

해설 would rather는 '~였으면 좋겠다'라는 의미인데, 이때 종속절에는 항상 과거시제가 온다.

어구 turn on 켜다

8 (b)

해석 A: 오늘 지미가 여기 올 거라고 확신하니?
B: 걱정 마. 난 그가 나타날 거라고 믿어.

해설 우선 A의 말로 미루어보아 이미 일어난 일이 아니므로 과거시제는 적절하지 않다. 「depend on+사람」은 '사람을 믿다'라는 의미로, I가 믿는 행위의 주체이므로 능동의 현재진행형을 쓴 (b)가 정답이다. (a)는 시제가 문맥에 맞지 않는다.

어구 show up 나타나다, 모습을 드러내다

9 (a)

해석 A: 내가 여기서 얼마나 오래 기다린 줄 알아?
B: 정말 미안해. 러시아워의 교통체증 때문에 늦었어.

해설 약속에 늦은 이유를 설명하는 것이므로 과거 시제가 적당하다. 또한 뒤에 나오는 by로 보아 사람이 교통체증에 의해 '지체된' 것이므로 수동태를 써야 한다.

어구 hold up 길을 막다, 지체시키다   rush hour 출퇴근 혼잡시간대

10 (d)

해석 A: 쓰고 있는 기사는 어떻게 되어가고 있나요?
B: 지금까지는 아주 좋지만 마감이 16일이에요.

해설 빈칸 뒤에 나오는 the 16th는 16일이라는 날짜를 의미한다. 특정 일자와 함께 쓰는 전치사는 on이다.

어구 come along (원하는 대로) 되어 가다   deadline 기한, 마감일

11 (d)

해석 내가 크리스마스에 인형을 사곤 했던 곳은 디즈니랜드만큼 신나는 장난감 공장이었다.

해설 형용사와 명사가 포함된 원급 비교의 어순은 「as+형용사+관사+명사+as」이다.

어구 used to V ~하곤 했다

12 (d)

해석 최근 몇 년간 악천후로 인해 대부분의 사람들이 국립공원에서 야영을 하지 못했다.

해설 동사 keep은 「keep+사람+from+동명사」의 어순으로 쓰인다. 따라서 빈칸에는 사람이 들어가면 되는데 의미상 일반적인 '대부분의 사람들'을 가리키므로 most people이 적합하다. '(내가 알고 지내는 특정) 대부분 사람들'일 경우에는 most of the people이라고 쓸 수 있다.

어구 harsh weather 거친 날씨, 악천후   camp out 야영을 하다; 진을 치다

13 (d)

해석 두 정당 가운데 먼저 조약에 서명하는 쪽이 수용될 것이다.

해설 「come first to부정사」는 '먼저 ~하다'라는 뜻이다. Either of the two parties가 선행사인데, 복수명사 two parties가 아닌 Either가 주어에 해당하므로 단수 동사가 필요하다.

어구 sign a treaty 조약에 서명하다   acceptable 받아들일 수 있는; 만족스러운

14 (a)

해석 그는 이전의 세 앨범이 모두 대 실패였음에도 불구하고 새 앨범을 발매할 계획이다.

해설 의미 해석을 잘 해야 풀 수 있는 문제이다. 이전 앨범 실패와 새 앨범 발매는 반대 의미이므로 양보절을 이끄는 접속사 even though가 적절하다.

어구 release 발표하다, 내놓다

15 (c)

해석 일부 국가에서는 여성들이 공공장소에서 술을 마시지 못하도록 금지되어 있다.

해설 동사 bar는 '금하다'라는 의미로 전치사 from과 동명사와 함께 '~하는 것을 금지하다'라는 의미로 쓰인다. 여기서는 수동태로 사용되었으므로 be barred from drinking~의 형태로 쓴다.

어구 open space 공공장소

16 (a)

해석 학교위원회는 보호헬멧을 쓰지 않은 채 자전거를 타지 말라고 학생들에게 경고했다.

해설 동사 warn은 「warn+사람+to부정사」로 쓰며, to부정사를 부정할 때는 to 앞에 not을 쓴다.

17 (b)

해석 10년간의 내전에 종지부를 찍은 휴전으로 인해 경제적으로 번영을 누리는 시기가 도래했다.

해설 동사 bring이 「bring with it 목적어」의 형태로 쓰이면 '그와 함께 목적어를 수반하다'라는 의미가 된다.

어구 **truce** 휴전 **civil war** 내전, 내란 **prosperity** 번영

18 (b)

해석 나는 자동 시스템을 이용한 의료 검진이 본래 그래야 하는 것만큼 철저하지는 않을 거라고 우려한다.

해설 「as+형용사+as+주어+동사」의 어순이다. as ~ as it should be는 '본래 그래야 하는 것만큼 ~하다'라는 의미이다.

어구 **medical checkup** 의료검진 **automatic** 자동의 **rigorous** 철저한, 엄격한

19 (b)

해석 제이슨은 지난 세 시즌 동안 85승을 거뒀는데, 이는 그 기간 동안의 승리 횟수로는 세계 기록이다.

해설 over the past three seasons(세 시즌 동안)라는 일정기간이 명시되었으므로 현재완료를 쓰는 것이 적절하다.

어구 **world record** 세계 기록

20 (b)

해석 그 변호사는 지난 주말 시드니로 비행기를 타고 와서 청문회에서 총리의 대변인을 맡았다.

해설 last weekend라는 표현을 볼 때 시제는 과거이므로 fly의 과거형 flew가 정답이다.

어구 **attorney** 변호사 **fly** (비행기를 타고) 오다 **advocate** 대변인, 변호사, 옹호자 **prime minister** 총리 **hearing** 청문회

21 (a)

해석 우리가 방으로 들어서자마자 경찰이 내게 커피 한 잔을 건넸다.

해설 도치에 관한 문제이다. No sooner가 문두로 왔으므로 원래 어순 we had entered에서 주어 we와 조동사 had가 서로 도치되어 had we entered~가 된다.

어구 **enter** ~로 들어서다 **hand** 건네주다

22 (d)

해석 존은 지미가 수학에서 F학점을 받았다는 얘길 들었다.

해설 본래 F로 시작하는 단어 앞에는 an이 올 수 없으나 F가 단독으로 사용될 경우 발음상 [에]라는 모음으로 시작하므로 앞에 an이 와야 한다.

23 (d)

해석 토마스 몰든은 금융개혁법안이 아직 상원에 도달하지 못한 것 같다고 말했다.

해설 시제 일치에 관한 문제이다. 주절의 시제는 과거(said)이므로 종속절인 that절의 동사 seem 역시 과거시제가 되어야 한다.

어구 **financial reform** 금융개혁 **the Senate** 상원

24 (b)

해석 지금이야말로 그가 정부 금융기구 대표직에서 사임할 때이다.

해설 「It is time for+사람+to부정사」 구문으로서 '(사람)이 ~해야 할 때이다'라는 의미이다.

어구 **resign as** (직책)으로부터 사임하다

25 (a)

해석 로버트가 다섯 시간마다 약을 복용해야 한다는 것이 의사의 권고였다.

해설 동사 recommend와 마찬가지로 명사 recommendation 역시 뒤에 오는 that절이 당위성의 내용을 가진다면 that절의 동사의 형태는 「(should)+동사원형」이다.

어구 **recommendation** 권고 **take the pills** 약을 복용하다

26 (b)

해석 (a) A: 얘, 머리 어떻게 된 거야?
(b) B: 어제 얼 미용실에서 머리 했어.
(c) A: 왜 머리가 그렇게 짧아?
(d) B: 이제 열심히 공부하기로 결심했거든. 그래서 아주 짧게 잘랐어.

해설 (b)를 보면 과거를 나타내는 yesterday가 있으므로 머리를 자른 시점은 과거이다. 따라서 have가 아니라 과거동사 had가 와야 옳다.

어구 **make up one's mind** 결심하다

27 (c)

해석 (a) A: 어제 기상캐스터가 오늘 비가 많이 올 거라고 했어.
(b) B: 그 일기예보가 틀린 것 같은데.
(c) A: 일기예보를 정확히 한다는 게 참 어렵지.
(d) B: 맞아. 지구온화 때문이야.

해설 hardly는 '좀처럼 ~하지 않다'라는 의미의 부정부사이고 be 동사 다음에는 보어로 부사가 아닌 형용사가 온다. 따라서 (c)의 hardly를 '어렵다'는 의미의 형용사 hard로 바꿔야 옳은 문장이 된다.

어구 **weatherman** 기상캐스터, 기상통보관 **get ~ right** ~을 올바르게 하다 **global warming** 지구온난화

28 (d)

해석 (a) 중국은 지난 10년 동안 수많은 지진을 겪어왔다. (b) 어제 베이징과 인근 지역에 강한 지진이 발생했다. (c) 그 지역의 사람들은 제대로 된 지진 준비가 되지 않아 피해가 엄청났다. (d) 중국이 지진에 대처하려는 조치를 취하지 않으면 큰 재난을 겪게 될지도 모른다.

해설 (d)의 '중국이 조치를 취하지 않으면'이라는 말은 미래에 행동을 취할 것을 염두에 두고 하는 말이다. 그러나 조건의 부사절에서 내용이 미래라 하더라도 동사 시제를 현재로 표현하므로 will do는 does가 되어야 한다.

어구 **numerous** 수많은 **decade** 십 년 **rattle** 강타하다 **cope with** ~에 대처하다 **catastrophe** 재난

29 (a)

해석 (a) 토요일 아침에 오클라호마에 사는 한 사람이 자신의 집 앞에서 의심스러운 물건을 발견했다. (b) 그것은 일종의 용기였는데, 경찰은 그 속에 액체가 들어있다는 사실을 밝혀냈다. (c) 곧 폭탄처리반이 파견되어 그 장치를 검사했다. (d) 하지만 폭탄처리반이 로봇을 이용해 그 장치를 폭발시키려 했으나 아무런 폭발도 일어나지 않았다.

해설 보통 「형용사+명사」의 어순이 일반적이나, something처럼 –thing으로 끝나는 명사를 수식할 때는 「명사+형용사」 형태로 쓰인다. 따라서 (a)의 suspicious something을 something suspicious으로 고쳐야 맞는 표현이 된다.

어구 **suspicious** 의심스러운 **container** 그릇, 용기 **liquid** 액체 **bomb squad** 폭탄처리반 **dispatch** 파견하다, 보내다 **device** 장치; 설비 **detonate** 폭발시키다

30 (d)

해석 (a) 과학자들은 수명을 결정하는 결정적인 요소를 아직도 찾지 못하고 있다. (b) 처음에는, 식습관과 훌륭한 의료서비스뿐만 아니라 환경적 요소도 중요시되었다. (c) 그 후 유전적 요소가 조명을 받았다. (d) 그러나 유전은 이전에 생각해왔던 것보다 장수에 큰 영향을 미치지 않는 것으로 보인다.

해설 as ~ as 원급 비교에서 어순은 「형용사+관사+명사」로 써야 한다. 따라서 (d)의 play as a large role in longevity as를 play as large a role in longevity as로 고쳐야 한다.

어구 **key factor** 주된 요소 **life span** 수명 **emphasize** 강조하다 **genetics** 유전학 **come under the spotlight** 조명을 받다 **play a role** 역할을 하다 **longevity** 장수 **previously** 이전에

Actual Test 05

1	(b)	2	(d)	3	(a)	4	(a)	5	(d)
6	(c)	7	(a)	8	(b)	9	(c)	10	(a)
11	(c)	12	(c)	13	(a)	14	(d)	15	(a)
16	(b)	17	(b)	18	(a)	19	(c)	20	(c)
21	(d)	22	(d)	23	(a)	24	(d)	25	(b)
26	(d)	27	(b)	28	(d)	29	(a)	30	(c)

1 (b)

해석 A: 팀, 공과 대학원 입학 시험은 어땠니?
　　 B: 글쎄, 학교측에서는 10일 후에 결과를 알려 주겠대.

해설 동사 notify는 「notify+사람+of+내용」의 형태로 쓰인다. '사람에게 내용을 알려주다[통지하다]'라는 뜻이다.

어구 **entrance test** 입학시험 **engineering** 공학 **graduate school** 대학원 **result** 결과

2 (d)

해석 A: 얼마 갖고 있니?
　　 B: 20달러짜리 지폐가 있어.

해설 수사와 단위명사가 하이픈으로 연결되어 뒤의 명사를 수식하는 형용사적 용법으로 쓰일 경우 하이픈으로 연결된 명사는 반드시 단수 명사로 써야 한다. 반면에, 수사와 단위명사가 하이픈 없이 서술적용법으로 사용되면 복수 명사를 사용한다.

어구 **bill** 지폐

3 (a)

해석 A: 내일 나에게 모닝콜 하는 거 잊지 말게. 우리에게는 할 일이 많네.

　　 B: 알겠습니다, 사장님. 6시 30분에 전화 드리겠습니다.

해설 forget 다음에 동명사가 오면 과거에 했던 일에 관한 내용이 나오고, to 동사원형이 오면 미래에 할 일에 관한 내용이 나온다. 모닝콜은 내일 할 일이므로 forget to give가 되어야 한다.

어구 **morning call** 모닝 콜

4 (a)

해석 A: 난 부모님이 허락하시지 않으면 유럽에 가지 않을 거야.
　　 B: 애처럼 굴지 마. 넌 마흔 살이야. 이제 너 스스로 결정할 만큼 나이를 먹었다고.

해설 시간이나 조건의 부사절에서는 미래를 나타낼 때 동사를 현재형으로 쓴다. 조건 부사절을 이끄는 종속접속사 unless(= if ~ not)가 나왔으므로 동사는 현재형으로 써야 한다.

어구 **childish** 아이처럼 유치한, 어린애 같은 **make a decision** 결정하다

5 (d)

해석 A: 네가 아주 예쁜 여자아이와 함께 서 있는 걸 봤어. 누구였니?
　　 B: 우리 누나 제인이야.

해설 명사를 뒤에서 수식하는 분사에 관한 문제이다. girl은 '서있는' 상태였기 때문에 girl과 stand는 능동적인 관계이다. 따라서 현재분사인 standing으로 써야 한다. girl과 standing 사이에 주격 관계대명사 who와 be동사 was가 생략된 문장이라고 보면 된다.

6 (c)

해석 A: 왜 또 늦었니? 무슨 문제라도 있는 거야?
　　 B: 아냐. 단지 내가 좀 더 일찍 일어났어야 했어.

해설 조동사의 정확한 의미를 파악하는 문제이다. 문맥상 일찍 일어나지 않아서 지각을 한 것이므로 '~했었어야 했는데'란 의미를 가진 should have p.p.를 쓰는 것이 적절하다.

어구 **might have p.p.** ~이었을지도 모른다 **could have p.p.** ~할 수 있었을 텐데 (그런데 못했다)

7 (a)

해석 A: 아무리 힘들다 할지라도 포기하지 않을 거야.
　　 B: 말이야 쉽지. 현실을 직시해야 해.

해설 「no matter how+형용사/부사+주어+동사」 형태의 양보 구문이다.

어구 **give up** 포기하다 **That's easier said than done.** 그게 말이 쉽지. **face reality** 현실을 직시하다

8 (b)

해석 A: 운전사와 승객 둘 다 죽지 않았습니다. 그들은 무사합니다.
　　 B: 다행이군요. 전 그들이 중태에 빠진 줄 알았어요.

해설 그들이 무사하다는 것을 현재 시제로 말하고 있으므로 죽지 않았다는 것을 설명하는 시제 또한 현재 시제가 되어야 한다. 그리고 「Neither A nor B」 구문에서 동사는 B에 맞추는데 여기서 B에 해당하는 것은 the passenger이므로 단수 취급하여 is가 답이 된다.

어구 **Thank God.** 아아, 고마워라. 야, 다행이다. **passenger** 승객

critical 중요한 be in critical condition 상태가 위중하다[위독하다]

9 (c)

해석 A: 아이 양육 방법에 대해 내게 조언 좀 해줄래?
B: 아이한테 단호해야 해. 그렇지 않으면 아이가 널 맘대로 하려 할걸.

해설 명령문 뒤에 or가 오면 '~하라. 그렇지 않으면'이라는 의미가 된다.

어구 firm 단호한; 확고한 control 지배하다; 통제하다

10 (a)

해석 A: 경영학 공부를 위해 대학원에 진학해야 겠어.
B: 이미 네가 그렇게 할 계획이라면 나는 그 결정에 반대하지 않겠어.

해설 시간이나 조건의 부사절에서는 미래의 내용이라 하더라도 현재 시제로 쓰기 때문에 일단 plan이 와야 한다. 또한 plan은 뒤에 목적어로 to부정사를 취하므로 plan to do가 되어야 한다.

어구 management 경영(학) object to 반대하다 plan to V ~하기로 계획하다

11 (c)

해석 어머니는 아버지와 결혼하기 전에는 금발의 긴 생머리였다.

해설 형용사가 여러 개 나열될 때의 어순을 물어보는 문제이다. 대소 형용사 long이 먼저 나오고 성질 형용사 straight가 이어서 나오며 색상 형용사 blond가 그 다음이다.

어구 straight (머리털이) 곧은, 직선의 blond 금발의

12 (c)

해석 공대 학생들은 올해 여학생들이 충분히 들어올지 아닐지 매우 알고 싶어 한다.

해설 enough의 어순을 물어보는 문제이다. enough가 형용사로 '충분한'이란 뜻으로 쓰이면 명사 앞에 위치하므로 enough female이 옳은 표현이다.

어구 engineering 공학 desperate (~을 하고 싶어) 못 견디는, 절박한 freshmen 신입생 female 여자(의)

13 (a)

해석 실종된 아이의 부모는 수색 작업이 절대로 중단되어서는 안 된다고 요구했다.

해설 주장·명령·요구·제안을 나타내는 동사가 that절과 함께 쓰일 때 that절 이하의 내용이 당위성을 가지면 that절의 동사 앞에 should를 쓰거나 이를 생략할 수 있다. 여기서는 '요구하다'는 뜻의 demanded가 나왔고 that절의 내용이 당위성을 가지며, '수색 작업이 중단되어서는 안 된다'라는 수동의 의미를 나타내야 하므로 (a)가 답이 된다.

어구 missing 실종된 demand 요구하다 search 수색

14 (d)

해석 내가 어린 시절에 꾸었던 화가의 꿈을 좇을 만큼 충분한 용기가 있으면 좋겠다.

해설 I wish 가정법 문장이다. 여기서는 내용이 현재이므로 가정법

과거에 해당하는 (a)나 (d) 중에 정답이 있다. '용기를 가질 수 있으면 좋을 텐데'라는 의미이므로 could have가 정답이다.

어구 courage 용기 pursue 추구하다 childhood 어린 시절

15 (a)

해석 그가 실수를 인정한 후에 평판을 개선하려고 노력하고 있음에도 불구하고 개선될 것 같지 않다.

해설 접속사 문제는 한 문장 내에서의 의미를 정확하게 파악해야 한다. 실수를 했고 이를 만회하려는 노력을 한다는 내용과 별 소용없는 것처럼 보인다는 내용을 잇기에 어울리는 것은 '그럼에도 불구하고'라는 의미의 even though이다.

어구 improve 향상시키다 reputation 평판; 명성 acknowledge (어떠한 사실에 대해) 인정하다

16 (b)

해석 나는 패치 씨의 신부를 열흘 전에 소개받았는데, 알고 보니 그녀는 내 고등학교 시절의 여자 친구였다.

해설 동사 introduce의 용법을 물어보는 문제이다. 'B에게 A를 소개시켜주다'는 introduce A to B로 표현할 수 있다.

어구 bride 신부 find out 발견하다; 알아내다 sweetheart 애인

17 (b)

해석 회장은 경쟁업체의 인수를 시도할지 여부를 결정하기 위해 회의를 마련했다.

해설 빈칸 이하의 내용이 회의를 여는 목적에 해당한다. to부정사는 목적을 나타내는 의미로 쓰일 수 있다. 이미 본동사가 과거 시제인 arranged이기 때문에 decides는 답이 될 수 없고, 문맥상 '결정하다'라는 능동 개념으로 쓰였기 때문에 수동형인 to be decided는 답이 될 수 없다. 따라서 정답은 (b)이다.

어구 chairman 회장 arrange 주선하다, 마련하다 make an attempt 시도하다 acquire 인수하다, 습득하다 competitor 경쟁업체

18 (a)

해석 내 친구는 어제 펜을 하나 샀는데 그 펜을 써보고는 나도 친구의 것과 같은 펜을 원하게 되었다.

해설 대명사 it과 one의 쓰임을 물어보는 문제이다. 여기서는 her pen 자체를 의미하는 것이 아니라, 같은 종류의 펜을 뜻하는 것이므로 one이 와야 옳다.

어구 come to V ~하게 되다

19 (c)

해석 그녀는 어머니의 통제에서 벗어나기를 간절히 원했음에도 불구하고 마치 한 마리의 양처럼 어머니가 시키는 대로 다 했다.

해설 뒤에 she did라는 「주어+동사」로 이루어진 절이 나오므로 접속사 없이 절인 (b)가 앞에 나올 수는 없다. '비록 ~이지만'이라는 뜻의 양보 구문 「형용사+as+주어+동사」가 들어가면 되므로 정답은 (c)이다.

어구 be desperate to V ~하길 간절히 원하다 free from 벗어난 lamb 양

20 (c)

해석 그 선수는 지난 2년간 모든 면에서 챔피언을 따라잡기 위해 할 수 있는 모든 것을 다했고, 그의 노력은 이제 서서히 결과로 나타나고 있다.

해설 for the past two years는 '지난 2년 동안', 즉 '2년 전부터 지금까지'라는 의미이므로 현재완료 시제와 어울리는 부사구이다. 「for the past+시간 명사」는 현재완료 시제와 함께 쓰는 표현으로 꼭 외워두자.

어구 athlete 운동선수   overtake 따라잡다   aspect 측면
effort 노력   show results 결과가 나타나다

21 (d)

해석 자살 폭탄 테러범이 붐비는 버스에서 자폭했을 때 제이미는 운이 좋게도 그 자리를 이미 떠났었다.

해설 폭탄이 폭파한 시점은 blew를 보아 알 수 있듯 과거이다. 그러나 그 시점에 제이미는 이미 그 자리를 떠난 상태였다. 즉, 과거보다 더 이전의 과거(대과거)이므로 과거완료인 had p.p.를 써야 한다. 참고로 부사 already는 had와 left 사이에 들어간다.

어구 fortunately 운이 좋게도   suicide 자살   bomber 폭파범
blow oneself up 폭탄으로 자살하다

22 (b)

해석 공항에 도착하자마자 그는 그동안 어디에 있었는지를 알고자 하는 기자들에 의해 둘러싸였다.

해설 「No sooner A than B」 구문은 'A하자마자 B하다'라는 뜻이다. 그런데 부정어 No가 문두에 왔기 때문에 주어와 동사를 도치시켜야 한다. 「No sooner did+주어+동사원형+than+주어+과거동사」 형태를 맞추어주면 된다.

어구 be surrounded by ~에 의해 포위당하다, 둘러싸이다

23 (a)

해석 10개월에 걸친 프로젝트가 끝난 후 그녀는 완전히 기진맥진한 상태였다.

해설 정확한 영어 표현을 묻고 있다. '끝이 나다'라는 뜻의 표현은 come to an end이다. 부정관사 an을 쓴다는 것에 유의하자.

어구 suffer from ~을 앓다   burnout 기진맥진한 상태

24 (c)

해석 김 씨가 한 달간 30파운드가 넘게 체중이 빠졌기 때문에, 이웃들은 그가 몸이 아픈 게 틀림없다고 생각했다.

해설 조동사의 정확한 의미를 파악하는 문제이다. since는 인과관계를 나타내는 접속사이고, 문맥상 빈칸에는 '~이었음에 틀림없다'란 뜻을 가진 must have p.p.가 들어가는 것이 자연스럽다. 주절이 thought로 과거이므로 must be는 답이 될 수 없다.

어구 neighbor 이웃주민   lose 잃다; 상실하다

25 (b)

해석 우리 회사는 정규직과 임시 직원들에게 동등하게 직원 혜택을 제공한다.

해설 '누구에게 무엇을 주다'라는 뜻을 가진 수여동사의 용법을 묻

는 동시에 alike의 정확한 용법을 확인하는 문제이다. 「give+사물 목적어+to+사람 목적어」로 써야 하므로 to 뒤에는 사람명사가 오면 된다. 또한 alike는 부사로 '동등하게, 같게'란 의미로 사용되므로 문장 마지막에 위치하면 된다.

어구 employee 직원   benefit 혜택   regular 정규의; 정기적인
temporary 임시의; 일시적인   alike 똑같이, 동등하게

26 (d)

해석 (a) A: 소비자 서비스부입니다. 무엇을 도와드릴까요?
(b) B: 존? 나예요, 수잔. 두통이 심해서 오늘 출근을 못할 것 같아요.
(c) A: 아이고, 빨리 나아야 할 텐데요. 왜 머리가 아픈 건지 이유를 물어봐도 될까요?
(d) B: 음, 눈이 많이 내리는 바깥에서 시간을 너무 많이 보내서 감기에 걸렸나 봐요.

해설 관계대명사 which 앞에 전치사 for가 있는데, 전치사가 사용된다는 것은 관계대명사 다음에 나오는 동사가 전치사와 함께 쓸 수 있다는 것을 의미한다. 그런데 (d)에서는 딱히 여기에 걸리는 동사가 없으므로 전치사 for를 삭제해야 한다.

어구 gosh 아이고! 이크!   get better (병·상황이) 개선되다, 호전되다
heavy snow 폭설   cause 야기시키다   catch a cold 감기에 걸리다

27 (b)

해석 (a) A: 저 컴퓨터 좀 봐요. 세련되고 강력해 보이네요. 아들에게 사주지 그래요?
(b) B: 집에 돈을 너무 많이 써서 우리 가족은 저렇게 비싼 컴퓨터를 살 여력이 없어요.
(c) A: 하지만 집은 20년 전에 샀잖아요. 아직까지 모기지 비용을 갚고 있어요?
(d) B: 네. 좀 더 작은 집을 샀어야 했다고 생각해요.

해설 분사 구문의 시제가 주절의 시제보다 한 시제 앞설 경우 having p.p.를 사용한다. 지금 컴퓨터를 살 여력이 없는 것은 현재 사실이고, 집은 20년 전에 샀으므로 과거 사실이다. 그렇다면, 주택에 돈을 쓴 것은 한 시제 앞서는 내용이므로 (b)를 Having spent too much on housing으로 바꾸어야 한다.

어구 sleek 모양이 매끈한   housing 주택   afford to V ~할 여력이 있다   mortgage 장기 주택 융자, 모기지

28 (d)

해석 (a) 윌리엄 포크너는 1949년 노벨 문학상을 수상한 미국 작가이다. (b) 그는 자신의 작품 대부분의 배경인 미시시피에서 자랐다. (c) 그는 노벨상을 수상하기 전에는 별로 알려지지 않았었다. (d) 그 이후로 종종 그는 미국에서 가장 영향력 있는 작가 가운데 한 명으로 꼽히곤 한다.

해설 (d)에서 most influential은 최상급 표현이므로 정관사 the가 앞에 붙어야 한다.

어구 win (상을) 수상하다   raise 기르다; 사육하다   set ~을 배경으로 하다   refer to 부르다; 언급하다   influential 영향력 있는

29 (a)

해석 (a) 여행자 보험은 불필요한 경비라는 인식이 여행자들 사이에 널리 퍼져있지만, 여행자 보험을 구입하는 것은 중요하다. (b) 안 좋은 일이 발생할 가능성은 정말 크다. (c) 유사시를 대

비해 당신이 여행자 보험으로 보장받는다는 것을 알면 위안이 될 것이다. (d) 많은 회사가 도난과 자연재해에 의한 피해를 보상해 준다.

해설 '당신이 ~하는 것이 중요하다'는 표현은 「it is important that you (should)+동사원형」의 형태로 쓰인다. (a)에서 you purchased it이라고 과거 시제를 사용했는데, you should purchase 또는 you purchase를 써야 한다.

어구 travel insurance 여행(자) 보험 perceive 인식하다, 이해하다 expenditure 지출, 비용 purchase 사다, 구입하다 significant 아주 큰, 상당한 possibility 가능성 cover (비용·손실 등을) 보상하다; ~에 보험을 들다 theft 도난 natural disaster 자연 재해

30 (c)

해설 (a) 여러분이 누군가가 기절한 것을 목격한다면, 그 사람의 등을 땅에 대고 눕혀 얼굴을 위로 향하게 해야 한다. (b) 그리고 벨트, 넥타이, 칼라 및 다른 죄는 옷을 다 풀어야 한다. (c) 그 사람이 1분 이상 의식을 차리지 못하면 응급 서비스를 불러야 한다. (d) 그 사람이 의식을 찾으면 재빨리 일어나게 해서는 안 된다.

해설 동사 remain은 2형식 자동사이다. 따라서 (c)처럼 수동태로 만들 수 없으므로 is remained를 remains로 바꾸어야 한다.

어구 faint 기절하다 place 두다, 위치하게 하다 face up 얼굴을 위로 on one's back 등을 땅에 대고 loosen 풀다 restrictive 죄는, 제한[구속]하는 unconscious 의식이 없는 regain 회복하다, 되찾다

Actual Test 06

1	(d)	**2**	(d)	**3**	(b)	**4**	(c)	**5**	(c)
6	(a)	**7**	(a)	**8**	(c)	**9**	(a)	**10**	(b)
11	(a)	**12**	(c)	**13**	(c)	**14**	(b)	**15**	(a)
16	(c)	**17**	(a)	**18**	(d)	**19**	(a)	**20**	(c)
21	(d)	**22**	(a)	**23**	(b)	**24**	(c)	**25**	(c)
26	(b)	**27**	(c)	**28**	(a)	**29**	(d)	**30**	(b)

1 (d)

해석 A: 부탁 좀 드려도 될까요?
B: 물론이에요.

해설 동사 ask는 「ask+사람+to부정사」의 어순으로 쓰이며 '(사람)에게 ~을 부탁하다'라는 의미이다.

2 (d)

해석 A: 선생님께서 제인한테 뭘 물어보셨니?
B: 숙제가 어떻게 되어가고 있는지 물으셨어.

해설 어순 문제이다. 동사 ask는 「ask+사람+내용」의 4형식으로 쓰여서 '사람에게 내용을 물어보다'라는 의미를 갖는다. 또한 의문사가 포함된 목적절은 「의문사+주어+동사」의 어순으로 쓰이므로 정답은 (d)이다.

3 (b)

해석 A: 지난 주말에 뭐 했어?
B: 내 어린 시절 기억을 떠올리면서 뉴욕에서 주말을 보냈어.

해설 분사에 관한 문제이다. 주절과 종속절의 주어가 같아서 뉴욕에서 주말을 보낸 주체와 기억을 떠올린 주체가 나 자신이고 능동 개념이므로 현재분사 picking up을 쓰면 된다.

어구 pick up ~을 찾다[얻다] childhood 어린 시절

4 (c)

해석 A: 언제 강의가 시작하지?
B: 학생들이 모두 자리에 앉으면 교수님이 강의를 시작하실 거야.

해설 수동태에 관한 문제이다. 타동사 seat은 '~을 앉히다'라는 의미이므로 수동태로 써야만 '착석하다'라는 뜻이 된다. 또한 when이 들어간 조건부사절이므로 시제는 현재형으로 써야 한다.

어구 lecture 강의 seat ~을 앉히다

5 (c)

해석 A: 운전면허시험 어땠어?
B: 첫 번째 시도에서 떨어졌어.

해설 fail은 to부정사를 목적어로 취하는 동사로, '~하는 것에 실패하다, ~하지 못하다'라는 의미이다.

어구 driver's test 운전면허시험 on one's first try 첫 번째 시도에서 pass (시험에) 합격하다, 통과하다

6 (a)

해석 A: 직장 그만두고 가수가 되겠다는 거 부모님께서 허락 하셨니?
B: 아니, 그분들은 그 문제를 나처럼 생각하시지 않더라고.

해설 조동사에 관한 문제이다. 조동사 would의 부정형 wouldn't는 '~하려 하지 않았다'라는 의미로 쓰이며 고집과 거부의 의미가 포함되어 있다.

어구 quit 그만두다 my way 내가 하자는 대로, 내 방식대로

7 (a)

해석 A: 어젯밤 파티는 어땠니? 재미있었니?
B: 아니. 지겨워서 금방 떠났어.

해설 bore는 '지루하게 하다'라는 뜻의 동사로, 내가 '지루해진' 것이므로 수동 개념인 과거분사 bored를 써야 한다.

어구 enjoyable 즐길 만한

8 (c)

해석 A: 제가 외출한 사이에 사무실로 전화 건 사람 있었나요?
B: 네. 제임스 씨께서 전화하셨어요.

해설 시제에 관한 문제이다. 질문의 시제가 과거인 Did이므로 대답의 시제 역시 과거형 was가 되어야 한다.

9 (a)

해석 A: 그녀가 언제 도착할 거라고 생각하니?
B: 그녀가 탄 비행기가 지금 막 공항에 도착하고 있어.

해설 시제에 관한 문제이다. '지금 막'이라는 뜻의 부사구 right now가 나와 있으므로 현재진행 시제를 쓰는 것이 가장 자연스럽다.

10 (b)
해석 A: 네 책 읽어도 되니?
　　 B: 읽고 싶으면 그래도 좋아.

해설 대부정사 to에 관한 문제이다. 본래의 완전한 문장은 if you want to read them이지만, 한 문장 안에서 같은 동사의 반복을 피하기 위해 to만 남겨두고 동사원형과 목적어는 생략할 수 있으므로 정답은 (b)가 된다.

11 (a)
해석 크리스티나는 그와 함께 농구 경기를 보러 가고 싶어 한다.

해설 동사 want의 용법을 물어 보는 문제이다. '그와 함께 농구 경기를 보고 싶어한다'를 나타내는 표현으로는 「want+목적어+to 동사원형」을 써서 wants him to go to a basketball game with her라고 쓸 수도 있고, 「want+to 동사원형」을 써서 wants to go to a basketball game with him이라고 사용할 수도 있으므로 정답은 (a)이다.

12 (c)
해석 어떤 경우에도 상관의 허가 없이 컴퓨터에 새로운 프로그램을 설치해서는 안 됩니다.

해설 도치에 관한 문제이다. 부정어가 포함된 부사구가 문장 앞에 올 경우 「조동사+주어+동사」순으로 도치되므로 정답은 (c)이다.

어구 under no circumstances 어떤 경우에도, 무슨 일이 있어도　install 설치하다　permission 허락, 허가　supervisor 상관, 관리자, 감독관

13 (c)
해석 그녀가 독감에 걸리지 않았더라면 좋았을 거야. 그녀는 그 연극을 즐겼을 텐데 말이야.

해설 I wish 가정법 구문에 관한 문제이다. '독감에 걸리지 않았더라면'이라는 과거 사실의 반대 상황을 가정한 것이므로 「I wish+주어+과거완료」로 쓰면 된다. would have p.p.는 '~할 거였는데 (그런데 안 했다)'라는 의미이다.

어구 bad cold 독감　play 연극

14 (b)
해석 매주 일요일마다 박람회에서는 수많은 의류와 가구가 전시된다.

해설 집합적 물질명사에 관한 문제이다. clothing, furniture와 같은 집합적 물질명사는 오직 단수 형태로만 취급하며 부정관사가 붙지 않는다. 따라서 정답은 단수형으로만 이루어진 (b)이다

어구 item 품목, 항목　display 전시하다　fair 박람회, 전시회

15 (a)
해석 문자가 언제 발명되었는지는 알려져 있지 않다.

해설 의문부사에 관한 문제이다. 의문부사 when은 주어, 동사와 함께 의문부사절을 이루어 문장 속에서 주어 역할을 할 수

있다.

어구 letter 글자, 문자

16 (c)
해석 그는 자신이 아기를 재우기 위해 노력하고 있는 동안 그들이 게임을 하는 것을 개의치 않는 듯 했다.

해설 「소유격+동명사」를 묻는 문제이다. 소유격 their는 동명사 playing의 의미상 주어가 되며, a game은 playing의 목적어이다.

어구 put a person to sleep 사람을 재우다

17 (a)
해석 그 과학자들은 자신들의 실험이 성공한 것에 대해 자기들끼리 이야기하지 않을 수 없었다.

해설 「cannot help V-ing」는 「cannot but 동사원형」과 같은 표현으로 '~하지 않을 수 없다'는 의미이다.

어구 scientist 과학자　success 성공　experiment 실험

18 (d)
해석 피로로 고통받으면서도 나는 한쪽 발을 다른 쪽 발 앞으로 옮기지 않을 수 없었다.

해설 발은 두 개 달려 있는 것이다. 둘 중에 하나는 one, 나머지 하나는 the other로 지칭하므로 정답은 (d)이다.

어구 fatigue 피로　be forced to V ~하지 않을 수 없다

19 (a)
해석 영국팀은 아무리 오랜 시간이 걸린다 하더라도 끝까지 싸우려는 결의에 차 있다.

해설 양보구문에 관한 문제이다. '아무리 ~하더라도'는 「no matter how+형용사+주어+동사」의 어순으로 쓰인다.

어구 determined 굳게 결심한, 단호한　fight to the end 끝까지 싸우다

20 (c)
해석 오페라는 18세기에 대중적인 음악의 한 형태로 처음 등장했다.

해설 시제에 관한 문제이다. '18세기(eighteenth century)'라는 특정한 과거 시기가 언급되고 있으므로 동사는 과거 시제인 emerged가 되어야 한다.

어구 emerge 나오다, 나타나다　popular 대중적인; 민중의

21 (d)
해석 비가 내리기 시작한 이후로 내 가슴 통증이 더욱 심해졌다.

해설 접속사 since는 '계속적 용법'인 완료형 동사를 가진 주절 뒤에서 종종 ever since라는 형태로 나오며 '~이래 (죽), ~한 때부터 내내'라는 의미를 가진다. since절 안의 동사는 보통 과거시제로 쓴다. 여기서도 과거 시점에서 시작하여 현재까지의 상태가 계속되는 현재완료 구문 has gotten의 뒤에 ever since가 나오므로 since절의 시제는 과거가 되어야 한다.

어구 pain 고통　chest 가슴

22 (a)

해석 그가 돌아올 줄은 정말 꿈에도 생각지 못했다.

해설 도치에 관한 문제이다. little은 '거의 ~않다'라는 부정의 의미가 들어간 부사로도 쓰이는데, 문두에 위치하면 「Little+조동사+주어+동사원형」으로 도치되어 쓰인다.

23 (b)

해석 법으로 총기 소지가 금지된 나라에서조차 많은 사람들이 총을 지니고 다닌다.

해설 동사 carry가 복수 동사로 쓰였으므로 복수 취급하는 a large number of가 주어 위치에 와야 한다. 「a number of 복수명사+복수동사」, 「the number of 복수명사+단수명사」로 쓰인다는 점을 기억해 두자.

어구 the number of ~의 수   a number of 다수의, 얼마간의   gun 총기   prohibit (법으로) 금지하다

24 (a)

해석 스티브는 오늘밤 파티에 쓸 애플파이를 만들 수 있다.

해설 조동사에 관한 문제이다. 선택지 중에서 동사원형 make 앞에 올 수 있는 것은 조동사 can밖에 없다.

25 (c)

해석 우리 이모는 매일 5마일씩 걸을 수 있을 정도로 튼튼하지 않았다.

해설 「형용사/부사+enough+to부정사」는 '~할 정도로 충분히 …하다'라는 의미를 나타내는 표현이다.

26 (b)

해석 (a) A: 퇴근해서 집으로 오는 길에 끔찍한 사고를 봤어.
(b) B: 승용차와 트럭이 충돌한 사고를 목격했다는 소리야?
(c) A: 맞아! 넌 그 사고에 대해서 어떻게 알았어?
(d) B: 뉴스에서 들었어.

해설 분사에 관한 문제이다. (b)에서 the accident가 '트럭과 충돌한 차'를 관련시키려면 능동의 의미가 되어야 한다. 또한 involve는 타동사로 뒤에 목적어가 왔으므로 과거분사가 아닌 현재분사가 와야 한다. 원래 문장은 the accident which was involving the car이므로 involved를 involving으로 고쳐야 맞는 표현이다.

어구 witness 목격하다, 보다; 목격자   on one's way home 집으로 가는 길에   involve 연루시키다, 관련시키다   collide (with) 충돌하다

27 (c)

해석 (a) A: 잭이 6월에 애틀랜타로 이사를 가.
(b) B: 정말? 왜 그런 결정을 내렸대?
(c) A: 그곳에 있는 가장 큰 방송국 중 한 곳으로부터 정말 좋은 일자리를 제의받았거든.
(d) B: 그랬구나. 아마 잭한테는 좋은 기회가 될 거야.

해설 시제에 관한 문제이다. (b)에서 과거 시제로 물어보고 있으므로 (c)에서도 과거 시제로 답해야 한다는 것을 알 수 있다. 흐름상으로도 A와 B의 대화 시점보다 잭이 일자리를 제의 받아 이사 가기로 결정한 시점이 앞서 있으므로 과거시제로 써야 한다.

어구 offer 제의하다, 제안하다   maybe 아마도   broadcasting company 방송국   opportunity 기회

28 (a)

해석 (a) 국립보건원은 60대 남성 2명이 최근에 수혈을 받은 후 에이즈에 감염되었다고 발표했다. (b) 많은 한국 사람들은 이 소식에 충격을 받고 분노했다. (c) 이번 사건은 유사한 사건이 일어난 지 불과 3개월 만에 또다시 발생한 일이라 특히 끔찍하다. (d) 이 사건으로 사람들은 수혈 관련 결정을 내릴 때 주저하게 될 것이다.

해설 동사의 태에 관한 문제이다. (a)에서 동사 contract는 타동사로서 목적어로 질병이 올 경우 '(병에) 걸리다'라는 의미이다. (a)에서 two men이 병에 걸리는 주체이므로 능동으로 써서 been contracted를 contracted로 고쳐야 옳다.

어구 institute 기관   contract (병에) 걸리다; 계약하다   blood transfusion 수혈   particularly 특히   distressing 고통스러운, 끔찍한   similar 유사한   incident 사건   concerning ~에 관해서

29 (d)

해석 (a) 대학을 갓 졸업한 이들은 일자리를 찾는 데 애를 먹고 있다. (b) 이에 대해 정부는 이들에게 일자리를 공급하기 위한 묘안을 제시하고 있다. (c) 그러나 경제 상황이 악화되면서 대학 졸업생들이 일자리를 가지게 될 가능성은 요원해 보이기만 하다. (d) 설상가상으로 공식 통계는 실질 임금도 10%나 하락하고 있다고 보여주고 있다.

해설 (d)에 나오는 official statistics는 '공식 통계자료'란 뜻이다. statistics가 '통계학'이 아닌 '통계 수치'를 뜻할 때는 복수 취급하므로 동사를 show로 바꾸어야 한다.

어구 graduate 대학 졸업생   fresh from college 대학을 막 졸업한   have difficulty V-ing ~하는 데 어려움을 가지다   in response 이에 대응하여   come up with (해답을) 찾아내다; ~을 제안하다   provide A for B B에게 A를 제공하다   get worse 악화되다   to make matters worse 설상가상으로   decline 하락하다

30 (b)

해석 (a) 자기중심적인 사람은 이기적이고 자신만 생각하면서 다른 사람은 거의 또는 아예 신경을 쓰지 않는 사람이다. (b) 이런 사람들은 자신이 원하는 것을 얻기 위해서라면 뭐든지 한다. (c) 때로 이들은 자신의 필요를 충족시키려고 하는 과정에서 공격적이 되기에 불법적인 행위마저 저지를 수도 있다. (d) 그러나 적당히 자기중심적인 일부 사람은 자신과 그 주변을 변화시키려고 하는 와중에 창조적이고 혁신적인 성향을 보인다.

해설 (b)는 '원하는 것을 가지기 위해 무엇이든지 할 수 있다'는 내용으로 선택의 범주가 한정되지 않았으므로 whatever가 적절하다. 시간과 관련된 개념인 whenever (~할 때는 언제나)는 문맥상 부적절하다.

어구 egocentric 자기중심적인, 이기적인   self-centered 자기중심적인, 이기적인   care ~을 걱정하다, 신경 쓰다   aggressive 공격적인   fulfill 충족하다   commit ~을 저지르다   mildly 약간; 부드럽게, 온화하게   creative 창조적인, 독창적인   innovative 혁신적인   surroundings 주변 환경

어휘

Vocabulary

Section 1
파트별
Voca Point

Part I

VP 01 | 구어체

■ Check-up TEST ■

1 (b)	2 (a)	3 (c)	4 (d)	5 (b)
6 (c)	7 (a)	8 (c)	9 (b)	10 (b)
11 (b)	12 (c)	13 (d)	14 (c)	15 (a)
16 (b)	17 (c)	18 (b)	19 (b)	20 (d)

1 (b)
해석 A: 오늘 밤에 당신이 와줘서 기뻐요.
B: 정말 즐거운 시간이었어요. 초대해줘서 고마워요.

해설 동사 have에는 '(사람을) 초대하다, 부르다'라는 의미가 있으
므로 Thanks for having me.라고 표현할 수 있다. 같은 의
미로 Thanks for inviting me.도 쓸 수 있다.

어구 **be able to V** ~할 수 있다

2 (a)
해석 A: 메이나드, 회의에 왜 빠졌던 거야?
B: 제시간에 가려고 했는데 차가 너무 막혔어.

해설 '차가 막히다, 교통 체증에 걸리다'라는 뜻의 표현은 be
caught in traffic이다. be held up in traffic도 같은 뜻
이다.

어구 **make it** 제시간에 도착하다; 성공하다

3 (c)
해석 A: 저녁 식사 후에도 우리가 이 프로젝트를 계속해서 작업할
건가요?
B: 아니요. 오늘은 여기까지만 하죠. 시간이 너무 늦었어요.

해설 '오늘 일은 여기까지 합시다.'라는 표현은 Let's call it a day.
이다. 참고로 퇴근과 관련된 표현으로 He's gone for the
day.(그는 오늘 퇴근했습니다.)가 출제된 바 있으니 함께 기억
해 두자.

오답 살펴보기 **(b) remark** 발언하다

4 (d)
해석 A: 나쁜 소식이 있어. 우리 휴가가 취소될 것 같아.
B: 농담하는 거지. 나는 이미 비행기 티켓을 구입했단 말이야!

해설 상대방의 말이 믿겨지지 않을 때, '그럴 리가. 농담하는 거지.
장난치지 마.'라는 뜻의 표현으로 You can't be serious.를
쓴다.

어구 **cancel** 취소시키다   **purchase** 구입하다

5 (b)
해석 A: 회의가 4시 30분으로 연기된 거 알고 계시죠?
B: 아뇨, 몰랐어요. 알려줘서 고마워요.

해설 문맥상 회의 시간 변경을 알려준 데 대한 감사의 말이 와야 한
다. Thanks for telling me.에서 tell은 '알려주다'라는 뜻을
가지므로 정답은 (b)이다.

어구 **push back** (회의 등을) 미루다

오답 살펴보기 **(c) instruct** 지시하다   **(d) mention** 언급하다

6 (c)
해석 A: 데이브, 시간 날 때 무슨 일을 하는 걸 좋아하니?
B: 요즘은 테니스에 정말 푹 빠져 있어. 테니스는 지금 내가
제일 좋아하는 스포츠야.

해설 무언가를 좋아해서 푹 빠져 있는 상태를 나타낼 때 전치사 into
를 쓸 수 있다. '~에 열중하여, 관심을 가져'라는 뜻이 있다.

어구 **favorite** 좋아하는, 선호하는

7 (a)
해석 A: 다이앤, 상태가 별로 안 좋아 보여. 괜찮은 거니?
B: 아무래도 감기에 걸린 것 같아.

해설 '(병에) 걸리다'라는 뜻의 숙어는 come down with이다.

오답 살펴보기 **(b) run into** 우연히 만나다   **(c) move up** 상승하다

8 (c)
해석 A: 우와, 캐롤. 여기 스페인에서 널 만나다니 정말 놀랍구나!
B: 안녕, 마틴. 정말 세상 좁다.

해설 뜻밖의 장소에서 아는 사람을 만났을 때 할 수 있는 말
은 What a small world.(정말 세상 좁다.) 혹은 Fancy
meeting you here!(여기서 널 만나다니!) What a
coincidence!(우연의 일치구나!) 등이다.

오답 살펴보기 **(a) tiny** 아주 작은   **(d) petite** (여성이) 작은

9 (b)
해석 A: 새로 온 사장님이 내가 한 일을 마음에 들어 하셨다니 믿을
수가 없어.
B: 그래, 그분은 정말 까다로운 분이 아니신 것 같아.

해설 '까다롭지 않다'라는 표현은 easy to please이다. please는
동사로 쓰일 때 '상대방을 기쁘게 하다'라는 뜻이 있다.

오답 살펴보기 **(a) promise** 약속하다   **(c) provide** 제공하다
(d) promote 진급시키다; 홍보하다

10 (b)
해석 A: 이 경제학 수업은 참 어려워.
B: 네 말이 맞아. 그동안 내가 들어본 수업 중에서 가장 어려
운 수업이야.

해설 상대방의 말에 동의할 때 You can say that again.이라고
표현한다.

어구 **economics** 경제학   **tough** 힘든, 어려운; 거친

오답 살펴보기 **(c) repeat** 반복하다   **(d) state** 진술하다

11 (b)

해석 A: 악, 이 상자들은 너무 무거워!
　　　B: 잠시만 기다려. 내가 널 위해 문을 열어 줄게.

해설 '문을 열어주다'라고 할 때 동사 get을 써서 get the door라고 한다.

오답 살펴보기 (d) lift 들어 올리다

12 (c)

해석 A: 제나, 그 새 원피스를 입으니 정말 아름다워 보이는구나.
　　　B: 고마워! 정말 기분 좋은걸.

해설 flatter는 '(찬사로) 기쁘게 하다'라는 뜻이다. 상대방의 칭찬에 내가 기분이 좋다는 의미로는 I am flattered. 혹은 That's flattering.이라고 말한다. 일상 회화에서 칭찬에 대한 응답으로 흔히 쓰이는 표현이다.

오답 살펴보기 (a) embarrassed 당혹스러운 (b) concerned 걱정스러운 (d) honored 영광이라고 생각하는

13 (d)

해석 A: 내가 그 단체의 회원이 될 수 있을 거라고 생각하니?
　　　B: 어려울 거야. 하지만 방법은 있지.

해설 문맥과 표현을 모두 알아야 풀 수 있는 문제다. 그 단체의 회원이 되기가 어렵다는 말 뒤에 but이 나왔으므로 '방법은 있지'라는 의미의 there are ways가 오는 것이 적절하다.

오답 살펴보기 (b) practice 연습; 관행 (d) means 수단

14 (c)

해석 A: 제랄드씨. 직원들이 회사의 새로운 정책에 대해서 또 한 차례 회의를 갖고자 합니다.
　　　B: 또요? 직원들의 불평을 계속해서 듣는 것도 이제 신물이 납니다.

해설 빈칸 뒤의 of가 힌트이다. 대화에서 B는 또 다시 회의를 하는 것에 대해 지겨워하며 부정적인 태도를 취하고 있다. Again? 과 over and over에서 짐작할 수 있듯이 '신물이 나는, 싫증이 나는'이란 뜻의 sick and tired of가 오는 것이 가장 적절하다.

오답 살펴보기 (a) frustrated 절망하는 (d) annoyed 짜증이 나는

15 (a)

해석 A: 내가 이걸 선반 맨 위에 놓을 수 있을지 모르겠네.
　　　B: 그럼 내가 도와줄게.

해설 '(사람을) 도와주다'라고 할 때 help out을 쓴다. 여기서는 목적어가 대명사인 you이기 때문에 'help 사람 out'의 형태로 쓴 것이다.

어구 shelf 선반

16 (b)

해석 A: 우와. 굉장한 콘서트였어. 그렇게 생각하지 않니?
　　　B: 오해하지는 마. 나 역시 재미있게 보았지만 특별하다고 생각지는 않아.

해설 A의 의견에 조심스럽게 반박하고 있으므로 오해하지 말란 뜻의 Don't get me wrong.이 정답이다.

오답 살펴보기 (a) Don't count on me. 나에게 큰 기대를 하지 마라.

(c) Don't hold your breath. 그 일이 일어날 거라고 기대하지 마라. (d) Don't push my buttons. 나를 자극하지 마라.

17 (c)

해석 A: 여보, 디저트로 애플파이 먹어볼래요?
　　　B: 괜찮아요. 아주 배불러요.

해설 '배가 부르다'라는 표현은 I'm full.이다. 참고로 '배가 매우 고프다'라는 뜻의 I am starving.도 같이 외워두자.

어구 care for ~을 좋아하다[바라다] dessert 디저트, 후식 completely 완전히

오답 살펴보기 (b) occupied 바쁜

18 (b)

해석 A: 엄마, 배고파 죽겠어요!
　　　B: 알겠다, 얘야. 먹을 것을 준비해 줄게.

해설 '먹을 것을 만들어 주다'라는 표현은 fix something to eat 이다. fix에는 '수리하다'라는 뜻 외에도 '(식사를) 준비[마련]하다'라는 뜻이 있음을 기억해두자.

어구 starving 배가 고픈

오답 살펴보기 (a) mend 수리하다, 고치다 (c) repair 수리하다 (d) correct 교정하다

19 (b)

해석 A: 뛰어가면 기차를 잡을 수 있을 것 같아.
　　　B: 아니야. 이미 너무 늦은 게 확실해. 시도할 가치도 없어.

해설 뛰어가도 이미 너무 늦었다고 말하고 있으므로 뛰는 일은 시도해볼 가치도 없다는 내용이 와야 적절하다. 빈칸 뒤의 동명사 trying이 있으므로 '~할 가치가 있다'는 worth V-ing로 표현한다.

오답 살펴보기 (a) merit (상, 벌을) 받을 만하다 (c) rate 평가하다 (d) value 값을 매기다

20 (d)

해석 A: 캐롤, 이런 말 하기는 좀 그렇지만 너 정말 살 좀 빼야겠다.
　　　B: 네 일이나 신경 써. 이건 내 문제지 네 문제가 아니잖아.

해설 B가 A의 잔소리에 부정적으로 반응하고 있는 상황이다. 이럴 때 쓸 수 있는 표현이 '네 일이나 신경 써.'라는 뜻의 Mind your own business.이다. 혹은 It's none of your business.를 쓸 수도 있다.

어구 lose one's weight 살을 빼다

VP 02 | 구동사

Check-up TEST

1	(a)	2	(d)	3	(c)	4	(b)	5	(b)
6	(b)	7	(c)	8	(a)	9	(a)	10	(c)
11	(a)	12	(c)	13	(a)	14	(d)	15	(d)
16	(a)	17	(a)	18	(c)	19	(b)	20	(c)

1 (a)

해석 A: 그 항아리에서 라벨을 떼어내야겠다.
B: 그러려고 했는데 잘 벗겨지지 않아.

해설 A가 말한 remove와 같은 의미의 단어를 찾으면 된다. '떨어지다, 벗겨지다'의 의미를 가진 구동사는 come off이다.

어구 remove A from B B에서 A를 제거하다　**label** 라벨, 꼬리표

오답 살펴보기 (b) **come by** ~에 잠시 들르다　(c) **come up** (일이) 발생하다　(d) **come out** (진실이) 드러나다; (결과가) 나오다

2 (d)

해석 A: 에드워드, 케이크 사는 것을 어떻게 잊을 수가 있니?
B: 미안해. 네 생일 파티를 망치려고 한 건 아니었어.

해설 케이크 사는 것을 잊었다고 했으므로 생일파티를 '망치려고' 한 게 아니었다고 사과해야 문맥상 맞다. 따라서 '망치다, 엉망으로 만들다'라는 뜻의 mess up이 적절하다.

어구 mean to V ~할 작정이다

오답 살펴보기 (a) **take on** (일, 책임을) 떠맡다　(b) **slow down** 속도를 늦추다　(c) **carry out** 실행하다

3 (c)

해석 A: 여보, 우리 뒤쪽에서 구급차 한 대가 오고 있어.
B: 그렇다면 차를 갓길에 세워서 구급차가 지나가도록 해야겠군.

해설 구급차가 뒤에서 오면 비켜주는 것이 상식이다. '차를 길 한쪽에 세우다'라는 뜻의 구동사 pull over가 정답이다.

어구 come up behind ~의 뒤에서 오다　in that case 상황이 그러하다면　**pass** 지나가다

오답 살펴보기 (a) **run over** (차가) 덮치다　(b) **run down** (차가 사람을) 들이받다; (건전지 등이) 다 되다　(d) **pull down** (건물을) 허물다

4 (b)

해석 A: 스티븐의 행동은 참 터무니 없어.
B: 그냥 무시해 버려. 자기를 과시하려고 하고 있을 뿐이야.

해설 A가 스티븐에 대해 부정적인 말을 했고 B도 같은 맥락의 말을 하고 있다. '자랑하다'라는 뜻의 show off가 가장 적절하다. walk over는 의미상으로는 적절할 수도 있지만 뒤에 목적어가 있어야 '~를 함부로 대하다'라는 뜻이 되므로 답이 될 수 없다.

어구 ridiculous 말도 안 되는; 웃기는　ignore 무시하다

오답 살펴보기 (a) **speak up** 소리를 크게 하다　(c) **work out** (문제를) 해결하다　(d) **walk over** 가로로 걷다; ~을 함부로 대하다

5 (b)

해석 A: 크리스틴 로렌스를 아세요?
B: 물론 알죠. 고등학교 때 같이 어울려 놀던 친구예요.

해설 B가 크리스틴과 아는 사이라고 대답했으므로 '~와 어울려 놀다'라는 뜻의 hang out with가 들어가는 것이 알맞다.

오답 살펴보기 (a) **brush up on** ~을 복습[연습]하다　(c) **measure up to** (표준, 희망에) 들어맞다, 일치하다　(d) **close in on** (적들이) 다가오다, 포위망을 좁혀 오다

6 (b)

해석 A: 방 열쇠를 어디서 받을 수 있습니까?
B: 방 열쇠를 받으시려면 프런트 데스크에서 입실 수속을 밟으시면 됩니다.

해설 get the key와 front desk를 보고 호텔에서 대화가 이뤄지고 있음을 파악할 수 있다. '(호텔에서) 입실 수속을 밟다'라는 의미의 check in이 정답이다.

오답 살펴보기 (a) **lock up** 문을 잠그다　(c) **find out** 알게 되다, 알아내다　(d) **meet up** 만나다

7 (c)

해석 A: 우리가 내일까지 프레젠테이션을 끝낼 수 있을 것 같아요?
B: 작업 속도를 높이면 할 수 있다고 생각합니다.

해설 작업을 제때 끝내려면 속도를 높이면 될 것이다. 따라서 '속도를 높이다'라는 뜻의 speed up이 가장 자연스럽다.

오답 살펴보기 (a) **nail down** (못으로) 고정시키다　(b) **read off** (눈금을) 읽다　(d) **get over** 극복하다

8 (a)

해석 A: 나 토할 것 같아.
B: 토해야 될 것 같으면 화장실에 가봐.

해설 I think I'm going to be sick.은 '토할 것 같다'라는 뜻의 관용적인 표현이다. 따라서 A의 말과 bathroom(화장실)이라는 힌트를 토대로 '토하다'라는 뜻의 throw up이 정답임을 알 수 있다.

오답 살펴보기 (b) **dip in** (본인의 음식 몫을) 챙기다　(c) **fill out** (양식서를) 작성하다　(d) **get away** 도망가다

9 (a)

해석 A: 매디슨 씨 장례식에 참석할 거야?
B: 응, 갈 거야. 그런데 그렇게 젊은 분께서 돌아가시다니 아직도 충격이야.

해설 funeral(장례식)이라는 힌트가 있으므로 '죽다'의 완곡한 표현인 pass away(돌아가시다)가 빈칸에 들어가야 한다.

오답 살펴보기 (b) **pass up** (기회를) 놓치다; ~을 거절하다　(c) **pass out** 기절하다　(d) **pass for** (가짜가) ~으로 통하다

10 (c)

해석 A: 어디로 이사 갈 계획이야?
B: 내가 어떤 일자리를 선택하느냐에 전부 달려있어.

해설 직장의 위치에 따라 이사할 장소가 바뀌는 상황이다. 따라서 '~에 달려 있다'라는 뜻의 depend on이 가장 알맞은 표현이다.

어구 end up V-ing 결국 ~하게 되다

오답 살펴보기 (a) **let down** 실망시키다　(b) **care about** ~에 관심을 가지다　(d) **get into** ~을 (시작)하게 되다

11 (a)

해석 A: 이 수학문제는 풀기가 불가능해! 난 포기할래.
B: 걱정하지 마. 네가 이 문제를 이해할 수 있도록 내가 도와줄 수 있어.

해설 문맥상 B가 A에게 풀기 힘든 문제를 이해할 수 있도록 도와

주겠다고 제의하는 상황이다. '이해하다'라는 뜻의 figure out 이 정답이다.

오답 살펴보기 (b) look up 찾다, 조사하다 (c) shoot for (목표를 달성하려고) 애쓰다 (d) deal with (문제를) 다루다

12 (c)

해석 A: 수업 시간에 내 목소리를 들을 수 없다고 선생님께서 말씀하셨어.
B: 네가 답을 말할 때 목소리를 크게 해야겠다.

해설 수업 시간에 소리가 작아서 잘 안 들린다는 지적을 들었으므로 목소리를 크게 할 필요가 있을 것이다. '소리를 크게 하다'는 speak up이다. (a) speak out은 '허심탄회하게 말하다'라는 뜻이니 혼동하지 않게 구분해서 외워두자.

오답 살펴보기 (a) speak out 허심탄회하게 말하다 (b) talk out 철저하게 논의하다 (d) talk up 홍보하다

13 (a)

해석 A: 이곳에서 운전할 때 내가 특별히 알아야 할 것이 있니?
B: 산에서 떨어지는 암석을 조심해야 해.

해설 암석이 떨어지기 때문에 조심해야 할 것이다. 따라서 '~을 조심하다'라는 의미를 가진 watch out for가 들어가는 것이 적절하다.

어구 be aware of ~을 깨닫다, 알다

오답 살펴보기 (b) add up to (총 합계가) ~이 되다 (c) run out of ~가 다 떨어지다 (d) end up with 결국 ~하게 되다

14 (d)

해석 A: 오픈카가 어디에 있니?
B: 차량 정비소에 있어. 차 지붕이 또 고장 났거든.

해설 차가 repair shop(차량 정비소)에 있다고 했으므로 문제가 생겼음을 알 수 있다. '고장 나다'라는 뜻의 구동사는 break down이다.

어구 convertible (지붕을 접을 수 있는) 오픈카

오답 살펴보기 (a) grow out 싹이 트다 (b) fix up 수리하다 (c) rip off 바가지를 씌우다

15 (d)

해석 A: 그 용의자는 밤 내내 집에만 있었다고 주장하고 있어.
B: 그 말은 앞뒤가 맞지 않아. 한 목격자가 그가 범죄 현장에 있는 모습을 봤다고 하더군.

해설 A와 B가 하고 있는 말이 서로 상충됨을 알 수 있다. 앞에 doesn't가 있으므로 '말이 되지 않는다'라는 의미가 되도록 add up(말이 들어맞다)이 들어가는 것이 적절하다.

어구 suspect 혐의자, 용의자   claim 주장하다   witness 목격자   crime scene 범죄 현장

오답 살펴보기 (b) act on ~에 영향을 주다 (c) account for ~을 설명하다

16 (a)

해석 A: 식료품점에서 방금 고등학교 동창 마샤를 만났어.
B: 참 재미난 우연이네. 일전에 나도 마샤를 우연히 만난 적이 있어.

해설 coincidence(우연의 일치)를 통해 B도 마샤를 만났음을 추측할 수 있다. '우연히 만나다'는 run into를 쓴다.

어구 grocery store 식료품점   coincidence 우연의 일치   the other day 일전에

오답 살펴보기 (b) look after ~을 보살피다 (d) show up 나타나다

17 (a)

해석 A: 지금 비가 매우 많이 오기 시작하고 있습니다. 경기를 계속 진행시켜야 할지 잘 모르겠네요.
B: 그렇네요. 경기를 취소합시다.

해설 비가 많이 와서 경기를 취소시켜야 하는 상황이다. '취소시키다'라는 뜻의 구동사 call off가 정답이다.

오답 살펴보기 (b) turn up (소리나 온도를) 올리다 (c) get out 나가다 (d) let in 들여보내다

18 (c)

해석 A: 최종 에세이 마감 기한이 언제인지 아니?
B: 금요일 오후 5시까지 제출해야 하는 것으로 알고 있어.

해설 힌트로 due date(마감 기한)와 essay(에세이)가 나왔다. 또 빈칸 뒤에 목적어로 your paper가 있으므로 '제출하다'란 의미의 hand in이 들어가는 것이 가장 적절하다.

어구 due date 마감 기한   paper 숙제, 리포트

오답 살펴보기 (a) jump at 공격하다; 쾌히 응하다 (b) wrap up 마무리 짓다 (d) call on ~을 방문하다

19 (b)

해석 A: 내 결정을 언제 당신에게 알려 드려야 합니까?
B: 결정을 빨리 하면 할수록 더 좋습니다.

해설 힌트로 give you my decision이 나왔으므로 비슷한 표현인 make up one's mind(마음을 결정하다)를 찾으면 되는 문제이다.

오답 살펴보기 (a) mark down 가격을 내리다 (c) dish out 나누어 주다 (d) drop off 깜빡 잠이 들다

20 (c)

해석 A: 투자 은행 일을 하기로 했니?
B: 생각해 봤는데 제의를 거절하기로 했어.

해설 but이 있으므로 일자리를 받아들이다라는 내용과 상반되는 내용이 들어가야 한다. 거절한다는 의미에서 turn down(거절하다)이 들어가야 자연스럽다.

어구 investment bank 투자 은행   offer 제의, 제안

오답 살펴보기 (a) hand back 다시 돌려주다 (b) look away (얼굴을) 돌려 버리다 (d) clear up (날씨가) 개다

VP 03 | 고난도 어휘

Check-up TEST

1 (b)	2 (d)	3 (d)	4 (b)	5 (c)
6 (c)	7 (b)	8 (d)	9 (a)	10 (a)
11 (c)	12 (c)	13 (a)	14 (b)	15 (c)
16 (b)	17 (b)	18 (d)	19 (c)	20 (d)

1 (b)

해석 A: 요즘에는 어떻게 바쁘게 지내고 있니?
B: 최근에 새로운 취미를 시작했어.

해설 목적어인 a new hobby 앞에 쓸 수 있는 구동사를 찾아보면 '새로운 일을 시작하다'라는 뜻의 take up이 적절하다.

오답 살펴보기 (c) run out (돈, 물자가) 떨어지다

2 (d)

해석 A: 제이슨이 자기가 다른 모든 사람들보다 잘난 것처럼 행동할 때면 꼴 보기가 싫어.
B: 나도 전적으로 그렇게 생각해. 나도 잘난 척하는 사람은 좋아하지 않아.

해설 제이슨의 성격을 암시하는 act like he is better than everybody가 힌트로, '자기 자랑을 많이 하는, 허세를 부리는'이라는 뜻의 pretentious가 정답이다.

어구 care for ~을 좋아하다

오답 살펴보기 (a) important 중요한 (b) hotheaded 성급한
(c) despondent 낙담한; 의기소침한

3 (d)

해석 A: 정말로 이렇게 하고 싶은 거야? 망설이고 있는 것처럼 보여.
B: 그렇게 큰 액수의 돈을 대출하는 게 좀 걱정돼서 그럴 뿐이야.

해설 망설임의 이유가 될 수 있는 misgivings(걱정, 염려, 근심)가 들어가면 자연스럽게 연결된다.

어구 hesitate 망설이다   take out a loan 대출 받다

오답 살펴보기 (a) responsibility 책임 (b) restoration 복원, 복구
(c) consideration 사려, 숙고

4 (b)

해석 A: 제프리, 학교 성적표가 이렇게 엉망이라니 믿을 수 없구나.
B: 점수가 너무 형편없어서 죄송해요. 하지만 공부할 시간이 없었어요.

해설 성적표가 나쁘다는 말이 힌트로 '형편없는'이라는 뜻을 가진 pathetic이 정답이다.

어구 report card 학교 성적표   grade 성적

오답 살펴보기 (a) astounding 몹시 놀라운 (c) wasteful 낭비하는
(d) hectic 바쁜, 분주한

5 (c)

해석 A: 우와. 창문에서 보이는 전경이 정말 훌륭하구나!

B: 고마워. 도시가 다 내려다보여서 난 이 아파트를 선택했어.

해설 아파트 창문에서 전경이 다 내려다보이는 상황이므로 overlook(내려다보다)이 적절하다.

오답 살펴보기 (a) overstate 과장하다 (b) feature 특징으로 하다
(d) glance 힐끗 쳐다보다

6 (c)

해석 A: 넌 나에게 멋진 보석을 사 주지도 않았고 날 휴가에 데려가 주지도 않았어.
B: 항상 네 불평하는 소리를 듣는 것도 지긋지긋해.

해설 A가 말한 내용은 B에 대한 불평이다. 여기에 대해 '항상 ~을 듣는 것이 지긋지긋하다'라고 했으므로 '불평[불만]하다'라는 뜻의 어휘 whine의 동명사 형태가 들어가는 것이 알맞다.

오답 살펴보기 (a) widen 넓어지다 (d) debate 논쟁하다

7 (b)

해석 A: 이 사진은 내가 주문한 것이 아닌데요. 전 초상화 크기의 사진을 부탁드렸어요.
B: 죄송합니다, 손님. 작업을 해서 이 사진들을 확대해 드리겠습니다.

해설 대화 내용으로 보아 A의 주문과 다른 사진 크기가 문제가 되고 있다. 선택지 중 사진 크기와 관련된 단어는 enlarge(확대하다)이다.

어구 portrait 초상화   go ahead (일을) 진행하다

오답 살펴보기 (a) package 포장하다 (c) resend 다시 보내다
(d) exchange 교환하다

8 (d)

해석 A: 어젯밤에 아주 늦게까지 집에 안 들어 왔잖아. 몸 상태는 괜찮니?
B: 안 좋아. 어제 마신 술 때문에 숙취가 심해.

해설 밤늦게까지 술을 먹은 후의 현재 몸 상태를 이야기하고 있다. 몸 상태가 안 좋다고 했고 drinking(음주)이 있으므로 hangover(숙취)가 정답임을 알 수 있다.

어구 stay out 외출해 있다, 집에 안 들어오다

오답 살펴보기 (a) perception 인지 (b) ailment 질병 (c) tangent
접선, 접면; (도로의) 직선 구간

9 (a)

해석 A: 이 정보를 동료 직원들과 함께 공유해도 될까요?
B: 절대로 안 됩니다. 제가 말했던 것은 절대적으로 기밀입니다.

해설 정보를 절대로 공유해서는 안 된다고 했으므로 비밀로 해야 할 기밀 정보임을 알 수 있다. 따라서 confidential(기밀의)이 정답이다.

어구 coworker 직장 동료   strictly 엄격히; 절대적으로

오답 살펴보기 (b) independent 독립적인 (c) troublesome 귀찮은 (d) outrageous 터무니없는

10 (a)

해석 A: 승차할 수 있는 최대 인원은 몇 명입니까?
B: 이 버스는 60명의 승객까지 수용할 수 있습니다.

해설 A가 차에 탈 수 있는 the maximum number(최대 인원)를

묻고 있으므로 B는 버스가 수용할 수 있는 인원을 알려줘야
할 것이다. 따라서 '수용하다'라는 의미의 accommodate가
정답이다.

어구 **maximum** 최대의 **up to** ~에 이르기까지 **passenger** 승객

오답 살펴보기 **(b) teleport** 순간 이동시키다 **(c) separate** 분리하다
(d) liquefy 녹이다; 액화시키다

11 (c)
해석 A: 오늘 날씨가 춥다니 믿기지가 않아. 지난주만 하더라도 여
전히 반바지를 입고 있었잖아.
B: 맞아. 최근에 기온이 오르락내리락하는 걸 보면 참 이상해.

해설 지난주에는 반바지를 입을 정도로 더웠지만 오늘은 춥다고 했
으므로 기온이 오락가락했음을 알 수 있다. 따라서 fluctuate
(요동치다, 오르내리다)가 정답이다.

어구 **shorts** 반바지 **temperature** 기온 **lately** 최근에

오답 살펴보기 **(a) decline** 하락하다 **(b) allocate** 할당하다
(d) disappear 사라지다

12 (c)
해석 A: 네가 멀미가 있는지 몰랐어.
B: 그래, 차와 비행기 안에 있으면 속이 메스꺼워져.

해설 travel sickness(멀미)라는 힌트를 통해 nauseous(메스꺼
움)을 유추할 수 있어야 하는 문제다.

어구 **suffer from** ~으로 고통을 겪다

오답 살펴보기 **(a) relapse** 재발하다 **(b) perspire** 땀을 흘리다
(d) mature 성숙[발달]시키다

13 (a)
해석 A: 도대체 왜 이 대형 덤프트럭들이 여기 해안가에 있는 거
지?
B: 파도 때문에 쓸려간 모래를 다시 채우려고 여기 있는 거야.

해설 덤프트럭이 모래를 채우기 위해 왔다고 했으므로 파도가 일어
모래가 침식되어 쓸려가 버렸다고 추측할 수 있다. erode는
전치사 away와 같이 써서 '(바닷물이) 침식하다'라는 뜻으로
쓰인다.

어구 **dump truck** 덤프트럭 **replace** 대신하다

오답 살펴보기 **(b) divide** 나누다 **(c) compile** 편집[편찬]하다
(d) insist 주장하다

14 (b)
해석 A: 톰슨 씨는 왜 그 정책에 대해서 입장을 바꾸지 않을까?
B: 절대로 바꾸지 않을걸. 그 사람 성격이 완고한 거 너도 알
고 있잖아.

해설 He'll never do that.에서 보듯 톰슨 씨는 한 고집하는 성격
임을 알 수 있으므로 obstinate(고집이 센)이 정답이다.

오답 살펴보기 **(a) forgiving** 너그러운 **(c) capricious** 변덕스러운
(d) satisfying 만족시키는

15 (c)
해석 A: 이 텔레비전이 아주 멋지긴 하지만 정말로 너한테 필요한
건지는 모르겠어.
B: 네 말이 맞아. 돈을 흥청망청 쓰는 사람보다는 절약하는 사
람이 되어야겠어.

해설 A instead of B는 'B보다는 A'라는 뜻이므로 A와 B는 서로
상반되는 의미의 단어여야 한다. saver(절약하는 사람)의 반
대는 '돈을 흥청망청 쓰는 사람'이란 뜻의 spendthrift이다.

오답 살펴보기 **(a) gatherer** 수집가; 채집인 **(b) hypocrite** 위선자
(d) skeptic 회의론자

16 (b)
해석 A: 대통령이 한 행동은 용서할 수 없어.
B: 나도 동의해. 대통령은 사직서를 내고 즉시 공직에서 물러
나야만 해.

해설 leave office는 '사임하다, 직책에서 물러나다'라는 뜻이다.
대통령이 직책으로부터 떠나야 한다고 했으므로 그와 같은 맥
락으로 '사직서를 제출해야 한다'의 의미가 되어야 한다. '사
직, 사직서'는 resignation이다.

어구 **unforgivable** 용서할 수 없는 **hand in** 제출하다

오답 살펴보기 **(a) application** 신청서 **(c) administration** 행정;
관리 **(d) persuasion** 설득

17 (b)
해석 A: 넌 두부를 먹어야 해. 두부는 아주 건강에 좋은 음식이거든.
B: 나도 아는데 맛이 너무 밍밍할 뿐이어서 먹을 수가 없어.

해설 B가 건강 음식인 두부를 먹을 수 없는 이유가 빈칸에 오면 된
다. 따라서 '맛이 없는, 맛이 밍밍한'이란 의미의 bland가 정답
이다.

어구 **tofu** 두부 **stomach** 먹다, 집어 삼키다

오답 살펴보기 **(a) exquisite** 매우 아름다운; 정교한 **(c) lifeless** 죽은;
활기 없는 **(d) flavorful** 맛이 훌륭한

18 (d)
해석 A: 이 다이아몬드는 매우 비싸 보이네요. 값이 얼마나 나가나
요?
B: 최근에 천만 달러라는 감정을 받았습니다.

해설 A가 다이아몬드의 가치를 물어보고 있는데, B의 대답에서 빈
칸 뒤에 at 10 million dollars라는 값이 나온다. 따라서 '값
을 매기다, 감정하다'라는 뜻의 appraise의 과거분사 형태가
들어가는 것이 적절하다.

어구 **incredibly** 대단히 **worth** ~의 가치가 있는

오답 살펴보기 **(a) validate** 입증하다 **(b) mystify** 얼떨떨하게 하다
(c) galvanize 아연 도금을 하다; 자극하여 어떤 행동을 하게 하다

19 (c)
해석 A: 어떻게 하면 친구를 더 많이 만들 수 있을지 내게 제안할
한 게 있니?
B: 파티에 갈 때마다 반드시 모르는 사람과도 어울리도록 해.

해설 친구를 사귀는 방법에 대한 조언으로 가장 적절한 것을 찾아보
면 mingle with(~와 어울리다)가 들어가는 것이 자연스럽다.

어구 **suggestion** 제안 **be sure to V** (명령형으로) 반드시 ~해라

오답 살펴보기 **(a) bank on** ~을 의지하다 **(b) get around** 돌아다
니다 **(d) pitch in** 협력하다; 참여하다

20 (d)
해석 A: 물에 잠긴 건물 안에 갇혀있던 아이에게 다가갈 수 있었던
방법은 무엇이었습니까?

B: 수위가 낮아서 우리는 물을 건너서 아이에게 다가갈 수 있었습니다.

해설 물 높이가 낮았다는 말이 힌트로 '물을 걸어서 건너다'라는 뜻의 wade를 물어보는 문제다.

어구 trap 가두어 버리다 flooded 물에 잠긴 water level 수위, 물 높이 reach ~에 이르다, 다다르다

오답 살펴보기 (a) perch (특히 새가 나뭇가지에) 앉아서 쉬다 (b) creep 천천히 기어가다 (c) hunch (등을) 구부리다; 예감

Part II

VP 04 | 동사

▬ Check-up TEST ▬

1 (c)	2 (d)	3 (d)	4 (a)	5 (c)
6 (c)	7 (c)	8 (d)	9 (a)	10 (b)
11 (a)	12 (a)	13 (b)	14 (b)	15 (a)
16 (d)	17 (b)	18 (d)	19 (c)	20 (b)

1 (c)

해석 야간 근무시간에 일하면서 나는 내 수면 시간을 수 시간 빼앗겨 버렸다.

해설 빈칸 뒤에 나온 of는 박탈, 제거의 의미를 가진 전치사이다. deprive ~ of ...은 '~에게서 ...을 빼앗다[제거하다]'라는 뜻으로 정답은 (c)이다.

어구 graveyard shift 야간 근무

오답 살펴보기 (a) interfere 방해하다 (b) hesitate 주저하다 (d) quarrel 말다툼하다

2 (d)

해석 뉴욕 시는 버스의 수를 줄여서 돈을 절약하려고 하고 있다.

해설 버스의 수를 줄이면 돈을 절약할 수 있을 것이므로 save(절약하다, 아끼다)가 정답이다.

어구 look to V ~을 모색하다, 방안을 강구하다

오답 살펴보기 (a) spend 쓰다 (b) return 돌려주다 (c) hold 유지하다

3 (d)

해석 여러 종류의 약물을 같이 혼합하면 위험하다.

해설 different와 together가 힌트다. mix(섞다, 혼합하다)가 정답이다.

어구 medication 약물 (치료)

오답 살펴보기 (a) stir 휘젓다, 선동하다 (b) whip 채찍질하다 (c) beat 이기다

4 (a)

해석 모든 직원들은 프로젝트를 더 개선시킬 수 있는 아이디어를 제시해 달라고 요청 받았다.

해설 돈이나 도움, 아이디어를 다른 사람에게 제공한다고 할 때 동사 contribute(기여하다)를 쓴다. '아이디어를 내다'라는 뜻으로도 쓰인다는 것을 기억해 두자.

어구 employee 직원

오답 살펴보기 (b) produce 생산하다 (c) record 기록하다 (d) address (문제를) 해결하다

5 (c)

해석 고양이는 소파 뒤에 숨어있는 쥐를 알아차리고는 뒤쫓기 시작했다.

해설 고양이가 쥐를 발견하고 쫓는 상황을 묘사하고 있는 문장이다. '알아채다, 인지하다'라는 뜻의 단어는 notice이다.

어구 hide 숨다 couch 소파 chase 추적하다, 뒤쫓다

오답 살펴보기 (a) inspect 면밀히 검사하다 (b) ignore 무시하다 (d) contact 연락하다

6 (c)

해석 경찰의 주된 책임은 국민을 위해 봉사하고 위험으로부터 국민을 보호하는 것이다.

해설 responsibilities와 serve의 뜻을 알면 쉽게 답을 찾을 수 있는 문제다. 마땅히 경찰이 해야 할 일은 위험으로부터 국민을 '보호하는' 것이므로 protect(보호하다, 지키다)가 정답이다.

어구 responsibility 책임, 의무 serve 봉사하다, 섬기다

오답 살펴보기 (a) offend 기분 상하게 하다; 죄를 저지르다 (b) relieve 안심시키다 (d) survive 생존하다

7 (c)

해석 모든 구직자들은 성과 이름, 생년월일, 현 거주지를 반드시 명시해야 한다.

해설 규칙이나 규정 때문에 어떤 것을 요구 받을 때 '~하도록 요구된다, ~해야 한다'라는 의미로 'be required to 동사원형'을 쓴다. (a)의 경우 능동태인 'need to부정사' 형태로 써야 하므로 답이 될 수 없다.

어구 applicant 지원자 full name 성명, 성과 이름 date of birth 생년월일 residence 거주

오답 살펴보기 (b) anticipate 예상하다 (d) gather 모으다

8 (d)

해석 우리 회사는 직원들을 위해 더 좋은 근무 환경을 만들겠다고 약속한다.

해설 선택지를 대입해보면 create(만들다, 창조하다)가 들어가야 가장 자연스럽다. (a) emerge는 목적어를 동반하지 않는 자동사이므로 답이 될 수 없다.

어구 work environment 근무 환경

오답 살펴보기 (a) emerge 나타나다, 부상하다 (b) dedicate 헌신하다 (c) select 선택하다

9 (a)

해석 공연에서 나는 소리가 많은 인파를 공원으로 끌어 모았다.

해설 '~을 끌어 모으다, 유혹하다'라는 뜻의 attract가 가장 어울리는 동사다.

어구 performance 공연 crowd 군중, 인파

오답 살펴보기 **(b) encourage** 장려하다 **(c) generate** 일으키다; 발생시키다 **(d) divide** 나누다

10 (b)
해석 기상학자들은 섬세한 장비를 사용해서 기온 변화를 탐지한다.

해설 기온 변화나 움직임의 변화를 '탐지한다'고 할 때 동사 detect를 쓴다.

어구 **sensitive** 섬세한, 예민한 **equipment** 장비

오답 살펴보기 **(a) produce** 생산하다 **(c) relate** 연관시키다 **(d) blame** 비난하다

11 (a)
해석 학생들은 그 학급 반장을 두 번째로 다시 선출했다.

해설 투표를 통해 사람을 선출하는 상황일 때는 elect(선출하다, 택하다)를 쓴다.

어구 **class president** 학급 반장 **second term** 두 번째 임기

오답 살펴보기 **(b) contact** 연락하다 **(c) promote** 홍보하다 **(d) handle** 다루다

12 (a)
해석 그 비행기는 강한 바람과 거센 비에도 불구하고 안전하게 활주로에 착륙했다.

해설 주어인 airplane(비행기)과 잘 어울리는 단어를 찾는다. 선택지에 take off(이륙하다)는 없으므로 land(착륙하다)를 답으로 선택할 수 있다.

어구 **runway** 활주로 **in spite of** ~에도 불구하고

오답 살펴보기 **(b) handle** 다루다 **(c) energize** 활기를 북돋우다 **(d) attract** 마음을 끌다

13 (b)
해석 사라는 음악 관련 직업에 종사하기 위해 언론인 일을 포기했다.

해설 빈칸 뒤에 career(직업)가 있는데 '어떤 직업에 종사하다'라고 할 때 동사 pursue를 쓴다. 형태가 비슷한 peruse(정독하다)와 혼동하지 않도록 주의하자.

어구 **give up** 포기하다 **journalist** 언론인 **career** 직업

오답 살펴보기 **(a) recognize** 인지하다, 알아차리다 **(c) interrupt** 방해하다 **(d) secure** 보호하다; 확보하다

14 (b)
해석 나침반은 항상 북쪽을 향하므로 나침반을 사용할 때는 이 점을 염두에 두세요.

해설 빈칸 뒤에 to the north라는 방향이 나와 있다. 나침반의 침이 북쪽으로 '향하는' 것이므로 동사 point(가리키다, 방향을 향하다)를 쓰면 된다.

어구 **compass** 나침반 **keep ~ in mind** ~을 염두에 두다

오답 살펴보기 **(a) measure** 측정하다 **(c) maintain** 유지하다; 주장하다 **(d) portion** 부분으로 나누다; 부분

15 (a)
해석 과거에는 잘 알려지지 않았지만 제주도는 이제 젊은 커플들 사이에서 인기 있는 관광명소로 부상하고 있다.

해설 '~로 부상하다'라고 할 때 emerge as를 사용한다.

어구 **tourist destination** 관광명소

오답 살펴보기 **(b) promote** 증진하다 **(c) integrate** 통합하다 **(d) deprive** 빼앗다, 박탈하다

16 (d)
해석 불법 복제 방지법을 위반하여 유죄를 선고 받은 인터넷 이용자는 벌금이나 징역형을 받을 수 있다.

해설 벌금이나 징역형을 받는다고 했으므로 '(규칙, 규정, 법을) 위반하다'라는 뜻의 violate가 정답이다.

어구 **found guilty** 유죄로 드러난, 유죄 판결을 받은 **anti-piracy law** 불법 복제 방지법 **fine** 벌금 **jail sentence** 징역

오답 살펴보기 **(a) remove** 제거하다 **(b) enhance** 향상시키다 **(c) reclaim** 개간하다

17 (b)
해석 모든 학생들은 학기가 끝나기 적어도 2주 전에 에세이를 제출해야 한다.

해설 마감기한 내에 에세이를 어떻게 해야 할지 생각해 보면 submit(제출하다)가 들어가는 것이 가장 적절하다.

어구 **at least** 적어도 **semester** 학기

오답 살펴보기 **(a) beware** 조심하다, 주의하다 **(c) forgive** 용서하다 **(d) guide** 안내하다; 지도하다

18 (d)
해석 아시아 국가에서 상품 수요가 증가할 것이라 예측한 그 회사는 500명의 신규 직원 고용을 계획하고 있다.

해설 상품 수요가 증가하니 신규 직원들을 더 고용할 것이라고 추론할 수 있다. 따라서 hire(고용하다)가 정답이다.

어구 **in anticipation of** ~을 예상[기대]하여 **demand** 수요 **look to V** ~하기로 계획하다

오답 살펴보기 **(a) lack** 부족하다 **(b) gather** 모으다 **(c) contact** 연락하다

19 (c)
해석 중앙은행은 향후 몇 달 안으로 금리를 인상하겠다는 성명서를 발표했다.

해설 목적어인 a statement와 어울리는 동사를 찾아본다. '(성명서를) 내다' 혹은 '(어떤 내용을) 발표하다'라고 할 때 동사는 issue를 사용한다.

어구 **central bank** 중앙은행 **statement** 성명서 **interest rate** 금리, 이자율

오답 살펴보기 **(a) award** (상을) 수여하다 **(b) substitute** 대체하다 **(d) reveal** 밝히다, 폭로하다

20 (b)
해석 18세 미만의 미성년자들은 극장에서 성인용 영화를 보는 것이 제한되어 있다.

해설 미성년자는 성인영화를 볼 수 없는 것이 당연하므로 restrict(제한하다)가 정답이다. be restricted from V-ing는 '~하는 것이 제한되어 있다'란 뜻이며, 비슷한 의미의 'prohibit 목적어 from V-ing(목적어가 ~하는 것을 금지시키다)'도 많이 쓰니 함께 외워두자.

오답 살펴보기 **(a) accustom** 익숙해지게 하다 **(c) permit** 허용[허락]하다 **(d) entitle** 자격을 주다

VP 05 | 명사, 부사, 형용사

■ Check-up TEST

1 (d)	2 (a)	3 (c)	4 (c)	5 (a)
6 (d)	7 (b)	8 (c)	9 (a)	10 (c)
11 (b)	12 (d)	13 (b)	14 (a)	15 (d)
16 (c)	17 (a)	18 (c)	19 (a)	20 (a)

1 (d)

해석 축구 협회는 경기 중에 상품 홍보를 금지하는 방안을 모색하고 있다.

해설 빈칸 앞에 나온 product(상품)와 가장 잘 어울리는 단어인 promotion(홍보, 판촉)이 정답이다.

어구 **association** 협회 **consider** 재고하다, 모색하다 **ban** 금지하다 **match** 경기

오답 살펴보기 **(a) election** 선거 **(b) generation** 세대 **(c) solution** 해결책

2 (a)

해석 우리는 모든 학생들이 최근에 문을 연 새로운 체육 시설을 사용하는 것을 환영하는 바입니다.

해설 빈칸 앞에 나온 fitness와 연결되어야 하고 최근에 문을 열었다는 말이 있으므로 '시설'을 의미하는 facility가 들어가는 것이 가장 적절하다.

어구 **make use of** ~을 이용[활용]하다 **fitness** 건강; 운동

오답 살펴보기 **(b) environment** 환경 **(c) motive** 동기 **(d) ancestor** 선조, 조상

3 (c)

해석 다시 디자인된 모델에 대한 고객의 반응은 현재까지 끔찍한 수준이며 판매가 사실상 제로인 상태다.

해설 practically zero가 힌트가 될 수 있다. 판매 수치가 좋지 않다는 부정적인 내용이므로 고객 반응도 좋지 않다고 유추할 수 있다. 따라서 dreadful(끔찍한)이 정답이다.

어구 **reaction** 반응 **redesigned** 다시 디자인된 **practically** 사실상

오답 살펴보기 **(a) hopeful** 희망적인 **(b) wasteful** 낭비적인 **(d) thoughtful** 사려가 깊은

4 (c)

해석 면접을 보러 갈 때 복장을 깔끔하게 하는 것이 중요합니다.

해설 면접을 보러 갈 때의 복장을 생각해 보면 neatly(깔끔하게)가 가장 적절한 단어이다.

어구 **dress** ~에게 옷을 입히다 **go in for** (시험에) 참가하다

오답 살펴보기 **(a) freshly** 신선하게 **(b) quickly** 빠르게

(d) bravely 용감하게

5 (a)

해석 그 엔지니어는 제품의 실수를 고치지 않았다고 하여 비난을 받았다.

해설 비난을 받았다면 뭔가 부정적인 원인이 있었을 것이다. 따라서 mistake(실수)가 정답이다.

어구 **criticize** 비난하다 **correct** 고치다, 정정하다

오답 살펴보기 **(b) limitation** 제한; 한계 **(c) estimate** 추정(하다); 견적(서) **(d) feature** 특징

6 (d)

해석 곧 있을 정치 정상 회담은 과거 그 어떤 정상 회담보다 더 규모가 크고 더 웅장할 듯하다.

해설 이 문제는 선택지를 일일이 대입해서 가장 자연스러운 것을 답으로 택하면 쉽게 풀 수 있다. 내용상 forthcoming(곧 있을)이 들어가는 것이 가장 자연스러우며, 미래의 내용이므로 (b) current는 답이 될 수 없다.

어구 **summit** 정상 회담 **promise** ~할 듯 하다; 약속하다 **spectacular** 웅장한

오답 살펴보기 **(a) outgoing** 퇴임하는; (성격이) 외향적인 **(b) current** 현재의 **(c) distant** 거리가 먼

7 (b)

해석 이 일을 하기 위한 주요 자격 요건 중 하나는 대학 학위이다.

해설 대학 학위(college degree)가 언급되었는데 이것은 직업을 얻기 위한 일종의 자격 요건(qualification)이라고 할 수 있다.

어구 **degree** 학위

오답 살펴보기 **(a) recommendation** 추천 **(c) responsibility** 책임 **(d) opportunity** 기회

8 (c)

해석 평소답지 않게 많은 트래픽 양 때문에 오늘 회사 네트워크가 갑자기 다운되었다.

해설 unusually(보통과 달리)가 힌트가 될 수 있다. 사람들이 평소와 달리 많이 접속해서 통신량이 느는 바람에 갑자기 (abruptly) 서버가 다운되었을 것이라고 추측할 수 있다.

어구 **come down** (컴퓨터가) 다운되다 **volume** 거래량; (컴퓨터 트래픽) 양

오답 살펴보기 **(a) eagerly** 열렬히 **(b) recently** 최근에 **(d) significantly** 상당히

9 (a)

해석 저 소년의 피아노 기술은 매우 탁월하며 분명히 차기 베토벤이 될 수 있을 것이다.

해설 차기 베토벤이 될 수 있다는 이야기로 보아 피아노를 잘 친다는 긍정적인 내용이 와야 한다. 실력과 관련된 긍정적인 단어 exceptional(탁월한)이 정답이다.

어구 **simply** (강조하여) 그야말로, 정말로

오답 살펴보기 **(b) encouraging** 고무적인 **(c) excessive** 과도한 **(d) expected** 기대된, 예기된

10 (c)

해석 두통, 흐릿한 눈, 피로감과 같은 증상을 겪으면 당장 의사에게 연락하세요.

해설 such as 뒤에 나오는 두통, 흐릿한 눈, 피로감은 일종의 증상 (symptom)에 해당한다.

어구 **blurred** 흐릿한　**vision** 시력　**fatigue** 피로
immediately 즉시, 당장

오답 살펴보기 **(a) illness** (일반적인) 병　**(b) consequence** 결과; 중요성　**(d) disease** 병, 질환

11 (b)

해석 이 노트북은 내구성이 좋아 보일지도 모르지만 사실은 아주 부서지기 쉽다.

해설 but으로 연결되므로 '부서지기 쉬운'이란 뜻의 fragile과 반대되는 뜻을 갖는 단어를 찾아야 한다. 따라서 '제품이 오래가는, 내구성이 좋은'이란 뜻의 durable이 정답이다.

어구 **laptop** 노트북　**fragile** 부서지기 쉬운, 깨지기 쉬운

오답 살펴보기 **(a) flimsy** 잘 찢어지는, 얇은　**(c) expensive** 비싼
(d) modern 현대적인

12 (d)

해석 현재 미국 아동의 거의 30퍼센트가 운동 부족과 고칼로리 식단으로 인해 비만을 겪고 있다.

해설 운동 부족과 고칼로리 식단으로 인해 생길 수 있는 질환을 찾으면 obesity(비만)이다.

어구 **currently** 현재　**suffer from** ~로 고통을 받다　**diet** 식단
high in calories 칼로리가 높은

오답 살펴보기 **(a) measles** 홍역　**(b) diabetes** 당뇨병　**(c) rabies** 광견병

13 (b)

해석 미 달러화의 가치가 경기 침체에 접어든 첫 번째 주 동안 급격히 하락했다.

해설 fell을 수식할 수 있는 부사를 찾으면 된다. '하락하다, 감소하다'를 가장 잘 수식할 수 있는 부사는 선택지 중 sharply(급격하게)이다.

어구 **economic downturn** 경기 침체

오답 살펴보기 **(a) largely** 대체로, 전반적으로　**(c) entirely** 전적으로
(d) utterly 완전히

14 (a)

해석 시에서는 그 지역에서의 자전거 절도 수를 줄이고자 공원 주변에 카메라를 설치했다.

해설 문장 속의 인과 관계를 잘 따져봐야 하는 문제이다. 카메라를 설치한 이유는 자전거 절도 사건이 있어서 이를 줄이기 위함이다. 따라서 '절도'라는 뜻의 thefts가 정답이다.

어구 **install** 설치하다　**attempt** 시도

오답 살펴보기 **(b) collection** 수집　**(c) returns** 수익　**(d) demand** 요구사항

15 (d)

해석 많은 이들이 많은 청중들 앞에서 연설을 하기 전에는 초조함

을 느낀다.

해설 많은 사람들 앞에서 연설을 하기 전에 느낄 수 있는 감정은 '초조한(nervous)'이다.

어구 **give a speech** 연설을 하다　**audience** 청중, 관중

오답 살펴보기 **(a) peaceful** 평화로운　**(b) envious** 시기하는
(c) terrific 멋진, 훌륭한

16 (c)

해석 미 백악관은 양질의 교육을 모든 아동이 동등하게 이용할 수 있도록 하겠다고 최근에 약속했다.

해설 아이들이 교육을 받을 수 있도록 교육을 이용 혹은 교육에 접근하게 하겠다는 내용이다. 따라서 '접근, 이용'의 뜻을 가진 access가 들어가는 것이 적절하다.

어구 **the White House** 미 백악관　**pledge** 약속[맹세]하다
quality 고급의, 훌륭한

오답 살펴보기 **(a) attention** 주의, 집중　**(b) progress** 성과
(d) motive 동기

17 (a)

해석 제품 라벨은 소비자들의 관심을 빨리 끌기 위해서 쉽게 읽을 수 있어야 한다.

해설 소비자들의 관심을 끌고 쉽게 읽혀야 하는 것은 '제품의 표'를 의미하는 라벨(label)의 목적이라고 할 수 있다.

오답 살펴보기 **(b) container** 용기, 그릇　**(c) instructions** 사용 설명서; 지시사항　**(d) insulation** 단열; 분리

18 (c)

해석 나는 아직 회사에 얼마나 많은 공석이 있는지 모르는데, 내가 묻자 담당자가 애매한 답변만 했기 때문이다.

해설 '애매한' 답변만 받았기 때문에 정확한 정보를 모를 것이다. vague(애매한, 막연한)가 정답이다.

어구 **open** 비어 있는, 공석인　**representative** 담당자; 대표자

오답 살펴보기 **(a) specific** 구체적인　**(b) rehearsed** 예행연습을 한
(d) definite 분명한

19 (a)

해석 이번 기말고사는 여태까지 우리가 공부해 온 모든 내용을 다루는 종합적인 시험이 될 것이다.

해설 적절한 형용사를 찾아야 하는 문제이다. all the material we have studied를 토대로 '포괄적인, 종합적인'의 의미를 지닌 comprehensive를 정답으로 고를 수 있다.

어구 **cover** 다루다; 포함시키다　**material** 요소, 자료　**thus far** 여태까지

오답 살펴보기 **(b) determinative** 확정적인　**(c) manipulative** 조작하는　**(d) progressive** 진보의, 혁신적인

20 (a)

해석 물과 햇빛 같은 몇몇 자원은 재생 가능하지만 다른 자원은 결국에 고갈될 것이다.

해설 재생 가능하거나 고갈될 수 있는 것은 '자원'이며 물과 햇빛 역시 자원으로 볼 수 있으므로 resources가 정답이다.

어구 **renewable** 재생 가능한　**run out** 고갈되다

오답 살펴보기 (b) material 물질 (c) feature 특징 (d) solution 해결

VP 06 | 고난도 어휘

Check-up TEST

1 (b)	2 (d)	3 (a)	4 (c)	5 (a)
6 (d)	7 (c)	8 (b)	9 (a)	10 (b)
11 (d)	12 (a)	13 (d)	14 (c)	15 (a)
16 (b)	17 (c)	18 (c)	19 (a)	20 (c)

1 (b)

해석 연방정부는 테러 공격이 곧 있을 거라고 염려하고 있으며, 모든 시민들에게 수상한 행동을 신고해 달라고 당부하고 있다.

해설 수상한 행동을 신고해 달라고 했기 때문에 곧 있을 테러를 걱정하고 있다는 것이 문맥상 알맞다. '곧 있을, 임박한'의 의미를 갖는 imminent가 정답이다.

어구 advise 조언하다   suspicious 수상한

오답 살펴보기 (a) abnormal 비정상적인 (c) sensible 현명한 (d) impractical 실질적이지 않은

2 (d)

해석 항생제는 그 바이러스에 대해 더 이상 효과가 없는데, 왜냐하면 바이러스가 항생제에 내성이 생겼기 때문이다.

해설 항생제가 듣지 않는 이유는 내성 때문일 것이다. 따라서 resistant(저항하는, 내성이 생긴)가 정답이다.

어구 antibiotic 항생제

오답 살펴보기 (a) flawless 결함이 없는 (b) susceptible (병에) 걸리기 쉬운 (c) dispensable 없어도 되는, 불필요한

3 (a)

해석 그 소프트웨어 회사는 최초 출시품에 있는 결함 몇 가지를 해결하기 위해 최신판을 출시했다.

해설 기존 제품에서 개선할 점이 있기 때문에 업데이트 버전이 나오는 것이다. 따라서 '기계적 결함'을 의미하는 glitches가 정답이다.

어구 release 출시하다; 발매(품)   update (컴퓨터의) 갱신; 최신판

오답 살펴보기 (b) feature 특징 (c) attribute 특징, 속성 (d) hurdle 장애

4 (c)

해석 평생 동안 열심히 일하고 돈을 저축한 후에 매튜는 그가 항상 꿈꿔오던 호화로운 생활을 할 수 있게 되었다.

해설 열심히 일하고 돈을 많이 벌었으니 호화로운(lavish) 생활이 가능할 것이다. 참고로 lavish는 '호화로운 생활을 하다'라는 뜻의 동사로도 쓰인다.

어구 lifetime 일생; 수명   dream of ~을 꿈꾸다

오답 살펴보기 (a) generous 관대한 (b) modest 겸손한

(d) genuine 진품의

5 (a)

해석 저희 매장에서는 폭넓은 제품을 선택할 수 있기 때문에 여러분이 쇼핑할 때마다 완벽한 옷을 찾으실 것입니다.

해설 선택할 수 있는 제품의 수가 다양하기 때문에 원하는 제품을 찾을 수 있다는 의미이다. '광범위한, 폭넓은'의 의미를 갖는 extensive가 정답이다.

어구 selection 선택   ensure 확실하게 하다   outfit 의복

오답 살펴보기 (b) ignorant 무지한 (c) limited 제한된 (d) domestic 국내의; 가정의

6 (d)

해석 소매치기는 당하기 쉬워 보이는 사람을 목표로 삼기 때문에 항상 자신감에 차 있는 모습을 보여라.

해설 confident의 반대말을 찾으면 되는 문제다. '취약한, 공격받기 쉬운'의 뜻을 갖는 vulnerable이 정답이다.

어구 pickpocket 소매치기   target 목표로 삼다   confident 자신감에 찬

오답 살펴보기 (a) assertive 단정적인 (b) gloomy 우울한 (c) cheerful 명랑한, 기분 좋은

7 (c)

해석 라이브 음악은 이 레스토랑 분위기에 좋게 기여한다.

해설 '분위기'라는 뜻의 ambience가 가장 자연스럽게 연결된다. ambiance라고 쓸 수도 있다.

어구 contribute to ~에 기여하다

오답 살펴보기 (a) ambulance 구급차 (b) moisture 습기 (d) shipment 선적

8 (b)

해석 날씨가 험하면 택시를 잡기가 어렵기 때문에 대중교통을 이용하는 것이 더 좋을 때가 많다.

해설 '택시를 잡다'라는 뜻의 표현은 (차를) 불러 세우다'라는 뜻의 hail을 써서 hail a cab 또는 hail a taxi로 표현한다.

어구 bad weather 악천후   public transportation 대중교통

오답 살펴보기 (a) grab 잡다 (d) wave 흔들다

9 (a)

해석 현직 시장이 부패 혐의로 체포된 이후에 시의회 의장이 임시 시장이 되었다.

해설 현직 시장이 자리를 물러났으니 그 자리를 맡을 임시직의 누군가가 필요할 것이다. '임시의, 잠정적인'이란 의미의 interim이 정답이다.

어구 head 수장, 우두머리   city council 시의회   mayor 시장   following ~후에   corruption 부패   charge 혐의

오답 살펴보기 (b) permanent 영구적인 (c) influential 영향력이 있는 (d) possible 가능한

10 (b)

해석 심지어 어린 아이였을 때도 모차르트는 음악에 열렬한 관심을 보였다.

해설 빈칸 뒤의 interest(관심)와 잘 어울릴 수 있는 어휘를 찾아보면 '열정적인, 열렬한'의 뜻을 갖는 keen이 알맞다.

오답 살펴보기 (a) general 일반적인 (c) crude 천연 그대로의 (d) lengthy 장황한, 긴

11 (d)
해석 대중들의 요구로 인해 빈센트 반 고흐의 예술 작품 전시가 이달 말까지 계속될 것이다.

해설 선택지 중에서 예술 작품(artworks)과 가장 잘 어울리는 단어는 display(전시, 진열)이다.

어구 demand 수요; 요구   artwork 예술품

오답 살펴보기 (a) moderate 보통의, 중간의 (b) progress 진전, 성과 (c) angle 각도

12 (a)
해석 1933년에 의회는 수정 헌법 제 18조를 폐지하여 주류 판매를 다시 합법화했다.

해설 법률과 관련된 이야기를 하고 있으므로 그에 상응하는 법률 단어를 선택해야 한다. 주어가 의회이므로 수정 헌법 18조를 폐지한다는 내용이 되어야 자연스럽다. '폐지하다'란 뜻을 갖는 단어는 repeal이다.

어구 Congress 의회   Amendment 수정 헌법   alcoholic beverage 주류   legal 합법적인

오답 살펴보기 (b) bother 성가시게 하다 (c) infringe 법을 위반하다 (d) hesitate 머뭇거리다

13 (d)
해석 그의 지적 능력은 예술, 과학 모든 분야를 다 아우를 정도로 다양하다.

해설 covering all areas라고 했으므로 지식의 범위가 넓고 다양함을 알 수 있다. 이때 쓸 수 있는 형용사는 manifold(다방면의, 잡다한)이다.

어구 intelligence 지성, 지능   cover 다루다; 취재하다

오답 살펴보기 (a) financial 금융의, 재정의 (b) offensive 공격적인 (c) deductible 공제할 수 있는

14 (c)
해석 타미는 항상 그림을 좋아했으므로 그가 미술을 전공하기로 결정했다는 건 놀라운 일이 아니다.

해설 미술을 전공한다는 이야기를 통해 그림을 좋아한다는 내용이 와야 함을 알 수 있다. '애호, 선호'라는 뜻의 penchant가 들어가야 자연스럽다.

어구 major in 전공으로 하다   fine art 미술

오답 살펴보기 (a) compassion 연민, 동정심 (b) transaction 거래 (d) diploma 졸업장

15 (a)
해석 많은 이들이 호화로운 삶을 살려고 노력하지만 실제로 그렇게 할 수 있는 여유가 있는 이들은 거의 없다.

해설 but 앞뒤로 반대되는 내용이 나와야 하므로 '호화로움, 사치'라는 뜻의 luxury가 정답이다.

어구 strive to V ~하기 위해 최선을 다하다   afford to V ~할 여유

가 있다

오답 살펴보기 (b) fatigue 피로 (c) sacrifice 희생 (d) identity 정체성

16 (b)
해석 전국의 수많은 주식 작물이 피해를 입은 여름 홍수의 결과로 인해 식료품 값이 치솟았다.

해설 '주식, 주로 먹는 음식'은 staple food이다. 여기서 staple은 형용사로 '주식의'라는 뜻을 가지는데 '주식'이라는 뜻의 명사로도 쓰인다.

어구 soar 치솟다   as a result of ~의 결과로   flooding 홍수   countless 수많은   crop 농작물

오답 살펴보기 (a) reserve 남겨둔; 보유(량) (c) lucrative 돈이 되는 (d) dense 밀도가 높은

17 (c)
해석 소아 심리학자들은 초등학생들 사이에서 왕따가 좀 더 만연하게 일어나고 있다는 사실을 알아냈다.

해설 왕따가 많이 일어나고 있다는 의미이므로 '만연해 있는, 팽배한'의 뜻을 갖는 prevalent가 정답이다.

어구 psychologist 심리학자   bullying 왕따, 약자를 괴롭히기   elementary school 초등학교

오답 살펴보기 (a) persuasive 설득력 있는 (b) flexible 유연한, 융통성이 있는 (d) aggressive 적극적인; 공격적인

18 (c)
해석 오늘 날의 차가 불과 20년 전의 차보다 연비가 훨씬 더 좋다.

해설 빈칸 앞의 fuel(연료)과 가장 잘 어울리는 단어는 fuel efficiency(연비)이다. efficiency는 '효율성'을 의미한다.

오답 살펴보기 (a) reputation 명성, 평판 (b) strategy 전략 (d) consumption 소비, 섭취

19 (a)
해석 그 대학은 학부생들 사이에 팽배해 있는 부정행위를 근절시키기 위해 수업 중에 핸드폰 사용을 금지하기로 결정했다.

해설 핸드폰 사용 금지의 원인은 부정행위가 많기 때문이다. 따라서 prevalent와 같은 뜻의 rampant(만연해 있는)가 정답이다.

어구 curb 억제하다   cheating 부정행위   undergraduate 학부생(의)

오답 살펴보기 (b) excessive 지나친 (c) transparent 투명한 (d) fragmented 조각이 난

20 (c)
해석 가능한 많은 청중들이 접하도록 하기 위해 대통령 연설은 TV와 인터넷에서 동시 중계될 것이다.

해설 'TV와 인터넷에서 동시 중계하다'라는 의미이므로 '동시에 존재하는, 동시의'란 의미의 simultaneous가 정답이다.

어구 broadcast (TV에서) 방영하다

오답 살펴보기 (a) parallel 평행한; 유사한 (b) talkative 말이 많은 (d) generous 후한, 관대한

어구 **organization** 단체, 기구　**protest** 항의하다, 반대하다
issue 문제

오답 살펴보기 (a) **sketch** 스케치하다　(b) **raise** 들어 올리다
(c) **notice** 알아차리다

5 (c)

해석 A: 리처드가 의사에게 폐암 진단을 받았어.
B: 놀랄 일도 아니지. 수 년 동안 담배를 엄청 피워댔잖아.

해설 담배를 많이 피워서 폐암에 걸렸다는 내용으로, '골초, 담배를 많이 피우는 사람'을 의미하는 단어는 heavy smoker이다. 참고로 '과음'도 같은 형용사를 써서 heavy drinking이라고 한다.

어구 **diagnose** 진단하다　**lung cancer** 폐암

오답 살펴보기 (a) **regular** 정기적인　(b) **grave** 중대한　(d) **typical** 전형적인

6 (b)

해석 A: 협상은 어떻게 되었습니까?
B: 잘 되지 않았어요. 양 측이 합의점에 이르지 못했어요.

해설 목적어 an agreement와 잘 어울리는 동사는 '닿다, 도달하다'라는 뜻의 reach이다. reach an agreement는 '합의점에 이르다, 도달하다'라는 뜻이다.

어구 **negotiation** 협상　**party** 패, 무리; 당사자

오답 살펴보기 (a) **find** 발견하다　(c) **consider** 고려하다
(d) **achieve** 성취하다

7 (d)

해석 A: 우리나라가 직면하고 있는 가장 큰 문제 중 하나는 폭력이야.
B: 맞아. 그리고 이 문제는 권총을 쉽게 이용할 수 있는 한 계속될 거야.

해설 available(이용 가능한)과 가장 잘 어울리는 부사는 easily(쉽게)이다.

어구 **face** 직면하다　**as long as** ~하는 한　**handgun** 권총

오답 살펴보기 (a) **quickly** 빨리　(b) **surely** 확실히　(c) **simply** 단지; 간단히

8 (a)

해석 A: 당신 팀은 프로젝트를 거의 끝냈나요?
B: 아뇨. 마감기한을 맞추려면 아무래도 밤샘 작업을 해야 할 것 같아요.

해설 밤을 새서 일을 해야 한다는 말이 힌트로, '마감기한을 맞추다[지키다]'라는 의미의 표현은 meet the deadline이다.

어구 **be done with** ~을 끝내다　**work through the night** 밤샘 작업하다

9 (b)

해석 A: 배가 고파. 식당에 들렀다 갈래?
B: 그러지 말고 대신 노점에서 먹는 것이 어떨까?

해설 instead가 있으므로 식당 대신 '길거리에서 음식을 파는 노점'을 의미하는 food stand에서 먹자고 하는 것이 자연스럽

Section 2
400점대로 이끌어 주는 고마운 어휘

Part I, II

VP 07 | collocation

Check-up TEST

1	(b)	2	(d)	3	(b)	4	(d)	5	(c)
6	(b)	7	(d)	8	(a)	9	(b)	10	(a)
11	(a)	12	(c)	13	(b)	14	(a)	15	(d)
16	(a)	17	(a)	18	(b)	19	(d)	20	(b)

1 (b)

해석 A: 이 끔찍한 비극이 누구의 책임입니까?
B: 부대 책임자로서 제가 책임을 져야 합니다.

해설 목적어 responsibility를 받을 수 있는 동사는 take로, take responsibility는 '책임을 지다'라는 뜻이다.

어구 **be responsible for** ~에 대해 책임이 있다　**tragedy** 비극
unit 부대; 구성단위

오답 살펴보기 (c) **earn** 벌다; 획득하다

2 (d)

해석 A: 네가 원했던 수업에 등록할 수 있었니?
B: 아쉽게도 못했어. 그렇지만 대기자 명단에 이름을 올릴 수는 있었어.

해설 수업에 등록은 못했지만 대기자 명단(waiting list)에는 이름을 올렸다는 내용이 되어야 한다.

어구 **enroll in** ~에 등록하다　**unfortunately** 애석하게도

오답 살펴보기 (a) **roll** 명부, 목록　(b) **file** 서류　(c) **note** 메모

3 (b)

해석 A: 에릭이 감옥에 들어갔다면서. 그게 사실이야?
B: 맞아. 법을 어겨서 지금 대가를 치르고 있어.

해설 법을 어겨서 감옥에 간 것은 자신의 행위에 대한 대가를 치르는 것이다. '대가를 치르다'는 동사 pay를 써서 pay the price라고 한다.

어구 **prison** 감옥　**break the law** 법을 어기다

오답 살펴보기 (c) **cost** 비용이 들다　(d) **face** 직면하다

4 (d)

해석 A: 그 단체가 회사의 동물 실험에 대해 항의할 거래.
B: 그거 좋은 소식이네. 결국 누군가가 이 문제에 대해서 관심을 끌고 있어서 기뻐.

해설 목적어로 나온 attention과 어울리는 동사를 찾는 문제이다. '관심을 끌다'라고 할 때 동사 draw를 쓰며, draw attention

다. (c)의 경우 food vendor는 '음식을 파는 행상인'이라는 뜻이므로 오답이다.

어구 **stop by** 잠시 들르다   **actually** 실은; 그런데

오답 살펴보기 (a) **location** 위치   (c) **vendor** 행상인, 노점상

10 (a)
해석 A: 경영진이 직원들의 휴가 정책에 관해 조치를 취해야 한다고 생각해.
B: 나도 그렇게 생각해. 네가 다음 직원회의에서 이 문제를 거론해봐.

해설 목적어 the issue와 어울리는 동사를 찾으면 되는데 '문제를 제기하다'라는 표현은 raise the issue이다.

어구 **management** 경영진   **do something about** ~에 관해서 조치를 취하다   **policy** 정책

오답 살펴보기 (b) **hoist** 들어 올리다   (c) **mention** 언급하다
(d) **state** 진술하다

11 (a)
해석 지하철 측에서 모든 출구 근처에 자동 티켓 판매기를 편리하게 배치해 두었다.

해설 placed를 수식하는 알맞은 부사를 찾으면 되는 문제로, 출구 근처에 자동 티켓 판매기가 있다고 했으므로 '편리한 위치에 배치된'이라는 의미의 conveniently placed가 되어야 자연스럽다. 같은 뜻의 conveniently located도 함께 외워두자.

어구 **automated** 자동화된   **vending machine** 자판기
entrance 입구; 입장

오답 살펴보기 (b) **regularly** 규칙적으로   (c) **extensively** 광범위하게
(d) **recently** 최근에

12 (c)
해석 훌륭한 직원이 되기 위한 주요 측면 중 하나는 지시사항을 따르는 능력이다.

해설 목적어 instructions와 잘 어울리는 동사는 follow(따르다)이다.

어구 **aspect** 측면   **instructions** 지시사항

오답 살펴보기 (a) **handle** 다루다   (d) **respect** 존경하다

13 (b)
해석 나는 체중을 조절하기 위해서 규칙적인 운동을 시작했다.

해설 운동을 하는 이유를 찾아보면 체중 관리를 위해서라고 할 수 있다. 동사 watch는 '보다'라는 뜻 말고도 '유의하다, 조심하다'라는 뜻으로 쓰이며, watch one's weight는 '몸무게를 조심하다, 몸무게를 조절하다'라는 뜻이다.

어구 **take up** ~을 시작하다   **exercise routine** 규칙적인 운동

오답 살펴보기 (a) **track** 추적하다   (c) **direct** 지도하다   (d) **prevent** 예방하다

14 (a)
해석 올해는 경제 성장이 둔화되었지만 전문가들은 내년에는 시장이 나아질 것이라고 조심스럽게 낙관하고 있다.

해설 Although가 힌트로 '조심스럽게 낙관하는'이라는 뜻의 cautiously optimistic이 되어야 한다. 이와 반대되는 표현

인 cautiously pessimistic(조심스럽게 비관하는)도 같이 외워두자.

오답 살펴보기 (b) **watchfully** 주의 깊게   (c) **suspiciously** 의심 많게
(d) **reluctantly** 마지못해

15 (d)
해석 직원들은 잭슨 씨의 사무실에서의 마지막 날을 위해 송별파티를 열어주기로 결정했다.

해설 회사에서 직원의 마지막 출근 날에 해줄 수 있는 것은 송별회(farewell party)이다.

어구 **staff** 직원   **throw a party** 파티를 열다

오답 살펴보기 (c) **reception** 환영[축하] 연회

16 (a)
해석 내일 수리를 하기 위해 가게 문을 닫는다는 것을 알리게 되어 죄송스럽게 생각하며, 불편함을 끼쳐드렸다면 이에 사과드립니다.

해설 '불편을 끼치다'라고 할 때 동사 cause를 쓴다. We apologize if this causes any inconvenience.(불편함을 끼쳐드렸다면 사과드립니다.)라는 표현은 매우 자주 쓰이는 표현이므로 통째로 외워두자.

어구 **regret to V** ~하게 되어 유감이다   **inform** 알려주다   **make repairs** 수리하다   **apologize** 사과하다   **inconvenience** 불편함

17 (a)
해석 몇몇 회사가 수소로 구동되는 자동차를 개발하기는 했지만 화석 연료로 가는 차가 가까운 미래에도 여전히 사용될 것이다.

해설 '가까운 미래에, 당분간'이라는 뜻의 for the foreseeable future를 물어보는 문제다. 같은 의미의 in the near future도 같이 외워두자.

어구 **power** 전력을 공급하다, 구동시키다   **hydrogen** 수소   **fossil fuel** 화석연료   **in use** 사용 중인

오답 살펴보기 (b) **predictable** 예상할 수 있는   (c) **expected** 기대된   (d) **anticipated** 예상된

18 (b)
해석 그 회사는 시장 점유율을 겨우 2년 사이에 8퍼센트에서 15퍼센트로 증가시켰다.

해설 퍼센트가 나오고 있고 빈칸 앞에 market이 있으므로 '시장점유율'이라는 의미가 되도록 market share가 되어야 한다.

어구 **increase** 증가시키다

오답 살펴보기 (a) **place** 장소   (c) **control** 통제; 통제하다   (d) **reach** 유효 범위

19 (d)
해석 미국은 사형제도가 합법으로 남아있는 유일한 선진국이다.

해설 '사형제도'는 capital punishment이다. 이때 주의할 점은 관사를 쓰지 않는다는 점이다. 반대로 같은 의미의 the death penalty는 반드시 앞에 관사 the를 써야 한다.

어구 **developed nation** 선진국   **legal** 합법의

오답 살펴보기 (a) **solitary** 혼자의   (b) **lethal** 치명적인   (c) **corporal**

신체의

20 (b)

해석 정부의 새로운 교육 정책은 정치인과 유권자 모두로부터 찬사를 받았다.

해설 praise와 같이 쓸 수 있는 동사를 고르면 된다. '칭찬[찬사]를 받다'라고 할 때 동사 draw를 쓴다.

어구 **policy** 정책　**praise** 칭찬, 찬사　**politician** 정치인　**voter** 유권자　**alike** 마찬가지로

오답 살펴보기 (a) **earn** 벌다; 획득하다 (c) **gather** 모으다, 집결하다 (d) **assemble** (사람을) 모으다

VP 08 | 형태가 비슷한 어휘

Check-up TEST

1	(c)	2	(a)	3	(a)	4	(c)	5	(b)
6	(d)	7	(a)	8	(a)	9	(c)	10	(d)
11	(b)	12	(d)	13	(b)	14	(c)	15	(a)
16	(b)	17	(d)	18	(d)	19	(b)	20	(a)

1 (c)

해석 A: 모니터 화면이 왜 이렇게 흐린 거지? 아무 것도 안 보이잖아.
　　　 B: 내 생각에는 네가 해상도 설정을 조절하기만 하면 될 것 같아.

해설 resolution(해상도)과 blurry(흐릿한)가 언급되었으므로 '조정하다, 조절하다'라는 뜻의 adjust가 정답이다.

어구 **blurry** 흐릿한　**resolution** 해상도, 선명도　**setting** 설정

오답 살펴보기 (a) **adapt** 적응하다 (b) **adept** 능숙한 (d) **adopt** 입양하다

2 (a)

해석 A: 우와! 이 수업을 듣는 학생들이 아주 많구나.
　　　 B: 허버트 박사님의 강의가 이해하기 쉽기 때문에 그래. 어려운 개념도 쉽게 풀어 주시거든.

해설 빈칸 뒤를 보면 simple to understand라는 힌트가 주어졌다. 따라서 같은 의미인 comprehensible(알기 쉬운, 이해할 수 있는)이 정답이다.

어구 **lecture** 강의　**concept** 개념

오답 살펴보기 (b) **compoundable** 화해할 수 있는 (c) **commendable** 칭찬할 만한 (d) **comprehensive** 포괄적인

3 (a)

해석 A: 오늘 저녁에 2인용 테이블을 예약하고 싶습니다.
　　　 B: 죄송합니다만 적어도 이틀 전에 미리 예약하셔야 합니다.

해설 A가 레스토랑을 예약하고 있는 상황이므로 '예약하다'라는 뜻의 reserve가 정답이다.

오답 살펴보기 (b) **preserve** 보존하다 (c) **deserve** ~할 만하다 (d) **serve** (손님을) 시중들다

4 (c)

해석 A: 사디는 충분히 벌을 받았다고 생각해요.
　　　 B: 미안하지만 그 애가 잘못을 깨달을 때까지 화를 가라앉힐 수 없어요.

해설 B가 여전히 화난 상태이므로 내용상 '화를 누그러뜨리다'라는 뜻의 relent가 가장 적절하다.

어구 **punish** 처벌하다　**learn one's lessen** 실수를 통해 깨닫다, 교훈을 얻다

오답 살펴보기 (a) **rest** 쉬다 (b) **regain** 회복하다 (d) **resume** 다시 시작하다

5 (b)

해석 A: 제랄드는 자기가 모든 것을 다 잘한다고 생각해.
　　　 B: 정말 그렇게 생각하는 것 같아. 자기 능력에 대해 자랑하는 걸 듣는 것도 정말 지겨워.

해설 A의 말로 미루어볼 때 제랄드가 자기 과시가 심하다는 것을 알 수 있다. 따라서 boast(자랑하다)가 들어가는 것이 가장 적절하다.

어구 **talented** 재능이 있는　**be tired of** ~가 지겹다

오답 살펴보기 (a) **boost** 북돋우다, 신장시키다 (c) **boot** (컴퓨터를) 부팅시키다 (d) **board** (배, 비행기에) 탑승하다

6 (d)

해석 A: 환영회가 언제 열릴 건지 말씀해 주시겠어요?
　　　 B: 그럼요. 환영회는 회의 전에 있어요. 그러니 일찍 도착하도록 하세요.

해설 환영회가 열리는 순서를 설명하고 있다. 빈칸 앞의 it은 앞서 언급한 the reception을 가리키는데 '환영회가 회의 전에 있다'라고 하려면 동사 precede(먼저 일어나다, 앞서다)를 쓰면 된다. A precede B는 'B보다 A가 먼저 발생하다'라는 뜻이다.

어구 **reception** 환영회; 환영　**take place** 발생하다　**conference** 회의　**show up** 나타나다

오답 살펴보기 (a) **precipitate** 야기시키다, 촉발시키다 (b) **proceed** 나아가다 (c) **process** 가공 처리하다

7 (a)

해석 A: 인터넷을 검색할 때 온라인 보안 프로그램을 사용하는 것이 중요해.
　　　 B: 맞아. 네가 전송하는 데이터가 못된 사람들에게 넘어가지 않도록 해야 해.

해설 you 앞에 목적격 관계대명사가 생략되었으므로 the data를 목적어로 취할 수 있는 알맞은 동사를 찾으면 된다. '데이터를 전송하다'라고 할 때는 동사 transmit을 사용한다.

어구 **security** 보안, 안보, 안전　**browse** 검색하다　**fall into the wrong hands** 악인의 손에 넘어가다

오답 살펴보기 (b) **translate** 번역하다 (c) **transfer** 전근 가다; 환승하다 (d) **transform** 변환시키다

8 (a)

해석 A: 부장님께 인사할 때 어떻게 해야 하는지 조언 좀 줄래?
B: 우선은 공손하고 정중하게 행동해야 해.

해설 and politely와 자연스럽게 이어질 수 있는 표현은 '공손하게, 정중하게'라는 뜻의 respectfully이다. respectively(각각)와 혼동하지 않도록 주의하자.

어구 greet 맞이하다, 인사하다   politely 정중하게

오답 살펴보기 (b) restrictedly 제한적으로 (c) resolvedly 단호하게
(d) respectively 각각

9 (c)

해석 A: 내일 아침 모퉁이에 있는 식당에서 식사를 할까 생각 중이었어.
B: 글쎄, 호텔에서 무료 아침 식사를 제공해주니까 그냥 그걸 먹자.

해설 B의 말은 밖에서 나가서 먹으면 돈이 들기 때문에 공짜로 제공하는 호텔 아침 식사를 먹자는 내용이다. 따라서 complimentary(무료의)가 정답이다.

어구 offer 제공하다

오답 살펴보기 (a) complementary 보충[보완]하는 (b) completive 완성적인 (d) complicated 복잡한

10 (d)

해석 A: 네 소설책이 백만 부 팔린 걸 축하해.
B: 정말 고마워. 내가 생각했던 것보다 책이 더 성공적이었어.

해설 책이 백만 부 이상 팔렸으므로 성공적이었다고 할 수 있다. 따라서 successful(성공적인)이 정답이다.

어구 copy 책의 부수

오답 살펴보기 (a) substantial 실질적인 (b) successive 연속적인
(c) succinct 간결한

11 (b)

해석 사형 제도를 반대하는 이들은 어느 누구도 범죄를 저질렀다고 해서 마땅히 죽어야 한다고 생각지 않는다.

해설 사형 제도에 반대하는 사람들이 내세울 만한 주장을 고르면 된다. '마땅히 ~할 만하다'라는 뜻의 deserve가 정답이다.

어구 opponent 반대하는 사람   death penalty 사형제도
argue 주장하다   commit 저지르다   crime 범죄

오답 살펴보기 (a) reserve 보유하다 (c) serve 시중들다; 주문을 받다
(d) preserve 보존하다

12 (d)

해석 우리 회사는 현 두바이 시장을 더 잘 파악하기 위해 24명의 직원을 두바이 지사로 전근시키기로 결정했다.

해설 해외 시장을 가장 잘 파악할 수 있는 방법은 현지에 직원을 보내는 것이다. 빈칸 뒤에 목적어로 나온 employees와 가장 잘 어울리는 동사 transfer(전근시키다)가 정답이다.

어구 firm 회사   dozen 12개   understanding 이해, 파악
current 현재의

오답 살펴보기 (a) transmit 전송하다 (b) transform 변환시키다
(c) translate 번역하다

13 (b)

해석 컴퓨터 해커 몇 명이 군 데이터베이스에 침입해 기밀 군사 정보에 접근하여 국가 안보에 위협을 가했다.

해설 '해커, 군사 데이터베이스, 안보'를 토대로 confidential(기밀의, 비밀의)이 정답임을 추측할 수 있다.

어구 break into ~로 침입[침범]하다   gain access to ~에 접근하다   pose a threat 위협을 가하다   national security 국가 안보

오답 살펴보기 (a) considerable 상당한 (c) contaminated 오염된 (d) confident 자신감 있는

14 (c)

해석 점점 더 많은 수의 젊은 부유층 부부들이 해외에서 아이들을 입양해오는 것을 선택하고 있다.

해설 목적어인 children(아이들)과 가장 잘 어울리는 단어는 '입양하다'라는 뜻의 adopt이다.

어구 increasing 점점 증가하는   wealthy 부유한

오답 살펴보기 (a) adapt 적응하다 (b) adjust 조절하다 (d) adept 능숙한

15 (a)

해석 허리케인 앨리스는 수백 채에 달하는 집과 사업체를 부수면서 도시에 막대한 피해를 입혔다.

해설 단어의 뜻만 알면 쉽게 풀 수 있는 문제다. destroying ~ businesses에서 태풍에 의한 수많은 피해에 대해 설명하고 있으므로 '상당한, 규모가 큰'이란 뜻의 considerable이 정답이다.

어구 cause 야기시키다   destroy 파괴하다

오답 살펴보기 (b) considerate 사려 깊은 (d) commendable 칭찬할 만한

16 (b)

해석 용의자는 그의 이웃사람이 범죄를 저질렀다고 자백한 후 경찰의 감금으로부터 풀려났다.

해설 진범이 자백을 했기 때문에 용의자는 범인이 아닌 것으로 드러나 풀려날 수 있었을 것이다. '풀려나다, 출소하다'라는 뜻의 동사는 release이다.

어구 suspect 용의자, 혐의자   custody 감금; 양육권   admit 시인하다   commit a crime 범죄를 저지르다

오답 살펴보기 (a) relapse 재발하다 (c) relive 다시 경험하다
(d) relieve 안도하게 하다

17 (d)

해석 정부는 그 역사적인 기념 건물을 대대로 유지하면서 보존하기 위해 더욱 많은 돈을 쓰고 있다.

해설 remain for generations to come이 힌트로, 대대로 유지시킬 거라고 했으므로 preserve(보존하다)가 정답이다.

어구 monument (역사적) 기념물; 기념비   ensure 확실하게 하다
for generation 여러 세대에 걸쳐

오답 살펴보기 (a) service 차량 정비하다 (b) reserve 예약하다
(c) deserve 마땅히 ~할 만하다

18 (d)

해석 범죄를 줄이기 위해서 시장은 거리의 경찰관 수를 5000명에서 8000명으로 늘리기로 했다.

해설 경찰관 수가 5000에서 8000이 된다고 했으니 '증강하다'라는 뜻의 boost가 들어가는 것이 적절하다.

어구 cut down on 줄이다   uniformed 제복을 입은

오답 살펴보기 (a) boast 자랑하다 (b) boot 부팅하다 (c) bound ~의 경계를짓다

19 (b)

해석 그 국제회의는 일련의 대규모 시위 때문에 진행될 수 없었다.

해설 시위 때문에 회의가 순조롭게 진행되지 못했을 거라고 추측할 수 있다. 따라서 '진행되다'라는 뜻의 proceed가 정답이다.

어구 conference 회의   a series of 일련의   massive 대규모의   protest 시위

오답 살펴보기 (a) process 가공 처리하다 (c) precipitate 야기시키다 (d) precede (주어가 목적어보다) 앞서서 발생하다

20 (a)

해석 우리 시의 도시 재개발 프로젝트는 도심지역을 가난한 지역에서 평균 이상의 지역으로 변모시킬 것이다.

해설 가난한 동네에서 평균 이상의 동네로 '바꾸다'라는 의미가 되어야 자연스럽다. '바꾸다, 변형시키다'라는 뜻의 transform이 정답이다.

어구 renewal 재개; 부활; 갱신   impoverished 빈곤한   upscale 부자의; 평균 이상의   community 지역사회

오답 살펴보기 (b) transfix 얼어붙게 만들다 (c) transfer 전근시키다; 환승하다 (d) translate 번역하다

VP 09 | 의미가 비슷한 어휘

Check-up TEST

1	(b)	2	(a)	3	(d)	4	(c)	5	(a)
6	(c)	7	(a)	8	(b)	9	(a)	10	(d)
11	(d)	12	(d)	13	(a)	14	(b)	15	(b)
16	(a)	17	(a)	18	(d)	19	(c)	20	(c)

1 (b)

해석 A: 알렌이 내 파티에 오겠다고 했는데 나타나지 않았어.
B: 놀라운 일도 아니지. 그는 절대 약속을 지키지 않거든.

해설 동사 keep과 어울리는 명사는 promise(약속)이다. keep one's promise(약속을 지키다)의 형태로 많이 쓴다. pledge는 '맹세, 공약'이라는 다소 무거운 약속을 뜻하며 appointment는 '시간 및 장소의 약속'을 의미한다.

어구 show up 나타나다

오답 살펴보기 (a) pledge 맹세, 공약 (c) guarantee 보장; 보장하다

2 (a)

해석 A: 오늘 저녁으로 뭘 먹을까?
B: 그냥 어제 저녁에 먹다 남은 음식을 먹어야 될 것 같아.

해설 저녁 식사 이야기를 하고 있으므로 '먹다 남은 음식'을 의미하는 leftovers가 정답이다. remains는 죽은 사람을 의미하는 '유해'란 뜻이고, residues는 커피 찌꺼기나 화학 실험을 하고 난 후 남은 것들의 '찌꺼기'를 의미하며, remnants는 '나머지'란 뜻이다.

오답 살펴보기 (b) remains 유해, 잔해 (c) residue 찌꺼기 (d) remnant 나머지

3 (d)

해석 A: 뒤에서 당신 차를 박아서 정말 죄송합니다.
B: 걱정 마세요. 아무 피해도 없는 것 같은데요.

해설 빈칸 뒤에 나온 동사 done을 잘 봐두자. do damage가 한 덩어리로 '피해를 입히다'라는 뜻이다. 나머지 선택지도 비슷한 의미를 가지고 있지만 동사 do와는 어울리지 않는다.

어구 back into 뒤에서 충돌하다

오답 살펴보기 (a) harm 피해 (b) hurt 상처; 아픔 (c) injury 부상

4 (c)

해석 A: 우와! 저기 저 여자가 입고 있는 이상한 옷 좀 봐.
B: 다른 사람을 빤히 쳐다보지 마. 아주 무례한 짓이야.

해설 뒤에 전치사 at이 올 수 있는 것은 stare와 glance뿐이다. 이때 glance는 흘긋 보는 것이므로 이 상황에서 쓰기에는 다소 어색하며, 다른 사람의 옷차림을 빤히 응시하는 상황이므로 stare(빤히 쳐다보다, 응시하다)를 쓰는 것이 적절하다.

어구 (b) watch 주시하다, 관찰하다 (d) glance 흘긋 보다

5 (a)

해석 A: 저기 앉아 있는 사람이 톰 크루즈 맞지?
B: 정말 그런 것 같아. 가서 사인 받자.

해설 유명인사로부터 받는 사인은 autograph라고 한다. (c) signature는 직장 상사로부터 결재를 받을 때 하는 서명이므로 답이 될 수 없다.

오답 살펴보기 (c) signature 서명 (d) mark 표시

6 (c)

해석 A: 마룻바닥에 산산조각 난 것이 내 골동품 꽃병 맞지?
B: 네, 맞아요. 일부러 부수려고 그런 건 아닌데. 사고였어요.

해설 I didn't mean to V(~할 의도가 아니었다)라는 부분이 힌트가 될 수 있다. 의도한 바는 아니지만 물건 등이 피해를 입을 때 incident가 아닌 accident를 쓴다.

어구 antique 골동품(의)   smash 산산조각 내다

오답 살펴보기 (a) incident 부수적 사건 (b) disaster 재난 (d) occurrence (일의) 발생

7 (a)

해석 A: 교통 체증 때문에 이 도시에서 운전하는 것은 정말 귀찮은 일이야.
B: 맞아. 대중교통을 이용하는 것이 훨씬 더 편리해.

해설 comfortable은 사람이 편하게 느끼는 것이고 convenient

는 사물이 편리하다는 뜻이므로 여기서는 convenient를 쓰는 것이 옳다.

어구 hassle 번거로운 일   public transportation 대중교통

오답 살펴보기 (b) comfortable 편안한 (c) complicated 복잡한
(d) conventional 관습의

8 (b)

해석 A: 혹시 망치 있으세요? 집수리 좀 하려고요.
　　B: 물론이죠. 차고에 당신이 빌려갈 만한 망치가 하나 있을 거예요.

해설 A가 망치를 빌리려고 하는 상황이므로 문맥상 borrow (빌리다)가 가장 적절하다. lend는 '빌려주다'란 뜻이므로 혼동하지 않도록 주의하자.

어구 happen to V 혹시 ~하다   household repairs 집안 수리
garage 차고

오답 살펴보기 (c) purchase 구매하다 (d) lend 빌려주다

9 (a)

해석 A: 그녀의 사과에 너는 어떻게 대응했니?
　　B: 그녀의 사과가 진심이었기 때문에 받아들일 수밖에 없었어.

해설 '사과를 받아들이다'라고 할 때 동사는 accept를 쓴다. receive는 일반적으로 '물리적인 것을 받다'라는 뜻이므로 답이 될 수 없다.

어구 respond 대응하다   apology 사과   sincere 진실한
have no choice but to V ~할 수밖에 없다

오답 살펴보기 (c) admit 인정하다 (d) reduce 줄이다

10 (d)

해석 A: 웰링턴스는 훌륭한 제품을 많이 갖춘 좋은 식료품점이야.
　　B: 그럴지도 모르지만 내 생각에는 거기 가격이 너무 비싼 것 같아.

해설 식료품점의 제품 가격을 의미하고 있으므로 prices가 정답이다. cost는 무언가를 하는 데 드는 비용이고 fee는 서비스에 대한 비용이며 fare는 교통 요금을 뜻한다.

어구 selection 선택   excessively 과도하게

오답 살펴보기 (a) cost 비용 (b) fee 수수료 (c) fare 교통요금

11 (d)

해석 의사는 그 질병을 새로운 종류의 약으로 치료했다.

해설 선택지 모두 기본적으로 '어떠한 문제를 다루다'라는 뜻을 공통적으로 내포하고 있다. 주어진 문장에서는 질병을 약으로 치료한다는 의미이므로 treat(치료하다)가 들어가는 것이 적절하다.

오답 살펴보기 (a) manage 관리하다 (b) handle 다루다
(c) address (문제를) 해결하다

12 (d)

해석 경찰은 오늘 아침에 센트럴 은행에서 발생한 사건에 대응했다.

해설 주어가 Police(경찰)이고 은행에서 발생했다고 했으므로 범죄와 관련된 사건으로 보는 것이 적절하다. '범죄, 사고 등의 사건'을 의미하는 incident가 정답이다.

어구 respond 대응하다   take place 발생하다

오답 살펴보기 (a) occasion 경우; 행사 (b) accident 사고
(c) festival 축제

13 (a)

해석 은행은 최소한의 자격 요건을 갖춘 고객에게만 돈을 빌려줄 것이다.

해설 은행에서 고객에게 돈을 빌려주는 상황으로 '돈을 빌려주다, 대출해주다'라는 의미가 적절하므로 lend가 정답이다.

어구 minimum 최소한의   requirements 요건

오답 살펴보기 (b) charge 비용을 부과하다 (d) donate 기부하다

14 (b)

해석 사람들은 동물의 공격을 두려워하지만 실제로 동물은 거의 사람을 해치지 않는다.

해설 attack과 의미상 가장 가까운 단어를 찾으면 된다. people이 목적어이므로 harm(해를 끼치다)이 들어가는 것이 가장 적절하다.

어구 attack 공격   in reality 정말로, 실제로는

오답 살펴보기 (a) damage 파손하다 (c) spoil 망치다 (d) destroy 파괴하다

15 (b)

해석 시는 정부의 재정 지원의 감소분을 채우기 위해 지하철 요금을 인상할 계획을 가지고 있다.

해설 빈칸 앞에 나온 subway가 힌트로, '교통 요금'을 의미하는 단어는 fares이다.

어구 compensate 만회하다, 벌충하다   funding 재정 지원

오답 살펴보기 (a) fee 수수료 (c) price 가격 (d) cost 비용

16 (a)

해석 얕은 상처의 경우 빨리 치료하지 않으면 감염될 가능성이 크다.

해설 피부에 상처가 생긴 것을 의미하는 것이므로 wound(부상, 상처)가 정답이다. flesh wound는 '얕은 상처, 경상'이라는 뜻으로 쓰인다.

어구 flesh (사람, 동물의) 살   infect 감염시키다

오답 살펴보기 (b) damage 피해, 손상 (c) harm 해 (d) disorder 병

17 (a)

해석 본인이 실수한 것을 깨닫고 최고 경영자는 즉시 본인이 실수한 것을 고쳤다.

해설 '(어떠한 사실을) 알아차리다, 깨닫다'라고 할 때 쓰는 동사는 realize이다.

어구 make a mistake 실수하다   correct oneself 자신의 틀린 점을 고치다

오답 살펴보기 (c) recall 생각해 내다 (d) respond 응답하다

18 (d)

해석 프레드와 힐러리는 서로의 눈을 사랑스럽게 지그시 쳐다보았다.

해설 사랑하는 사람끼리 서로를 째려본다고 하면 어색하므로 stare와 glare는 오답이고, 지그시 서로의 눈을 쳐다본다고

하는 것이 자연스럽다. 이 때 쓸 수 있는 동사가 gaze(가만히 응시하다)이다.

어구 **lovingly** 사랑스럽게

오답 살펴보기 (a) **stare** 노려보다, 빤히 보다 (b) **glare** 노려보다 (c) **glance** 흘긋 보다

19 (c)

해석 고대 잉카 여성의 유해가 발견된 후 새로운 고층건물 건설 작업이 중단되었다.

해설 ancient Incan woman이라고 했으므로 '고대 여성의 유해'라는 말이 가장 잘 어울린다. '유해, 잔해'를 의미하는 remains가 정답이다.

어구 **construction** 건설　**skyscraper** 고층건물, 마천루　**ancient** 고대의

오답 살펴보기 (a) **residue** 찌꺼기 (b) **leftovers** 먹다 남은 음식 (d) **fragment** 조각, 파편

20 (c)

해석 국제 사회 국가들은 그 지역을 별개의 국가로 인정하기를 거부했다.

해설 refuse to가 있으므로 '인정을 거부하다'라는 의미가 가장 적절하다. '(어떠한 사실을) 인정하다'라고 할 때 쓸 수 있는 동사는 recognize이다.

어구 **international community** 국제사회　**refuse to V** ~하기를 거부하다　**separate** 분리된, 개별의

오답 살펴보기 (a) **realize** 알게 되다, 깨닫다

VP 10 | 이디엄

▬ Check-up TEST ▬

1 (b)	2 (a)	3 (b)	4 (a)	5 (a)
6 (a)	7 (c)	8 (b)	9 (c)	10 (b)
11 (c)	12 (c)	13 (d)	14 (a)	15 (d)
16 (b)	17 (d)	18 (d)	19 (c)	20 (d)

1 (b)

해석 A: 힐러리가 입고 있는 옷에 대해 뭐라고 말했니?
B: 물론 선의의 거짓말을 해서 멋있어 보인다고 했지.

해설 상대방을 배려하는 '선의의 거짓말'을 white lie라고 한다. 실제로는 별로였지만 상대방의 기분을 위해 멋있어 보인다고 말한 것이다.

오답 살펴보기 (a) **tall tale** 과장된 이야기 (c) **hat trick** 교묘한 솜씨 (d) **bitter end** 막다른 최후

2 (a)

해석 A: 이번 주 주말에 우리랑 같이 등산 갈래?
B: 미안하지만 이미 계획이 있어. 다음번에 같이 가야겠다.

해설 제안에 응할 수 없어 다음으로 미룬다고 할 때 take a rain check(다음을 기약하다)이라고 한다.

어구 **go hiking** 등산 가다

오답 살펴보기 (b) **make ends meet** 수지 타산을 맞추다 (c) **hit the road** 출발하다 (d) **spill the beans** 비밀을 누설하다

3 (b)

해석 A: 있잖아, 앤드류. 네가 복권에 당첨되었어!
B: 장난치지 마. 그런 일은 절대 없을 거란 걸 나도 알아.

해설 복권에 당첨됐다는 말에 부정적으로 반응하고 있으므로 '장난치지 마, 농담하는 거지'라는 뜻의 Quit[Stop] pulling my leg라고 하는 것이 적절하다. pull one's leg가 '장난치다'라는 뜻의 숙어이다.

어구 **lottery** 복권

오답 살펴보기 (a) **make fun of** ~을 조롱[조소]하다 (c) **have a ball** 즐거운 시간을 가지다 (d) **stretch the truth** 진실을 왜곡하다

4 (a)

해석 A: 내가 해고되었다는 말을 아무한테도 하지 말아줘.
B: 걱정 마. 반드시 네 비밀을 보장할게.

해설 '비밀을 지키다, 비밀을 누설하지 않다'라고 할 때 keep something under one's hat이라고 한다.

어구 **lay off** 해고시키다

오답 살펴보기 (b) **hit below the belt** 반칙하다, 불법적인 일을 하다 (c) **fit like a glove** 꼭 맞다, 안성맞춤이다 (d) **roll up one's sleeves** 팔을 걷어붙이다, 만반의 준비태세를 갖추다

5 (a)

해석 A: 방금 복권에서 천만 달러에 당첨됐어!
B: 우왜! 대박 터뜨린 것 축하해.

해설 복권 당첨에 대한 내용이 언급되었기 때문에 '대박을 터뜨리다'라는 뜻의 hit the jackpot이 가장 적절하다.

오답 살펴보기 (b) **make it big** 성공하다 (c) **go all out** 최선을 다하다 (d) **take the chair** 의장석에 앉다; 개회하다

6 (a)

해석 A: 안녕하세요. 제 이름은 티모시 맥머너스입니다.
B: 이전에 저희가 서로 만난 적이 있었나요? 이름을 어디서 들어본 듯 한데요.

해설 만난 적이 있는지 묻고 있으므로 '들어본 적이 있는 것 같다'라는 뜻의 표현 ring a bell with가 정답이다.

오답 살펴보기 (b) **strike a chord with** ~한 생각이 갑자기 나다 (c) **hit home** 정곡을 찌르다 (d) **bite the dust** 실패하다

7 (c)

해석 A: 도움이 필요하세요? 전 이것저것 만드는 일을 잘해요.
B: 고맙습니다. 제가 손재주가 없어서요. 저는 뭐든지 맞게 조립을 못 한답니다.

해설 build와 put anything together를 보면 손으로 무엇인가를 하는 것임을 알 수 있다. 따라서 be all thumbs(손재주가 없다)라는 표현을 쓰는 것이 알맞다.

어구 **build** 만들다　**put together** 조립하다　**correctly** 바르게

오답 살펴보기 (d) **all ears** 상대방의 말을 경청하는

8 (b)

해석 A: 내년에는 어디서 살기로 결정했니?
B: 지금으로서는 잘 모르겠어. 우리 계획은 아직 미정인 상태야.

해설 아직 어디에서 살지 모르겠다고 했으므로 '계획이 아직 미정인, 정해지지 않은'이라는 뜻의 up in the air가 정답이다.

오답 살펴보기 (a) in the clear 의혹이 풀린, 혐의를 벗은 (c) in the red 적자인 (d) up and running 가동[작동] 중인

9 (c)

해석 A: 식료품점에 들르는 걸 깜빡했어. 지금 다시 돌아가야겠어.
B: 괜찮아. 바로 모퉁이만 돌면 식료품점이 하나 더 있어.

해설 시간이나 공간적으로 가까이 있을 때 쓰는 표현 around the corner(아주 가까운, 길모퉁이를 돈 곳에)가 정답이다.

어구 stop by 잠깐 들르다

오답 살펴보기 (a) down the drain (계획이나 노력이) 수포로 돌아간, 헛된 (b) up the creek 곤경에 처한 (d) in the short run 단기간에

10 (b)

해석 A: 어젯밤 옆집 파티 소리가 너무 컸어.
B: 그랬던 것 같아. 잠을 못 잘 정도였어.

해설 파티가 시끄러워서 잠을 못 잔 상황이므로 '잠을 못 자다'라는 뜻의 couldn't sleep a wink를 쓰면 된다.

어구 way too loud 너무 큰

오답 살펴보기 (a) rise and shine 정신 차리고 일어나다 (c) learn the ropes 요령을 터득하다 (d) say the word 명령을 내리다

11 (c)

해석 우편은 비가 오나 눈이 오나 항상 도착한다고 신뢰하셔도 됩니다.

해설 always와 같은 뜻의 이디엄을 찾으면 되는데, '항상, 비가 오나 눈이 오나'라고 할 때 영어로는 rain or shine이라고 한다.

오답 살펴보기 (a) right as rain 상태가 아주 좋은, 건강한 (b) under the weather 몸 상태가 좋지 않은 (d) out of the blue 갑자기

12 (c)

해석 개발 팀은 팀 관리자가 승인을 하기 전까지는 그 프로젝트를 실시할 수 없었다.

해설 승인을 받기 전까지 프로젝트를 실시하지 못한 상황이다. '승인하다, 허락하다'라는 뜻의 give something the green light를 알아두자.

오답 살펴보기 (a) short straw 하기 싫은 일 (b) a once over 다시 한 번 더 하는 것 (d) a fresh pair of eyes 새로운[신선한] 시각

13 (d)

해석 달라가 파티장에 갑자기 나타나서 모든 이들이 놀랐다.

해설 사람들이 놀랐다는 말로 미루어 볼 때 '갑자기'라는 뜻의 숙어 out of the blue가 들어가는 것이 자연스럽다.

어구 show up 나타나다, 등장하다

오답 살펴보기 (a) out of the woods 위험에서 벗어난 (b) out on a limb 다른 사람들의 도움 없이 (c) out to lunch 머리가 멍한;

14 (a)

해석 그 정치인은 그 상황에 대해서 비밀을 전제로 그의 솔직한 의견을 내놓았다.

해설 '(어떤 이야기에 대해서) 비공개로, 비밀을 전제로'라는 뜻의 off the record가 정답이다. 참고로 off the record의 반대 표현은 for the record(공식적으로)이다.

오답 살펴보기 (b) down the tubes 망해버린, 파멸한 (c) off the wall 특이한, 제정신이 아닌 (d) down the pan 못 쓰게 된

15 (d)

해석 브레드는 혼나지 않으려고 했고 아버지에게 차를 박았다고 말하지 않으려 했다.

해설 차를 박은 것을 사실대로 털어놓으려 하지 않았으므로 벌을 안 받으려고 했다는 것을 알 수 있다. '자신의 행동에 대한 벌을 받다, 책임을 지다'라는 뜻의 face the music이 정답이다.

어구 unwilling to V ~하지 않으려 하는

오답 살펴보기 (a) blow one's own horn 자기 자랑하다 (b) play it by ear 상황 봐가면서 대처하다 (c) hit home 정곡을 찌르다

16 (b)

해석 재키는 자신이 받은 지도를 이해하지 못해 방향을 물어봐야 했다.

해설 지도를 제대로 이해하지 못했기 때문에 방향을 물어봤을 것이다. '이해하다'라는 뜻의 make heads or tails가 정답이다.

어구 call for 요청하다 direction 방향; 위치

오답 살펴보기 (a) see the forest for the trees 나무를 보고 숲을 보지 못하다 (c) hit the nail on the head 정곡을 찌르다 (d) take one's eyes off ~에서 눈을 떼다

17 (d)

해석 나는 화장실에 갈 때 그 여자 분에게 내 가방을 좀 봐달라고 부탁했다.

해설 지갑이나 가방 등 어떤 물건을 봐달라고 할 때 keep an eye on(~을 계속 지켜보다, 감시하다)을 쓴다. eyes가 아니라 an eye라는 점에 유의하자.

어구 restroom 화장실

오답 살펴보기 (a) pour the cold water 찬물을 끼얹다 (b) hang in there 참고 견디다 (c) lend a hand 도움의 손길을 건네다

18 (d)

해석 그 최고 경영자는 직원들의 연금을 불법으로 투자하여 10년 형을 선고 받았다.

해설 illegally라는 말이 나왔으므로 법을 어겨 감옥에 갔음을 유추할 수 있다. 따라서 behind bars(감옥에 있는)가 정답이다.

어구 end up V-ing 결국 ~하다 illegally 불법적으로 invest 투자하다 pension 연금

오답 살펴보기 (a) off the hook 곤경에서 벗어난 (b) under fire 비난을 받고 있는 (c) in the red 적자인

19 (c)

해석 6개월의 약혼 기간 후에 브랜든과 로리는 결국 결혼했다.

해설 engagement(약혼)가 나왔으므로 약혼 이후에 결혼했다고 추측할 수 있다. '결혼하다'는 tie the knot라는 표현을 쓴다.

어구 engagement 약혼

오답 살펴보기 (a) work things out 문제를 해결하다 (b) make ends meet 수지타산을 맞추다 (d) bring together 묶다, 합치다

20 (d)

해석 피고는 말을 빙빙 돌려 했고 쟁점 사항에 대해서는 언급을 피했다.

해설 핵심 내용을 말하지 않았다고 했고 and로 연결되었으므로 같은 맥락의 '말을 빙빙 돌리다'라는 뜻의 beat around the bush가 알맞은 표현이다.

어구 defendant 피고 main issue 쟁점 사항

오답 살펴보기 (a) look on the bright side 긍정적인 측면을 보다 (b) drag one's heels 질질 끌다 (c) shoot the breeze 수다를 떨다

Section 3
Actual Test 01-06

Actual Test 01

1 (d)	2 (b)	3 (b)	4 (a)	5 (b)
6 (b)	7 (d)	8 (a)	9 (c)	10 (b)
11 (c)	12 (a)	13 (c)	14 (b)	15 (b)
16 (c)	17 (c)	18 (c)	19 (d)	20 (c)
21 (c)	22 (a)	23 (b)	24 (c)	25 (a)
26 (b)	27 (c)	28 (c)	29 (a)	30 (a)

1 (d)

해석 A: 휴가 때 프랑스에 가는 것이 어때?
B: 그렇게 하는 것도 생각해 봤는데 대신 독일에 가기로 결정했어.

해설 뒤에 나온 동명사 doing이 힌트로, consider는 동명사를 목적어로 취할 수 있는 동사이다. 내용상으로도 consider(고려하다)가 적절하다.

어구 decide to V ~하기로 결정하다

오답 살펴보기 (a) separate 분리하다 (b) overlook 간과하다 (c) defend 옹호하다

2 (b)

해석 A: 어젯밤 릭 잭슨이 사망했다는 기사를 읽었어.
B: 안타까운 일이야. 정말 훌륭한 연기자였는데.

해설 사람이 사망했으니 상식적으로 아쉬움이나 애도를 표현하는 것이 옳다. '참 안된 일이야'라는 뜻의 What a pity가 되어야 한다.

어구 pass away 돌아가시다, 사망하다

오답 살펴보기 (a) zeal 열정 (c) vice 악 (d) firm 회사; 단호한

3 (b)

해석 A: 왜 울고 있니? 무슨 문제라도 있어?
B: 아니. 두 젊은 연인에 대한 애절한 영화를 봤을 뿐이야.

해설 울 정도라면 영화 중에서도 슬프거나 감동적인 영화를 봤을 것이다. 따라서 선택지에서 적절한 단어를 찾아보면 touching (감동적인)이 정답이다.

오답 살펴보기 (a) jealous 샘을 내는 (c) fascinating 매력적인 (d) pleasant 유쾌한

4 (a)

해석 A: 컴퓨터가 작동하지 않는 이유를 기술자들이 알아냈습니까?
B: 아니요. 문제의 원인을 아직 찾지 못했습니다.

해설 '문제의 원인을 찾다'라는 말이 가장 자연스러우므로 identify (발견하다, 찾다)가 정답이다.

어구 technician 기술자 figure out 알아내다; 이해하다 source 원인

오답 살펴보기 (b) dispose 처리하다 (c) maintain 유지하다; 주장하다 (d) declare 선언하다

5 (b)

해석 A: 간호사 선생님, 실례합니다만 제 아버지를 뵙고 싶은데요.
B: 애석하게도 당신이 도착하시기 바로 전에 돌아가셨습니다.

해설 꺼내기 쉽지 않은 말을 할 때 문두에 regrettably(애석하게도, 유감스럽게도)를 쓸 수 있다.

오답 살펴보기 (a) fortunately 운이 좋게도 (c) actually 사실상 (d) obviously 명확하게도

6 (b)

해석 A: 매일 운동을 해서 40파운드를 뺐어.
B: 그거 참 반가운 소식이구나! 네가 체중 문제를 극복할 수 있을 줄 알았어.

해설 몸무게를 뺐다고 했는데 목적어로 부정적인 내용인 your weight problem이 왔다. 따라서 체중 문제를 해결했다는 의미로 overcome(극복하다)이 들어가는 것이 적절하다.

어구 pound 파운드(무게의 단위, 약 453그램) weight 몸무게

오답 살펴보기 (a) attack 공격하다 (c) remove 제거하다 (d) damage 파손하다

7 (d)

해석 A: 경기장에 왜 앰뷸런스가 있는 거지?
B: 선수 중 한 명이 심각한 부상을 당한 것이 분명해.

해설 목적어가 injury(부상)이므로 '부상을 입다'라는 뜻이 알맞다. '(고통, 상해를) 받다[겪다]'라는 뜻의 동사는 suffer이다.

어구 field 경기장 apparently 분명히

오답 살펴보기 (a) impress 깊은 인상을 주다 (b) concern 걱정시키다
(c) achieve 성취하다

8 (a)

해석 A: 네 강아지를 쓰다듬으려고 하면 나를 물까?
B: 걱정 마. 절대로 해치지 않아.

해설 개가 물지 않겠냐는 질문에 Don't worry.라고 답했으니 물지
않는다는 말이다. 따라서 '해롭지 않은'이라는 뜻의 harmless
가 정답이다.

어구 bite 물다   pet 쓰다듬다   completely 완전히

오답 살펴보기 (b) anxious 초조해하는 (c) sensible 현명한
(d) cheerful 활기찬

9 (c)

해석 A: 왜 이 식당을 선택한 거야?
B: 내 친구 중 하나가 이 식당을 나에게 추천했거든.

해설 식당을 선택한 이유에 대해 묻고 있으므로 '추천하다'라는 의
미의 recommend가 들어가는 것이 가장 자연스럽다.

오답 살펴보기 (a) substitute 대체하다 (b) describe 묘사하다, 기술
하다 (d) transport 수송하다

10 (b)

해석 A: 아침마다 주로 뭐 하니?
B: 내 아침 일과는 일어나서 샤워하고 아침밥을 먹는 거야.

해설 일어나서 샤워하고 아침 식사한다는 내용은 아침에 일어나는
일상의 과정, 즉 일과(routine)라고 할 수 있으므로 정답은 (b)
이다.

어구 consist of ~로 구성되다   take a shower 샤워하다

오답 살펴보기 (a) existence 존재 (c) concern 걱정 (d) passion
열정

11 (c)

해석 그 상자는 들고 나르기 쉽도록 두 개의 손잡이가 달려 있다.

해설 들고 나르기 쉽다고 했으니 상자에 손잡이(handles)가 달려
있음을 유추할 수 있다.

오답 살펴보기 (a) spirit 정신, 마음 (b) block 장애물 (d) lid 뚜껑

12 (a)

해석 아이들은 항상 부모님의 말씀에 복종해야 한다.

해설 아이들이 부모님에게 어떻게 해야 하는지 생각해 보면 상식적
으로 '복종하다'라는 뜻의 obey를 생각할 수 있다.

오답 살펴보기 (b) quit 그만두다 (c) suit 어울리다 (d) vote 투표하다

13 (c)

해석 채점관들은 품질, 크기, 창의성을 바탕으로 해서 참가작들을
평가할 것이다.

해설 3가지 요소를 바탕으로 순위를 평가한다는 내용이므로
evaluate(평가하다)가 들어가는 것이 적절하다.

어구 entry 참가자; 출품물   quality 품질   creativity 창의성

오답 살펴보기 (a) transport 수송하다 (b) recognize 인지하다
(d) govern 지배하다, 관할하다

14 (b)

해석 재활용을 하고 대중교통을 이용함으로써 환경을 보호하는 데
일조할 수 있다.

해설 재활용과 대중교통 이용을 통해 보호할 수 있는 것은 환경
(environment)이다.

어구 recycling 재활용   public transportation 대중교통

오답 살펴보기 (a) temperature 온도 (c) continent 대륙
(d) universe 우주

15 (b)

해석 누군가 당신에게 질문을 하거든 그들에게 빠르고 정중하게 답
해 주어야 한다.

해설 '질문에 답하다'라고 할 때는 동사 respond를 쓴다. respond
to는 '~에게 답해주다, 응답하다'라는 뜻이다.

어구 politely 정중하게, 예의 바르게

오답 살펴보기 (a) remind 상기시키다 (c) remove 제거하다
(d) relieve 안도시키다

16 (c)

해석 이 지역의 날씨는 너무나도 음침한데, 매일 춥고 구름이 끼어
있다.

해설 cold and cloudy와 관련 있는 단어를 찾아보면 gloomy(날
씨가 음침한, 우울한)가 정답임을 알 수 있다.

오답 살펴보기 (a) cheerful 명랑한 (b) random 무작위의
(d) ordinary 평범한

17 (c)

해석 새로운 사람을 만날 때 어색한 분위기를 극복하는 좋은 방법
은 게임을 하는 것이다.

해설 meeting new people을 통해 분위기가 어색할 거라고 추측
할 수 있다. '어색한 분위기를 극복하다'라는 뜻의 break the
ice가 정답이다.

오답 살펴보기 (a) learn the ropes 요령을 터득하다 (b) feel at
home 편안함을 느끼다 (d) deliver the goods 제 할 일을 하다

18 (c)

해석 사람은 나이가 들수록 점점 더 생일을 축하하지 않게 된다.

해설 목적어인 birthdays(생일)와 가장 잘 어울리는 동사는
celebrate(축하하다)이다.

오답 살펴보기 (a) spread 확산시키다 (b) prefer 선호하다
(d) decorate 꾸미다

19 (d)

해석 이 고대 탑은 2000년도 전에 로마인들이 도시를 지배했던 당
시 그들에 의해서 건설되었다.

해설 Romans와 2,000 years ago라는 단어를 통해 탑이 옛날에
지어졌다는 것을 알 수 있으므로 '고대의, 먼 옛날의'라는 뜻의
ancient가 정답이다.

어구 tower 탑   control 지배하다, 통제하다

오답 살펴보기 (a) commercial 상업적인 (b) priceless 매우 소중한
(c) regional 지역의

20 (c)

해석 그 군대는 수풀 더미를 통해 몰래 숨어들어갔기 때문에 들키지 않고 적의 기지에 접근할 수 있었다.

해설 목적어가 enemy base(적의 기지)이므로 선택지 중에서 approach(접근하다)가 가장 적절하다.

어구 troops 군대; 병력　base 기지; 토대　undetected 탐지되지 않은, 들키지 않은　sneak 살금살금 가다　weed 물에서 자라는 식물; 잡초

오답 살펴보기 (a) transport 수송하다　(b) overcome 극복하다　(d) achieve 성취하다

21 (c)

해석 그 고등학교 교장 선생님은 학생들의 행동을 개선시키기 위한 새로운 규칙 몇 가지를 도입했다.

해설 빈칸 앞에 high school's가 있으므로 학교와 관련된 단어를 찾아야 하는데, 학교에 규칙을 도입할 수 있는 사람을 생각해 보면 principal(교장)이 정답이다. principle(원칙)과 혼동하지 않도록 주의하자.

어구 introduce 도입하다; 소개하다　rule 규칙, 규율

오답 살펴보기 (a) principle 원리, 원칙　(d) primate 영장류

22 (a)

해석 공장에서 일하는 것은 처음에는 어려웠지만 그 일은 내게 더 이상 어렵게 다가오지 않는다.

해설 but과 no longer에 유의하자. but 앞에서는 어렵다고 했으므로 이제는 어렵지 않다는 내용이 와야 옳다. 따라서 challenge(도전 의식을 북돋우다, 노력을 촉구하다)가 정답이다.

오답 살펴보기 (b) amaze 놀라게 하다　(c) delight 기쁘게 하다　(d) demand 요구하다

23 (b)

해석 물은 섭씨 0도에서 100도 사이일 경우 액체 상태가 된다.

해설 물이 특정 온도에서 어떤 상태가 될지를 예상해 보면 '액체'라는 뜻의 liquid가 정답임을 쉽게 알 수 있다.

어구 temperature 온도　Celsius 섭씨

오답 살펴보기 (a) solid 고체; 고체의　(c) carbon 탄소　(d) chemistry 화학

24 (c)

해석 나는 신용카드를 사용해서 우리 집을 위한 새로운 거실용 가구 세트를 구입했다.

해설 신용카드를 썼다고 했으므로 어딘가에 돈을 썼다는 사실을 알 수 있다. 또한 목적어가 a new living room set이므로 가장 어울리는 동사는 purchase(구입하다)이다.

어구 living room 거실　set 세트, 한 벌

오답 살펴보기 (a) reserve 예약하다　(b) satisfy 충족시키다　(d) damage 해를 입히다

25 (a)

해석 세계 2차 대전 이후 독일은 동독과 서독으로 분리되었다.

해설 전치사 into가 힌트가 될 수 있으며 상식을 약간만 동원해도 쉽게 풀 수 있는 문제다. be divided into는 '~로 분할되다, 나누어지다'라는 뜻이다.

오답 살펴보기 (b) maintain 유지하다　(c) export 수출하다　(d) recognize 알아보다

26 (b)

해석 나는 문명의 손길이 닿지 않는 고립된 곳으로 여행가고 싶다.

해설 far from(~에서 먼)이 나왔는데 문명에서 먼 곳이라고 했으므로 isolated(고립된)가 정답이다.

어구 location 위치; 장소　reach 닿는 곳, (세력의) 범위　civilization 문명

오답 살펴보기 (a) historic 역사적인　(c) faithful 충실한　(d) identical 동일한

27 (c)

해석 이 레스토랑은 티라미수와 딸기 치즈케이크와 같은 다양한 종류의 훌륭한 디저트로 유명하다.

해설 including 뒤에 tiramisu와 strawberry cheesecake 같은 음식 종류가 나왔기 때문에 빈칸에 들어갈 단어는 desserts(디저트, 후식)이다.

어구 wide selection of 다양한

오답 살펴보기 (a) desert 사막　(b) deserter 탈영병　(d) deserver 적격자

28 (c)

해석 항공편 가격은 계절에 따라 급격하게 달라질 수 있다.

해설 양이나 수가 변동할 때는 vary(바뀌다, 달라지다)라는 동사를 쓴다. 참고로 이보다 급격히 변하는 것을 표현할 때는 fluctuate(요동치다)를 쓰면 된다.

어구 dramatically 급격히　depending on ~에 따라서

오답 살펴보기 (a) lack 부족하다; 부족　(b) bend 구부러지다　(d) envy 부러워하다; 부러움

29 (a)

해석 지하철은 다른 시간대보다 러시아워에 더 자주 도착한다.

해설 당연히 혼잡한 시간대에는 지하철이 더 자주 와야 교통의 흐름에 지장이 없을 것이다. '빈번히, 자주'라는 뜻의 frequently가 정답이다.

어구 rush hour 러시아워, (출퇴근시의) 혼잡 시간대

오답 살펴보기 (b) annually 연간　(c) normally 일반적으로　(d) passively 소극적으로

30 (a)

해석 정부는 허리케인으로 인한 파괴에 대응하여 비상사태를 선포했다.

해설 어떤 것을 '선포하다'라고 할 때 동사 declare를 쓴다. 평소에 독해를 많이 했다면 쉽게 풀 수 있는 문제로 declare a state of emergency(비상사태를 선포하다)를 한 덩어리로 외워두자.

어구 in response to ~에 대응하여　destruction 파괴, 파멸　emergency 비상사태

오답 살펴보기 (b) protest 저항하다; 시위 (c) react 대응하다
(d) offend 공격하다

Actual Test 02

1	(d)	2	(b)	3	(c)	4	(b)	5	(b)
6	(c)	7	(d)	8	(d)	9	(b)	10	(d)
11	(c)	12	(b)	13	(a)	14	(b)	15	(b)
16	(a)	17	(c)	18	(b)	19	(a)	20	(c)
21	(a)	22	(d)	23	(b)	24	(a)	25	(b)
26	(c)	27	(b)	28	(c)	29	(b)	30	(c)

1 (d)

해석 A: 실례합니다. 이 버스가 시청에 갑니까?
B: 네, 갑니다. 다음 정류장에서 내리시면 됩니다.

해설 빈칸 뒤에 나온 at the next stop이 힌트이다. '(차에서) 내리다'라는 뜻의 get off가 정답이다.

어구 city hall 시청 stop 정거장

오답 살펴보기 (a) take back ~을 철회하다 (b) leave out ~을 제외하다, 빼다 (c) chase down 추구하다

2 (b)

해석 A: 업무가 끝난 후에 보통 무엇을 하세요?
B: 많은 경우, 집에 가기 전에 동료 몇 명과 저녁식사를 해요.

해설 after work라고 했으므로 가장 자연스러운 단어는 coworkers (직장 동료)이다.

오답 살펴보기 (c) physician 내과의사

3 (c)

해석 A: 구입하신 이 물건들이 아이를 위한 선물이신가요?
B: 네, 맞아요. 선물용 포장지로 포장 좀 부탁드릴 수 있을까요?

해설 in gift paper가 힌트로, '(물건을) 포장하다'라고 할 때는 동사 wrap을 쓴다.

오답 살펴보기 (a) lend 빌려주다 (b) chase 추적하다 (d) delay 연기하다

4 (b)

해석 A: 나는 『어벤져스』란 영화를 정말 좋아해.
B: 나도! 사실 난 DVD로 그 시리즈 전체를 소장하고 있어.

해설 빈칸 뒤의 series를 수식할 수 있는 형용사를 찾아보면 전체의(entire)가 문맥상 가장 적절하다.

오답 살펴보기 (a) native (어떤 지역에서) 태어난 (c) familiar 익숙한 (d) practical 실질적인

5 (b)

해석 A: 퇴직자 전용 주택이 훌륭한 의료 서비스를 제공한다고 생각하세요?
B: 물론이죠. 노인 분들을 돌보는 최고의 방법이에요.

해설 목적어가 the elderly(노인)이기 때문에 '~을 돌보다, 챙기다' 라는 뜻의 care for가 정답이다.

어구 retirement home 퇴직자 전용 주택 absolutely 확실히, 절대적으로 the elderly 노인

오답 살펴보기 (a) care about ~에 상관하다 (c) make up ~을 구성하다 (d) make over (재산을) 양도하다; 변경하다

6 (c)

해석 A: 아파트를 빌려야 할까, 아니면 집을 구입해야 할까?
B: 그에 대한 답변은 너의 장기 목표에 달려 있지.

해설 빈칸 뒤에 나온 전치사 on이 힌트가 될 수 있다. '~에 달려있다'라는 의미의 depend on을 기억하자.

어구 rent 임대하다 long-term 장기적인 goal 목표

오답 살펴보기 (a) include 포함하다 (b) restrict 제한하다 (d) consider 고려하다

7 (d)

해석 A: 너희 아버지는 무슨 일을 하셔?
B: 작년에 은퇴를 하셨는데 전에는 엔지니어셨어.

해설 'used to 동사원형'은 '과거에는 ~했다'라는 뜻으로 현재에는 더 이상 아니라는 의미를 내포한다. 따라서 현재는 엔지니어가 아닌 것이므로 retire(은퇴하다)를 쓸 수 있다.

오답 살펴보기 (a) delay 연기하다 (b) inquire 문의하다 (c) accept 받아들이다

8 (d)

해석 A: 나는 이 새로운 워드 프로세서 버전이 마음에 들어.
B: 그럴 만도 하지. 대부분의 비평가들이 이전 버전에 비해서 뛰어나다고 평가하고 있거든.

해설 A가 워드 프로세서에 대해 긍정적으로 말했고 B도 동의하고 있으므로 역시 긍정적인 의견이 와야 한다. 따라서 favorably (긍정적으로)가 정답이다. compare는 자동사로 쓰일 때 favorably와 함께 쓰여 '~에 비교해 낫다[뛰어나다]'라는 뜻이 된다.

어구 critic 비평가 compare 비교하다; ~에 필적하다, 맞먹다 [with]

오답 살펴보기 (a) instantly 순간적으로 (b) properly 알맞게 (c) fittingly 적당하게

9 (b)

해석 A: 이 옷 어때 보여요?
B: 아주 잘 어울린다고 생각해요. 그 옷 사세요.

해설 You should buy it.이라고 했으므로 옷에 대한 긍정적인 단어가 들어가야 한다. 옷이 잘 어울린다고 할 때 동사 suit(어울리다)를 사용한다.

어구 outfit 옷, 의상

오답 살펴보기 (a) treat 대우하다 (c) credit 믿다, 신용하다 (d) prove 증명하다

10 (d)

해석 A: 의사 선생님, 한밤중에 가슴에 엄청난 통증을 느끼며 잠에서 깨요.
B: 그러시다면 왜 그런지 밝히기 위해 당신을 한 번 검사해 봐야겠습니다.

해설 원인이 무엇인지도 모르는 상황이므로 '치료하다'라는 의미의 heal이나 cure를 쓰기에는 어색하다. 일단 원인이 뭔지 밝히겠다고 했으므로 '검사하다, 조사하다'라는 뜻의 examine이 정답이다.

어구 wake up 깨어나다   chest 가슴   in that case 그렇다면   determine 결정하다; 밝히다

오답 살펴보기 (a) heal 치유하다   (b) cure 치료하다, 고치다   (c) relieve (고통을) 완화시키다

11 (c)
해석 사람들이 전기를 낭비하는 일상적인 방법은 빈 방에 불을 켜 두는 것이다.

해설 목적어 electricity(전기)와 어울리는 동사를 찾으면 된다. 빈 방에 불을 켜 두면 전기가 낭비될 것이므로 waste(낭비하다)가 정답이다.

어구 common 일상적인, 보통의   electricity 전기

오답 살펴보기 (a) block 차단하다   (b) suggest 제안하다   (d) share 공유하다

12 (b)
해석 이 지역에는 캔 음료수와 포장되어 나오는 음식을 파는 자판기가 여러 개 있다.

해설 음료수나 음식 같이 먹을 것을 판다고 했으므로 선택지 중 알맞은 단어는 vending machine(자판기)이다.

어구 canned 캔으로 만들어진   soft drink 음료수   prepackaged 미리 포장이 된

오답 살펴보기 (a) weather report 기상 예보   (c) medical treatment 약물 치료   (d) information desk 안내 데스크

13 (a)
해석 그 용의자는 자기가 편의점을 털지 않았다고 주장한다.

해설 that 이하에 나오는 것이 용의자의 주장에 해당하므로 insist(강력하게 주장하다)를 쓸 수 있다.

어구 suspect 용의자   rob (집, 가게를) 털다   convenience store 편의점

오답 살펴보기 (b) recognize 인지하다   (c) delight 기쁘게 하다   (d) correct 정정하다

14 (b)
해석 멜리사는 아버지가 걸었던 길을 걷기로 결정하여 마찬가지로 고등학교 선생님이 되기로 했다.

해설 as well(마찬가지로, 또한)이 힌트로, '~가 이미 걸었던 길을 걷다, ~의 전철을 밟다'라는 뜻의 follow one's footsteps를 쓰는 것이 적절하다.

오답 살펴보기 (a) hit the ground running 일이 잘 진척되다   (c) lend a helping hand 도움의 손길을 내밀다   (d) mind one's own business 자기 일에 신경 쓰다

15 (b)
해석 마틴은 전 세계 많은 국가들에 각별한 관심을 가지고 있지만 한 번도 해외여행을 해본 적이 없다.

해설 Although가 있으므로 주절에는 앞 내용과 반대되는 내용이 나올 수 있다. 따라서 해외에 관심은 있지만 가본 적이 없다는 의미로 '해외로'라는 뜻의 abroad가 정답이다.

어구 keen 각별한   various 다양한   opportunity 기회

오답 살펴보기 (a) outwards 밖으로   (c) onwards 앞으로   (d) around 주위에

16 (a)
해석 당신의 꿈을 실현시키기 위해서는 열심히 일해야 하며 희생을 기꺼이 감수할 수 있어야 한다.

해설 목적어로 your dreams가 나왔고 뒤에 나오는 내용이 꿈을 이루기 위해 해야 할 일에 해당하므로 achieve(성취하다, 이루다)가 들어가는 것이 가장 자연스럽다.

어구 be willing to V 기꺼이 ~하다   make a sacrifice 희생하다

오답 살펴보기 (b) chase 추격하다   (c) manage 관리하다   (d) improve 향상시키다

17 (c)
해석 문제를 단순히 외면한다고 해서 해결할 수 있는 것은 아니다.

해설 turn과 함께 쓸 수 있는 관용 표현을 고르는 문제로, turn a blind eye to는 '~을 모른 척 하다, 외면하다'라는 뜻이다.

오답 살펴보기 (a) stuffed nose 코가 막힌   (b) straight leg 일자 다리   (d) closed mouth 입을 다문

18 (b)
해석 설문 조사에 따르면 성인 인구의 약 50%가 대선에서 투표를 한다.

해설 presidential elections(대통령 선거)와 관련이 있는 동사는 '투표하다'라는 뜻의 vote이다.

어구 survey 설문조사   population 인구   presidential 대통령의   election 선거

오답 살펴보기 (a) protest 저항하다; 시위하다   (c) campaign 운동을 일으키다

19 (a)
해석 대학 측은 학생회관 밖에 학교 창립자의 조각상을 세웠다.

해설 erect는 '건조물을 세우다, 건립하다'라는 뜻이므로 선택지 중 목적어로 적절한 단어는 statue(조각상)이다.

어구 erect 세우다, 건설하다   founder 설립자, 창립자

오답 살펴보기 (b) stature 키   (c) statute 법규   (d) status 신분

20 (c)
해석 그 컴퓨터 회사는 기계 상의 결함을 좀 더 고치기 위해 새로운 소프트웨어의 출시를 미뤘다.

해설 결함을 고치기 위함이라고 했으므로 '미루다, 연기하다'라는 뜻의 postpone이 의미상 가장 자연스럽다. 같은 뜻을 가진 delay와 put off도 같이 외워두자.

어구 release 출시, 발매   glitch 기계적 결함

오답 살펴보기 (a) regulate 규제하다   (b) transport 수송하다   (d) complete 완성하다

21 (a)
해석 진은 스페인어를 사용하는 국가에 살았던 적은 없지만 스페인

어를 유창하게 말할 수 있다.

해설 even though 앞뒤로 반대되는 내용이 와야 하므로 '언어를 유창하게 말하다'라는 표현이 와야 적절하다. '유창하게'는 fluently이다.

오답 살펴보기 **(b)** energetically 원기 왕성하게 **(c)** pleasantly 기쁘게 **(d)** smoothly 부드럽게

22 (d)

해석 의료 보험 비용이 너무 높아서 거의 모든 사람들이 보험을 구입할 여유가 없다.

해설 비싸다고 언급을 했기 때문에 보험 가입이 힘들다는 것을 알 수 있다. few는 '거의 없는'이란 뜻으로 부정의 의미를 내포하기 때문에 '(금전적으로) ~할 여유가 있다'라는 뜻의 afford가 정답이다.

어구 health insurance 의료 보험   purchase 구입하다

오답 살펴보기 **(a)** intend 의도하다 **(b)** consider 고려하다 **(c)** prove 증명하다

23 (b)

해석 내가 살바도르 달리의 예술 작품을 좋아하는 이유 중 하나는 보는 이의 시선을 즉시 사로잡는 생생한 이미지 때문이다.

해설 images를 수식할 수 있는 가장 적절한 단어는 '(사진이나 그림이) 생생한'을 의미하는 vivid이다.

어구 artwork 예술작품   readily 손쉽게; 즉시   grab the attention 관심을 사로잡다

오답 살펴보기 **(a)** bland 맛이 밍밍한 **(c)** noted 유명한 **(d)** casual 일상적인

24 (a)

해석 이 영화에는 폭력적인 장면과 무서운 상황이 포함되어 있어서 어린 관객들을 놀라게 할 수 있습니다.

해설 violence와 scary에서 연상할 수 있는 단어는 '놀라게 하다, 겁을 주다'라는 뜻의 frighten이다.

어구 contain 포함하다   violence 폭력   scary 무서운, 두려운   viewer 시청자, 관객

오답 살펴보기 **(b)** delight 기쁘게 하다 **(c)** fatigue 피곤하게 하다 **(d)** distract 방해하다

25 (b)

해석 시험을 치는 동안 선생님은 교실을 돌면서 학생들이 부정행위를 시도하지 못하도록 했다.

해설 시험을 칠 때 선생님이 돌아다니는 행동은 부정행위를 막기 위한 것으로 볼 수 있으므로 cheat(부정행위를 하다)이 정답이다.

어구 walk around ~주변을 걸어 다니다   make sure 확실히 하다

오답 살펴보기 **(a)** react 반응하다 **(c)** deceive 속이다 **(d)** share 공유하다

26 (c)

해석 당신이 상대방에게 부정적인 말을 하면 사람들은 쉽게 감정이 상할 수 있다.

해설 사람들이 부정적인 말을 들었을 때 어떤 반응을 보일지 생각

해 보면 '감정이 상한, 불쾌한'이라는 의미의 offended가 적절하다.

어구 negative 부정적인   comment 언급, 논평

오답 살펴보기 **(a)** inconvenient 불편한 **(b)** gratified 기뻐하는 **(d)** humbled 굴욕을 느낀

27 (b)

해석 이 바닥의 표면은 멀리서 보면 매끄러워 보이지만 가까이서 보면 울퉁불퉁한 부분이 많이 있는 것을 볼 수 있다.

해설 but이 있으므로 bumps and grooves와 반대되는 의미의 단어를 찾으면 된다. 따라서 '부드러운, 매끄러운'이라는 뜻의 smooth가 정답이다.

어구 surface 표면   from a distance 멀리서   closely 가까이서   bump 튀어나온 부분   groove 패인 곳, 홈

오답 살펴보기 **(a)** comfortable 편안한 **(c)** attractive 매력적인 **(d)** slippery 매끄러운

28 (c)

해석 그 개는 고양이를 쫓아가면서 가구를 쓰러뜨렸다.

해설 gallop은 말 같은 동물이 웅장하게 달리는 것이고 sprint는 단거리를 빠르게 달리는 것이므로 위의 상황에서는 적절하지 않다. chase(추적하다)가 가장 알맞다.

어구 knock down ~을 넘어뜨리다

오답 살펴보기 **(a)** gallop 질주하다 **(b)** jog 조깅하다 **(d)** sprint (단거리를) 전력 질주하다

29 (b)

해석 패스트푸드는 지방과 칼로리가 높지만 건강한 삶을 사는 데 있어 충분한 영양을 제공하지 못한다.

해설 Although가 힌트이며, 지방과 칼로리의 양에 비해 영양 (nutrition)이 불충분하다고 해야 내용상 자연스럽다.

어구 high in ~이 많이 들어가 있는   sufficient 충분한

오답 살펴보기 **(a)** ingredient (음식) 재료 **(c)** flavor 맛 **(d)** scent 냄새

30 (c)

해석 저희 자동차 대리점은 우수한 고객 서비스를 제공하기 위해 최선을 다하고 있사오니, 귀하의 쇼핑 경험을 좀 더 좋게 만들기 위해 우리가 무엇을 해드릴 수 있는지 알려 주십시오.

해설 고객 서비스가 '탁월한, 우수한'이라고 할 때 주로 사용되는 형용사는 superior이다.

어구 car dealership 자동차 대리점   strive to V ~하기 위해 최선을 다하다

오답 살펴보기 **(a)** awkward 어색한; 서투른 **(b)** sophisticated 정교한, 복잡한 **(d)** convenient 편리한

Actual Test 03

1	(b)	**2**	(b)	**3**	(d)	**4**	(b)	**5**	(a)
6	(b)	**7**	(c)	**8**	(a)	**9**	(b)	**10**	(c)
11	(c)	**12**	(c)	**13**	(c)	**14**	(b)	**15**	(b)
16	(d)	**17**	(b)	**18**	(d)	**19**	(c)	**20**	(a)
21	(b)	**22**	(c)	**23**	(c)	**24**	(a)	**25**	(b)
26	(d)	**27**	(d)	**28**	(d)	**29**	(a)	**30**	(a)

1 (b)

해석 A: 내 사촌이 나에게 그의 회사의 일자리를 제안했는데 그걸 받아들여야 할지 잘 모르겠어.
B: 내가 너라면 그 제안을 받아들이겠어.

해설 빈칸 뒤에 있는 목적어 his offer와 어울리는 동사를 찾아본다. '제안을 받아들이다'라는 의미가 적절하므로 accept(받아들이다, 수락하다)가 정답이다.

오답 살펴보기 (a) correct 정정하다 (c) defend 방어하다; 변호하다 (d) include 포함하다

2 (b)

해석 A: 은이 더 비쌀까, 아니면 금이 더 비쌀까?
B: 당연히 금이 은보다 더 값이 많이 나가지.

해설 cost를 보면 알 수 있듯 돈의 가치를 비교하고 있기 때문에 '값이 많이 나가는, 값어치가 있는'이라는 뜻의 valuable이 정답이다.

어구 cost (돈, 비용이) 들다

오답 살펴보기 (a) sensible 현명한; 상식적인 (c) familiar 낯익은 (d) ordinary 평범한

3 (d)

해석 A: 부탁하기 좀 그렇지만 돈 좀 빌릴 수 있을까?
B: 문제될 거 없어. 네가 필요한 만큼 빌려줄 수 있어.

해설 남에게 무언가를 '빌려주다'라고 할 때는 동사 lend를 쓴다. (a) borrow는 남에게 무언가를 빌리는 것이므로 답이 될 수 없다.

오답 살펴보기 (b) sell 팔다 (c) collect 수집하다

4 (b)

해석 A: 파티에 갈 때 어떤 종류의 옷을 입어야 할까?
B: 격식 없는 파티니까 평상복을 입으면 될 거야.

해설 격식을 차리지 않는 일상적인 파티(casual party)이므로 복장도 그에 맞게 평상복 차림이면 될 것이다. 따라서 informally(형식을 차리지 않는, 평상복의)가 정답이다.

어구 casual 격식을 차리지 않는, 일상적인 dress 옷을 차려 입다

오답 살펴보기 (a) gracefully 우아하게 (c) literally 말 그대로 (d) completely 완전히

5 (a)

해석 A: 이 채소는 그다지 신선하지가 않아. 버려야 될까?
B: 아니, 아직까지는 먹을 수 있어. 난 음식을 낭비하고 싶지 않아.

해설 음식을 버려야 하냐는 A의 질문에 먹을 수 있다고 했으므로 음식을 '낭비하길' 원치 않을 것이다. waste(낭비하다)가 정답이다.

어구 fresh 신선한 throw away 버리다

오답 살펴보기 (b) prepare 준비하다 (c) store 저장하다 (d) offer 제안하다

6 (b)

해석 A: 사라, 도움이 필요하면 내가 도와줄게.
B: 신경 써줘서 고마워. 하지만 나 혼자서도 괜찮을 거야.

해설 감사를 표할 때 올 수 있는 말은 '걱정해줘서 고마워, 신경써줘서 고마워'라는 뜻의 Thank you for your concern.이다. '걱정, 신경'이라는 뜻의 concern을 써서 표현한다.

오답 살펴보기 (a) honesty 정직 (c) generosity 관대함 (d) criticism 비판

7 (c)

해석 A: 코알라가 원래 아시아에서 왔다면서. 그게 사실이니?
B: 내가 알기로는 호주가 원산지야.

해설 A의 말에서 나온 come from(~에서 오다)이 힌트로, 코알라의 원산지에 대한 대화이다. 따라서 '~출신인, ~원산지인'이라는 뜻의 native to가 오는 것이 알맞다.

어구 koala bear 코알라 originally 원래 as far as I know 내가 알기로는

오답 살펴보기 (a) traditional 전통적인 (b) limited 한정된 (d) primitive 원시적인

8 (a)

해석 A: 우리 회사 이름은 어디서 따온 거지?
B: 회사 창업주 이름에서 따온 거야. 창업주가 자기 이름을 따서 자신의 첫 가게에 이름을 붙였어.

해설 관계대명사 who가 나왔으므로 사람 명사가 답이라는 것을 짐작해볼 수 있다. 자기 이름을 따서 최초의 가게에 이름을 붙였다는 내용이 있으므로 founder(창업주, 창업자)가 들어가는 것이 가장 적절하다. '회사를 세우다, 창업하다'라는 뜻의 동사 found에 접미사 –er이 붙은 형태의 명사이다.

어구 name after ~의 이름을 따다 original 최초의; 원래의

오답 살펴보기 (b) flounder 몸부림; 몸부림치다 (c) funder 자금을 대는 사람[기관] (d) floater 부유물

9 (b)

해석 A: 난 여가 시간에 운동을 해. 너는 어떠니?
B: 나는 전 세계 화폐를 수집해.

해설 취미 생활에 대해 이야기하고 있으며 빈칸 뒤에 목적어로 coins and banknotes(화폐)가 왔으므로 collect(모으다, 수집하다)가 정답이다.

어구 spare time 여가 시간 play sports 운동을 하다

오답 살펴보기 (a) record 기록하다 (c) appreciate 감사하다; 감상하다 (d) store 저장하다

10 (c)

해석 A: 흡연은 건강에 매우 해로워.
B: 나도 알아. 담배 때문에 우리 아버지가 폐병에 걸리셨거든.

해설 흡연이 해롭다고(harmful) 했으므로 담배를 피울 때 질병(disease)에 걸릴 거라고 유추할 수 있다.

어구 cigarette 담배   harmful 해로운

오답 살펴보기 (a) cure 치료 (b) diagnosis 진단 (d) medication 약, 약물

11 (c)

해석 구입한 상품에 대해서 궁금한 점이 있으시면 1–800–555–HELP로 전화를 거셔서 소비자 서비스로 연락 주십시오.

해설 뒤에 전화번호가 나오는데, '전화를 해서 ~에게 연락하다'라고 할 때 동사 contact를 쓴다.

어구 purchase 구입물; 구입하다

오답 살펴보기 (a) request 요청하다 (b) impress 인상을 남기다 (d) describe 기술하다, 묘사하다

12 (c)

해석 규칙적으로 운동할 때 기대할 수 있는 중요한 혜택은 힘의 수치가 증가한다는 것이다.

해설 힘의 수치가 증가한다는 것은 규칙적인 운동이 가져오는 혜택(benefit)이라고 할 수 있다.

어구 energy 힘; 기력   level 수준, 수치

오답 살펴보기 (a) export 수출 (b) myth 통념; 신화 (d) victim 희생자

13 (c)

해석 16세 미만의 직원들은 어떠한 중장비라도 조작하는 것이 허용되지 않습니다.

해설 목적어로 heavy machinery가 나왔으므로 알맞은 동사를 찾아보면 '(기계를) 조작하다, 움직이다'라는 의미의 operate가 정답이다.

어구 be allowed to V ~하도록 허용되다   heavy machinery 중장비

오답 살펴보기 (a) prepare 준비하다 (b) decorate 장식하다 (d) relieve 안정시키다

14 (b)

해석 낮 동안 길가에 주차하는 것은 불법이며 최고 250달러에 이르는 벌금으로 처벌을 받을 수 있다.

해설 punishable과 fine으로 미루어볼 때 길거리 주차가 불법이라고 판단할 수 있다. '불법의'란 뜻의 illegal이 정답이다.

어구 park 주차하다   punishable 처벌할 수 있는   fine 벌금 up to ~까지, ~에 이르기까지

오답 살펴보기 (a) legal 합법적인 (c) unwise 현명하지 못한 (d) noble 고결한

15 (b)

해석 많은 자동차 대리점이 나타났다 사라지지만 O.C. 웰쉬는 일년 내내 귀하를 위해 존재하니 믿으셔도 됩니다.

해설 Although가 있으므로 come and go와 반대되는 의미의

year in year out(연중 내내, 언제나)이 정답이다.

어구 auto dealer 자동차 대리점   count on ~을 의지[신뢰]하다

오답 살펴보기 (a) out of season 제철이 아닌 (c) over my dead body 내 눈에 흙이 들어가기 전에는 (안 된다) (d) under the table 뇌물로서

16 (d)

해석 작년에 친구들이 내 생일을 위해 깜짝 파티를 준비했다.

해설 목적어인 surprise party와 함께 쓸 만한 적절한 동사는 prepare(준비하다)이다.

어구 surprise party 깜짝 파티

오답 살펴보기 (a) ensure 확실하게 하다 (b) provide 제공하다 (c) export 수출하다

17 (b)

해석 심지어 어린 나이에도 모차르트는 음악에 대한 큰 열정을 가지고 있었다.

해설 전치사 for가 힌트로, '열정'이라는 뜻의 passion이 들어가는 것이 내용상 가장 적절하다.

오답 살펴보기 (a) knowledge 지식 (c) motive 동기 (d) temper 성질, 기질

18 (d)

해석 던칸은 너무나도 참견을 잘 해서 자기 의견을 혼자만 갖고 있는 법이 결코 없다.

해설 keep something to oneself는 '~을 자기 자신에게만 두다'라는 뜻이다. 자기 생각을 혼자만 갖고 있지 않고 남들에게 이야기하는 성격이라는 의미이므로 '참견 잘 하는'이라는 뜻을 가진 officious가 정답이다.

어구 keep ~ to oneself 자기에게만 ~을 두다

오답 살펴보기 (a) offended 기분이 상한 (b) official 공식적인 (c) offensive 공격적인

19 (c)

해석 그는 결국에 의사의 도움으로 금연할 수 있게 되었다.

해설 smoking(흡연)과 가장 잘 어울리는 동사는 quit(그만 두다, 끊다)로, 의사의 도움을 받아 금연했다는 내용이 자연스럽다.

오답 살펴보기 (a) cure 치료하다 (b) treat 대접하다; 대우 (d) delay 연기하다

20 (a)

해석 낸시는 그녀가 직면한 그 모든 곤란한 문제에도 불구하고 긍정적인 자세를 유지할 수 있었다.

해설 in spite of 다음에 부정적인 상황이 나왔기 때문에 앞에는 긍정적인 내용이 와야 한다. 따라서 positive(긍정적인)가 정답이다.

어구 maintain 유지하다   attitude 자세, 태도   face 직면하다

오답 살펴보기 (b) moderate 적절한 (c) sensible 현명한 (d) tender 부드러운

21 (b)

해석 그 시험은 두 가지 영역으로 구성되어 있으며, 객관식 문제로

시작해서 에세이로 끝난다.

해설 전치사 of가 힌트가 될 수 있는데, 시험의 두 영역에 대해 설명하고 있으므로 '~로 구성되다'라는 의미의 consist of가 나오는 것이 자연스럽다.

어구 section 영역   multiple-choice question 객관식 문제

오답 살펴보기 (a) extend 연장하다   (c) respond 대응하다
(d) satisfy 만족시키다

22 (c)

해석 오늘밤 여러분의 가족에게 밥 에반스 패밀리 레스토랑에서 훌륭한 식사를 대접하세요.

해설 식당의 광고 문구로, 식사를 대접하라는 말이므로 '대접하다, 대우하다'라는 뜻의 treat가 정답이다.

어구 meal 식사

오답 살펴보기 (a) offer 제공하다   (b) present 제시하다   (d) involve 관련시키다

23 (c)

해석 그 컴퓨터는 10분간 작동하지 않으면 자동적으로 전원이 꺼진다.

해설 컴퓨터가 꺼진다는 말로 미루어 볼 때, '(컴퓨터 등 기기가) 작동하지 않는'이라는 뜻의 idle이 정답이다. 참고로 idle에는 '게으른'이라는 의미도 있다.

어구 automatically 자동적으로   shut off (기계 따위가) 멈추다

오답 살펴보기 (a) tender 부드러운   (b) still 정적인; 고요한
(d) active 적극적인

24 (a)

해석 저희는 신용카드도 받지만 이왕이면 현금으로 결제해 주시면 더욱 감사하겠습니다.

해설 힌트는 but으로 신용카드보다 현금결제를 더 선호한다는 의미에서 '더 좋아하다, 선호하다'라는 뜻의 prefer가 정답이다.

어구 accept 수락하다, 수용하다   credit card 신용카드   in cash 현금으로

오답 살펴보기 (b) expect 기대하다   (c) demand 요구하다
(d) request 요청하다

25 (b)

해석 그 고양이는 먹잇감에게 발견되지 않도록 가만히 있었다.

해설 undetected(발견되지 않은)라고 했으므로 '움직이지 않는'이라는 뜻의 stationary가 정답이다.

어구 undetected 발견[탐지]되지 않은   prey (잡아먹는) 먹이

오답 살펴보기 (a) situated 위치하는   (c) statutory 법에 명시된
(d) stationery 문방구, 문구류

26 (d)

해석 이 식당은 너무나도 유명해서 적어도 두 달 전에는 미리 예약해야 한다.

해설 적어도 두 달 전에 예약해야 될 정도라면 분명 인기 있는 (popular) 식당일 것이다.

어구 reserve 예약하다   in advance 사전에

오답 살펴보기 (a) available 사용 가능한   (b) virtual 사실상의
(c) extensive 광범위한

27 (d)

해석 곧 아버지가 될 그 남자는 새로 태어날 딸의 소식을 초조해하며 기다렸다.

해설 아기가 태어나길 기다리는 아버지의 마음을 생각해 보면 '초조하게'라는 뜻의 anxiously가 들어가는 것이 가장 자연스럽게 연결된다.

어구 expectant 출산을 앞둔, 곧 부모가 될   await 기다리다
newborn 새로 태어난

오답 살펴보기 (a) gracefully 우아하게   (b) regretfully 유감스럽게
(c) innocently 순수하게

28 (d)

해석 다른 사람을 살리기 위해 당신의 생명을 주는 것보다 더 위대한 희생은 없다.

해설 타인을 위해 자신의 생명을 주는 것을 한 마디로 말해 희생 (sacrifice)이라고 할 수 있다.

오답 살펴보기 (a) substitute 대체   (b) debate 논쟁, 토론
(c) challenge 도전; 과제

29 (a)

해석 주식 시장에 돈을 투자한다면 부자가 될 수도 있고 모든 것을 다 잃어버릴 수도 있다.

해설 전치사 in이 힌트가 될 수 있다. invest money in은 '~에 돈을 투자하다'라는 뜻이다.

어구 stock market 주식시장

오답 살펴보기 (b) deposit 예금하다, 예치하다   (c) withdraw 인출하다; 철회하다   (d) transfer 이체하다

30 (a)

해석 그 영악한 도둑은 경찰인 척하면서 개인 정보를 넘기도록 그 여성을 속였다.

해설 도둑이 경찰관인 척했다고 했으므로 '속이다'라는 의미의 동사 trick이 와야 한다. trick A into B는 'A가 B하도록 속이다'라는 뜻이다.

어구 personal information 개인정보   pretend ~인 척하다

오답 살펴보기 (b) convict 유죄를 선고하다   (c) force 강요하다
(d) influence 영향을 미치다

Actual Test 04

1	(a)	2	(b)	3	(b)	4	(b)	5	(c)
6	(c)	7	(b)	8	(b)	9	(c)	10	(d)
11	(b)	12	(c)	13	(d)	14	(b)	15	(a)
16	(b)	17	(a)	18	(b)	19	(b)	20	(d)
21	(d)	22	(b)	23	(c)	24	(a)	25	(b)
26	(d)	27	(c)	28	(a)	29	(c)	30	(c)

1 (a)

해석 A: 아내를 어떻게 처음 만나셨나요?
B: 고등학교 때 제 연인이었습니다.

해설 high school과 이어져야 하기 때문에 '약혼자'라는 뜻의 fiancee는 적절하지 않으며, '연인'이라는 뜻의 sweetheart가 정답이다.

오답 살펴보기 (b) fiancee 약혼자 (c) dictator 독재자
(d) reporter 기자

2 (b)

해석 A: 죄송합니다만 여기서 사진을 찍으시면 안 됩니다.
B: 미안합니다. 여기서 사진을 찍을 수 없는지 몰랐습니다.

해설 '어떠한 사실을 알다'라고 할 때 쓸 수 있는 동사는 realize이다. 참고로 realize에는 '(꿈을) 실현시키다'라는 뜻도 있다.

어구 be allowed to V ~하도록 허용되다 apology 사과
permit 허용하다

오답 살펴보기 (a) overlook 간과하다 (c) approach 접근하다
(d) manage 관리하다

3 (b)

해석 A: 오늘 밤에 저녁식사로 뭐 먹고 싶어?
B: 실은 피자를 주문해서 먹을까 하고 생각 중이었어.

해설 식사와 관련된 대화이므로 '전화로 피자를 주문하다'라는 뜻이 되도록 call out for pizza라고 하는 것이 가장 적절하다. call out for는 '~을 전화로 주문하다'라는 뜻이다.

오답 살펴보기 (a) dish out ~을 나누어주다 (c) dish up 음식을 접시에 담다 (d) call up ~에게 전화를 걸다

4 (b)

해석 A: 이건 내가 먹어본 것 중에서 최고의 스테이크야.
B: 나도 그렇게 생각해. 고기가 아주 부드럽고 육즙이 많아.

해설 고기가 최고라는 말과 부드럽다는 말을 종합할 때 고기가 뻑뻑하지 않고 육즙이 있다는 의미로 juicy(즙이 많은)가 정답이다.

어구 tender 부드러운

오답 살펴보기 (a) loose 느슨한 (c) absurd 어리석은 (d) harsh
가혹한

5 (c)

해석 A: 네 차에 무슨 일이 있었던 거야? 차가 움푹 들어갔고 긁힌 자국이 많네.
B: 지난주에 뇌우가 쳤을 때 파손되었어.

해설 dents와 scratches로 미루어 볼 때 '파손된, 손상된'이라는 뜻의 damaged가 정답이다.

어구 dent (부딪치거나 눌러서) 움푹 들어간 곳 scratch 긁힌 자국
thunderstorm (강풍이 따르는) 뇌우

오답 살펴보기 (a) suffer 고통받다 (b) spread 퍼지다 (d) prepare
준비하다

6 (c)

해석 A: 어떻게 그녀 뒤로 몰래 다가갔니?
B: 그냥 그녀 뒤를 조용히 따라갔어.

해설 '살금살금 가다'라는 뜻의 동사 sneak에는 '몰래, 조용히'라는

느낌이 내포되어 있다. 따라서 마찬가지로 '조용히'라는 뜻의 silently가 정답이다.

어구 sneak up 몰래 다가가다

오답 살펴보기 (a) violently 폭력적으로 (b) politely 정중하게
(d) brightly 밝게

7 (b)

해석 A: 이 회사는 자사의 상품을 주로 어디에다 팝니까?
B: 전 세계 여러 국가에 제품을 수출합니다.

해설 to several countries(여러 국가로)라는 말이 있으므로 '수출하다'라는 뜻의 export가 오는 것이 가장 적절하다.

어구 product 제품 around the world 전 세계 곳곳에

오답 살펴보기 (a) select 선별하다 (c) import 수입하다
(d) produce 생산하다

8 (b)

해석 A: 이 산의 정상에 오르는 가장 좋은 방법이 뭐죠?
B: 여기 이 길을 따라가면 됩니다.

해설 mountain이 힌트로 '산에 있는 길'을 trail이라고 한다.

오답 살펴보기 (a) block 덩어리 (c) vehicle 차량 (d) bend 굽기;
구부리다

9 (c)

해석 A: 자녀들을 어떻게 저리도 행실이 바르게 가르치셨어요?
B: 전 아이들이 잘못을 하면 항상 벌을 줬어요.

해설 아이들이 잘못을 했을 때 무엇이 잘못되었는지 언급을 하면서 다음번에는 그러지 말라고 하는 것이 바로 discipline이다. '기강을 바로잡다, 벌을 주다'라는 뜻이 있다.

어구 behave well 행실이 바르다 make sure 확실히 하다

오답 살펴보기 (a) disappear 사라지다 (b) dispose ~을 처분하다
(d) display 진열; 진열하다

10 (d)

해석 A: 시에서 지하철 전차를 더 많이 확보해야 한다고 생각해.
B: 나도 동의해. 현재 전차에 사람이 너무 많아서 절대로 자리에 앉아갈 수가 없잖아.

해설 전철에서 좌석을 차지하기 힘들다면 그 이유는 사람이 너무 많기 때문일 것이다. crowded(사람이 붐비는)가 정답이다.

오답 살펴보기 (a) shabby 낡은 (b) common 평범한
(c) rushed 서두른

11 (b)

해석 그 어린 여자아이는 어머니의 관심을 더 많이 받기 위해서 못되게 행동했다.

해설 behave(행동하다)는 well이나 badly 같은 부사와 함께 많이 쓰인다.

어구 attention 관심, 주의

오답 살펴보기 (a) complete 완성하다 (c) defend 변호하다
(d) manage 관리하다

12 (c)

해석 애석하게도 우리 사이트는 해커들의 수많은 바이러스 공격으

로 다운이 되었다.

해설 (a) beatings는 실제로 손을 대서 때리는 것을 의미하므로 정답이 될 수 없다. 물리적인 공격뿐만 아니라 사이버 상에서의 바이러스 공격까지도 의미할 수 있는 attacks(공격)가 정답이다.

어구 unfortunately 애석하게도   numerous 수많은   hacker 해커

오답 살펴보기 (a) beating 구타, 때림   (b) download 다운로드   (d) visit 방문

13 (d)

해석 많은 세척제를 이용해서 카펫에 묻은 와인 자국을 지우려고 했는데 그 중 아무 것도 소용이 없었다.

해설 목적어로 나온 stain(얼룩, 자국)의 뜻을 알면 쉽게 빈칸에 들어갈 동사를 예측할 수 있다. '지우다, 제거하다'라는 뜻의 remove가 정답이다.

어구 cleaner 세척제   stain 얼룩

오답 살펴보기 (a) report 보고하다   (b) respond 응답하다   (c) relieve 완화시키다

14 (b)

해석 그 소녀는 자기보다 오빠가 더 많은 선물을 받자 시기심을 느꼈다.

해설 다른 사람이 자기보다 선물을 많이 받았을 때 느낄 수 있는 감정을 생각해 보면 jealous(시기하는)가 내용상 가장 적절하다

오답 살펴보기 (a) aware 알고 있는   (c) typical 전형적인   (d) candid 솔직한

15 (a)

해석 그 지역사회의 구성원들은 소방관들이 붕괴된 건물에서 희생자들을 구조할 수 있도록 도움의 손길을 건넸다.

해설 help라는 말이 나왔으므로 주민들이 소방관들을 돕는다는 맥락의 말이 와야 한다. '도움의 손길을 건네다'라는 표현은 lend a hand이다.

어구 community 지역사회, 동네   fire fighter 소방관   rescue 구조하다   collapse 붕괴하다; 붕괴

오답 살펴보기 (b) hang in there 버티다, 견디다   (c) step on it 속도를 내다   (d) break the ice 어색한 분위기를 해소하다

16 (b)

해석 마이클은 매우 힘에 세서 맨손으로 강철 막대를 구부릴 수 있다.

해설 strong(힘이 센)으로 미루어볼 때 '구부리다'라는 뜻의 bend가 정답이다.

어구 steel 강철   bar 막대   bare hands 맨손

오답 살펴보기 (a) wrap 포장하다   (c) melt 녹이다   (d) harm 해치다

17 (a)

해석 크리스마스에 당신의 집을 꾸미는 한 가지 멋진 방법은 크리스마스 트리를 세우고 다양한 색깔의 조명을 걸어두는 것이다.

해설 크리스마스 트리를 세우고 다채로운 조명을 다는 것은 집을 꾸미는 일이라고 할 수 있다. 따라서 decorate(꾸미다, 장식하다)가 정답이다.

어구 put up (건축물을) 짓다; (텐트를) 치다   colorful 다채로운, 색깔이 풍부한

오답 살펴보기 (b) interfere 방해하다   (c) measure 측정하다   (d) feature 특징으로 삼다

18 (b)

해석 어떠한 실수를 놓치고 지나치지는 않았는지 확실히 하기 위해 적어도 두 번은 교정을 봐라.

해설 글을 쓰면서 실수는 없었는지 간과하지 말라는 의미가 되어야 옳다. 동사 overlook의 기본적인 뜻은 '위에서 아래를 내려다 보다'인데 여기서 의미가 파생되어 '간과하다, 못 보고 지나치다'라는 뜻을 갖는다.

어구 proofread 교정 작업을 하다   make sure 확실히 하다

오답 살펴보기 (a) identify (신원을) 확인하다; 동일시하다   (c) correct 정정하다   (d) maintain 유지하다; 주장하다

19 (b)

해석 새로 나온 다큐멘터리는 빈센트 반 고흐의 삶에 대한 흥미로운 고찰을 안겨 준다.

해설 fascinating은 '아주 흥미로운, 매혹적인'이라는 뜻을 갖는다. '~에 대한 흥미로운 점을 보여주다'라는 뜻의 offer a fascinating look into를 한 덩어리로 외워두자.

오답 살펴보기 (a) persuasive 설득적인   (c) celebrated 유명한   (d) terrifying 끔찍한

20 (d)

해석 두 국가가 계속해서 회담을 이어오고 있음에도 불구하고 양국 간의 관계는 여전히 향상되지 않았다.

해설 앞의 Although에 주목하자. although절과 주절의 내용은 서로 반대 내용을 가지게 된다. 회담은 계속하고 있지만 양국 관계에는 별 진전이 없다는 부정적이 내용이 나와야 한다. 빈칸 앞에 have not이 있으므로 improve(향상시키다)의 과거분사 형태가 정답이다.

어구 talk 회담, 회의   relation 관계

오답 살펴보기 (a) decline 하락하다   (b) disappear 사라지다   (c) increase 증가하다

21 (d)

해석 대통령은 자기 당이 총선에서 패하면서 목표를 거의 이룰 수 없었다.

해설 빈칸 뒤의 목적어 goals(목표)와 가장 잘 어울리는 동사는 accomplish(성취하다, 이루다)이다. 같은 의미의 단어 attain(달성하다, 이루다)도 같이 외워두도록 하자.

어구 party 정당   general election 총선

오답 살펴보기 (a) challenge 도전하다   (b) declare 선언하다   (c) replace 대체하다

22 (b)

해석 제대로 차를 만들기 위해서는 우선 찻주전자에 물을 끓여야 한다.

해설 차를 만든다고 했고 목적어로 물(water)이 나왔으므로 '끓이다'라는 뜻의 boil이 들어가는 것이 가장 자연스럽다.

어구 **make tea** 차를 끓이다　**properly** 제대로, 적절하게
teakettle 찻주전자

오답 살펴보기 (a) **steam** 증기; 증기를 내다　(c) **heat** 뜨겁게 하다
(d) **cook** 요리하다

23 (c)

해석 어머니는 아기가 잠들도록 부드럽게 노래를 불러주었다.

해설 잠이 들려면 노랫소리가 시끄럽거나 크지 않고 부드러워야 하므로 '부드럽게, 조용히'라는 뜻의 gently가 정답이다.

어구 **fall asleep** 잠들다

오답 살펴보기 (a) **boldly** 대담하게　(b) **noisily** 시끄럽게　(d) **safely** 안전하게

24 (a)

해석 내 아들은 시험을 치면서 부정행위로 걸려 나를 실망시켰다.

해설 아들이 부정행위를 했으므로 부모는 당연히 실망했을 것이다. '실망시키다'라는 뜻의 동사는 disappoint이다. (d) irritate의 경우, 어떤 일을 반복적으로 해서 짜증을 유발하는 것을 일컫으므로 답이 될 수 없다.

어구 **be caught cheating** 부정행위를 하다가 적발되다

오답 살펴보기 (b) **encourage** 격려하다　(c) **celebrate** 축하하다
(d) **irritate** 짜증나게 하다, 약 올리다

25 (b)

해석 공공 도서관은 각각의 아동 연령대에 따라 다양한 구역을 두는 것을 특징으로 한다.

해설 '명사+명사' 연어를 물어보는 문제이다. 빈칸 앞의 age와 어울리는 명사는 group으로 age group은 '연령대'라는 의미이다.

어구 **public library** 공공 도서관　**feature** 특징으로 하다
section 영역, 부문

오답 살펴보기 (a) **gathering** 집회, 모임　(c) **collection** 수집
(d) **portion** 부분

26 (d)

해석 에너지 위원회는 6개월마다 원자력 발전소를 정기적으로 검사한다.

해설 검사가 이루어지는 것이 6개월마다(every six months)라고 했으므로 '정기적인, 규칙적인'이라는 뜻의 routine이 정답이다.

어구 **commission** 위원회　**conduct** 실시하다　**inspection** 검사; 시찰　**nuclear plants** 원자력 발전소

오답 살펴보기 (a) **excessive** 지나친, 과도한　(b) **rampant** 만연한
(c) **notable** 주목할 만한

27 (c)

해석 지역사회 구성원들의 도움 덕택에 경찰은 은행 강도 용의자들을 체포할 수 있었다.

해설 목적어로 suspects가 나왔고, 지역사회 구성원들의 도움으로 인해 무엇이 가능했을지 생각해 보면 apprehend(체포하다)가 정답임을 쉽게 알 수 있다.

어구 **assistance** 지원, 원조　**community** 지역사회　**robbery** 강도　**suspect** 용의자

오답 살펴보기 (a) **investigate** 조사하다　(b) **confine** 제한하다
(d) **notify** 통지하다

28 (a)

해석 도로에 움푹 파인 곳과 튀어나온 부분이 많이 있었음에도 불구하고 차는 여전히 부드럽게 갔다.

해설 Though에 주의하자. 도로가 울퉁불퉁하면 운전하기 힘들거라고 추측할 수 있지만 접속사 though 다음에는 반대되는 내용이 나와야 하므로 smoothly(부드럽게, 순조롭게)가 정답이다.

어구 **pothole** 움푹 팬 곳　**bump** 혹, 튀어나온 부분　**drive** 차가 가다; 차를 몰다

오답 살펴보기 (b) **roughly** 대략; 거칠게　(c) **certainly** 확실히
(d) **quietly** 조용하게

29 (c)

해석 내 친구들은 시험이 어려웠다고 생각했지만 나는 쉬웠다고 생각했다.

해설 but 앞뒤로는 서로 반대되는 내용이 나와야 하므로 difficult와 반대 의미를 가진 이디엄을 선택하면 된다. 따라서 a piece of cake(쉬운 일, 식은 죽 먹기)가 정답이다.

오답 살펴보기 (a) **a pain in the neck** 성가신 것[사람]　(b) **a close call** 매우 위험한 상황[순간]　(d) **a white lie** 악의 없는 거짓말

30 (c)

해석 파업 농성자들은 향상된 건강 보험 보장 범위와 보장형 연금을 요구하고 있다.

해설 빈칸 뒤에 나오는 내용이 파업자들의 요구에 해당하므로 demand(요구하다)가 들어가는 것이 내용상 가장 적절하다.

어구 **striker** 파업하는 농성자　**healthcare** 건강관리　**coverage** 보험의 보장 범위　**guarantee** 보증하다　**pension** 연금

오답 살펴보기 (a) **apprehend** 체포하다　(b) **solicit** 간청하다; 호객행위를 하다　(d) **reject** 거절하다

Actual Test 05

1 (a)	2 (b)	3 (d)	4 (c)	5 (d)
6 (b)	7 (c)	8 (a)	9 (d)	10 (b)
11 (b)	12 (b)	13 (a)	14 (a)	15 (b)
16 (a)	17 (d)	18 (c)	19 (d)	20 (b)
21 (b)	22 (d)	23 (d)	24 (a)	25 (b)
26 (c)	27 (c)	28 (d)	29 (b)	30 (d)

1 (a)

해석 A: 의사 선생님. 제 아이가 아직도 말을 못해서 걱정이에요.
B: 걱정 마세요. 자제분의 성장은 전적으로 정상입니다.

해설 어린 아이가 말을 하고 못하고는 아이의 성장 및 발육과 연관 있는 문제이다. 따라서 '성장, 발육'이라는 뜻의 development가 정답이다.

어구 **concerned** 걱정하는 **normal** 정상인, 표준적인

오답 살펴보기 (b) **enhancement** 향상 (c) **treatment** 치료
(d) **commitment** 헌신

2 (b)

해석 A: 제가 음악을 들어도 될까요?
B: 물론이죠. 다른 사람을 방해하지만 않는다면요.

해설 다른 이들을 방해하지 않는 선에서 음악을 들으라는 말이므로 '방해하다, 성가시게 하다'라는 뜻의 bother가 주어진 상황에서 가장 적절한 동사이다.

어구 **as long as** ~하기만 한다면

오답 살펴보기 (a) **describe** 묘사하다, 기술하다 (c) **prove** 증명하다
(d) **compare** 비교하다

3 (d)

해석 A: 왜 이렇게 일찍 떠나세요?
B: 내일 중요한 일이 있거든요. 그래서 일찍 일어나야 해요.

해설 숙어 표현을 묻는 문제이다. 집에 일찍 가고 아침에 일찍 일어나야 하는 이유는 뭔가 중요한 일이 있기 때문일 것이다. '중요한 일[큰일]이 있다'를 I have a big day라고 한다.

어구 **get up early** 일찍 일어나다

4 (c)

해석 A: 왜 차들이 움직이지 않는 거죠?
B: 사고가 나서 도로를 막고 있는 것 같아요.

해설 차들이 움직이지 않는다고 했고 주어가 accident이므로, '도로를 차단하다'라는 뜻이 되도록 block(도로를 막다, 봉쇄하다)을 쓰는 것이 적절하다.

어구 **traffic** 자동차; 교통량

오답 살펴보기 (a) **correct** 교정하다 (b) **examine** 검사하다
(d) **prefer** 선호하다

5 (d)

해석 A: 아야! 다리가 다시 아프기 시작했어.
B: 휴식을 취해서 부상당한 다리가 낫도록 해야 해.

해설 휴식을 취하면 자연히 상처가 나을 것이다. 다친 곳이 아물거나 낫는다고 할 때 heal(상처를 고치다, 낫게 하다)을 사용한다.

어구 **ouch** (감탄사) 아야, 아이쿠 **injury** 부상

오답 살펴보기 (a) **mend** 수리하다 (b) **correct** 교정하다 (c) **repair** 수리하다

6 (b)

해석 A: 당신의 새로운 커피 매장이 장사가 잘 된다고 이야기 들었어요.
B: 그래요. 제가 생각했던 것보다 수익이 더 괜찮네요.

해설 is doing very well을 보고 profitable(수익이 괜찮은, 이익이 되는)이 정답임을 추측할 수 있다.

오답 살펴보기 (a) **common** 보통의 (c) **unusual** 일상적이지 않은
(d) **tiresome** 성가신

7 (c)

해석 A: 프린스턴 대학에 합격했니?

B: 아니. 입학 자격 요건을 충족시키지 못했거든.

해설 합격하지 못했다면 조건을 맞추지 못했기 때문일 것이다. '조건에 맞다, 조건을 충족시키다'라고 할 때는 동사 meet을 써서 meet the conditions라고 한다.

어구 **get accepted to** ~에 합격하다 **condition** 조건, 요건 **entry** 입학; 가입

오답 살펴보기 (b) **include** 포함하다 (d) **earn** 얻다

8 (a)

해석 A: 내일 6시 30분에 중앙 기차역에서 만나자.
B: 실은 난 그때 시간이 안 돼. 7시에 만나면 안 될까?

해설 A가 제안한 것과 다른 시간에 만나자고 했으므로 그때는 시간이 괜찮지 않다는 의미가 되어야 한다. 동사 work의 기본 의미는 '일하다'이지만 'work for 사람'의 형태로 쓰면 '괜찮다'라는 의미를 갖는다.

어구 **actually** 사실, 실은

9 (d)

해석 A: 크리스틴, 자정까지 꼭 집에 오거라.
B: 알았어요. 그때까지 집에 올 테니 제 말 믿으세요.

해설 빈칸 앞의 have my와 이어지는 이디엄 표현을 알아야 풀 수 있는 문제이다. 약속을 하고 있는 상황으로 '믿다, 신뢰하다'라는 뜻의 have one's word가 오는 것이 자연스럽다.

어구 **midnight** 자정

오답 살펴보기 (a) **thought** 생각 (b) **belief** 믿음 (c) **remark** 언급

10 (b)

해석 A: 저 상자들을 옮기는 일을 도와 드릴까요?
B: 제안에 감사드립니다만 저 혼자서 할 수 있을 것 같습니다.

해설 도움을 거절하고 있으므로 '나 혼자서도 할 수 있다'라는 뜻의 I can handle it.이 되어야 자연스럽다. handle은 '일을 처리하다'라는 뜻이 있다.

어구 **help A with B** A를 B로 돕다 **offer** 제안하다

오답 살펴보기 (c) **prepare** 준비하다 (d) **propose** 제안하다

11 (b)

해석 한 무리의 군인들이 해가 뜨기 전에 적을 공격했다.

해설 enemies를 목적어로 취할 만한 동사는 '공격하다'라는 뜻의 attack이다.

어구 **enemy** 적 **before daylight** 동이 트기 전에

오답 살펴보기 (a) **stress** 강조하다 (c) **damage** 파손하다
(d) **feature** 특징으로 하다

12 (b)

해석 독감의 몇 가지 일반적인 증상은 열, 기침, 그리고 고열을 포함한다.

해설 열, 기침, 고열이 언급되었으므로 이것들을 독감의 증상(symptoms)이라고 할 수 있다.

어구 **include** 포함하다 **fever** 열 **cough** 기침 **high temperature** 고열

오답 살펴보기 (a) **description** 기술, 묘사 (c) **indicator** 지표

(d) conditions 상황, 사정

13 (a)
해석 식사를 마치고 난 후 남은 것들은 버려 주세요.

해설 전치사 of를 잘 봐야 한다. dispose가 전치사 of와 결합하면 '~을 처분[처리]하다, 버리다'라는 뜻을 나타낸다.

어구 waste 쓰레기; 찌꺼기

오답 살펴보기 (b) relieve 경감시키다 (c) gather 모이다
(d) invent 발명하다

14 (a)
해석 이 스테이크는 너무 많이 구워져서 고기가 매우 질기고 씹기 힘들다.

해설 씹기 힘들다고 했으므로 당연히 고기가 질길 것이다. tough 에는 '강인한, 고된'이란 의미 외에도 '고기가 질긴'이란 뜻이 있다.

어구 overcook 오랫동안 굽다 chew 씹다

오답 살펴보기 (b) upset 마음이 상한 (c) spicy 자극적인
(d) tender 연한

15 (b)
해석 누군가에게 질문을 받을 때마다 반드시 공손하게 답변을 하도록 해라.

해설 전치사 to와 함께 쓸 수 있는 동사를 찾는다. '~에게 답변하다'라고 할 때 respond to를 쓴다.

오답 살펴보기 (a) recycle 재활용하다 (c) regret 후회하다
(d) remind 상기시키다

16 (a)
해석 어제는 날씨가 흐렸지만 오늘은 해가 밝게 비치고 있다.

해설 선택지 중 동사 shine(태양이 비치다)과 가장 잘 어울리는 부사는 brightly(밝게)이다.

어구 cloudy 구름이 많은, 흐린 shine 빛나다; 태양이 비치다

오답 살펴보기 (b) exactly 정확하게 (c) poorly 형편없이 (d) really 정말로

17 (d)
해석 뉴욕은 공해를 줄이기 위해 시내에 교통 혼잡 요금을 만들었다.

해설 교통 혼잡세를 부과하면 차가 줄어들어서 대기 오염(air pollution)도 줄일 수 있을 것이다.

어구 congestion 혼잡 charge 요금; 책임 reduce 줄이다

오답 살펴보기 (a) climate 기후 (b) damage 피해 (c) moisture 습기

18 (c)
해석 자금 지원이 다 떨어졌기 때문에 회사는 프로젝트를 마무리할 수 없었다.

해설 자금이 없으면 당연히 프로젝트를 끝낼 수 없다. 빈칸 앞에 not 이 있으므로 complete(마무리하다, 완성하다)가 정답이다.

어구 funding 재원, 자금 지원 run out 고갈되다

오답 살펴보기 (a) separate 분리시키다 (b) overlook 내려다보다

(d) defend 방어하다

19 (d)
해석 연방수사국은 그 테러리스트를 체포하는 데 도움을 주는 정보를 제공할 경우 오백만 달러의 보상금을 준다.

해설 정보를 주는 대가로 돈을 지불하는 것이므로 reward(보상금)가 정답이다.

어구 lead to ~하게 하다, ~로 이끌다 capture 체포, 포획

오답 살펴보기 (a) awkward 어색한 (b) award 상 (c) rearward 후방; 후방으로

20 (b)
해석 어머니와 아버지께서는 올해 결혼 30주년을 기념하실 것이다.

해설 목적어로 '결혼기념일'이라는 뜻의 wedding anniversary가 나왔으니 동사는 celebrate(축하하다, 기념하다)가 적절하다.

어구 anniversary 기념일

오답 살펴보기 (a) decorate 장식하다 (c) tolerate 참다, 견디다
(d) pursue 추구하다

21 (b)
해석 상황이 어떻든 간에 상관없이 써니는 항상 미소를 지으며 모든 사람들에게 명랑한 모습을 보인다.

해설 and로 연결되므로 smiling과 비슷한 맥락의 단어인 cheerful(명랑한)이 정답이다.

어구 regardless of ~와 상관없이

오답 살펴보기 (a) guilty 죄가 있는 (c) moderate 적절한
(d) indifferent 무관심한

22 (d)
해석 여러 질병들이 과거에는 잘 통했던 약으로도 더 이상 영향을 받지 않는다.

해설 빈칸 뒤에 by medicines가 있으므로 affect(영향을 미치다)를 쓰는 것이 문맥상 가장 잘 어울린다. be affected by는 '~에 의해 영향을 받다'라는 뜻이다.

어구 disease 질병 medicine 약

오답 살펴보기 (a) effect 변화를 초래하다 (b) infect 감염시키다
(c) select 선택하다

23 (d)
해석 지하철을 탈 때 소매치기를 조심해야 한다.

해설 pickpocket(소매치기)이란 단어를 알면 쉽게 풀 수 있다. 빈칸 뒤에 전치사 of도 있으니 of와 같이 쓸 수 있는 beware(조심하다)가 정답이다.

어구 pickpocket 소매치기

오답 살펴보기 (a) concern 걱정을 하게 하다 (b) resist 저항하다
(c) contact 연락하다

24 (a)
해석 운영비를 삭감하기 위해 회사는 거의 500명에 달하는 직원을 정리해고할 수밖에 없었다.

해설 정리 해고를 한 이유를 생각해 보면 운영비를 '줄이기' 위함이

므로 '(비용을) 줄이다, 삭감하다'라는 뜻의 cut이 정답이다

어구 operating cost 운영비　be forced to V ~할 수 밖에 없다 lay off 정리 해고하다　staff 직원

오답 살펴보기 (b) require 요구하다　(c) expect 기대하다　(d) drive 몰다, 쫓다

25 (b)

해석 제품 재고가 없을 경우에는 당신을 위해 기꺼이 제품을 주문해 드리겠습니다.

해설 상품과 주문이라는 말이 나왔기 때문에 in stock(재고가 있는)이 들어가는 것이 가장 적절하다.

어구 in the event that ~한 경우에

오답 살펴보기 (a) for kicks 재미 삼아　(c) at large 일반적으로 (d) on hold 보류된

26 (c)

해석 네 옷이 거실에 있으면 안되니 제자리에 두어라.

해설 빈칸 뒤의 in이 힌트이다. 옷을 제자리에 두라는 말은 옷이 있어야 할 자리에 없다는 의미이다. 동사 belong은 '제자리에 있다'라는 뜻으로 전치사 to와 사용될 경우 '~에 소속되다'라는 뜻이지만 in과 함께 쓰면 '~에 알맞다, ~에 있어야 한다'라는 뜻을 갖는다.

어구 clothing 의류, 옷　living room 거실　proper 적절한

오답 살펴보기 (a) disappear 사라지다　(b) occur 발생하다 (d) reduce 줄이다

27 (c)

해석 그녀는 왼쪽 팔에 있는 독특한 문신을 보고 그 남자를 알아볼 수 있었다.

해설 문신으로 그 사람이 누군지 알았다는 의미인데 '사람을 알아보다'라고 할 때 동사 recognize를 쓴다.

어구 unique 독특한　tattoo 문신

오답 살펴보기 (a) recall 회상하다　(b) share 나누다　(d) approach 접근하다

28 (d)

해석 경찰은 그 지역에서 수상하게 행동하는 사람이 있다는 제보를 받고 거리에서 순찰을 돌기 시작했다.

해설 수상하게 행동하는 사람이 있기 때문에 순찰을 하는 것이다. suspiciously(수상하게)가 정답이다.

어구 patrol 순찰하다　based on ~을 근거로, 바탕으로

오답 살펴보기 (a) foolishly 어리석게　(b) innocently 순수하게 (c) obediently 복종적으로

29 (b)

해석 의회 의원들은 그 법안을 법으로 통과시켜야 할지 말아야 할지에 대해서 수 시간 동안 논쟁을 벌였다.

해설 whether 이하에 나온 내용에 대해 토론했다는 의미로 debate(논쟁을 벌이다)가 의미상 가장 적절하다.

어구 parliament 의회　pass 통과시키다　bill 법안

오답 살펴보기 (a) evaluate 평가하다　(c) consent 동의하다

(d) initiate 시작하다

30 (d)

해석 내 승진과 함께 따라온 급여 인상이야말로 금상첨화였다.

해설 좋은 일에 또 좋은 일이 있는 상황이다. 이럴 때 쓸 수 있는 표현이 바로 '금상첨화'라는 뜻의 icing on the cake이다.

어구 pay raise 급여 인상　promotion 진급, 승진

오답 살펴보기 (a) salt in the wound 상황을 더욱 악화시키는 것 (b) end of the line 한계, 종말　(c) can of worms 복잡한 문제들

Actual Test 06

1	(b)	2	(d)	3	(b)	4	(b)	5	(a)
6	(d)	7	(b)	8	(a)	9	(c)	10	(a)
11	(d)	12	(b)	13	(d)	14	(c)	15	(b)
16	(a)	17	(b)	18	(b)	19	(a)	20	(c)
21	(b)	22	(b)	23	(b)	24	(b)	25	(c)
26	(a)	27	(c)	28	(d)	29	(a)	30	(a)

1 (b)

해석 A: 일자리를 잃고 나서 어떻게 지내셨어요?
　　 B: 힘들었죠. 그래도 근근이 살아갈 만해요.

해설 '하루하루 버텨가면서 근근이 살아가다'라는 뜻의 구동사 get by가 문맥상 알맞다.

오답 살펴보기 (a) go around 돌아다니다　(c) give away 공짜로 주다 (d) go down 하락하다; 망하다

2 (d)

해석 A: 네가 칼을 정말 좋아한다고 들었어.
　　 B: 맞아. 난 그 애를 대학교 1학년 때부터 좋아해왔어.

해설 숙어를 완성하는 문제로 have a crush on은 '~에게 푹 빠지다, ~을 좋아하다'라는 뜻이다.

어구 freshman 대학 신입생

오답 살펴보기 (a) thought 생각　(b) dream 꿈　(c) glance 흘긋 봄

3 (b)

해석 A: 당신의 두 쌍둥이 딸은 참 귀엽군요. 그런데 어떻게 두 아이를 구분하시죠?
　　 B: 솔직히 말씀 드리면 저도 그 애들을 항상 구분해내지는 못한답니다.

해설 distinguish와 같은 의미의 단어를 찾으면 되는데 '~을 구분하다'라고 할 때 tell something apart를 쓴다. tell은 '말하다' 이외에도 '구분하다'라는 뜻이 있음을 알아두자.

어구 twin 쌍둥이의　distinguish 구분하다　to be honest 솔직히 말하면

4 (b)

해석 A: 컴퓨터 모니터가 너무 어두워. 아무것도 명확하게 보이지가 않아.

B: 화면 밝기 설정을 조절해야 될 것 같은데.

해설 밝기 설정을 조절해야 어두운 화면을 밝게 만들 수 있을 것이므로 adjust(조정하다, 조절하다)가 정답이다.

어구 brightness 밝기   setting (기계를 조절하는) 설정, 세팅

오답 살펴보기 (a) permit 허용하다   (c) offend 마음 상하게 하다
(d) remind 상기시키다

5 (a)

해석 A: 우리가 입국 심사를 밟아야 하나?
B: 아니. 우리는 국제선이 아니라 국내선을 타니까 그럴 필요는 없어.

해설 콤마 뒤에 not이 있으므로 international(국제의)의 반대 단어인 domestic(국내의)이 들어가는 것이 자연스럽다.

어구 go through ~을 통과하다; ~을 겪다   immigration 입국 심사; 이민   flight 항공편

오답 살펴보기 (b) regular 정기적인   (c) convenient 편리한
(d) random 무작위의

6 (d)

해석 A: 비를 맞으면서 밖에 나가 있어서 감기에 걸린 것 같아.
B: 나쁜 날씨 때문이 아니라 바이러스 때문에 병이 나는 거야.

해설 '~때문에 아프다'라는 뜻이므로 cause(~의 원인이 되다)가 정답이다. 'cause 목적어 to 동사원형'의 형태로 써서 '목적어를 ~하게 하다'라는 뜻으로 사용된다.

어구 catch a cold 감기에 걸리다   in the rain 비를 맞으며, 빗속에

오답 살펴보기 (a) develop 개발하다   (b) behave 행동하다
(c) expose 노출시키다

7 (b)

해석 A: 네가 입고 있는 셔츠가 마음에 들어. 정말 멋있어 보인다.
B: 나도 그렇게 생각하지만 너무 헐렁한 감이 있어. 조금 더 작은 사이즈가 필요해요.

해설 좀 더 작은 사이즈가 필요하다고 했으니 셔츠가 크다는 것을 알 수 있다. loosely(느슨하게, 헐겁게)가 정답이다.

어구 fit (옷 등이) 맞다

오답 살펴보기 (a) sternly 엄격하게   (c) clearly 명확히   (d) tightly 단단히, 꽉

8 (a)

해석 A: 정말 갈증이 나는데 물이 다 떨어졌어.
B: 이거 받아. 너와 나눠 먹을 수 있는 물이 좀 있어.

해설 자기의 물을 상대방에게 주고 있으므로 '같이 나누다, 공유하다'라는 뜻의 share가 정답이다.

어구 thirsty 갈증이 나는, 목이 마른   out of water 물이 다 떨어진

오답 살펴보기 (b) afford ~할 여유가 있다   (c) divide 분할하다
(d) replace 대체하다

9 (c)

해석 A: 대학 측에서 학생들의 장학금을 삭감한다니 믿을 수 없어.
B: 주 정부가 학교에 지원하는 재정을 줄였기 때문에 어쩔 수 없어.

해설 대화 안의 인과관계를 파악하자. 장학금을 줄일 수밖에 없었던 이유는 재정 지원이 줄었기 때문이다. '줄이다'라는 의미의 단어는 decrease이다.

어구 cut back on ~을 삭감하다   scholarship 장학금   state 주   funding 자금

오답 살펴보기 (a) elevate 상승하다   (b) remove 제거하다
(d) influence 영향을 미치다

10 (a)

해석 A: 네가 대학에 가면 네 TV를 내가 가져도 되니?
B: 내 눈에 흙이 들어가도 안 돼! 아무한테도 절대 안 줄 거야.

해설 TV를 절대로 안 준다고 했으므로 강한 부정을 할 때 쓸 수 있는 Over my dead body(절대로 안 된다)가 정답이다.

어구 go to college 대학에 가다   give away 주다

오답 살펴보기 (b) Easy come easy go. 쉽게 얻은 것은 쉽게 잃어버린다.   (c) Cut me some slack. 제 사정 좀 봐주세요.
(d) Keep your fingers crossed. 네게 행운이 있길 바라.

11 (d)

해석 모든 이들이 앨비스 프레슬리의 음악을 즐겨 듣는 것은 아니지만 그의 음악이 현대 음악에 지대한 영향을 미쳤다는 것을 부정할 수 있는 사람은 없다.

해설 빈칸 뒤에 나온 전치사 on이 힌트가 될 수 있다. 선택지 중에서 influence만이 전치사 on과 연결될 수 있는 명사이다. 내용상으로도 '영향'이라는 뜻의 influence가 가장 적절하다.

어구 deny 부인하다   modern 현대의, 현대적인

오답 살펴보기 (a) concern 걱정, 우려   (b) measure 측정
(c) generation 세대

12 (b)

해석 우리 회사의 휴대폰은 모두 한 달간 서비스 사용료가 없습니다.

해설 제품 구입 시 혜택을 설명하고 있는 문장으로, '포함하다'라는 뜻의 include를 쓰는 것이 적절하다.

어구 cell phone 휴대폰   at no charge 무료로

오답 살펴보기 (a) separate 분리시키다   (c) evaluate 평가하다
(d) consider 고려하다

13 (d)

해석 실수를 할 때마다 즉시 고치려고 노력해야 한다.

해설 빈칸 뒤의 it은 mistake를 지칭하므로 알맞은 동사를 찾아보면 '교정하다, 정정하다'라는 의미의 correct이다.

어구 make a mistake 실수하다   immediately 즉시

오답 살펴보기 (a) glance 흘긋 보다   (b) ensure 확실히 하다
(c) rescue 구조하다

14 (c)

해석 내 10대 자녀들이 컴퓨터를 사용하는 문제로 다툴 때면 나는 정말 미칠 것 같다.

해설 아이들이 서로 컴퓨터를 사용하려고 말다툼을 한다는 것이 내용상 적절하므로 argue(말다툼하다)가 정답이다. 전치사 over와 함께 쓰면 '~에 대해 말다툼하다'라는 뜻이 된다.

어구 drive ~ crazy ~를 미치게 하다

오답 살펴보기 (a) blame 비난하다 (b) bother 방해하다 (d) adjust 조정하다

15 (b)

해석 대통령은 이전 회담이 실패로 돌아간 후 정책 개혁을 다시 시작하기를 원한다.

해설 '시작하다, 착수하다'라는 의미의 get the ball rolling이 의미상 자연스럽게 연결된다.

어구 policy 정책　reform 개혁

오답 살펴보기 (a) hit the nail on the head 정곡을 찌르다 (c) beat around the bush 말을 빙빙 돌려 하다 (d) turn over a new leaf 새 사람이 되다, 개과천선하다

16 (a)

해석 대부분의 사람들에게 있어 블랙커피는 맛이 아주 쓰다.

해설 선택지에 모두 맛과 관련된 단어가 나와 있다. 상식적으로 블랙커피의 맛은 쓰므로 bitter(맛이 쓴)가 정답이다.

오답 살펴보기 (b) sour 시큼한 (c) bland (맛이) 싱거운, 밍밍한 (d) salty 짠

17 (b)

해석 그 질병은 유럽 탐험가들에 의해 대서양을 건너 처음으로 전염되었다.

해설 주어가 disease(질병)인데 '질병이 전염되다'라고 할 때 '이동시키다'라는 뜻의 transport를 쓴다.

어구 the Atlantic 대서양　explorer 탐험가

오답 살펴보기 (a) examine 검사하다 (c) accompany 동반하다 (d) provide 제공하다

18 (b)

해석 멕시코에서 오는 불법 이민자들이 시민들의 일자리를 빼앗아 간다는 것을 많은 미국인들이 언짢아한다.

해설 빈칸 앞뒤로 illegal과 from Mexico라는 힌트가 있으므로 immigrants(이민자)가 정답이다.

어구 illegal 불법의　take jobs 일자리를 앗아가다　citizen 시민

오답 살펴보기 (a) official 관리; 관계자 (c) tourist 관광객 (d) volunteer 자원 봉사자

19 (a)

해석 어머니께서는 나를 크게 포옹해주는 것으로 그 소식에 반응하셨다.

해설 전치사 to가 힌트가 될 수 있다. '소식에 답하다'라는 뜻이므로 react(응답하다)가 내용상 가장 적절하다.

어구 hug 포옹

오답 살펴보기 (b) emerge 나오다 (c) astonish 깜짝 놀라게 하다 (d) devote 헌신하다

20 (c)

해석 과학자들은 지진의 원인을 알아내기 위한 노력의 일환으로 자료를 분석해오고 있다.

해설 빈칸 뒤의 목적어 data(자료)와 가장 잘 어울리는 동사는 analyze(분석하다)이다.

어구 data 자료　in an effort to V ～하기 위한 노력으로　determine 알아내다, 밝히다　earthquake 지진

오답 살펴보기 (a) permit 허용하다 (b) consist 이루어져 있다 (d) reflect 반영하다

21 (b)

해석 하루 종일 관광을 한 뒤 스티븐은 곤히 잠들었다.

해설 동사 sleep과 잘 어울리는 부사는 soundly(곤히, 푹)이다.

어구 a full day 하루 종일　sightseeing 관광여행

오답 살펴보기 (a) noisily 시끄럽게 (c) merrily 즐겁게 (d) fondly 사랑스럽게

22 (b)

해석 이 지역의 지하수가 오염되었기 때문에 우리 가족은 집에 있는 우물을 더 이상 사용할 수 없다.

해설 여기서 well은 '우물'이라는 뜻의 명사로 쓰였다. 우물의 근간은 지하수(groundwater)이므로 정답은 (b)이다.

어구 well 우물　contaminate 오염시키다

오답 살펴보기 (a) rainwater 빗물 (c) dishwater (그릇을 씻은) 구정물 (d) wastewater 폐수

23 (d)

해석 나는 할인할 때만 제품을 구입하기 때문에 항상 검소한 쇼핑객이라 할 수 있다.

해설 할인할 때만 제품을 구입하는 것과 관련 있는 단어는 frugal(검소한)이다.

어구 on sale 할인 중인

오답 살펴보기 (a) lengthy 장황한 (b) notable 주목할 만한 (c) central 중추적인

24 (a)

해석 교통량의 무게를 감당할 수 없어서 다리가 무너져 물속에 가라앉았다.

해설 다리가 무너진 이유는 교통 하중이 너무 컸기 때문이다. 따라서 bear(무게를 견디다)가 정답이다.

어구 traffic 교통량; 자동차　collapse 무너지다

오답 살펴보기 (b) float (물 위에) 띄우다 (c) spoil 망치다 (d) wrap 포장하다

25 (c)

해석 의회는 최근에 화기를 소지할 수 있게 하는 새로운 법을 통과시켰다.

해설 주어가 국회(Congress)이고 통과시켰다고 했으므로 law(법)가 들어가는 것이 적절하다.

어구 pass 통과시키다　firearms 화기

오답 살펴보기 (a) rule 규칙 (b) repeal (법률의) 폐지 (d) contract 계약

26 (a)

해석 네덜란드어와 플라망어는 명칭은 다르지만 사실 그 두 언어는 거의 같다.

해설 even though가 있는 내용과 주절의 내용은 서로 반대여야 한다. different와 반대되는 의미를 가진 identical(동일한)이 정답이다.

어구 Dutch 네덜란드어　Flemish 플라망어　in reality 실제로는

오답 살펴보기 (b) forgettable 잊기 쉬운　(c) isolated 고립된
　　(d) meaningful 의미 있는

27 (c)

해석 내과 의사만이 환자에게 약을 처방해 줄 수 있다.

해설 목적어로 medication(약)이 나왔기 때문에 이와 가장 잘 어울리는 동사는 prescribe(처방하다)이다.

어구 medical 의료의; 내과의　physician 의사; 내과 의사
　　medication 약물

오답 살펴보기 (a) proscribe 금지하다　(b) describe 기술하다, 묘사하다　(d) ascribe 탓으로 돌리다

28 (d)

해석 시험을 완료하고 나면 나에게 시험지를 제출해 주세요.

해설 시험지를 제출하려면 일단 시험을 끝내야 할 것이므로 '마무리하다, 끝내다'의 의미를 갖는 complete가 정답이다.

어구 exam 시험　turn in 제출하다

오답 살펴보기 (a) postpone 연기하다　(b) operate 운영하다; 수술하다　(c) deprive 파면하다; 박탈하다

29 (a)

해석 모든 학생들은 졸업식이 시작하기 적어도 15분 전에는 도착해 있어야 한다.

해설 '시작하다, 개시하다'라는 뜻의 commence가 정답이다. 참고로 명사형인 commencement는 '시작'이란 뜻도 있지만 '졸업식'이라는 뜻도 갖고 있다. (b) initiate는 '(계획을) 시작하다'라는 의미로 쓰이며 (c) launch는 '(중요하거나 큰일을) 시작하다'란 의미로 여기서는 맞지 않다.

어구 graduation ceremony 졸업식

오답 살펴보기 (b) initiate 개시하다　(c) launch 착수하다
　　(d) embark 승선하다

30 (a)

해석 군대는 침입하는 적군의 공격으로부터 조국을 성공적으로 방어했다.

해설 군대의 역할을 생각해 보면 쉽게 답이 나오는 문제로, defend A from B는 'B로부터 A를 방어하다'라는 뜻이다.

어구 homeland 조국　invade 침입하다　enemy forces 적군

오답 살펴보기 (b) encourage 북돋다　(c) develop 개발하다
　　(d) approach 접근하다